行政管理学

普通高等教育『十三五』公共管理类专业系列规划教材

董新宇 主编

西安交通大学出版社
XI'AN JIAOTONG UNIVERSITY PRESS

内容简介

本书共八章,其中第一章"绪论"是对行政管理学的总体介绍;第二章"行政职能"着重划分政府、市场与社会的边界,形成政府管理国家事务、社会事务和机关内部事务的依据;第三章和第四章更多地从政府内部分析行政管理活动;第五章、第六章和第七章从行政管理的过程进行研究和介绍,力求体现行政管理的基本逻辑;第八章着重介绍新公共管理与行政改革,其中对比分析了对于我国的启示和借鉴。

本书既可作为普通高等院校公共管理类相关专业的教学用书,也可作为政府部门相关人员的参考学习用书。

图书在版编目(CIP)数据

行政管理学/董新宇主编. —西安:西安交通
大学出版社,2017.12(2019.8 重印)
ISBN 978 - 7 - 5605 - 7136 - 2

Ⅰ.①行…　Ⅱ.①董…　Ⅲ.①行政管理-管理学
Ⅳ.①D035

中国版本图书馆 CIP 数据核字(2017)第 328920 号

书　　名	行政管理学
主　　编	董新宇
责任编辑	史菲菲

出版发行	西安交通大学出版社
	(西安市兴庆南路 1 号　邮政编码 710048)
网　　址	http://www.xjtupress.com
电　　话	(029)82668357　82667874(发行中心)
	(029)82668315(总编办)
传　　真	(029)82668280
印　　刷	西安日报社印务中心

开　　本	787mm×1092mm　1/16	印张	20.625	字数	507 千字
版次印次	2017 年 12 月第 1 版　　2019 年 8 月第 2 次印刷				
书　　号	ISBN 978 - 7 - 5605 - 7136 - 2				
定　　价	45.00 元				

目录 Contents

第一章　绪　论

第一节　行政管理学概述

一、行政管理学的基本概念

(一)行政

在国外,"行政"的解释大体有以下几种:①行政等同于管理。"行政被认为是一种具有高度理性的人类合作努力。"(德怀特·沃尔多)②行政是政府事务管理。"行政是为完成或为实行一个政权机关所宣布的政策而采取的一切活动。"(伦纳德·P.怀特)③行政是与政治相区别的表现某种职能的概念。"行政是执行国家意志的职能。"(弗兰克·J.古德诺)④行政是一种执行活动。"行政是决定和政策的执行程序。"⑤行政是与立法、司法相区别的一种活动。行政是"行政人员的责任或职责,特别是政府的执行职能……它既不是立法的,也不是司法的"。美国1985年出版的《行政管理学词典》把行政定义为"政府及公共机构事务的管理和指挥",可以说是对各种解释的基本概括和表述。

"行政"一词在我国由来已久,早在《孟子·梁惠王上》中便有提及,"为民父母,行政,不免于率兽而食人,恶在其为民父母也?"在我国,"行政"一词普遍称为行政管理。由于我国对行政范围的理解比较宽泛,除政府机构外,还包括企事业单位中的科室部处等职能部门,因此,在社会的实际运用中,行政管理往往泛指办公室、机关事务或后勤服务等方面的管理工作,这种行政管理的提法不太规范,有强调管理的意思。本书所研究的行政主要是指国家行政机关行使管理职权的活动。

(二)管理

从英文意义上理解,"行政"(administration)和"管理"(management)是有区别的。"行政"本身即包含管理的意思,但它主要是和政府或行政机关的活动有关,而"管理"除指一般性的管理之外,主要和工商企业的活动有关。《牛津词典》对"管理"一词的定义是:"通过某个人的行为处理、控制事物的过程,并实行监管。"法约尔在1916年所提出的用五个要素来描述管理,即管理就是计划、组织、指挥、协调和控制。从职能角度看,行政和管理的具体内容有不同的侧重,两者各有各的范围,但从逻辑角度看,两者是从属和包含关系,行政是一种特殊形式的管理活动,是整个人类管理活动的一部分。

(三)行政管理

在学术界,一般认为,行政管理是指行政机关及其行政人员对国家事务、社会事务和机关内部事务的计划、组织、指挥、协调、控制等管理活动。这一定义侧重于其技术方面的特征,强调其追求行政行为效率的内涵。也有学者强调行政管理概念的普遍性的、抽象的内涵,认为行政管理的体制、机制、程序和方式、方法不仅仅属于政府,一切巨型化的组织都有着行政管理的

— 1 —

问题。许多私营企业、跨国公司,撇开利润目标不谈,在运营的过程中,都有着大量的行政管理事务。而且,从技术性的角度看,与政府没有多大的区别。从国家和政府发展的纵向维度看,早在原始社会的后期,就出现了简单的行政管理。在一些古老的文明国家中的奴隶社会、封建社会,甚至出现过极其发达的行政管理体制和方法、技巧等。再者,谈论行政管理的问题,思维的重心是放在政府以及其他巨型组织的内部运行上的,对于政府或那些巨型组织的外部功能,是作为行政管理科学化、合理化、技术化的必然结果出现的。所以,行政管理并不仅仅是指以政府为主体的管理活动,也不仅仅是在现代社会才出现的一项管理活动。

在行政管理学这门学科中所谈论的行政管理,主要是指由政府开展的对其自身的管理活动。在行政尚未发展成为一种典型的管理行为模式之前,政府也把自身管理的方式和方法应用于对社会的管理。在这个意义上,行政管理也是政府管理社会的途径。

(四)公共管理

夏书章教授提出,公共管理就是行政管理。不过从教育部的学科设置的角度来看,"公共管理"是"管理学"门类下的一级学科,下设行政管理、社会医学与卫生事业管理、教育经济与管理、社会保障、土地资源管理五个二级学科,表达了"公共管理"与"行政管理"有区别的意向。陈振明教授认为:"说到底,公共管理与行政管理还是有相当大的区别的,而且它代表了公共部门管理研究的新趋势。"陈庆云教授对公共管理曾有过两次定义,第一次他将公共管理定义为:"指那些不以营利(不以追求利润最大化)为目的,旨在有效地增进与公平地分配社会公共利益的调控活动。"第二次他将公共管理定义为:"公共管理是由政府、非政府公共组织和民众所组成的管理体系,共同管理社会公共事务的活动。"本定义侧重于公共管理的主体与内容。张康之教授认为"行政"与"管理"不同,公共管理学是从行政管理学经过新行政管理学发展而来的,行政管理是管理行政,公共管理是服务行政。汪玉凯教授认为"公共管理"比"行政管理"更突出管理的多元主体性。

综上所述,"公共管理"可以概括为以政府为核心的公共部门为了实现社会公共利益,提升公共部门绩效和公共产品质量以应对不断高涨的公众需求和期望,而加强治理结构的一系列决策制定、执行、监督、控制、评价、协调和沟通等活动。

(五)行政管理学

行政管理学又被称为公共行政学、行政学等。行政管理学是以行政为研究对象,研究国家权力机关的执行机关行使国家权力,依法管理国家事务、社会公共事务和机关内部事务的客观规律的科学。

行政管理学知识具有四个方面的特点:

(1)政治性。行政管理学不能脱离国家来研究,国家是阶级统治的工具,行使国家行政职能的行政活动,也不可避免地带有鲜明的政治性和阶级性。不同社会制度的国家,行政管理的目的有着本质的不同。政治职能是政府的基本职能,也是伴随政府产生而产生的古老职能,它最集中地体现了国家政府的阶级性质。每一个国家的行政管理都具有鲜明的阶级性,只是在不同类型的国家,政府所体现的阶级利益要求、性质等有所不同。

(2)综合性。行政管理学是一门综合性很强的学科,它直接地分支于政治学和管理学,同时还大量吸收了经济学、社会学、心理学、法学、行为科学、高等数学、系统科学等理论知识与方法。它包含丰富的多学科的理论知识,又有着独立的研究范畴和体系。

（3）应用性。行政管理学是从复杂的行政现象和行政活动中抽象出一般的原理和原则以及具体的管理模式、手段和方法，具有很强的实践性和应用性。它所揭示的管理规律和方法可以为不同阶级、不同政治倾向的管理者所接受和运用，体现了理论性和实践性的统一，在实践应用中不断得到发展。

（4）创新性。行政管理学所揭示的行政管理规律、原则具有规范性的特点，具有普遍的指导意义，但又不是一成不变的。影响行政管理的因素是多元的、多变的，行政学要不断地研究新问题、新现象，在理论和方法上不断创新，使学科本身不断得到丰富和完善，更好地发挥其指导作用。

二、公共管理与行政管理

公共管理的外延比行政管理的外延大，公共管理的内涵比行政管理的内涵丰富，但是，行政管理又是公共管理的核心和主导者，舍去行政管理，则公共管理就无从谈起。公共管理与行政管理的主要区别在于：

第一，行政管理的主体是政府，而公共管理的主体除政府之外，社会上的大量非政府公共组织、居民自治组织、志愿者团体、慈善机构乃至私人机构中的某些部分，都可成为公共管理的主体。

第二，由于多元管理主体的出现以及它们在管理中的紧密关系，已经形成了一个管理网络，而网络的连接另有一些新的机制，这就是通过沟通、协商、说服、启发、互助、契约等渠道，最后实现一种"共赢"的结果。

第三，把"行政"演绎为"管理"，工作范围就会更广，管理的事务会更具体、更复杂，因而也就能更方便地借鉴私营部门有效的管理方式与方法，把市场机制引入公共管理领域。

第四，它使公民有更多的机会参与乃至参加公共事务的管理活动，包括实行公民自治，从而使民主突破"代议"的局限，得以更好地落实。

第五，随着权力的分散化，公共责任也相应地分散于社会各个公共权力主体，所谓有其权必有其责，因而公民的监督视点也要相应实现分散化。

三、行政管理学的研究对象

行政管理学研究的是行政组织的构成、运作、执行过程和效果，以及内部管理等客观规律，其中也包括为适应发展需要行政管理应当如何改革的问题。从研究的角度可以归纳为以下四点：

第一，作为国家权力的执行机关，国务院和各级人民政府是行政管理的主体。它们依法行使国家行政权，是公共管理的重要的不可缺少的组成部分，与公共管理的其他组成部分如非政府组织、非营利组织等之间虽有联系，但又有分工，不能包办代替。

第二，国家和社会的法定公共事务和政府内部事务是行政管理的客体，与上述主体相适应，即各从所属、各得其所。要研究把政府该管的事管住、管好，注意力求坚持在公共管理领域的合理分工。历次行政改革强调政府转变职能，正与此直接相关。

第三，公共管理必须共同遵守民主法治这一根本原则，行政管理更要率先示范。"有法可依、有法必依、执法必严、违法必究"应切实体现于实际行动。同时，管理就是服务，行政管理就是为广大人民群众服务，要加强服务观念，警惕官僚主义习气。

第四，行政管理关系国计民生，对国家和社会的发展有重大影响。工作必须及时到位和积极有效。而且应当追求高效,防止负效、无效、低效。

四、行政管理学的研究内容

一门学科的研究内容取决于其研究对象及范围,行政管理学的研究内容,既应当包括行政管理的基本理论和具体实践、静态的组织人员机构和动态的行政运行过程,也应包括一般管理要素和具体行政管理实施。对于行政管理学的研究范畴,不少学者提出了自己的观点,其中比较有代表性的有:

伦纳德·怀特将行政管理学的范畴归纳为四大部分,即组织原理、人事行政、财务行政、行政法规。"唯在行政各支系中,均有数种根本问题:组织、人事、监督、财政,此即本书所极欲揭示者也。"他的这种观点见之于美国的第一本大学行政管理学教科书《行政学概论》,对后来的研究产生了一定的影响。

卢瑟·古立克和林达尔·厄威克合编的《行政管理科学论文集》提出了著名的"七环节"理论,即计划、组织、人事、指挥、协调、报告、预算,以此概括行政管理的七大基本职能,这在当时颇有影响。其中计划理论后来逐步发展成为设计理论,为新的决策科学的创立提供了有益的准备。

我国台湾学者张金鉴试图用更细致的分类来表述行政管理学的研究范畴,提出了"15M"理论,即目标(aim)、计划(program)、人员(men)、经费(money)、物材(materials)、组织(machinery)、方法(method)、领导(command)、激励(motivation)、沟通(communication)、士气(morale)、协调(harmony)、及时(time)、空间(room)、改进(improvement)。

张国庆教授认为行政学的基本研究范畴主要有以下几个方面:行政原理、行政职能、行政权力(授权)、行政组织、人事行政(公务员制度)、行政领导、行政决策、行政计划、行政程序、行政执行、行政技术、行政行为、行政效率(绩效)、机关管理、公共财政(财务行政)、物材行政、行政责任、行政监督、行政道德、法制(治)行政、行政改革、行政能力、行政发展等范畴。

行政管理在不断发展,其研究的内容也在不断丰富,1926年怀特出版的著作《行政学导论》中仅提及了组织原理、人事行政、财务行政和行政法规四个部分,现在所涵盖的内容已是远远超出了。现代行政管理学内涵外延越来越丰富,国内外学者们也在不断加强行政管理学的研究,不断丰富行政管理学的学科体系。

第二节　行政管理学的发展演进

一、行政管理学的产生条件

首先,行政国家和现代行政现象的出现,使得原有的行政管理方法难以适应时代,迫切需要有一门科学从理论上来指导国家的行政管理活动,以使政府能更好地履行其职能,完成其使命。在奴隶社会、封建社会甚至资本主义发展初期,由于社会生产力水平不高,社会关系相对简单,国家事务和社会公共事务不太复杂,政府职能有限,主要集中在保卫国家免遭外来侵略,维护社会秩序,保护个人财产,因此行政管理还不可能成为一门独立的学科。19世纪末20世纪初,随着资本主义的发展和工业革命的完成,垄断组织的出现和城市化的发展,政府职能由政治统治扩大到对经济和社会事务的管理,政府由消极放任的守夜人变成了积极干预社会生活的"行政国家",这使得行政职能加强和行政活动范围扩大,行政机构迅速增加,行政人员队伍日益壮大;机构臃肿所造成的庞大的财政开支和效率极低的官僚作风,妨碍了资本主义商品经济的发展,损害了资产阶级的利益,也引起了社会公众的不满。要求研究行政现象和行政规律的呼声日益强烈。从这一层面上来讲,行政管理学是资本主义社会经济和政治发展到更高阶段的产物。

其次,科学管理运动的兴起推动了行政管理学的形成与发展。19世纪末,自由资本主义发展到垄断资本主义阶段,生产面临着一些前所未有的矛盾和问题。资本积累的惊人增长与管理利用方式的落后不相适应,生产技术的进步和企业规模的扩大与传统的经验管理发生了冲突。工人劳动生产率低下;劳资之间的对立和员工之间的不协调妨碍了生产的增长和利润的增加;缺乏严格的责任制度以及专门化的管理知识和管理人才使专业化协作生产陷于混乱。这些矛盾和问题呼唤着管理思想和管理制度的创新,催生了科学管理时代的到来。泰勒所开创的科学管理理论最初是针对企业管理而提出的,着眼于如何在工厂中提高劳动生产率问题。但他主张实行预先计划;用科学的方法挑选员工;对员工进行科学教育和培训以使他们掌握标准化的操作方法,使用标准化的工具、机器和材料,在标准化的作业环境中,完成经测算规定的工作定额;管理部门和员工之间保持密切友好合作关系等也为政府行政的改革提供了方法和启迪。在科学管理运动兴起后,一些行政管理学家开始通过科学管理的原则来提高政府管理效率。从这一层面上来讲,科学管理运动的兴起促成了西方行政管理学的形成与兴盛。

再次,多种学科,比如政治学、管理学、心理学、经济学、法学、社会学等相关学科的发展为行政管理学的发展提供了支撑。以政治学为例,有人把政治学和行政学这两门学科比作根与树、花与果的关系:行政学之树,源之于政治学之根;行政学之果,结之于政治学之花。从学科发展的历史看,行政学的确是从政治学中分离出来而成为一门独立学科的。在行政科学产生以前,其有关内容就包括在政治学之中。政治学的发展是促进行政学产生和发展的一个重要因素。

不少学者认为,行政学是在四种理论的基础上或直接促进下发展起来的。

一是西方近代政治学尤其是国家学说。十七八世纪,在资产阶级革命中涌现出一批杰出的政治学家,如洛克、孟德斯鸠、卢梭等,他们所鼓吹和确立的天赋人权、社会契约、三权分立等思想,把政治学理论推进到了一个新的发展阶段,为资产阶级国家政权体制的建立奠定了理论基础。它为行政管理学提供了有关国家权力(行政权)、民权民意、政府结构、政治过程等概念和范畴,提供了传统的理论和思辨的研究方法。

二是君主制时代德、奥两国的官房学。官房学又译为计臣学,主要研究如何有效地为国家(君主)管理财政、经济、行政等问题。官房学后来演变为公共财政学,成为行政学的重要组成部分。

三是普鲁士的任官制度和英国的文官制度。18世纪初期,普鲁士在西方首先创立了依据考试任用官吏的制度。1713年,普鲁士规定必须经过考试竞争才能任用法官,10年后进一步明确此规定适用于其他官吏。英国则在1805年设立了常任文官,1854年正式确立了常任文官制度。文官制度为行政学的公共人事行政的研究提供了最主要的范畴和最早的规范,因而对行政学的形成具有直接的推动作用。

四是西方资产阶级革命时代兴起的行政法学。行政法学与资产阶级革命几乎同期产生,其最初的宗旨是要反对和制止封建君主对资产阶级强权的、粗暴的甚至是肆无忌惮的干涉和掠夺,后来则演变为研究行政法律关系的学问。行政法学开创了"依法行政"思想的源流,建立了"法制行政"的最初的理论规范,而这恰恰是迄今为止行政管理学最重要的理论基础之一。

二、行政管理学演进的阶段

行政管理学作为一门社会管理规律学科,对于其演进阶段的划分有着不同的提法,按张国庆教授提出的"以新学派的创立、新理论的形成、新的研究方法的提出"为研究阶段的划分标准,行政管理学的发展演进可以分为如下几个阶段:

(一)早期行政管理研究时期

早期行政管理研究时期是指 1887 年伍德罗·威尔逊发表《行政学研究》一文到科学管理理论兴起之前的一段历史时期。这一时期,行政管理学建立了基本的理论基础,形成了初步的学科体系,产生了比较大的影响。

19 世纪末期是西方国家由自由资本主义向垄断资本主义过渡的历史时期,各国工业化的迅猛发展,不仅在工商、金融界形成了一批对国民经济和国民生活具有举足轻重影响的大型垄断组织,而且社会发展过程中出现了都市化以及随之而来的一系列的、前所未有的复杂的社会问题,这对国家控制和管理提出了新的要求,而政府及其人员的状况却不能令人满意,诸如效率低下、不负责任、贪污腐化、铺张浪费等现象层出不穷,这就为行政管理学的研究提出了一系列的现实课题。

早期行政管理研究时期的主要代表人物是美国的威尔逊和弗兰克·古德诺。1887 年,威尔逊《行政学研究》一文的发表被认为是行政管理学发端的标志。在《行政学研究》一文中,威尔逊首先批判了当时美国民主政治所表现出来的清淡、迟缓、彼此牵制和行为无力等现象,主张重新认识权力和授权,认为如果对权力控制和使用适当,那么集中的权力能够更好地为国民造福,这种权力愈大愈好。威尔逊认为,传统的论证主要集中于政治过程方面,面对如何实施法律则注意不够,所以应当把研究的重点放到行动的政府方面,即放到政府行政方面。威尔逊还认为,国家的权力主要是掌握在决定政治的议会和执行政治的行政部门手中,这就从结构上否定了三权分立的学说,提出了政治与行政的两分法。威尔逊引用布隆赤里的话:"政治是在重大而且带普遍性的事项方面的国家活动,因此,政治是政治家的特殊活动范围,而行政管理则是技术性职员的事情……政策如果没有行政管理的帮助将一事无成。"

著名政治学家古德诺在 1900 年发表的《政治与行政:对政府的研究》一书中全面、系统地论述了"两分法"理论,认为传统的三权分立学说不符合民主国家的实际,因为民主国家的主要职能只有政治和行政两种,司法只不过是行政的一小部分而已。所谓政治,是国家意志的表现,也是民意的表现和政策的决定。它是由议会掌握的制定法律和政策以表达国家意志的权力。所谓行政,是国家意志的执行,也是民意的执行和政策执行,它是由行政部门掌握的执行法律和政策的权力。古德诺还认为,行政学不研究政治问题,那是政治学的任务,也不使用民主或程序标准,而是研究政府的行政效率、使用方法或技术的标准。

一般认为,"两分法"之于行政管理学的意义在于从四个方面提出了关于学科的论证基础:①政府由"政治"与"行政"两种过程构成,"行政"是其中一种单独的过程。②行政研究应当建立在管理的基础上而不是法律的基础上。③关于"行政"的科学研究可以寻得类似于物理学的普遍原则,行政研究可以由艺术转变为一门科学。④行政将成为现代政府的中心问题,运用行政科学可以增进政府管理的效率。

（二）传统行政管理研究时期

传统行政管理研究时期以美国人弗雷德里克·泰勒于 1911 年发表的《科学管理原理》一文为发端,到 20 世纪 30 年代行为科学兴起之前。这一时期,行政管理学在前一段研究的基础上,同时受到科学管理理论的启发和影响,开始转向建立学科的基本框架和基本体系的方向上来,其研究重点集中在谋求行政组织的合理化、行政过程的制度化、行政行为的效率化和行政方法的标准化。这一时期提出了行政管理学的研究目的、研究对象、理论范畴、管理原则和研究方法等一系列的规范,基本上形成了行政管理学的学科体系。这一时期组织理论研究的代表人物有美国人泰勒、法国人亨利·法约尔和德国人马克斯·韦伯,行政理论研究的代表人物有美国人伦纳德·怀特、威廉·魏洛比、约翰·费富纳、卢瑟·古立克和英国人林达尔·厄威克。

泰勒开创了科学管理的先河,因而被称为"科学管理之父";同时他采用实验的方法研究管理问题,这在之前的管理学研究中也是从未有过的,开创了实证式管理研究的先河。他着眼于企业的基层管理,提出了以时间动作分析、工作定额制度、标准化管理、对工人进行职业培训和刺激性的差别工资等概念为核心的管理理论,以此为核心的管理学流派被称为"管理技术学派"。在泰勒的整个思想的发展过程中,他始终注重从技术分析的角度研究工人的工作方式、工作过程和工作协作,试图通过最合理、最有效的组织配合,来达到提高工人工作效率的目的。泰勒组织管理思想的逻辑思维是:劳动生产率低下是工厂中存在的主要问题。解决这一问题的途径不仅在于解决劳动力问题,更重要的在于解决低劣的管理问题。为此,需要建立一套完整的工作制度,而实施这套制度的主要办法就是人物管理,即对工人在一定时间里的工作和完成工作所需要的技术手段做标准化处理,把工人的报酬和工作成绩直接联系起来。他认为,应当把计划和执行区分开来,并加强专业化职能人员在组织中的作用。泰勒摆脱了传统的、依靠个性进行组织管理的旧模式,开创了科学组织管理的先河。泰勒认为,科学管理可以被应用于政府部门的原因在于,"在他看来,普通公务员的工作量几乎不超过日标准工作量的 $1/3\sim1/2$"。

法约尔注重管理人员管理方法的改进,他以加强企业上层的行政管理为目标,并自认为他的理论适用于一切组织,所以他的理论被称为行政管理理论或一般管理理论。法约尔首先确定,在所有的工商企业组织中都存在六大类基本活动:技术活动、商业活动、财政活动、安全活动、会计活动和行政管理活动。其中行政管理活动又可以分为计划、组织、指挥、协调和控制五项内容,他把管理的五项活动称为管理的五要素。在法约尔的概念里,管理和行政管理不能混为一谈,管理是企业确保六项基本职能得以顺利执行的全部活动,行政管理只是这些职能之一。行政管理职能只影响到人员,其他各种职能则控制着物质和机器。"行政管理就是计划、组织、指挥、协调和控制:计划意味着研究未来和工作计划;组织意味着建立企业的物质和人事机构,把人员和物质都组织起来;指挥意味着要工作人员去做工作;协调意味着把所有活动统一和联系起来;控制意味着设法把一切工作都按已经规定的章程和已经下达的指示去做。"

法约尔还在他 1908 年发表的《论一般管理上的原则》一文中提出了他的行政管理的 14 项原则:①分工,减少浪费,增加产出和便于人员培训;②权力,实现正式的职位权力和个人的智慧经验、道德品质、领导能力、经历等个人权力的统一,同时强调权力与责任对称;③纪律,建立以服从和尊重为基础的组织和雇员之间的关系,有力的领导、明确的协议和审慎的制裁是必要的;④统一指挥,每一名部属只能有一位上司,双重指挥是对权力、纪律、稳定、效率的一种威胁;⑤统一指导,组织只能有一个计划、一个目标、一名负责人,组织需要集中精力、协调力量、统一行动；⑥个人利益服从整体利益，借以消除无知、野心、自私、懒惰等人性弱点；⑦报酬，合理的报酬既是为了使人员具有更大的价值，也是为了增强人们工作的动机，调动积极性；⑧集权，自上而下实行管理，权力最终归属最高领导者；⑨等级链，组织从上至下形成明确而无间断的等级、权力和沟通通道；⑩秩序，任务活动有严密的安排，形成进退有序的工作规范；⑪平等，人格平等且公正合理，以此作为成员关系的基本准则；⑫人员保持稳定，制订稳定的人员计划，更新人力资源；⑬主动性，诱导和劝告每一个人在工作中充满热情和发挥干劲；⑭团结精神，强调和谐和团结一致，分裂是一大罪状。

马克斯·韦伯是社会学的三大"奠基人"之一，他以"合理性"和"合法性"为中心概念的官僚制或官僚科层组织理论，即以"官僚模型"为主体的"理想的行政组织体系"，被认为是组织学的也是行政学的最重要的理论之一。韦伯的最大贡献，就是提出和建立了现代社会的官僚模型。在韦伯的概念中，"官僚"这个词并不含有现在流行的"官僚主义"的意思，而只是表明组织设计之中的某些特点和规范。韦伯认为，官僚集权组织是适用于一切复杂组织的最有效的组织形式。韦伯的理想组织形态是以他关于"权力"的观点为基础的。他认为，合法的即被接受的权力有三种：第一种是传统权力，是世袭的，它来自对传统文化的信仰和对个人明确而特殊的尊严；第二种是超人权力，是个人奋斗得来的，它来自领导者的意志和强制性权威；第三种是法定权力，是选举产生的，它来自法律和社会契约。韦伯认为，某种形式的权力是组织实现其目标的基础，没有这种权力，组织将一事无成。权力可以消除混乱，形成秩序，带来组织的有效性。

合理、合法的职权观点是韦伯官僚概念的基本观点。而合理、合法的职权的基本范畴的结构包括：①一个由规则约束的官员职责的连续的组织；②详细规定权限范围；③官职的组织遵循等级原则，即每一个较低的官职处于一个较高的官职的控制和监督之下；④管理官员行为的规则可以是技术性规则和规范；⑤在合理组织类型中，行政人员应该完全和生产资料或管理资料的所有权分开；⑥在合理类型的情况下，任职者完全不能滥用其官员职位；⑦行政法令、决定、条例以书面加以记录和规定；⑧用种种不同的方式行使法定权力。

韦伯指出，一般来说，纯官僚式的行政组织，即各种独裁的官僚形式，从纯技术观点上看，能够取得最高的效率。他没有为理想的官僚集权组织下过定义，但却详细地描述了这种组织结构的特征：①官僚组织形态是根据完整的法规制度设立的一种组织结构，这种组织结构有确定的目标，并依靠完整的规章制度去规范组织成员的工作行为，从而有效地达成组织目标；②这种组织是井然有序的权责体系，组织内部根据需要实现劳动分工，同时明确规定每一个成员的权责并使之合法化，权责按等级的原则组织起来，形成一个统一的等级序列；③根据组织中不同层级的职位需要，公开招考和挑选具备某种技术资格的成员，按照其专长进行合理分配和正式任命，务求每一位成员称职并只有一位上司；④行政管理人员不是他所管辖公司的所有者，他们只是公职人员，他们领取固定的薪金，他的奖惩与升迁任用制度加以明确规定并与工作成效相联系；⑤行政管理人员要遵从官场的严格规则、纪律和制约，而不受个人感情的影响，并且毫无例外地适用于各种情况。

怀特1926年出版了《行政学概论》一书，他在书中指出在错综复杂的现代社会中研究行政事务，必须运用科学的方法得出某些规律性的东西，进而建立相关的原理、法则和知识体系，他指出组织原理、人事行政、财务行政和行政法规应是行政学的基本内容。怀特颇具特色地提出了建立行政管理学理论体系的四个假定：第一，行政具有公共性，"行政为单一之程序，无论何处所见到之重要特质,均大体相同";第二,管理是行政管理学的实践基础,"行政之研究应始自管理之基础,而不宜始自法律之依据";第三,行政管理是科学,是实践的技术,即"行政在大体上,仍系一种技术,但于转变之为科学之重要趋势,极端重要",第四,行政管理十分重要,"行政业已成为,且将继续为现代政府问题之中心"。

魏洛比在 1928 年出版了《行政学原理》一书,他认为,财政、预算和物资管理是行政管理学的主要研究范畴,他拓宽了行政学的研究范围。费富纳 1946 年出版了《行政学》一书,他认为行政就是一些人为完成政府任务所作的协调努力,是集体努力与合作的艺术。古立克与厄威克在合编的《行政管理科学论文集》中提出了管理的七职能理论,即计划、组织、人事、指挥、协调、报告、预算。另外,厄威克还提出了对于行政组织管理普遍适用的八项原则:目标原则、人员与组织结构相适应原则、"一人管理"原则、"专业参谋和一般参谋"共存的原则、"授权"原则、"责权相符"原则、明确性原则和"控制幅度"原则。

(三)修正行政管理研究时期

修正行政管理研究时期指的是以艾顿·梅奥 1933 年的《工业文明的人类问题》为发端,到 20 世纪 60 年代系统管理学派兴起之前。这一时期是行为科学—人际关系管理理论盛行的时期。行为科学—人际关系学说并不是独以行政管理学为冲击对象的,而是一种非常广泛的社会科学研究现象。它使用反传统的研究方法,开拓了以人的行为和人际关系为中心的新的研究领域,所以有人称之为"新社会科学"。

"行为科学"的概念最早是美国芝加哥大学的一些教授于 1949 年提出来的。起因于美国福特基金会资助该校"个人行为与人群关系"的研究计划,该计划简称行为科学,此后,行为科学就作为一种全新的社会科学概念而流行于世。一般认为,行为科学发端于 1927—1932 年美国的"霍桑试验"。从 1927 年到 1932 年,梅奥和伊瑞茨·罗特利斯伯格以及托马斯·怀特赫德三位美国哈佛大学的教授在美国南方电气公司的霍桑工厂连续五年进行了新的实验,即著名的"霍桑实验",通过对组织中人的行为的实证性研究,他们开创了行为科学—人际关系学说的理论先河。他们认为,对人格的尊重、参与、情绪发泄、社会平衡、士气、小团体及其制约、非正式组织等,是组织管理过程中决定性的因素,而法律、制度、规章、纪律、精密性等则是次要的因素。这样,他们就从根本上背弃了传统的管理学的主要理论,开创了一种崭新的管理理念和研究视角,进而奠定了行为科学的基础。

霍桑试验包括继电器装配室实验和云母剥离室实验、访谈计划、绕线机组实验三个阶段。①继电器装配室实验和云母剥离室实验。该阶段证明:客观的物质性质的变量,比如工作环境、工作场所、工时长短、疲劳程度、劳动强度、照明条件、身体状况连同工资制度是造成劳动生产率升降的原因,但不是主要的原因。主要原因是工人态度与情绪的改变以及与之相关联的团体社会关系的改变。②访谈计划。该阶段证明:士气与监督工作存在着因果关系,而士气和监督又与工作产量发生一定的因果关系。在这里,监督是指以人(监工)的行为方式出现在正式的组织监督。因此,这种监督实际上也体现了一种人际关系。改善这种人际关系,使之变得坦率、合理、善意,是改善工作环境中人际关系模式、实现人性激励的重要方面。这种改善将直接影响到士气以及工作成果。处理这种人际关系的能力,是新型的领导能力所在。访谈计划还证明:在组织中建立有效的信息沟通渠道,实行参与管理,可以使工人的工作态度和情绪好转,从而使产量增加。③绕线机组实验。该阶段实验证明:企业中不仅存在正式组织,而且存在非正式组织;企业成员不仅受正式组织的约束,而且受非正式组织的约束。非正式组织以感情、地位和相互间的社会作用为基础，形成特定的群体，并以群体特有的行为方式来保护或制约自身的成员，以使其行为符合群体规范，从而在正式组织所要求的"效率的逻辑"与非正式组织所要求的"感情的逻辑"之间建立平衡，并通过满足组织成员的某种社会心理需要来调动其工作积极性。

梅奥等人以实验的结果为依据，主要提出了三条原理：①工人是复杂的社会系统的"社会人"，而不仅仅是"经济人"。所以，工人会追求金钱收入，但也会追求人与人之间的友情、安全感、归属感和受人尊重的感觉等，他们还有社会、心理方面的需求。因此，社会、心理因素是鼓励工人提高劳动生产率的基本途径。②企业中普遍存在着经常表现为某种团体的"非正式组织"。这些团体有自然形成而其成员必须服从的规范或惯例，并且非正式组织同正式组织是相互依存的，对生产率产生直接影响。③新型的领导能力在于，"要在正式组织的经济需求和工人的非正式组织的社会需求之间保持平衡"，即通过提高职工的满足度而激励职工的"士气"，从而实现提高生产率的目标。因为在职工的需要中金钱只是其中的一部分，甚至不是主要的部分，职工更多的是感情、安全感、归属感等与人类情感、情绪相联系的需求。

管理理论领域在梅奥之后形成了一系列新的学说以及理论观点，比如：亚伯拉罕·马斯洛的需求层次理论、弗雷德里克·赫兹伯格的双因素理论、道格拉斯·麦格雷戈的 X-Y 理论、库尔特·卢因的团体动力学、维克托·弗鲁姆的期望理论、博尔赫斯·斯金纳的强化理论、克里斯·阿吉里斯的不成熟—成熟理论、罗伯特·坦南鲍姆和沃伦·斯密特的领导方式连续统一体理论、罗伯特·布莱克和琼·穆顿的管理方格理论、斯达西·亚当斯的公平理论、约翰·莫尔斯和杰伊·洛希的超 Y 理论、威廉·大内的 Z 理论、詹姆斯·穆尼的管理过程理论等。

科学—人际关系学说直接影响了关于行政研究的进程，许多行政学者开始使用行为主义的观点和方法研究行政现象，其中以赫伯特·西蒙为代表的决策理论学派较具影响。他认为，传统的理论对组织的说明只限于组织的结构、权责和指挥，因而过分简单和不切实际，要真正了解组织就必须对组织中的每个成员的逻辑抉择和心理抉择加以研究。传统的组织理论把人看成组织中一个毫无生气的既定因素而不是一个可变因素，因而忽略了人的行为的重要性。组织是决策过程的复杂系统，他把组织成员的心理、行为和决策联系起来，认为决策充满组织管理的全过程，是组织的中心因素。因此，领悟和把握一个组织的结构和功能的最好办法就是对组织决策进行分析，这种分析以对组织内影响成员决策和行为的因素进行分析为前提。所有的管理活动都是团体活动，决策是许多团体活动的共同结果，而不是等级系列中的个人决定。因此，团体参与是组织管理的合理方式，而要实现团体参与就必须首先实现组织平衡，即在成员对组织的贡献和组织对成员的满足之间建立平衡，这种平衡是以组织对成员实现激励而产生的诱因为基础的。

西蒙不满意传统的行政研究的方法，认为那不能正确表现行政现象和反映行政过程，主张用行政行为的动态的研究方法来取代传统的法度体制的静态的研究方法，从而使行政研究切实有效。他的理论被称为管理决策理论，也有人称之为逻辑实证学派。西蒙在 1947 年出版的《管理行为——管理组织决策过程的研究》一书中，明确地提出了他的行为主义行政观：①传统的行政研究所提出的一些行政原则只不过是一些"行政谚语"，因为他们的研究不够科学；②必须区分事实因素和价值因素，并在此基础上区分政策与行政；③行政管理学与包括自然科学在内的各个学科相通，都应以事实为对象进行实证研究；④正确的概念工具是建立科学原则的基础；⑤研究行政行为必须重视借鉴经济学、社会学、心理学等科学的发展成果；⑥决策或决定是行政行为的核心问题。

在这个时期里,国外许多行政学者也在努力对行政管理学进行新的探索或归纳,其中较有影响的有:菲利克斯·奈格鲁的《行政学》、理查德·沃纳的《行政管理原理》、奥德韦·狄德的《行政目的与行政行为》和《行政艺术》、德怀特·沃尔多的《行政国家》和《行政管理中的观念与问题》、狄莫克夫妇的《行政学》等。

(四)整合行政管理研究时期

这一时期开始于 20 世纪 60 年代初,没有明显的标志,而是一种渐进的过程,如果从提出新问题的角度来划分,该时期或许可以以哈罗德·孔茨于 1961 年发表的《管理理论丛林》一文为启端。在该文中,孔茨用"丛林混战"一词来描述和形容管理理论的名词、术语、定义、假设漫天飞舞,学派、理论、体系、方法林立的现象,由此提出了管理理论价值取向和价值标准混乱,造成学术研究和管理实务困惑迷茫的问题。1980 年,孔茨发表了《再论管理理论的丛林》一文,认为当时至少可以概括出社会系统学派、决策理论学派、系统管理学派、经验主义学派、权变理论学派、管理科学学派、组织行为学派、社会技术学派、经理角色学派,经营管理理论学派等十余个学派。为了突破和摆脱"丛林混战"造成的困境,人们开始试图寻求一种能够较为有效地整合各种管理理论的新的基础。这就是后来的系统理论和权变理论。

新的研究是从对行为主义的批判开始的。1964 年,戴维·伊斯顿在《政治学评论》刊物上发表了《政治学的革命》一文,对行为主义的理论进行了抨击,认为制度研究与行为研究同等重要,研究方法与理论架构不可偏废,同时反对价值中立观,主张后行为主义革命,受此影响,管理学的研究主流开始发生转变。

系统论是对传统的科学管理和行为科学各自偏颇的否定。前者过分看重制度、纪律、标准化在组织管理中的有效性,后者则过分强调人性激励、心理满足、自我实现对组织管理的合理性,因而都在实践中暴露了相当的局限性,无法普遍适用于各类组织。同时,科学管理和行为科学也忽视了组织管理与广泛的社会环境之间的相互关系,因而限制了人们的视野。在这种情况下,用综合的、全面的、相互联系的观点来看待、分析和研究组织现象,寻求一种能够广泛适合于各类组织的理论构架,就成为一种历史的要求,一般系统理论就是这种要求的产物。

系统论为人们研究世界提供了新的指导思想和方法论,也为各个学科的沟通提供了前提。它强调组织的部分、部分之间的交互影响、部分之和组成的整体的重要性,强调组织对环境的影响和环境对组织的影响,把组织看成一个相互联系的、动态的、开放的系统,从而使人们对组织的一般性质和一般发展规律有了更深刻的认识。但是,一般系统观念却包含着比较高的概括性,它更倾向于"原则性"而不是"技术性"。进入 20 世纪 70 年代以后,西方社会经历了一个动荡不安的时期,在这个时期中,组织管理的原则都变得不再确定,"最佳途径"、"标准建议"和"通用方法"受到质疑。正是在这种背景下,人们开始寻求更为具体、更为特殊的组织特征和相互关系的模式,寻求一般系统论在具体的组织管理过程中的作用和应用,权变观应运而生。

权变观包括权变管理理论、权变领导理论和权变组织理论等。所谓权变,就是权宜通达、应付变化。权变观以系统理论为基础,它否认一成不变、普遍适用的"最佳"管理理论和方法,认为每一种组织都有其特定的社会环境和内部条件,因此,随机应变,一切以时间、地点和条件为转移是组织管理行之有效的关键。权变观强调管理现象的多变性,但并不否认"类型"的意义。相反,它主张通过大量实例的研究和概括,来建立管理关系的基本类型,因此,"权变管理就是依据环境自变数和管理思想及管理技术因变数之间的函数关系来确定的一种对当时当地最有效的管理方式"。

权变观的中心思想是,在承认系统关于组织与环境以及各个分系统之间存在相互联系、互动作用和一致性的基础上,制定特定条件下组织的最有效的管理方式。在权变组织观的概念中,"它取决于"具有决定性意义。这意味着每一个特定的组织都必须确切地了解自己所处情境的各种可变数以及这些变数之间的相互关系和相互作用,把握组织管理过程中各种复杂的因果关系。因此,不存在普遍适用的管理原则和组织模式,一切都取决于时间、地点和条件。但一般系统论并没有被抛弃,而是在提供总体指导思想的基础上,由原则性转向灵活性、由标准化转向多样化。具有影响力的权变管理观有卡斯特的组织分析和菲德勒的领导权变模式。

一般系统理论与行政管理学相结合,形成了生态行政学。生态学本是研究生物与环境相互关系的一门自然科学。遵循系统论的观点将其引入行政现象的研究,于是就有了所谓生态行政学。其研究的基点在于,政府赖以生存和运作的生态系统的重要性,强调政府与其环境的互动和动态平衡。一般认为,最早运用生态观点来研究行政管理现象的是美国人约翰·高斯。他在1936年和1947年分别发表了题为《美国社会与行政管理》《行政管理的境界》《政府生态学》等文章,阐述了政府及其行政行为与社会环境相互关系的重要性,强调政府与其生态环境的交互作用,从而开创了从社会文化的角度研究行政管理的先例。集生态行政研究之大成,用生态理论和模式来解释行政现象的则是美国人弗雷德·雷格斯。他于1957年所著的《农业型与工业型行政模式》以及于1961年发表的《行政生态学》都是当时风行一时、被引为典范的有名的生态行政学论著。他认为,迄今为止人类的行政模式可以分为融合型的农业型行政模式、棱柱型的过渡行政模式、衍射型的工业型行政模式三种模式。这三种模式反映不同社会形态的发展水平,因而能够适用和解释现代工业社会、传统社会和开发中社会国家的行政现象。雷格斯的生态模式以及上述理论为在比较中确定各种行政类型的特质提供了一种研究框架。

在这个时期,西方国家出现了大量新的社会现象和现实、尖锐的问题,迫切需要政府公共管理及时和有效的加以运行,在这种历史条件下,一种新的理论和技术方法——公共政策分析应运而生。

公共政策分析也称政策科学、系统分析、政策研究、社会工程、系统工程等。有一种观点认为,公共政策分析将成为行政管理研究的主要领域。公共政策分析兴起的背景,在于现代政府政策条件和政策任务的复杂化:现代政府所面临的已不再是个别的、单一的、简单的和基本稳定或一再重复出现的社会矛盾和问题,而是大量的相互关联、相互制约的愈来愈具复杂性、尖锐性、普遍性、专业性、变化性和发展性的各种社会矛盾和问题——20世纪60年代至70年代,不少西方国家先后出现诸如暴力犯罪增加、经济停滞、环境污染、能源短缺、失业扩大以及住房、卫生、社会保障、公共交通等众多的社会问题,其中美国更是问题丛生,诸如越南战争、种族冲突、城市暴动等严重的社会问题大大激化了社会矛盾,使社会处于严重动荡不安的失衡状态之中。因此社会公众强烈要求转变政策,摆脱困境,实现社会正义和社会公平的诉求。与此相一致,社会公众所关注问题的焦点,更多的不再是抽象的理念或原则问题,而是那些与自身现实切身利益密切相关的特殊的公共政策问题、公共管理问题和公共服务问题。这就使一批具有一定学术素养,同时具备相当实际经验的学者、科学家和政府官员深切感受到,应当建立一种能够兼容各相关学科优势,且能够解决各种现实公共政策问题的全新的学科。由此产生了公共政策分析。

美国政治学家哈罗德·拉斯韦尔在1951年与丹·勒纳合著了《政策科学:近来在范畴与

方法上的发展》一文,政策科学由此得名,并被多数人认为是现代政策科学发端的标志。政策科学并不仅仅是一个或几个学科的简单的集合、发展或更新,而是一个几乎全新的研究领域。由于它具有明显的跨学科的特点并被广泛应用于各行各业、各个领域,因而迄今为止它所涉及的学科边界界限是模糊的。张国庆教授认为政策科学的逻辑过程至少包含了三个要点,即欲达到的目标或目的、为达成目标而作的宣示或拟采取的行动,以及由政策声明所引发的权威者的实际的政策行动。政策科学以现实、合理、有效、可行的政策为追求目标,通过诸如理论与实践、定性与定量、宏观与微观、规律与个别情况、必然与偶然、实际与假设、理念与创造力、想象与可行性、战略与策略等一系列理论和技术方法的有选择的应用,并通过政策制定系统的改进,来制定切实可行、行之有效的政策规范,以解决那些直接关系到社会公众生存和人类社会未来的公共政策问题。

(五)新公共管理时期

新公共管理时期是指 20 世纪 80 年代以来的政府改革运动和行政管理思潮。自 20 世纪的 70 年代末开始,西方各国纷纷开始行政改革。引发这场改革的原因是多方面的,首要的是经济衰退导致的公共财政收入减少和福利国家的福利支出过大,使各国陷入财政紧张的危机之中。面对财政困难,各国政府设法节约行政开支,并进行行政管理与组织的内在变革,整个西方进入了"行政改革的时代"。这一场改革运动波及美国、英国、荷兰、丹麦、加拿大、澳大利亚、新西兰、希腊、西班牙、意大利、德国、法国等国家。

这场行政管理改革运动先在英国展开。1979 年,英国首相撒切尔上台后,采取了一系列改革措施。这些措施包括,成立效率小组,负责对政府的项目计划和工作进行审查,以减少浪费和促进效益;实行大规模的私有化,把包括英国石油、英国电讯、英国钢铁、英国航空等名公司在内的 40 多家国有公司卖给私人;对地方政府的预算开支实行总量控制;要求所有的地方建筑和公路建设项目在公共部门和私人部门之间进行公开竞标;把一部分公共服务职能从政府各部门中分离出来,成立专门的半自治性质的"执行局"向社会提供公共服务。随后,澳大利亚、新西兰等国也掀起了类似的改革,其中尤以新西兰的改革备受瞩目。新西兰在 1984 年工党执政后开始了大刀阔斧的行政改革,几乎废弃了所有的公务条例,对核心公共部门进行重组,建立数十个按绩效预算运行的小型部门,将价值 50 亿美元的公有公司私有化,将其他公共行业变为完全自主经营的国有企业。美国的行政管理改革自里根政府开始。20 世纪 80 年代初期,里根政府就开始控制政府规模。里根政府许诺减税、精简政府开支因而将政府职能承包出去,促进公共部门的私有化。格雷斯委员会呼吁用企业的方法管理政府,因而专业公共部门经理应当较少地受到政治的压力。一些人士认为,私营部门在满足公共部门的需求方面应该扮演更为积极的角色并且替代公共部门。结果是为行政的多元化创立了更多的机会并且为私营部门提供公共服务打下基础。在 20 世纪 90 年代,精简政府的改革运动声势浩大。克林顿上台伊始,就于 1993 年成立了由副总统戈尔挂帅的"美国业绩评论委员会"。在短短的五年时间内(1993—1998 年),美国联邦政府即精简 35 万雇员,占联邦雇员的 16%。这场以权力下放、规章制度精简、市场导向为价值取向的重塑政府运动至今仍在持续。

与科学发展史上的许多被称为"运动"的历史事件不同,新公共管理运动是一场先有实践后有理论的历史运动。从实践上看,它着重要解决的是三个方面的问题:第一,重新调整政府与社会、政府与市场的关系,减少政府职能,以求政府"管得少一些但要管得好一些";第二,尽可能地实现社会自治,鼓励社会自身的自我管理,也就是利用市场和社会力量来提供公共服务,以弥补政府自身财力的不足;第三,改革政府部门内部的管理体制,尽可能多地在一些政府部门中引进竞争机制,以提高政府部门的工作效率和公共服务质量,从而使政府彻底走出财政危机、管理危机和信任危机的困境。虽然不同的国家在改革中选择的路径和采取的措施有所不同,但共同的方面表现在对精简机构、削减政府职能、放宽规制、压缩管理、政府业务合同外包、打破政府垄断和公共服务社区化等措施的运用。

起初,新公共管理并不是一场统一的运动,既没有统一的理论,也没有统一的名称,各国的情况不同,所选择的理论基础也有差别。到了后来,学者们介入对这场运动的思考之中,并根据这场改革运动的特征和目标取向而把公共选择理论、新制度经济学和新保守主义确认为这场改革运动的理论基础,同时也承认公共物品、交易成本、委托—代理人、学习型组织等理念对新公共管理有着较大的影响。至于"新公共管理"这个名称,则是由美国学者克里斯托弗·胡德1991年提出来的。新公共管理运动的基本精神是:①政府不应该是一个高高在上的、自我服务的官僚机构,而应该是一个为公众服务的机构;公众作为为政府提供税收的"纳税人",是政府的顾客,理应享受政府提供的良好服务,公共部门有义务提高公共服务质量。②为了提高公共部门的服务效率,政府有必要引进私营部门的管理方法,因为私营部门具有比公共部门更优越的管理创新能力、管理方式、管理手段、服务理念、服务质量和效率,所以,政府需要向私人部门学习。③政府管理应回应顾客的要求,倾听顾客的意见,建立明确的服务标准,以实现改善公共服务的目的。总之,政府应是一种企业型政府,像企业那样尊重顾客,按照顾客的需求提供服务。而且,公共服务不应只考虑投入,而更应该重视产出,重视服务质量。新公共管理的内涵及特征概括为七个方面:①向职业化管理的转变;②标准与绩效测量;③产出控制;④单位的分散化;⑤竞争;⑥私人部门管理的风格;⑦纪律和节约。

西方新公共管理运动也引起我国学者的密切关注,其内涵和特征被一些学者视为一种新范式。新公共管理的研究纲领或范式特征主要有:①强调职业化管理;②明确的绩效标准与绩效评估;③项目预算与战略管理;④提供回应性服务;⑤公共服务机构的分散化和小型化;⑥竞争机制的引入;⑦采用私人部门管理方式;⑧管理者与政治家、公众关系的转变。

总之,"新公共管理"是一个较为松散的概念。作为一种政府管理改革运动和思潮,其内容主要集中于以下三个方面:①重新调整政府与市场的关系,表现为减少政府的干预,主要措施有推行私有化,减少和改变政府管制等;②重新调整政府与社会的关系,表现为政府服务职能社会化,通过政府业务出租等实现公共服务社会化;③重新调整行政管理机构和行政管理体制,表现为公共部门对私人部门管理机制的引入和强化信息技术应用,包括引入竞争机制、改革政府机构、权力下放、重视人力资源管理、改善服务质量、推行电子政务等。

(六)后新公共管理时期

起于20世纪70年代末和80年代初的新公共管理运动迅速席卷全球,也使行政管理研究者变得空前活跃起来,从而为行政管理学的知识体系增添了许多新的因素,特别是为行政管理学提供了"以市场为原则"的新质。但是,大致从20世纪90年代中期开始,新公共管理运动在实践中暴露出了许多问题,许多改革措施开始发生逆转。比如,解规制变成了再规制,私有化也转向了逆私有化,以美国地方政府为例,公共服务外包在1997年达到顶峰,从2002年开始则明显下滑。尤其是2008年"金融危机"之后,越来越多的学者开始揭露和批判新公共管理运动背后的意识形态宣传,质疑政府对市场原则的依赖,并要求对政府在社会治理中的合法地位重新正名。在此过程中,提出了一些新的以政府为中心的治理理念,如整体性政府、合作式公共管理与合作治理、网络治理、无缝隙政府、新公共服务、新公共治理、软治理、公共价值、新韦伯主义国家等。这些新理念及其指导下的改革虽然并未完全否定新公共管理的基本原则和成果，却要求对这些原则的限度和效度进行谨慎的审察。所以，在这些新的理念指导下的改革一方面继承了新管理运动的许多成果，另一方面也从一种更全面的视角出发来思考公共管理中不同行动主体间的角色、功能和关系，结果就形成了一个后新公共管理的改革时期。在行政管理研究中，也出现了一个后新公共管理阶段。

在新公共管理运动所实行的市场化改革阶段，以政府为对象的理论研究基本被边缘化了，在一定程度上加剧了行政管理学的身份危机。而在后新公共管理时代到来的时候，以政府为研究对象的行政学理论获得了喘息之机，在反击市场化理论的过程中开始对政府及其与社会间的关系做出了新的建构。也正是在这一阶段中，随着非政府组织的成长，诸多社会力量加入社会治理过程中来，成为社会治理主体或准主体，因而使探讨政府与各种各样来自社会的治理力量之间的关系成为理论热点。同时，由于后新公共管理改革并未明确否定新公共管理的基本原则，尤其没有否认它所取得的成果，所以，市场化理论也仍然活跃于学术舞台上。所以，后新公共管理阶段的行政管理研究呈现出了多元化的趋势，在不同方向上探索着人类社会治理的前行道路。这是一波新的浪潮，正推动着行政学的研究走向空前繁荣。

社会治理主体的多元化是新公共管理运动带来的一种全新的现象，这在人类历史上是从未有过的。后新公共管理阶段的行政管理研究正是基于这个现实展开的。尽管这一阶段的行政管理研究相对前一阶段更加强调政府在公共管理中的重要性，但同时，也没有哪一种理论能够忽视甚至无视社会主体在公共管理中的角色和功能。所以，这一时期的行政管理研究大都突出了公民参与和部门间合作等内容。学者们的关注重心虽然重新回到了政府，却不再把政府视作一个封闭系统，而是把政府纳入一个开放的过程之中。进而，学术研究的焦点也不再是政府自身的结构、体制和运行机制，而是更多地关注政府与社会主体间的关系，并基于这种关系来重新思考政府在开放的公共管理过程中的角色定位和模式重构等问题。

在后新公共管理阶段中，理论研究的一个重要现象就是哲学上的后现代主义理论被引入行政学研究之中，并对行政管理研究产生了巨大影响，从而使行政管理研究更加注重话语的问题，事实上，也营造出了行政管理研究的多元语境。由于新公共管理运动激烈地抨击了传统上一直为公共部门所珍视的诸多价值因素，在很大程度上造成了公共性失落的局面，后新公共管理阶段的行政管理研究对此做出了矫正，从而重新突出了公共性、合法性等现代民主政治的基本主题。具有代表性的就是"黑堡学派"的继承者们以各种方式重申了《黑堡宣言》中的基本主张。与此同时，现象学、女性主义、社群主义等哲学思潮也在行政管理研究中产生了重要影响，呈现出了行政管理研究主题的多元化，并形成了众多理论流派。不过，理论以及研究主题的多元化也增加了对话的困难，以至于学者们发现，共同的话语平台正在走向消失，虽然行政管理的研究者变得空前活跃，而且国际性的学术会议也处处开花，但是，几乎所有的国际学术会议都似乎是一些相对固定的学者组成的小圈子的频繁聚会，这在某种意义上可能是行政管理研究者之间认同危机的一种表现形式。同时，随着全球化时代的到来，世界各地都开始出现自主性的行政管理理论，从而使得主要产生于美国的传统行政管理学受到了日益严峻的挑战。尤其是 2008 年的金融危机以来，行政管理研究的话语权已经开始发生位移，可以预见，在这个暂时被称为后新公共管理时期的"无名时代"，非西方的行政理论将逐渐走进世界学术舞台的中心，并将在很大程度上改写行政管理学的知识图谱。

第三节　行政管理学的研究途径

一、管理学研究途径

罗森布鲁姆认为,从管理和类似企业管理的视角探讨行政管理的人们往往会尽可能地缩小行政管理与私营部门管理之间的差异,行政组织就如同一个大企业一样,应该按照同样的管理原则与价值观来进行管理。时至今日,行政管理研究的管理学途径已经发展成为两种派别,即传统管理途径和新公共管理途径。传统管理途径的思维和逻辑主要是建立在政治与行政二分法上的,可以追溯到 19 世纪美国的文官制度改革者,他们将这种途径作为组织公共服务的方式;新公共管理途径是从 20 世纪 90 年代初期开始在以美国为代表的西方世界受到重视的,其发源与传统管理途径的发源类似,也主要是改革取向的,目的在于改善公共部门的绩效。

在组织结构方面,传统管理途径主张公共组织采取"官僚制模式"的组织结构,因为这类组织架构的基本设计原则确实在于尽可能以最小的投入达到最大的产出。新公共管理途径则主张组织结构应当整合组织内部的各项活动,使各分工单位均能够像企业那样服务于市场中的各类顾客,同时组织应当尽量将权力授予各分工单位,使之成为服务供给中心,实现组织的扁平化。

在对个人的观点方面,传统管理途径基本上采取的是"非人格化"的观点,尽管这种观点被视为是实现效率、效能和经济最大化不可或缺的要素,但其强烈的"职位取向"忽视了人在组织中的重要性。新公共管理途径将个人视为"顾客",强调行政要以顾客满意度为导向,罗森布鲁姆指出市场中的顾客与社会中的公民还是有所不同的,新公共管理应当明确顾客回应力的适当边界。

在认知途径方面,传统管理途径强调用科学方法来发展知识,发展行政科学已成为当代行政管理学者们的学术追求。新公共管理在现阶段基本上是由理论推动的,不过它同时也以"务实"的观点来决定什么该做或什么不该做。

在预算方面,传统管理途径对效率、经济、效能、科学的承诺和追求导致此途径支持建立理性的预算体系,在这种体系中,"成本效能"是编制预算时考虑的重点。新公共管理途径对预算的观点集中在公共服务的生产、管制及影响等层面,它不太关心人员或设备等投入层面的问题,在可行范围内,甚至主张政府机关采取"使用者付费"的方式自行创造财源或彼此分享资源。

在决策方面,传统管理途径主张理性决策,官员在决策过程中广泛地考虑各种可能的备选方案后,从中选出最符合成本效能的方案,该途径不太重视公众的广泛参与。新公共管理途径的决策观是建立在回应顾客、建立绩效指标以及成本效能分析等基础上的,一般来说,该途径主张决策采取分散化的原则,强调重视成本观念。

管理学途径影响了行政管理的价值追求和管理方式,并由此影响了公民对行政管理的看法,它使得行政管理变成了与企业管理几乎没有根本区别的一般管理活动。通过使行政管理变得更加具有可操作性和对企业管理方法与技术的借鉴,提高了行政效率,使得行政管理的绩效更容易衡量,增强了行政管理的科学性和合法地位。但是,行政管理在价值追求上有着不同于企业管理的回应性、代表性和责任机制,公民不同于顾客。现代社会总是诱导我们以工具理性的眼光来看待这个世界,要抗拒这种观察方式很难,但又很重要。

二、政治学研究途径

罗森布鲁姆认为,行政管理研究的政治途径源自学者对美国"新政"时期及第二次世界大战期间行政管理脱离政治的批判。与强调行政管理之"应然"层面的传统行政管理研究不同,行政管理研究的政治途径强调的是从经验观察的角度建立理论。对于行政管理研究的政治途径,另一位著名学者华莱士·塞尔在更早的时候就曾做过清晰的论述,他明确指出:"从终极意义上讲,行政管理是政治理论中的一个问题:民主社会中(行政)的基本问题即是对大众控制的责任,行政机关的回应力以及官僚对民选官员的责任;在行政机构的自由裁量权之运用越来越广泛的今天,这些问题是政府运作的重中之重。"此外,著名的行政管理学大师德怀特·沃尔多也在其成名作《行政国家》一书中向人们展示了管理主义行政管理之基本价值选择是如何最终演变为政治偏好之表述的。在罗森布鲁姆看来,一旦把行政管理视为一种政治过程,行政管理研究之政治途径所强调的价值体系便必然不同于行政管理研究的传统管理途径。政治途径所推崇的价值观是"代表性""政治回应""责任"等。

在组织结构方面,政治学途径强调行政管理中的政治多元主义。这种多元主义观点背后隐含着这样一种基本的看法:由于行政部门成了国家政策制定的中心,行政组织的机构应该这样建构,即能够使代表社会不同政治、经济和社会团体利益的代表相互对抗。依照政治学途径的观点去做,行政的结构是政治化的,不同的团体在追求不同的利益。

在对个人的观点方面,该途径倾向于将个人聚合成为一个广泛的社会、经济和政治团体,认为由于每个人均属于特定的团体,所以个人的问题也就等于团体的问题,而团体的利益也就等同于个人的利益。

在认知途径方面,政治学途径视科学为发展事实知识的恰当途径。然而由于该途径十分注重代表性和回应性,以至于它在决定什么是正确的事情上往往倾向于寻求共识和发展广泛的联盟,所以它常常基于公众、利益群体和媒体的意见作出决策。

在预算方面,政治学途径把预算视为一个政治问题而不是事务性的运作或静态的文件。正式的预算分配计划代表了政治系统的价值偏好,而非简单地基于成本—收益分析的结果或顾客满意度的考虑,预算是相互竞争的各种支出要求间的竞争结果。

在决策方面,该途径支持渐进决策的理念,其假设前提是政府决策过程中存在政治多元主义、有限理性问题,并且行政人员可用的时间与资源也常常受到高度的限制。

政治学途径对行政管理学研究产生了巨大影响,它使行政管理因为具有代表性、回应性和责任而显得与企业管理明显不同。但是,政治学途径的不足在于它过分强调行政管理对政治学价值的遵守,不利于行政管理的效率追求。行政管理的使命在于实施政治机构的决策,实现公共利益,因而具有相对具体的目标,这决定了过分强调代表性和回应性及责任控制并不一定利于实现管理目标。

三、法律研究途径

罗森布鲁姆认为,行政管理研究的法律途径主要是将行政管理视为特定情境中应用法律和施行法律的活动,它有着令人崇敬的传统,已经发展成为行政管理的一种重要研究途径,法律途径的行政管理强调的是法治。

法律途径可以追溯至三个源头:①行政法。它主要由管制日常行政过程的一套法律和法规组成,主要包括法律、行政法规、中央行政机关发布的具有约束性的指令和宪法决定。②行政管理的司法化。行政管理的运作程序逐渐仿效司法程序以确保个人合法权利不受侵犯,行政裁决和行政听证得到广泛的运用,从而使得行政部门的工作方式与法院的判决非常相似。③宪法。由于宪法非常关注公民权利,如财产权利、选举权利、隐私权等是否遭到侵犯,而行政部门的行政活动给公民的上述权利带来的影响最大也最为经常,因此行政部门非常重视通过遵循宪法的正当程序开展行政活动。实施法治的行政管理包含三个核心价值:程序性正当法律程序、个人应享有的实质权利和法律的平等保护权、公平。

在组织结构方面,法律途径的行政管理所偏好的结构是抗辩程序,行政组织就好比一个独立的仲裁机关,接受来自不同立场的意见,并主动厘清事实真相,作出公正的裁决。这种模式把服务于顾客变成了一种法律程序,它妨碍效率、经济、效能的实现,也妨碍代表性、回应性、政治责任的实现,其目的在于最大限度地保护个人权利,防止行政行为对个人权利非法的、违宪的侵害。

在对个人的观点方面,法律途径强调正当法律程序、实质权利、公平等价值,所以个人被视为特定环境中具有独立人格的个体,每个人都有权在法庭上陈述自己的主张。由于判断个人平等保护的权利是否受到侵害不仅取决于政府的行政行为,也取决于执行行为的行政官员的意图和目的,所以法律途径重视个人并不表示其排斥诸如集体抗辩这种团体或组织等其他个人组合形式。

在认知途径方面,法律途径主张司法审判是发展知识的最佳方法,所谓"事实"只有通过抗辩过程中不同资料的展现才能得以厘清,至于个人意图或思维在这种途径中均被视为某种程度的客观性而非仅视为主观判断。

在预算方面,法律途径强调的是宪法的完整性以及各项宪政权利的保障,要求预算过程严格依据法律进行,不允许为了提高编制效率和科学性而牺牲法律。

在决策方面,法律途径下的决策具有渐进性,这种决策方式使得法院在应用之前判例之概念和方法的同时对其过去的决策进行某种修正,同样也保证了司法原则的稳定性并且能够产生出良好的政策。

行政管理学研究的法律途径为行政活动的合法进行、公民权利的保障提供了坚实的基础,有助于实现社会公正,反映了宪法的主要意图。由于"行政国家"的事实,公共行政的法治化有助于提高社会法治程度。同时,其对法律正当程序的遵守和行政组织结构、预算与决策方式的影响,也不可避免地导致了行政效率的损失。

四、政策科学研究途径

政策科学代表了更为专业化的知识领域,虽然它也强调决策方案制订过程的民主参与,但这只是一种工具性选择。政策科学的观点是:政府的首要职能是制定公共政策以解决公共问题,客观上存在一个解决既定问题的最佳方案,政府的使命在于通过寻找最佳方案解决公共问题。

政策科学途径认为公共组织应该围绕政策过程设计,在相关主体的配合下通过政策过程解决特定问题。政策科学途径认为公民作为个人可以被分为三种类型:对政策制定施加影响的人、从事政策制定的人和政策目标团体。在获取知识上,它主要依靠借鉴跨学科的知识、开展政策试验和对政策过程进行经验性总结,从总体上倾向于通过实证获取知识。政策科学对预算坚持三个基本理念:成本—收益分析、问题导向和绩效导向。

主要的政策分析方法有:①线性规划方法。该方法研究在一定的人力、物力资源条件下,如何科学、恰当地运用这些资源以获得最大的收益,或者在一定的技术条件下寻求最优化的设计。②决策树法。利用树枝形状的图像模型来描述决策问题,它将各种方案以及这些方案可能性的大小、可能出现的状态以及可能产生的结果都绘制在一张图上,使决策分析可直接在决策树上进行,其决策标准可以是损益期望值或经过变换的其他指标值。③成本—效益分析方法。核算该项目作为一个整体相对而言的社会总成本和总收益,包括贴现的分析评价方法(如净现值法、净现值率法和内部收益率法等)。④公共定价法。把市场等价交换原则引申到公共劳务的提高和使用中去,通过制定和调整公共劳务的价格或收费标准,适当地约束和限制社会对该公共劳务的消费量,从而使公共劳务得到最有效、最节约的使用,以提高公共支出效益,提高财政资金使用效益。

政策分析最初实际上只是一种效率研究,局限于有助于决策的分析工作。即使政策科学只是为行政管理提供了解决问题的方案选择,对决策主体起到了辅助作用,但由于决策往往只能在有限的方案中选择,而民主参与往往又因为决策过程的封闭性和专业性而受到很大限制,致使政策分析专家在决策中起着重要影响,从而引起了行政管理中的科学、理性、民主和政治责任间的冲突。

五、比较研究途径

比较研究途径的形成在很大程度上是由以下因素促成的:各国的行政管理处于不同的行政环境之中,并取得了不同的治理绩效;在世界范围内提高政府能力和绩效的努力;通过比较借鉴实现共同进步的设想。

比较研究途径认为对一国奉行的行政价值观进行比较,有可能认识到该国行政管理的本质,这是最高层次的比较;次级比较是对各国行政制度进行的比较;第三个层次是对各国行政职能进行的比较;第四个层次是对具体的组织结构、人事制度、公共预算与财政制度等内容进行的比较;最低层次是对具体的行政管理方法和技术的比较。

比较研究途径的主要理论方法有:制度比较法、行政范式比较法、行政哲学比较法、行政生态比较法等。比较研究途径认为不同的公共组织结构的背后是各国行政观念的不同,奉行官僚制理论的组织结构一般具有层级多、控制幅度小、权力集中等特点,而奉行市场化(尤其是企业家政府)理论的组织结构的特点则与之相反。比较研究途径认为,不同的政府观念导致了不同的政府与公民间关系。

比较研究途径的知识获取方式有内外两种:①内部方法主要是指建立起可供比较的理论框架,其理论基础来自于对其他较为成熟的学科的比较方式的借鉴。②外部方法来自于对处于不同行政环境、具有一定代表性的国家的行政管理的比较之后得出的结论和规律。它认为预算过程,尤其是预算制定的制度与方法应当与该国的政治制度相适应,因为预算权力的分配和运作决定了预算制度与方法,预算往往反映政府的抉择和观念以及职能行使情况。公共决策的水平和方法与该国所处的发展阶段具有相关性,转型期国家的决策往往具有形式合法性和外在理性,工业社会国家的决策往往具有过程合法性和实质理性。

比较研究途径为提高行政管理适应行政环境的能力提供了有效的知识,它使得行政管理学更加关注现实的行政环境对行政管理实践的影响与制约。通过比较行政管理途径,人们得以了解不同国家行政管理间的差异的原因,并为如何进行相互借鉴提供理论帮助。但是,比较研究途径缺少统一的、合理的比较单位或工具,试图总结出一个在世界范围内普遍适用的行政模式或改革模式也存在着巨大的困难,似乎也不可能。

六、文化学研究途径

行政文化研究途径对行政管理学的贡献是提供了关于行政人员的情感、意识、价值观以及文化环境对行政管理产生的影响等方面的知识,这体现了行政管理研究中的人文主义色彩。

文化学途径认为行政管理受到社会文化的影响。不同的国家实行同样的行政范式却可能取得不同的,甚至相反的结果,这表明文化因素在行政管理中发挥着作用。官僚制的推行给民主制度较为完备的欧美国家带来了廉洁和中立,在亚洲,尤其是东南亚等国家带来的却是腐败、裙带关系。西方国家公共部门对人才的吸引力不如私人部门的事实与发展中国家"学而优则仕"的现象共同存在,这些反差都说明了行政文化的不同。工业社会给行政管理带来的是官僚制文化和效率观念,后工业社会给行政管理带来的是市场文化和新公共服务观念。

文化学途径认为文化对公共组织的影响由抽象和具体两个部分组成:抽象部分指行政组织及其成员的价值观;具体部分指组织的目标、凝聚力、组织成员的价值观和行为准则,尤其是对行政自由裁量权的运用。它将个人分为两类:一类是行政组织内的成员;另一类是在外部对行政组织施加影响的公民,公民也会将自己的观点传递给行政组织以尽量满足自己的需求。

知识的转化与应用分析是文化学途径主要的知识获取方式,它对行政管理的全方位影响导致了结构主义的知识来源,对行政管理的变迁、组织与人事、公共预算与财政、决策等方面进行研究也是重要的知识来源。由于行政文化对行政管理产生影响的中介是组织成员,所以对组织成员的行为进行分析和解释以及预测,并在此基础上进行统计分析也是文化学途径的知识获取方式。文化学途径认为预算制度的设计和预算制定权力的分配和行使以及决策,都会反映一国的行政文化和社会文化差异。

文化学途径为行政管理学提供了新的研究视角,避免了行政管理研究的过分物化。然而,实证科学应用于行政管理学研究的不足之处在于,人的预期、偏好、心理和风险偏好是多变的,很难指望那种企图把人的经验客观化的获取知识的方法能对经验的意义作出什么解释;事实上,它反而降低了这种意义。经验的意义以及经验对于我们个人和社会的价值,是建立在我们的主观世界之上的。把经验客观化,就剥夺了那些能够使经验对我们有意义的特征和特性。因此,文化学途径的不足也是客观存在的,它具有不可操作性和模糊性,甚至一定程度的神秘性。

第四节 行政管理学的研究方法

一、行政管理学研究方法的演变

(一)从静态研究到动态研究

早期的研究多注重行政制度、权力结构等静态方面;现代学者则侧重于研究行政管理过程中的行为、功能、沟通等动态方面。

(二)从演绎研究到归纳研究

早期学者多从原则、理论、法则出发,解释行政行为和行政现象;现代学者则多侧重于事实和经验的研究,注重调查,进行行政个案研究。

(三)从单学科研究到跨学科研究

早期行政学者局限于单学科研究,就行政论行政;现代学者则是把行政管理放在社会大系统中进行考察,注重行政与政治、经济、法律、文化等方面的联系,开展跨学科研究。

二、行政管理学的具体研究方法

行政管理学使用的大多数分析方法是众多社会科学共同使用的方法。在实际的研究过程中,行政管理学使用的分析方法常常是交叉、交替和混合使用的。常用的方法有如下几种:

(一)规范分析方法

古典学派是这一方法论的典型代表。这一方法对行政现象进行探讨时,着眼于建立一般理论和一般原则,认为这些理论和原则可以解释所有的行政现象。这一方法的特点是偏重于价值考虑,论及的是"应该如何"和"应当是什么",往往追寻的是一种理想状态的东西。事实上,今天的行政管理学研究在相当程度上还受到一般理论和原则的影响。

(二)实证分析方法

实证分析方法也称经验方法或行为主义方法。自20世纪40年代以来,这一方法在西方的社会科学包括行政管理学的研究中成为一种主流的方法。其特点是专注于寻找事实,只提供事实,它关注"是什么",而非"应当是什么",即认为要解决问题,首先要了解问题。正如医生看病,首先要知道病情才可对症下药。该方法在研究中还主张价值中立,因为价值的渗透会妨碍对事物的客观理解。着眼于发现事实是这一方法的优点,因为这是任何科学研究的前提。

(三)历史分析方法

此方法是一种基于时间序列的纵向的分析方法,社会科学皆应用此研究方法。该方法从历史分析的角度,注重行政管理和行政管理学的起源、发展及演变沿革的过程,探索行政管理规律,寻求对现今行政管理具有指导意义的原则和原理。

(四)比较分析方法

比较分析方法就是对不同国家的行政管理制度或其中的某个方面(行政组织、行政权力、行政决策等)进行比较分析,探究异同、权衡利弊、取长补短的一种方法。有比较才能有鉴别,有鉴别才能有发展。比较必须全面、科学、客观,不能把本国的一切贬得一无是处,而把别国的行政体制夸大为普遍的、各国必须照搬的模式。采用这种分析方法,可以使我们放开眼界,了解当代世界一些主要国家行政管理的实际情况,从比较和鉴别中更好地把握行政管理规律,积极吸取国外有益的东西,建立适合我国国情的最优化的行政管理模式。

(五)系统分析方法

系统分析方法就是运用系统工程的理论和方法来分析研究行政现象和行政过程,把行政的各种构成要素以及管理的各个环节、各个层次,都当作一个互相关联的系统整体进行全面的考察和分析;对行政内部、外部的各种关系进行综合研究和数量分析,以确定目标和实施方案的优化,求得最佳行政效率。这种研究方法注重系统的整体协调、系统的环境适应性以及系统整体功能的最优化,在现代行政管理中具有较高的应用价值。它能帮助我们增强系统整体观念,全面了解和把握行政大系统内外各种因素间相互作用、相互制约的关系,从而使理论研究及成果具有科学性、可行性。

(六)案例分析方法

案例分析方法又称个案分析法,就是对真实世界的某个具有典型特征性的行政事实进行实际描述和理论分析的方法。案例分析的基础性环节是"描述真实世界的故事",因此它首先具有很强的文献价值。更重要的是,它不仅仅限于说明性的研究,也是理论发现性的研究和政策性研究,即从具体的案例中抽出普遍性的原理,也就是需要把案例一般化。因此,案例分析实际上是对矛盾特殊性和普遍性的分析研究。作为案例分析的一般内容,它通常必须回答下述问题:究竟发生了什么?是如何发生的?还将会发生什么?现有的理论如何解释?能否和如何创新一个理论?对其他地区或人员有何借鉴意义?通过案例分析,可以生动、形象、深刻地揭示出行政现象的内在联系,加深对行政管理规律的认识,也有利于更好地把握在不同情况下处理问题的不同方法和手段。

第五节　行政管理学在我国的发展

我国是世界上著名的文明古国,行政管理实践活动古已有之,有着丰富的行政管理经验,积聚了丰富的参考资料,特别是在漫长的封建社会中形成了一套严密的封建行政管理体系和管理思想:如实行大一统的国家行政组织体制;实行封建官僚制度;在中央集权制内部实行严格的等级制度;制定严格的行政管理法规,如我国最早的成文法典《周礼》,以及后来出现的《秦律》《唐六典》《元典章》《明清会典》等;建立严格的监察和官吏管理制度,包括官吏的选拔和任用、考核和奖惩、致仕(退休)制度等。如被国际管理学公认的《孙子兵法》,其实就是世界上现存最早的论述关于管理的著作,它虽然看是兵法,但纵览其内容,无论是作战篇、谋攻篇还是行军篇等,大都蕴含着丰富的管理思想。所以,国外不少学者认为历史上最早研究管理并有所成就的当首推中国。1972年美国出版的《管理思想史》就指出:"3000年前,在中国的概念里已有现代管理的轮廓,如组织、协作增加效率的程序和各种控制方式。"韩国李文永著有《〈论语〉、〈孟子〉和行政学》,东方出版社2000年译本认为:《论语》《孟子》是行政学教科书。但这毕竟还不能等同于近现代意义上的行政管理学,作为一门专业性质的学科来学习和研究,还是比较晚的事。

现代意义上的行政学在西方产生以后,我国学者不断将其著作翻译引进并进行广泛研究。现有资料表明,我国在19世纪末20世纪初就翻译出版了美国的《行政要术》、《行政纲目》和日本的《行政学总论》、《行政法撮要》等著作。伟大的革命先行者孙中山先生,借鉴国外行政管理理论,结合中国具体情况提出了许多宝贵的行政管理思想,如立法、司法、行政、考试、监察五权分立思想,中央与地方均权思想,选拔优秀人才思想等。

在理论研究发展的同时,行政管理学也步入了我国高等院校的殿堂。到中华人民共和国成立以前,许多大学政治学系及培训学校大都开设了行政学课程,并有一定数量的留学生出国深造。在西方行政管理思想的影响下,结合中国当时的社会实际情况,伟大的资产阶级革命家孙中山先生提出并实践了五权分立的思想,组建了我国近代史上的第一个资产阶级政府。

中华人民共和国成立以后,作为一门社会科学的行政管理学,在1952年我国高校院系调整时与某些学科一样被撤销了。从客观上讲,这在相当程度上影响了我国行政管理,即各级国家行政机关管理科学化的进程,亦影响了我国行政管理学学科的发展。

1978年,中国共产党十一届三中全会纠正了较长时期以来"左"的错误,进行了广泛的拨乱反正,为我国社会科学的繁荣发展提供了充足的条件。1980年12月,中国政治学会的成立,酝酿了恢复和发展行政管理学的氛围,一些研究者开始公开呼吁和讨论有关行政管理学的问题。1981年,在昆明召开了全国政治学会年会和政治学规划会,对行政改革进行了讨论。

1982—1984年,我国国家行政改革过程中所暴露出来的缺乏系统的科学行政管理理论指导的缺陷,对恢复和发展行政管理学提出了现实要求。这就从理论和实际两方面为恢复和发展行政管理学创造了充分的条件。

1984年,由国务院办公厅和劳动人事部联合发起召开了全国性的行政管理研讨会,并正式筹备建立中国行政管理学会。此后,在全国范围内很快掀起了一股学习和研究行政管理学的热潮,不少大学和研究单位先后设置了行政管理学专业或开设了行政管理学课程,各省纷纷建立了行政管理学会,并创办相关刊物,同时各地也相继成立了一批行政管理干部学院。1988年,中国行政管理学会正式成立,并发行了会刊《中国行政管理》。1995年,国家行政学院在北京正式成立,主要培训各级政府司局级以上官员。行政管理学开始纳入国家行政建设的轨道。

1997年我国首次在研究生教育中新设的管理学科中增设公共管理一级学科,把原属于政治学中的行政管理纳入管理学门类公共管理学科之中。此后又在本科教育中增设公共事业管理学科。1998年后,中国人民大学、中山大学、复旦大学、北京大学等高校先后获得中国行政管理学博士学位授予权。为了建设一支高素质公共管理干部队伍,推进政府机构改革,强化各级政府部门社会事务管理职能,促进社会与经济协调发展,1999年5月,国务院学位委员会正式批准在中国开始试点兴办公共管理专业硕士(MPA),从学位教育的角度满足不断增长的社会需求,使我国学位制度更趋完善,并由此推动我国高级专门人才培养的多样化。2000年10月中国举行第一批MPA招生考试,2001年3月,中国第一批MPA学生开始入学。这些都标志着中国公共管理学科建设和教育开始进入一个前所未有的转型和发展的新阶段[1]。

学科教育空前的繁荣表现在:2000年,开展行政管理本科教育的高校有40余所;截至2009年,增加到321所;截至2015年,仅开办有公共管理专业硕士(MPA)项目的高校就高达225所[2],全国共有36所大学设有公共管理一级学科博士授予点,另外有6所大学拥有公共管理二级学科博士授予点,每年平均毕业近百名公共管理博士。另外,全国共有500多所高校开设本科以及硕士公共管理类专业。仅用30多年,中国就已经形成以行政管理学为基础的较为完整的公共管理学科体系[3]。

中国共产党第十六次全国代表大会以来,随着经济改革的深入,行政体制改革也取得了丰硕的成果。与此同时,结合中国实际的本土化研究越来越受到重视,有中国特色的行政管理理论日渐成熟,对政党与政府、政府与市场、政府与社会的关系认识更为明确。2004年9月,党的十六届四中全会通过了《中共中央关于加强党的执政能力建设的决定》,从"立党为公、执政为民""科学执政、民主执政、依法执政"的高度为我国政治体制和行政体制改革作出原则性的规定。2008年2月党的十七届二中全会通过了《关于深化行政管理体制改革的意见》,明确提出新形势下深化行政管理体制改革的指导思想、基本原则、总体目标及具体要求。党的十八届三中全会以后,我国开始了全面的行政体制改革,进一步要求转变政府职能,建设服务型政府。这些改革措施不仅丰富了我国行政管理研究的内容,而且提出了许多迫切需要解决的课题,对我国的行政管理实践及其理论研究提出了更高的要求。

正如有的研究者指出的那样,中国作为后发展国家,关于行政管理研究也相应呈现出了某

① 薛澜,彭宗超,张强.公共管理与中国发展——公共管理学科发展的回顾与前瞻[J].管理世界,2002(2):43-56.
② 孙林.转型背景下我国行政管理学发展困境与求解[J].山东行政学院学报,2016(6):31-36.
③ 娄成武,董鹏.中国公共行政学本土化研究:现状与路径[J].公共管理学报,2017(3):11-24.

些后发展的特征。其中,有两个较为明显的特征:

第一,自 20 世纪 80 年代中期行政学的教学和研究得以恢复以来,在 30 多年的时间内,我国的行政学研究以加速度的节律迅速发展,表现为学科体系、学科分化、应用研究不断扩大和深入,尤其是 20 世纪 90 年代中期以来,研究领域开始触及世界行政管理研究的某些前沿问题。

第二,尽管我国的行政管理研究发展迅速,但是应当看到迄今为止的许多研究,尚停留在对西方国家行政管理理论进行介绍的层面,理论研究的广泛性和深度明显不够,尤其,我们还缺乏依靠自身的力量开掘具有重大理论价值和重要研究意义的命题、课题、问题的强烈意愿和能力。造成这种状况的原因是多方面的、复杂的。其中一个问题,在于"本土行政"受到重视的程度严重不足,以至于无法建立提出和形成新观点、新思想、新理论所必需的坚实的现实基础。应当看到,我国行政管理学的恢复和发展从一开始就具有某种"本土行政"的倾向。许多研究者在研究的过程中不仅大量引经据典,而且经常试图结合我国特定的行政现象,并提出了许多颇有见解和切实可行的观点或方案。这对促进我国行政管理的科学化进程起到了直接和十分有益的作用。但同时应当承认,迄今为止我国本土行政的研究是远远不够的。并且,随着国家现代化进程进入可持续发展阶段,我国行政管理还会面临愈来愈多、愈来愈复杂的理论和政策问题。可以认为,历史要求我们的行政管理研究结合我国的国情,加强本土行政的研究,进而面对挑战、迎接挑战,并以此来促进我国行政管理学科的发展。

我国行政管理研究近、中期所面临的主要课题如下:

第一,从宏观上研究与我国社会总体发展水平、所有制状况、经济体制、传统文化、权力关系相一致的政府行政管理的基本职能,并在此基础上建立符合国情的、中国式的国家行政管理模式。我国正处在历史的转型期,改革和制度创新的任务尚任重道远,建设中国行政管理学的理论体系亦还需要从事大量艰苦的工作。

第二,从结构、比例与行为、运作的结合上研究我国国家行政管理的内部机制,其中的问题是理顺关系、分清权责、减少不必要的环节,降低行政成本提高行政效率,不断增强行政效果。

第三,从宪法原则、国家制度、民族传统、社会规范、经济实力、全民文化素质与世界通则结合上研究我国的公务员(文官)制度,关键是要能够吸引、考选、任用、提拔优秀人才,通过公平合理的竞争和职业保障制度,调动政府公务员的积极性。

第四,从观念、思想、理论与制度、体制、纪律的结合上研究我国行政管理的民主化进程,其主要问题是实现公务员权利与义务的统一,领导人决策与群众参与决策、政府决策与公众决策的统一,决策制定、实施与决策有效反馈的统一。

第五,从历史的经验教训、社会发展的要求与世界有关国家范例的结合上研究我国行政管理的法制化进程。其要义是要制定一套能够"依法行政"的制度,以及保证这种制度使之切实有效的监督、控制制度。

第六,从现实与可能、目前与未来、国情与世界潮流的结合上研究我国的行政管理发展战略,并制定相应的规划,使我国的行政研究后继有人、有继有力、继往开来、不断发展,为促进我国国家行政的现代化、民主化、科学化、法制化进程不懈努力。

第二章　行政职能

行政职能反映行政管理活动的内容、实质与方向,表明政府在国家、社会生活中扮演的角色和发挥的作用,是行政组织设置和改革、行政决策和执行的基础。因此,它在行政管理中占有十分重要的地位,是行政管理学研究的逻辑起点。

第一节　行政职能概述

一、行政职能的含义和特点

行政职能是行政机关在管理活动中的基本职责和功能作用,主要涉及管什么、怎么管、发挥什么作用的问题。它是国家职能的具体执行和体现,受立法机关的监督;反之,它发挥的程度又制约和影响其他国家职能的实现程度。值得注意的是,政府能力是近年来日益引起重视的重要问题,它与行政职能密切相关。行政职能框定了政府能力的基本内容和发展方向;政府能力的大小强弱决定了行政职能的实现程度。二者互为条件、相互依存、缺一不可。行政职能有如下特点:

(1)公共性。政府职能涉及国家大量日常公共事务的处理,根本目的是为所有社会群体和阶层提供普遍的、公平的、高质量的公共服务。

(2)法定性。政府职能的法定性是指政府的一切活动都要在宪法和法律的范围内进行,宪法和法律规定了一国政府职能的边界,使公共行政有法可循。

(3)执行性。从行政与立法的关系看,行政职能是执行性职能。它的行使以国家强制力为后盾,与其他非国家活动的管理相比,它有明显的代表国家意志的权威性。我国是工人阶级领导的、以工农联盟为基础的社会主义国家,行政管理必须贯彻执行中国共产党的路线、方针和政策,必须执行人民代表大会的决定和决议。政府作为贯彻和执行国家意志的机关,其职能具有明显的执行性。

(4)强制性。政府职能的强制性是指其以国家强制力为后盾,行政相对人不得阻碍政府职能的正常行使。

(5)动态性。行政职能随国家社会生活及行政环境的变换而变化。社会发生变迁,行政职能范围、内容、主次关系、作用、对象等也必然发生变化。因此,适应变化和发展的需要,及时调整和转变行政职能,是搞好行政管理的重要前提。基础政府职能始终是变化的,取决于市场经济条件下政府与市场关系的动态性、政府与社会关系的力量对比以及政府与自然界的关系演变。

(6)扩张性。政府职能的扩张性是指随着现代社会中公共事务、公共问题日益增多且日益复杂,公众需求日益个性化、多样化,政府承担了越来越多的职能,并逐渐扩展至社会各层面。

(7)多样性。行政管理范围涉及国家和社会生活各方面,因而行政管理职能是多种多样的。行政职能性质上可分为政治统治和社会管理职能;范围上可分为对外和对内职能;具体领域上可分为政治、经济、文化、社会等基本职能;运行过程上可分为决策、组织、协调、控制等职能;管理层次上又有高、中、低层次行政职能之别等。

二、行政职能体系

(一)行政管理的基本职能

行政职能又称公共行政职能,在某些条件下亦称政府职能。概括地说,行政职能是狭义政府即国家行政机关承担的国家职能,是相关政治权利主体按照一定的规则,经由一定的过程,通过多种表达方式实现彼此价值观念和利益关系的契合,从而赋予的国家行政机关在广泛的国家政治生活、社会生活过程中的各种任务的总称,是国家行政机关因其国家行政权力主体的地位而产生,并由宪法和法律加以明文规定的国家行政机关各种职责的总称。就国家基本职能而言,其中之一就是政治统治,它是立法职能和司法职能的对称,是国家本质的表现和阶级统治的必然要求。失去了政治统治职能,统治阶级的地位和利益就不能维护;而"政治统治都是以执行某种社会职能为基础,而且政治统治只有在它执行了它的这种社会职能时才能持续下去"。因此,国家职能是政治统治职能和社会管理职能的统一,偏废任何一方都是有害的。行政管理作为国家权力的执行活动,必然要履行上述要求,以维护国家的政治统治、管理好社会事务为己任。行政管理的基本职能,可概括为政治、经济、文化、社会职能四项。这些职能集中体现了政府在国家社会生活中的整体作用以及行政管理的基本内容和范围。

1.政治职能

政治职能是维护国家统治的基本职能,核心是维护和巩固国家政权。它包括专政和民主两个职能方面。专政职能表现为政府承担防范和打击敌对势力和反社会分子,保障现代化建设事业顺利进行的职责。具体包括加强国家军事管理、外交及对外事务管理,防御外敌的侵略和颠覆,维护国家独立和主权,保卫公民合法权益和生命安全,同时承担应有的国际义务,维护世界和平;惩治各种违法犯罪分子,维护正常政治秩序、经济秩序、社会秩序等。我国行政管理的政治职能主要通过国防、外交、公安、监察、安全、保密等机关来具体实施。

2.经济职能

经济职能是指政府管理和组织社会经济活动的职能。我国政府经济职能主要有两类:

(1)经济管理职能。由于市场经济机制具有自身难以克服的弱点,所以需要由代表公共利益的政府来进行宏观调控,以保证国民经济总体结构的合理性,维护国民经济和社会发展的良性循环。政府的社会经济管理职能主要是对社会经济建设进行统筹规划、掌握政策、信息引导、组织协调、提供服务和检查监督。保持社会总需求与总供给的动态平衡,确保经济稳定、协调发展;制定中长期经济发展规划,实现国家和地方经济发展目标;制定产业和重大投资政策,优化生产力布局和产业结构;实施有效的税收政策,调节行业、企业、个人之间的收入;建立健全全国统一市场,搞好各种协调工作;提供信息引导、弥补信息不完全或不对称造成的市场失灵,加强市场监管,推进市场的完善和发展等。

(2)国有资产管理职能。这是社会主义国家政府所特有的管理经济的另一项职能,是与社会主义公有制经济主体地位的要求相适应的。由于国家拥有的国有资产规模较大,需要设立国有资产管理机构,代表国家行使全部国有资产的所有权,重点管理国家投入各类企业的国有资产,负责拟定相应的管理法规和制度,并对国有企业资产的保值增值进行监督检查,但不是直接管理企业。在由计划经济向市场经济转轨的过程中,政府职能转变的中心内容是政企分开。按照社会主义市场经济的要求,把政府职能切实转变到经济调节、市场监管、社会管理和公共服务上来,把生产经营的权力真正交还给企业,使之真正成为自主经营、自负盈亏、自我约束、自我发展的市场主体。

3.文化职能

文化职能是指国家行政机关对全民思想道德建设以及教育、科技、文化、卫生、体育、新闻出版、广播影视、文学艺术等方面的管理,是建设高度发达的社会主义精神文明所必需的。党的十九大报告指出,文化是一个国家、一个民族的灵魂。文化兴国运兴,文化强民族强。没有高度的文化自信,没有文化的繁荣兴盛,就没有中华民族伟大复兴。要坚持中国特色社会主义文化发展道路,激发全民族文化创新创造活力,建设社会主义文化强国。

文化职能的具体内容是:制定教育、科学文化事业的发展战略和规划,并负责具体实施;颁布教育、科学文化事业的发展政策、法令和规定;指导、监督、协调各地区各部门对教育、科学文化事业发展的关系,统筹城乡、区域文化协调发展;有秩序地逐步开展教育、科学文化体制的改革;采取切实措施提高全民思想道德水平,促进政治文明建设;激发全民族文化创造活力,提高国家文化软实力,更好地保障人民基本文化权益。

4.社会职能

对社会职能的理解一般有广义和狭义之分。广义社会职能是与政治职能相对应的概念,它包括经济职能和文化职能在内。狭义社会职能则指除经济职能和文化职能以外,政府对社会生活领域中公共事务的管理职能。这里是指狭义的社会职能,主要指为社会提供各种服务和搞好社会保障,搞好诸如环境保护、医疗卫生、城市规划、旅游娱乐以及建立健全养老保险制度和待业保险制度,逐步完善社会保障体系、提升社会福利、维护社会公平、促进社会和谐等。

(二)行政管理的运行职能

上述行政管理的基本职能,必须通过各个管理环节才能实现,从行政管理过程来看,行政职能又包括一系列的运行职能。对此,国内外学者从不同角度作了不同的概括和表述。法国管理学家法约尔在其名著《工业管理和一般管理》中提出了"计划、组织、指挥、协调和控制"的五职能论;美国管理学家卢瑟、古立克与英国管理学家林德尔、厄威克则在《行政管理科学论文集》中将古典管理学派有关管理职能的理论加以系统化,进一步提出了有名的"POSDCORB",即"计划、组织、人事、指挥、协调、报告、预算"的七职能论。还有学者提出 15 要素、18 职能等说法,但其主要内容是基本一致的,我们将它概括为以下四项职能:

1.决策职能

决策职能从 20 世纪 50 年代开始受到重视。著名管理学者西蒙强调,管理就是决策,决策贯穿于管理全过程。无论计划、组织、领导还是控制,都离不开决策。决策职能是行政管理过程的首要职能。行政机关进行管理活动,首先必须根据客观实际资料,确定行政目标和任务,并具体设计出实现目标的方案、步骤、方法等。一般越往高层,战略性决策越多;越往基层,执行性决策越多。战略性决策多是非程序性的,较为复杂,而执行性决策多为程序性的,难度相对较小。决策活动贯穿于行政过程的始终,确定组织的目标,制定各种战略和战术计划等,都需要在两个以上可供选择的方案中进行抉择,这是计划工作中的决策问题;组织机构的设置,部门划分方式的选择,集权分权关系的处理,以及各职位人员的选配等,这些是组织工作中的决策问题;在控制过程中,控制标准的制定、活动执行情况的检查以及所采取的纠正措施的选择等,也都需要决策。

2.组织职能

为有效地实现既定行政管理目标和任务,通过建立行政组织机构,确定职位、职责和职权,协调相互关系,将组织内部各个要素联结成有机的整体,使人、财、物得到最合理的使用,这就是组织职能。任何管理目标和任务都要通过组织机构和指挥活动才能完成,所以组织是重要的运行职能。它具体表现为:对机构的设置、调整和有效运用,搞好编制管理;对组织内部的职权划分和人员选拔、调配、培训和考核;对具体行政工作的指挥、监督等。

3.协调职能

协调活动是行政管理过程的重要环节。因为行政管理归根到底就是设计和保持良好的行政环境,使人们能在组织内协调地开展工作,有效地完成行政目标。每项行政管理职能的开展,都要更好地促进协调。组织才可以收到个人单独活动所不能收到的良好效果,即通常说的这种协同效应效果。协调职能具体表现为:协调行政组织之间、组织与个人之间、人员之间的关系;协调各项行政管理间的关系;协调行政组织与其他组织以及人民群众之间的关系。通过协调,理顺、沟通各方面的关系,减少、消除不必要的冲突和能量损耗,以建立和谐的分工合作、相互促进的联系,实现行政管理目标。因此,必须重视公共关系的构建与协调功能的发挥。

4.控制职能

这是按行政计划标准,来衡量计划完成情况并纠正计划执行中的偏差,确保目标实现的管理活动。控制职能的发挥,包括几个相互关联的环节,即确立标准、获取偏差信息、采取调节措施和实行有效监督等。在具体表现形式上可分为前馈控制、现场控制和反馈控制。实现控制职能,基本前提是要有计划和标准、健全的组织机构和得力的控制手段,它贯穿于行政管理活动全过程。为了有效地发挥控制职能,必须建立健全监控的组织系统,采取配套有效的控制手段,以保证目标和任务的顺利完成。

上述基本职能和运行过程的职能,相互渗透、相互交叉、相互作用,在联系与制约中发挥作用。只有以系统的观点看待职能体系,正确认识和把握有机联系,充分发挥各环节及各职能部门的作用,行政管理活动才能更加有效。

(三)行政职能的管制、管理与服务

政府职能是指政府在社会治理中应该和必须承担的职责和功能,通俗地说,就是政府"应该做什么"和"能够做什么"。政府职能是一个系统,其基本特征是复合性。可以把现代政府的复合性职能从实践和运行角度简要地归属为三项:管制、管理、服务。在政治学中,管制是为了公共利益诉求而对社会全体主体自主性空间和自主性安排的权威性限制;管理是为满足主体与客体的共同利益和需求而限制主体和客体各自利益和需求的事务、行为及其过程;服务是主体满足客体利益和需求的事务、行为及其过程[①]。一方面,任何国家的政府都须严格履行这三项职能,互相配合、缺一不可;另一方面,任何政府又要根据本国的国情和实际需求,适时、适度地突出其中的某一职能。近年来,在高调推进服务型政府建设的社会语境中,一些论著中简单地把现代政府归结为服务型政府。依此逻辑,必然把政府的复合职能界定为单一职能,对政府

① 郭剑鸣.我国行政体制、政府职能和管理方式"三位一体"改革的进展与展望——"政府职能转变与管理方式创新"研讨会综述[J].中国行政管理,2009(11):126-127.

职能的这一误读,在理论上是片面的,在实践上是有害的。

根据马克思主义的国家学说,政府作为阶级统治和国家治理的工具,其职能一定是多重复合的,绝不是单一的。政府是国家意志的表达者和国家权力的执行者,其职能归根到底由阶级的统治取向和国家的性质归属所决定。现行教科书一般把政府的基本职能定义为"政治职能、经济职能、文化职能、社会职能"四项,其依据显然是构成社会活动的四大要素,这一界定基本涵盖了政府职能的全部内容。但是,"四大职能"之说只是从构成政府职能体系的要素层面划定了政府职能的宏观内容和界限,而没有从实践层面和运行方式的角度,赋予政府履行这些职能的行为指向和操作性机理,即没有为政府设定履行上述职能的运行范式,也就是说,这种划定只是政府职能的抽象领域分界,即政府应该做什么,而没有标定政府职能的具体履行方式,即政府必须如何做。从实践角度分析,职能的履行是一种行为过程,是以动词语义表征的操作性功能形态,由此,可以把现代政府的政治、经济、文化、社会等职能从功能和运行方式扼要地归属为管制职能、管理职能和服务职能①。

1. 管制职能

管制职能是基于政治统治的需要,是政府管理和服务职能的前提。政府管制职能的基本特征是行政强制,即按照国家的统治意志和立法机关的授权,依据宪法和法律的规定,对关系国家主权、领土完整、基本人权、社会动乱(包括突发公共事件)、严重刑事犯罪等带有政治性质或涉及政治性质的社会事务施以行政强制。即一旦出现危及国家主权安全、严重侵犯人权、社会剧烈动荡,要求政府立即动用或动员必要的行政资源(公器)和社会力量以强制为主要手段,辅之其他方式尽快消除不安全因素,维护人权,恢复社会秩序。从世界范围看,当前国家在强化政府的管制职能方面有逐渐升级之势,例如近年来,主要发达国家为了应对日益严重的社会暴力、民众抗议、恐怖活动以及一系列危害国家安全和正常秩序的非传统因素方面所投入的财力、人力是前所未有的,且仍在不断强化。改革开放以来,针对我国社会所发生的剧烈变化,国家在强化政府的管制职能方面同样几近全力,从发生的诸多严重影响社会安全、社会秩序、社会稳定事件的处置中,政府动用行政强制力量(各种警力和其他行政属性的强制力)和管制手段予以解决处理的占绝大多数,而动用国家武装力量(主要是军队)的则很少。无论任何国家,都有必须由政府通过强力来维系和控制的社会事务,因此政府首要的职能是管制职能。

2. 管理职能

管理职能是现代政府的基本职能,其强制性低于管制职能,政府管理职能的基本特征是依法行政。主要表现在政府依据相关行政法规,通过行政审批、行政许可或行政禁止,对关系国计民生的社会公共事务进行有效管理,如调控国民经济、管理国土资源、保护生态环境、维护社会治安、强化社会管理等,以保证社会有序运行。社会矛盾和社会风险是影响社会稳定的重要因素,社会中许多矛盾和问题如果解决不好,有可能造成社会冲突或对抗,甚至会导致群体性事件发生,后果相当严重。有学者指出,"社会管理创新和风险管理的目标就是构建和谐社会,实现这一目标的根本途径则是化解社会矛盾"②。因此,作为政府进行社会管理的重要职能之一就是要预防和化解社会矛盾和社会风险,使社会矛盾和社会风险控制在"秩序"的范围内,防

① 王继荣.管制、管理、服务——论现代政府职能的复合性[J].甘肃理论学刊,2012(4):113-118.
② 童星.社会管理创新八议——基于社会风险视角[J].公共管理学报,2012(4).

止社会矛盾和社会风险引发社会不稳定,政府在化解纠纷矛盾方面具有举足轻重、不可推卸的责任①。在市场经济较为成熟的发达国家,其资源配置主要依赖市场,政府管理职能的重点聚焦在民生上,即通过对社会公共事务的管理,比如依法管理公共资源(如国土、环境、交通、通信等),监管金融活动,维护交易秩序和社会治安,通过税收政策调控收入分配等,从而实现社会公正。但是,由于我国实行市场经济的时间较短,市场发育不足,政府首先要应对的是调节市场失灵的责任。在经济调节之外,政府的管理职能还包括合理配置社会资源,由于中国人口与资源环境的突出矛盾,政府管理职能的重点不能不放在物质资源的管理和配置上,如国土开发与利用、耕地开垦与保护、重要能源的管理与调配、生态环境的保护与监控等。可见,社会管理也属于政府管理职能的重点领域和重要任务。总之,政府的管理职能就是要通过政策、法规等进行经济调节、资源配置等以化解社会矛盾,从而实现社会的有序运行,因此,政府的管理职能是政府职能体系的重要组成部分。

3. 服务职能

社会服务职能是政府的重要职能,是政府存在的价值所在和主要依据。政府的服务职能是基于:政府存在的原因——公共需求,政府的目的——满足社会需求,政府活动的主要内容——提供公共服务。社会契约论确立了公民与政府之间的委托和代理关系,演绎出了西方民主政治的最高原则即主权在民,从理论上论证了政府应该为民众服务的②。以萨缪尔森为代表的福利经济学家认为,由于公共物品非排他性和非竞争性的特征,以及考虑社会公平、公正等问题,通过市场方式提供公共物品,实现非排他性是不可能的或者成本是高昂的,并且在规模经济上缺乏效率,导致市场在提供公共物品时存在着失灵现象,所以,政府是公共物品最好的提供者③。与管制和管理职能不同,政府服务职能基本上不具有强制性,其基本特征是公共行政,即向社会和全体公民提供非营利、非排他的公共服务和公共产品。公共服务和公共产品包括的范围很广,诸如国防、治安、司法等,都是政府向公民需提供的服务。此外,由政府提供经费而实现的教育服务、卫生保健服务、社会保障服务等,也属于政府需提供的公共产品④。对于政府的服务职能的本质而言,政府是在履行其"守夜人"的责任,向公民提供必需的公共服务和公共产品则是政府回应公民赋税的法定义务,因此,服务职能是政府职能体系中必要的组成部分。

第二节　现代政府职能

与政府职能直接相关的争论焦点在于政府到底应该管什么,不应该管什么。争论的中心问题,则集中在国家与社会的关系、政府与市场的关系、公平与效率的关系三个相互联系的问题上。

一、政治职能

公共服务的本质反映国家的本质,即维持政治秩序,实现统治阶级的根本利益,维护社会

① 郭修江.化解纠纷矛盾:政府不可推卸的责任[J].行政管理改革,2011(4).
② 施雪华."服务型政府"的基本涵义、理论基础和建构条件[J].社会科学,2010(2):3-11.
③ 金红磊.政府职能的让渡与拓展——基于公共物品的提供[J].经济体制改革,2005(4):37-40.
④ 汤啸天.论服务型政府和公共产品提供[J].政治与法律,2006(6):40-44.

公平正义。提供公共服务是国家、政府最基本和最经常的职能之一,也是政府存在的逻辑起点之一。自国家产生以来,公共服务活动就随之出现。虽然在不同的社会历史发展阶段的国家形态中,以及同一历史时代的不同性质的国家中,公共服务的模式、方式方法不断发展变化,但出于国家的本质的规定性,公共服务的本质并没有发生根本性的变化,它仍然反映国家的本质,即实现阶级统治,维持政治秩序,实现统治阶级的根本利益,维护社会公平正义。

国家存在的目的一般认为有这样三个发展阶段,即安全、秩序、正义。每一个发展阶段都是以此前的发展阶段为基础又超越于它①。

从社会契约的角度看,国家起源于人们对自己权利的让渡。人们出于安全需要的考虑,让渡一部分权利给国家,国家出现了。"国家产生于社会并存在于社会。国家所植根的这片土壤也培育了家庭和教会、公司和工会、学校和俱乐部。但是,究竟是什么使国家以它自己特有的方式发展起来的呢?"美国学者莱斯利·里普森认为,如果所有的人类集合体都是为了满足某种社会需要而组织起来的,那么国家作为一种普遍性的机构,就必须满足普遍性的需要。"在所有人类的普遍需求中有一种是对肢体与生命安全的愿望是始终存在的。"出于这种安全需要,一种有效的机制出现了,国家的基本职能被确立下来。不仅是在古代,安全成为国家存在的原因,就是到了现在,人们随时都要关注如何保全自己和打击敌人,而国家的职能也在于此,即维护国家和公民的安全。

在国家和公民的安全保障之上,人类希望的不仅是人身安全,为了与他人进行普通的日常交往,人们需要一种建立在互相信任基础上的最低限度的稳定性,以及人们通过劳动积累他们当作财产保存的所得物的安全。自此,保护生命和财产安全的职能被扩大到要围绕人与人、人与物之间关系建立的一种安全体制,对此最恰当的描述莫过于"秩序"一词。因此,秩序成为人类社会事务中值得加以优先追求的有价值的东西。在存在着利益冲突和阶级对抗的社会,如果不能保证社会的基本秩序,就不可能实现更进一步或更高生活目标的追求,在这种意义上,秩序是实现其他价值的基础和条件。英国学者赫德利·布尔在《无政府主义》一书中谈道:"任何形式的正义,唯有在某种秩序的背景之中才能成为现实。"说一个社会秩序是合乎正义的,这就意味着,这种秩序把人们的行为调整得使所有人都感到满意,也就是说,所有人都能在这个秩序中找到他们生活的幸福。在这种意义上,秩序是正义所要保证的底线价值。

一个完全意义的国家不仅仅需要秩序,"仅仅建立秩序还远远不够,秩序必须体现人们认为是正义的东西"。奥古斯丁曾说过:"如果没有正义,王国和大的抢劫集团有什么分别?因为普通的抢劫集团可以说就是一个个的小王国。在它们那里,上级指挥下级,共同歃血为盟,并根据内部约定俗成的惯例进行分赃。而当这些市井之徒的力量不断壮大,大到可以营造城堡,修建住宅,拥有城市,甚至征服邻国时,他们的政府就不再被看作是从事行窃行当,而是有了体面的名字——王国。"也就是说,当人们不能因他们而得到公正的待遇时,即使一个系统被组织起来以确保安全,它所得到的也只是人们的服从而不是效忠,还不能称之为完全意义上的国家。

所以说,正义依赖于秩序并提升了秩序,没有它,人们不能彼此信任;而秩序又必须建立在安全得以保障的基础上。这些环环相扣的关系描绘出国家在实践中的理想发展图景。社会正义的探求只有在有秩序的背景中才能进行,秩序只有在安全得到保障后才能够发展起来,而政

---

① 于凤荣. 论公共服务的本质:秩序与正义[J]. 理论探讨,2008(2):11-14.

府的目的就是使人们过上正义有序的生活。

二、经济职能

(一)现代政府职能问题的由来

围绕着政府职能的争论是十分丰富和广泛的。往前追溯,关于政府经济职能的主张早在500年前,资本主义生产关系萌芽时期的重商主义经济学就开始了。那时民族国家行将建立,商业资本得到了发展壮大。商业资本要求保护和扩大贸易,为此要求建立中央集权的国家体制,实行国家干预,消灭封建割据,在统一国内市场的同时开辟海外市场。18世纪后半期,随着工业革命的发生,商业资本转向了工业资本,资本诉求随之由主张国家干预转向主张自由资本主义。反映这种历史性的新的诉求,亚当·斯密于1776年发表了产生深远意义的《国富论》,全面阐述了自由主义经济学的原理。

亚当·斯密以理性"经济人"假定为理论基础,提出"自私的动机、私有的企业、竞争的市场"是自由经济制度的三要素,认为不断增加国民财富的最佳途径就是给予经济活动完全的自由,由一只"看不见的手"支配市场,概括地说,政府职能规范的基本价值标准,就在于成为一个好的"守夜人"。在此意义上,管的最少的政府是最好的政府,作为主流经济学理论,亚当·斯密的自由资本主义的经济理论支配了欧美国家一百多年,直至20世纪30年代席卷整个资本主义世界的经济大危机为止。

1929年10月24日,美国爆发了资本主义历史上最大的一次经济危机。从1929年到1933年,美国经济持续衰退,有5000家银行倒闭,至少13万家企业倒闭,汽车工业下降95%;1929年,通用汽车公司的生产量从1929年550万辆下降到1931年的250万辆;企业破产109371家,重工业生产的缩减尤为严重,作为20年代美国经济繁荣标志的钢铁、汽车和建筑等行业的衰退更是明显。到1933年,工业总产量和国民收入暴跌了将近一半,经济水平倒退10年,从1929年第四季到1933年第一季,连续出现了14个季度的经济负增长,累计负增长为68.56%。金融体系接近崩溃,股票一夜之间从顶巅跌入深渊,股指从363最高点跌至40.56点,才宣告见底,最大跌幅超过90%,金融危机逐渐转化为全球性的经济危机,一周之内,美国人在证券交易所内失去的财富达100亿美元。股市崩溃的1929年,失业率为2.5%,之后失业率迅速上升,到1933年达到创纪录的25%,这意味每四个人中就有一人失业。危机期间,一方面生产过剩,消费紧缩,导致商品积压;另一方面普通美国人却缺衣少食,生活日益贫困。为了维持农产品的价格,农业资本家和大农场主大量销毁"过剩"产品,用小麦和玉米代替煤炭作燃料,把牛奶倒进河海,使这条河变成"银河"。由于人们普遍对未来缺乏信心,导致社会道德进一步沦丧,盗窃、斗殴、凶杀案件层出不穷。据1932年9月《幸福》杂志估计,美国有3400万成年男女和儿童,约占全国总人口的28%的人无法维持生计(1100万户农村人口未计在内),流浪人口达200万,仅纽约一地1931年一年中记录在案的倒毙街头的案件就有2000余起。这一时期出生的儿童身材矮小,后来被称作"萧条的一代"[①]。

罗斯福就职之日,胡佛送给新政府一句话:"我们已到了山穷水尽的境地,我们无能为力了。"资本主义国家发生经济危机时,通常人们使用"市场失灵"来概括市场机制在实现资源配置方面存在许多的局限性或缺陷性,无法有效率地分配商品和劳务的情况,不能实现预期的社

---

① 马莉. 美国三十年代大危机与罗斯福"新政"[D]. 石家庄:河北大学,2003.

会经济目标,因而不能达到帕累托最优。市场失灵具体表现在以下方面:

1. 收入与财富分配不公

因为市场机制遵循的是资本与效率的原则,资本与效率的原则又存在着"马太效应"。从市场机制自身作用看,这是属于正常的经济现象,资本拥有越多在竞争中越有利,效率提高的可能性也越大,收入与财富向资本与效率也越集中;另一方面,资本家对其雇员的剥夺,使一些人更趋于贫困,造成了收入与财富分配的进一步拉大,这种收入差距的拉大又会影响到消费水平而使市场相对缩小,进而影响到生产,制约社会经济资源的充分利用,使社会经济资源不能实现最大效用。

2. 外部负效应问题

外部负效应是指某一主体在生产和消费活动的过程中,对其他主体造成的损害。外部负效应实际上是生产和消费过程中的成本外部化,但生产或消费单位为追求更多利润或利差,会放任外部负效应的产生与蔓延。如化工厂,它的内在动因是赚钱,为了赚钱对企业来讲最好是让工厂排出的废水不加处理而进入下水道、河流、江湖等,这样就可减少治污成本,增加企业利润,但会对环境保护、其他企业的生产和居民的生活带来危害。

3. 竞争失败和市场垄断的形成

竞争是市场经济中的动力机制。竞争是有条件的,一般来说竞争是在同一市场中的同类产品或可替代产品之间展开的。但一方面,由于分工的发展使产品之间的差异不断拉大,资本规模扩大和交易成本的增加,阻碍了资本的自由转移和自由竞争。另一方面,市场垄断的出现,减弱了竞争的程度,使竞争的作用下降。造成市场垄断的主要因素有技术进步、市场扩大、企业为获得规模效应而进行的兼并,一旦企业获利依赖于垄断地位,竞争与技术进步就会受到抑制。

4. 失业问题

失业是市场机制作用的主要后果。一方面从微观看,当资本为追求规模经营,提高生产效率时,劳动力被机器排斥。另一方面从宏观看,市场经济运行的周期变化,对劳动力需求的不稳定性,也需要有产业后备军的存在,以满足生产高涨时对新增劳动力的需要。劳动者的失业从宏观与微观两个方面满足了市场机制运行的需要,但失业的存在不仅对社会与经济的稳定不利,而且也不符合资本追求日益扩张的市场与消费的需要。

5. 区域经济不协调问题

市场机制的作用只会扩大地区之间的不平衡现象,一些经济条件优越、发展起点较高的地区,发展也越有利。随着这些地区经济的发展,劳动力素质、管理水平等也会相对较高,可以支付给被利用的资源要素的价格也高,也就越能吸引优质的各种资源,以发展当地经济。那些落后地区也会因经济发展所必需的优质要素资源的流失而越发落后,区域经济差距会拉大。再是因为不同地区有不同的利益,在不同地区使用自然资源过程中也会出现相互损害的问题,可以称之为区域经济发展中的负外部效应:江河上游地区林木的过量开采,可能影响的是下游地区居民的安全和经济的发展。这种现象造成了区域间经济发展的不协调与危害。

6. 公共产品供给不足

公共产品是指消费过程中具有非排他性和非竞争性的产品。所谓非排他性产品是指,当这类产品被生产出来,生产者不能排除别人不支付价格的消费。因为这种排他,一方面在技术上做不到,另一方面却使技术上能做到,但排他成本高于排他收益。所谓非竞争性是因为对生产者来说,多一个消费者,少一个消费者不会影响生产成本,即边际消费成本为零。而对正在消费的消费者来说,只要不产生拥挤也就不会影响自己的消费水平,这类产品如国防、公安、航标灯、路灯、电视信号接收等,又叫非盈利产品。从本质上讲,生产公共产品与市场机制的作用是矛盾的,生产者不会主动生产公共产品,而公共产品是全社会成员所必须消费的产品,它的满足状况也反映了一个国家的福利水平。这样一来公共产品生产的滞后与社会成员与经济发展需要之间的矛盾就十分尖锐。

7.公共资源的过度使用

有些生产主要依赖于公共资源,如渔民捕鱼、牧民放牧。他们使用的就是以江湖河流这些公共资源为主要对象,这类资源既在技术上难以划分归属,又在使用中不宜明晰归属。正因为这样,生产者受市场机制追求最大化利润的驱使,往往会对这些公共资源出现掠夺式使用,而不能给资源以休养生息。有时尽管使用者明白长远利益的保障需要公共资源的合理使用,但因市场机制自身不能提供制度规范,又担心其他使用者的过度使用,出现使用上的盲目竞争。

8.信息不对称

由于经济活动的参与人具有的信息是不同的,一些人可以利用信息优势进行欺诈,这会损害正当的交易。当人们对欺诈的担心严重影响交易活动时,市场的正常作用就会丧失,市场配置资源的功能也就失灵了。此时市场一般不能完全自行解决问题,为了保证市场的正常运转,政府需要制定一些法规来约束和制止欺诈行为。

20世纪30年代的经济大危机引发了西方经济学说在20世纪的第一次革命,即"凯恩斯革命"。凯恩斯革命以20世纪30年代经济危机为时代背景,适应垄断资产阶级的迫切需要,创建以需求管理的政府干预为中心思想的收入分析宏观经济学。凯恩斯在1936年2月4日正式出版了《就业、利息和货币通论》(以下均称《通论》)。20世纪50年代和60年代的大部分时期内,西方发达国家出现了长期繁荣景象,被宣称进入了"凯恩斯时代"。它对西方国家垄断资本主义的发展以及对西方经济学的发展都有巨大而深远的影响。以亚当·斯密经济理论为基础的传统的、新古典的经济学说因此让位于约翰·凯恩斯经济理论为核心的国家干预经济理论。凯恩斯革命否定了传统经济学的萨伊定律即"供给会自动创造需求",因而不存在经济危机,明确承认了经济危机的存在及严重破坏性,摒弃了传统经济学的亚当·斯密"看不见的手"的机理,不相信市场机制的完善性和协调性,认为经济危机不可能通过市场机制的自动调节而恢复均衡,坚决主张:采用强有力的政府干预,对严重的经济危机进行紧急抢救。

1933年3月4日,富兰克林·德兰诺·罗斯福就任美国第三十二届总统。罗斯福应对危机的一系列政策后来被称作"新政"(new deal),其核心是三个R:改革(reform)、复兴(recovery)和救济(relief)。罗斯福上台后,混乱的经济秩序迫使罗斯福必须快刀斩乱麻,立刻采取对策,实施"新政"。罗斯福在尽量避免国有化,力图保持资本主义的自由企业制度的前提下,政府对经济全面干预,尽量控制商品大量生产,达到平衡状态,同时采取一些有利于工人和小生产者的措施以缓和国内阶级矛盾,加强国家对经济的干预和指导。

由于大萧条是由疯狂投机活动引起的金融危机而触发的。罗斯福总统的新政也先从整顿金融入手。在被称为"百日新政"(1933年3月9日至6月16日)期间制定的15项重要立法中,有关金融的法律占1/3。罗斯福于1933年3月4日宣誓就任总统时,全国几乎没有一家银行营业,支票在华盛顿已无法兑现。在罗斯福的要求下,3月9日,国会通过《紧急银行法》,决定对银行采取个别审查颁发许可证制度,对有偿付能力的银行,允许尽快复业。从3月13日至15日,已有14771家银行领到执照重新开业,与1929年危机爆发前的25568家相比,淘汰了10797家。

在"百日新政"期间,罗斯福在解决银行问题的同时,还竭力促使议会先后通过了《农业调整法》和《全国工业复兴法》,这两个法律成了整个新政的左膀右臂。罗斯福要求资本家们遵守"公平竞争"的规则,规定各企业生产的规模、价格、销售范围,给工人们订出最低工资和最高工时的规定(原工人每周工作55个小时,工资一共只有60美分,调整后标准:工人每周工作40小时,最低周工资12美元),从而限制了垄断,减少和缓和了紧张的阶级矛盾。

罗斯福新政的另一项重要内容是救济工作。1933年5月,国会通过《联邦紧急救济法》,成立联邦紧急救济署,将各种救济款物迅速拨往各州,第二年又把单纯救济改为"以工代赈",给失业者提供从事公共事业的机会,维护了失业者的自力更生精神和自尊心。罗斯福执政初期,全国1700万失业人员及其亲属维持生计全靠州政府、市政府及私人慈善事业的帮助和施舍。但这部分财源相对于如此庞大的失业大军,无异于杯水车薪。解决这一复杂的社会问题,只有联邦政府才能办到。罗斯福新政的第一项措施,就是促请国会通过民间资源保护队计划。该计划专门吸纳年龄在18岁到25岁,身强力壮而失业率偏高的青年人,从事植树护林、防治水患、水土保持、道路建筑、开辟森林防火线和设置森林瞭望塔等工程建设。第一批招募了25万人,在遍及各州的1500个营地劳动。到美国参战前,先后有200多万青年在这个机构中工作过,他们开辟了3万平方千米国有林区和大量国有公园。平均每人每期干9个月,月工资中拿出绝大部分作赡家费,这样在整个社会扩大了救济面和相应的购买力。

从1935年开始的第二期"新政",在第一阶段的基础上,着重通过《社会保险法案》《全国劳工关系法案》等法规,以立法的形式巩固新政成果。罗斯福认为,一个政府"如果对老者和病人不能给予照顾,不能为壮者提供工作,不能把年轻人注入工业体系之中,听任无保障的阴影笼罩每个家庭,那就不是一个能够存在下去,或是应该存在下去的政府",社会保险应该负责"从摇篮到坟墓"整个一生。为此,制定了《社会保险法》,法律规定,凡年满65岁退休的工资劳动者,根据不同的工资水平,每月可得10至85美元的养老金。关于失业保险,罗斯福解释说:"它不仅有助于个人避免在今后被解雇时去依靠救济,而且通过维持购买力还将缓解一下经济困难的冲击。"保险金的来源,一半是由在职工人和雇主各交付相当工人工资1%的保险费,另一半则由联邦政府拨付,这个社会保险法,反映了广大劳动人民的强烈愿望,受到美国绝大多数人的欢迎和赞许。

1937年5月24日,罗斯福向国会提交了受到广泛注意的关于最低工资最高工时立法的咨文。咨文承认"我国人口的三分之一,其中绝大多数从事农业或工业,吃不好,穿不好,住不好。""我们必须铭记我们的目标是要改善而不是降低那些现在营养不良、穿得不好、住得很糟的那些人的生活水平。我们知道,当我们工人的一大部分还没有就业的时候,超时工作和低水平的工资是不能提高国民收入的。"由于国会没有对法案采取行动,1937年10月12日,罗斯福再次提出,直到1938年6月14日通过。这就是《公平劳动标准法》(又称《工资工时法》),它的主要条款包括每周40小时工时,每小时40分最低工资;禁止使用16岁以下童工,在危险性工业中禁止使用18岁以下工人。

1937 年 2 月 5 日,罗斯福提出建议,认为最高法院人力不足,案件过多,法官年迈,影响效率,因而如现任法官任职已 10 年满 70 岁还未退休,应增派一名法官,据此联邦最高法院法官可由 9 名增加到 15 名。根据 1933 年经济法,罗斯福颁布了第 6166 号行政命令,改组、合并和取消了一些行政机构,并加强了预算局的领导作用。1939 年 4 月,国会通过了《新政机构改组法》,规定许多小机构合并为大机构。1939 年 9 月 8 日,总统颁布了第一号行政命令,建立包括白宫办公厅、预算局、国家资源计划处、人事管理联络处和政府报告署等总统的办事机构。

罗斯福的"百日新政"使美国经济回升,失业人数大幅度下降,"新政"在危机中起到了极大的积极作用。从 1935 年开始,美国几乎所有的经济指标都稳步回升,国民生产总值从 1933 年的 742 亿美元又增至 1939 年的 2049 亿美元,失业人数从 1700 万下降至 800 万,恢复了国民对国家制度的信心,摆脱了法西斯主义对民主制度的威胁,使危机中的美国避免出现激烈的社会动荡,到 1939 年,罗斯福总统实施的新政取得了巨大的成功。新政几乎涉及美国社会经济生活的各个方面,其中多数措施是针对美国摆脱危机,最大限度减轻危机后果的具体考虑,还有一些则是从资本主义长远发展目标出发的远景规划,它的直接效果是使美国避免了经济大崩溃,有助于美国走出危机。同时,罗斯福实施"新政"也使资本主义国家对经济的宏观控制和管理得到加强。美国大胆借鉴社会主义的长处,用改革的方法挽救了资本主义危机,联邦政府的权力明显加强,资本主义制度得到调整、巩固与发展。资本主义经济思想从自由资本主义开始转向凯恩斯主义,新政就是对凯恩斯主义的最大规模的实践,从此开创了资本主义国家干预经济的新模式。

(二)东亚经济奇迹

相当长的时间以来,"东亚经济奇迹"已经引起了广泛的关注。1993 年,世界银行在《东亚奇迹》(The East Asian Miracle)的报告中指出,东亚八个国家和地区(日本、韩国、中国台湾地区、新加坡、中国香港地区、马来西亚、泰国、印度尼西亚)在 1965—1990 年的四分之一世纪里,创造了最高的经济增长奇迹,而且分配比其他国家更平均。与世界其他地区相比,这些国家和地区实现了经济的长期持续增长和相对平均的收入分配,因此说创造了世界经济发展史上的奇迹,也就是通常所说的"东亚经济奇迹"。

东亚各国和地区在创造经济奇迹的过程中所形成的一般经验就是:在保持宏观经济基本稳定的同时,通过有效的政府对经济不同程度的干预,使经济增长长期维持在较高的水平,政府和市场在经济发展中都起了关键性的作用;政治发展是在经济发展推动下产生的,经济改革和经济发展在先,政治改革和政治发展随之发生,经济市场化在先,政治民主化在后,同时,集权政治是其政治发展的必经阶段和内在过程。这是和"拉美模式""欧美模式"最为显著的区别,同时也是东亚经济奇迹的最突出的经验,是政府在东亚经济发展过程中起到了至关重要的作用[①]。

具体来说,"东亚模式"的基本特征包括,倡导经济优先主义与经济立国。这些国家一般都以高速经济发展作为国家的优先战略和中心任务,以快速赶超欧美为目的。政府主导市场经济,这是一种介于完全自由市场经济和计划经济之间的模式,是一种"强政府+市场"的模式。政府不直接干预经济,也不会像计划经济那样对经济进行微观控制,而是充分尊重和发挥市场

---

① 翁博.关于东亚经济奇迹的经验分析——论发展型政府在东亚经济奇迹中的作用[J].时代经贸旬刊,2008,6(9):10-11.

在资源配置和组织生产等方面的基础性作用,但是政府会对经济进行宏观调节以弥补市场缺陷和修正市场失灵,从而将市场和政府有效地结合起来,形成了一种政府主导的市场经济。无论是世界银行,还是克鲁格曼等经济学家都承认东亚近30多年经济高速增长的事实及高投入是经济增长绩效高的基本原因之一,世界银行从上层建筑、国家对经济的促进作用的角度分析东亚经济奇迹的产生,克鲁格曼从经济投入角度分析东亚奇迹的原因,结合多种观点,笔者认为,东亚经济奇迹的产生,得益于以下几个方面:

(1)适宜的外部环境。东亚各国或地区在经济增长绩效好时往往都有利于增长的环境和气候。首先是政治稳定。政治稳定被认为是取得经济快速增长的基本先决条件,这一点经验性地佐证了亨廷顿的观点:处于现代化之中的国家缺乏很多的东西,但在深层的意义,这些国家严重短缺的是有效能的、有权威的、合法的政府。只要出现政治动乱或动荡,经济增长绩效都比较差。东亚政治经济学在实践方面的成功,不仅在于政府具有广泛的权威地位,而且这种权威地位得到了社会比较普遍的认同和遵从。其次是宏观经济稳定,财政赤字水平不高,控制住了通货膨胀。最后是有好的国际环境,和平的发展环境和宽松的国际政治环境。这些国家或地区经济增长绩效开始改进的时候,往往有国际社会的支持,有发达国家的帮助,如投资、优惠贷款、技术转让等[①]。

(2)强有力的政府管理体系。在政府被广泛认同的基础上,一个强有力的政府管理体系能够保证长期发展意愿的实现,追求产出与就业的快速增长。强调和突出政府的权威地位和作用正是东亚及东南亚国家和地区经济发展模式的主要特征。刘易斯认为"经济改革不在于是威权的政府或是民主的政府,而是需要一个有权力、有能力推行改革的政府"。这些国家和地区还认同:"自由、理性、法治与民主不能经由打倒传统而获得,只能在传统经由创造的转化而逐渐建立起一个新的、有生机的传统的时候才能逐渐获得。"因此,与突出政府的权威地位和作用相联系,这些国家和地区无一例外地选择了通过政府的积极的导向和规制以推动经济快速增长的经济发展战略,并逐步形成且从20世纪90年代初期开始凸现出了经济—行政—政治的改革发展的序列。

(3)合理的政府干预范围。凯恩斯很早就指出,政府要做的是那些当前没有做的事,而不是做那些个人能够做而且已经在做的事情。刘易斯进一步指出,"没有一个国家不是在明智政府的积极刺激下取得经济进步的……政府的失败既可能是由于它们做得太少,也可能是由于它们做得太多。"各种市场失效的理论都肯定了政府干预的必要性,但关键在于政府应当做什么以及政府行为边界的确定。东亚的国家和地区经济成功的一个重要经验在于政府与市场的作用被恰当地确定在各自的范围,而不是在自由放任和政府干预之间进行二择一或替代[②]。在后发展的国家追求现代化的过程中,政府干预经济是明智的、有效的。但对于不同的国家和地区而言,由于历史文化、社会制度、政党制度、原有经济和社会发展水平等存在着巨大的不同,因此,政府干预经济的范围、程度、方式、时效、频率等相应也会出现明显的差异。东亚及东南亚诸多国家和地区的发展经验证明,只有走内生化发展的道路,从本民族、本国社会特有的思想模式和行为模式中汲取力量,保持发展的原创性,将发展模式植根于自身的社会文化环境之中,才有可能动员国民、组合资源,形成国民经济的持续发展能力。

---

① 王学鸿. 东亚经济奇迹诸因素剖析[J]. 云南财经大学学报,1996(6):37 - 40.

② Lawrence H. Summers and Vinod Thomas, Recent Lessons of Development[J]. The World Bank Research Observer, 1993,8(2):244.

（4）正确的经济政策。政府从权威地位出发，通过发展规划、产业政策、行政规制等合理的方式有效地促进了社会经济的发展和国民生活水平的提高，并因此唤醒了国民的民族自信心和自豪感。正如世界银行政策研究报告《东亚奇迹》所指出的那样，东亚国家或地区经济增长绩效好的时候，其财政政策、投资政策和外贸政策都比较正确，而且有配套的具体措施。东亚国家和地区的政府宏观调控包括稳定的商业环境、低通货膨胀，有利于鼓励固定资产投资；谨慎的财政措施，辅之以其他措施保证经济增长中的公平共享与高经济增长的成果；有利于出口竞争性的汇率政策；金融发展和逐步的自由化保证国内储蓄的最大化，推进资源的有效分配，以及与全球金融系统的融合；尽可能减少价格扭曲；采取措施推进初等教育，创立不同技能的劳动力结构，以利于外向经济的发展；等等[①]。在工业化的过程中，东亚政府有选择地选取了关税保护和鼓励出口的政策，其中不乏道义规劝、补贴和金融手段，使得实业界可以获得低成本的融资。由此可见，东亚经济奇迹与成功的产业政策密不可分，尽管美国大多数经济学家不承认产业政策对经济有促进作用，甚至认为产业政策有碍经济增长，扭曲经济结构，但东亚国家或地区成功的经验无可辩驳地表明：产业政策在其经济腾飞和快速增长过程中发挥着极其重要的作用[②]。

（5）一定的市场经济基础。政府与企业的良性互动关系是"有组织的市场经济"的基础。从东亚国家和地区实践的情况来看，企业界不但没有因为政府权威性的甚至是强制性的导向和干预而抵制和反对政府，反而由于政府提供了企业发展所必需的资源而得到了广泛的遵从，市场也因为企业界的经济活动的意愿和行为而生机勃勃、充满活力。这说明，在这些国家和地区，政府与企业界之间通过市场的中介作用存在着一种独特的良性互动关系，形成了一种独特的、建立在传统文化和对国家目标认同基础之上的"官民协同体制"。企业家承担政治责任和政治家承担经济责任是东亚及东南亚儒学国家和地区经济现代化过程中的一个突出的现象，也是其经济成功的主因之一。这使得这些国家和地区的经济发展具有了相当的整体推进的性质，进而有助于形成和强化持续发展的能力。

在总体特点上，东亚及东南亚国家和地区的发展模式，即政府主导市场经济，这是一种介于完全自由市场经济和计划经济之间的模式，是一种"强政府＋市场"的模式，既与西方国家强烈放任自由的经济发展道路和以自我为中心的价值观念形成了鲜明的对比，也与拉丁美洲和非洲若干国家的有限繁荣形成了强烈的反差。正是这种政府对经济进行宏观调节以弥补市场缺陷和修正市场失灵，将市场和政府有效地结合起来，从而形成了东亚经济的繁荣和大发展，成就了"东亚经济奇迹"。

（三）东亚经济危机

从 20 世纪 60 年代到 90 年代，由于东亚经济增长快速，龙腾虎跃，引起全世界的瞩目，于是，"东亚经济模式的成功""21 世纪将是亚洲的世纪"等，一时广为传颂。正是当人们陶醉于这些美好言词的时刻，一场席卷亚洲波及全球的金融风暴突然袭来，使人们一时头晕目眩，莫知所从。西方经济学界和舆论界的评论从过去几年对东亚经济发展模式的高度赞扬骤变为强烈指责东亚各国在发展过程中不按经济规律办事，政府干预过度等言辞[③]。

① 林毅夫，任若恩. 东亚经济增长模式相关争论的再探讨[J]. 经济研究，2007(8)：4-12.
② 王学鸿. 东亚经济奇迹诸因素剖析[J]. 云南财经大学学报，1996(6)：37-40.
③ 谷书堂，禹在基. 从东亚金融危机引起的对亚洲模式的思考——以韩国经济模式为案例的分析[J]. 经济评论，1999(3)：88-92.

进入 20 世纪 90 年代以后,从 1990 年开始的日本的连续多年的经济衰退,1997 年 7 月开始于泰国继而蔓延至东亚地区(中国大陆除外)的金融危机,让越来越多的人对东亚的发展模式产生了疑虑,甚至有人把危机的原因归咎于这种发展模式。东亚模式的主要特点是依靠政府对资源的配置,随着全球经济一体化进程的加快,其弊端进一步表现出来。政府对经济干预过多,造成资源配置的扭曲,同时,因为银行以间接的金融的形式,吸纳国民积累的资金和外资后,以低廉价格投向政府支持和保护的产业,使企业资产负债的比例增高。这样会使银行系统变得十分脆弱,而银行作为现代经济的神经中枢,人们对银行的信心危机必将引起整个经济的危机,东亚的经济危机足以证明这一点,而这容易导致投资结构的扭曲,投资结构的扭曲是产生泡沫经济和低效益产业扩张的重要原因,而当泡沫经济和低效益产业的发展到一定程度必然要导致经济危机。所以,东亚经济危机和东亚的经济发展模式存在着内在的必然的联系,也部分证明了政府存在难以克服的缺陷。

东亚国家实行的是政府主导型的市场经济。其市场经济体制不是由市场自然发展生成的,而是由政府权威直接组织的。可以说,东亚经济是在政府的直接扶植下发展起来的。政府强有力的干预和管理推动了东亚经济的腾飞,对实现日本经济的恢复和发展、韩国的现代化、东南亚国家经济的增长,都起到重要作用。但政府干预在弥补市场缺陷、纠正市场失灵的同时,其对市场的排斥也日益凸显。因为政府干预的内在逻辑总是导致更加广泛的政府干预,直至完全取代市场的功能与市场机制的作用。在东亚国家,随着政府权力的增长、政府机构的膨胀以及政府干预的增加,市场活动的领域不断趋于缩小,使越来越多的经济决策权掌握在政府手中,其结果抑制了市场的积极作用,与之相伴的则是政府干预经济过度造成的低效率与大量浪费。因此,从政治、经济机制的角度来看,过去几十年政府主导型市场经济推动了东亚经济的快速发展,也埋下了危机的种子。

市场经济中市场失灵现象的存在,使政府宏观调控与干预必不可少。但政府也不是万能的,政府也可能失灵。在西方经济学中,已有大量讨论政府失灵的文献,尽管对政府失灵有不同理解,但概括起来,包括以下几种情况:①政府干预经济活动达不到预期目标;②政府干预经济活动达到了预期目标,但效率低下,或者说成本昂贵,导致资源并未得到充分有效的利用;③政府干预经济活动达到了预期目标,效率也较高,但带来了一些其他负面效应。此外,经济全球化逐步将世界经济融为一体,也削弱了各国政府干预本国经济的能力和效力,造成政府失灵。其表现有以下几个方面[①]:

1.政府行为并非永远代表公共利益

作为个人,政治家和官员不管其头衔多高,首先都不是为了追求正义,而是为了追求个人的利益而参与政治的。政治家和官员的理性和知识是有限的,他们拥有人类共有的弱点。凯恩斯经济学中隐含着政府是"道德人"假设,即政府永远是大公无私的,市场失灵时,政府代表公众利益恢复市场功能,使社会福利最大化。政治人和经济人能够是同一人吗? 在公共选择领域中,假定政治家和官员是毫无私利的社会利益的代表是靠不住的,存在道德风险。如同消费者和生产者追求自身利益最大化一样,政府部门及官员也是追求自身利益最大化的经济人。政府机构本身不是一个没有自身利益的超利益组织,而是将政府官员的利益内在化为政府的

---

① 方小刚,李仁东. 政府失灵与东亚模式危机[J]. 世界经济与政治,1998(5):31-34.

利益。政府官员也是经济人,其中一部分人必然运用自己手中的权力以权谋私,为自己或小集团谋利益。代理人(政府官员)在任期届满前利用委托人(民众)的"理性无知"故意隐瞒相关信息,采取"逆向选择"行为使自身利益最大化,会严重降低市场运行效率,使得整个市场在低于信息较完备的均衡状态下运行,偏离帕累托最优状态,在极端情况下甚至会导致市场的萎缩和失灵。因此,通过政府这个代理人来克服市场失灵,并不能避免官员个人私利及官员集团利益同其代理的公共利益之间的冲突,从而导致公共政策偏离预定的公共利益目标导致政府干预缺乏效率①。

2. 政府行为造成资源配置的低效率

现代西方学者普遍认为,政府的一个基本职能是提供公共物品,直接提供市场可能供应不足的公共物品,并履行市场秩序维护者、外在效应消除者等角色,但是由于公共物品本身的复杂性以及政府机构自身,使得它们提供公共物品难以达到应有的高效②。在公共选择和公共政策学者看来其主要原因有:①公共物品评价的困难。公共物品本身所具有的特性,主要是非竞争性和非排他性,使得衡量公共物品的价值极为困难。而政府机构提供公共物品追求的是社会效益,社会效益的衡量更是缺乏准确的标准和可靠的评估方法。②竞争机制的缺乏。由于政府是提供公共物品的唯一机构,没有相应的竞争对手,政府部门是公共物品的唯一提供者,公众作为服务对象,无法用"退出"的方式对抗垄断,可能导致韦默和维宁所说的 X无效率——"用来描述技术上可行时垄断者没有达到成本最小化的情况"。也就是说,由于没有竞争对手,政府机构有可能过分投资生产出多于社会需求的公共物品,或是政府官员利用垄断地位,抬高服务价格,降低服务质量,变相地谋取个人利益。③激励机制的缺乏。政府机构与企业不同,缺乏降低成本激励机制,没有产权约束,无成本压力,也没有利润含义,政府机构及其工作人员都没有动力降低成本,官员从个人的得失出发,他们的目标不是利润最大化而是规模最大化,尽量满足来自方方面面的要求,以此增加自己的升迁机会和扩大自己的势力范围,结果使公共产品超量供应,社会福利费用过高,造成了资源浪费。而又由于政府机构的工作成本难以计算,这就有形无形地促使政府机构供给的公共物品超出社会最优分配时所需的数量。④监督机制的缺陷。从理论上说,作为代理人政府及其工作人员的行为必须受到委托人的监督,政治家及公共服务机构不能为所欲为,而必须服从公民代表的政治监督及司法、审计监督等,以保证政府运行的效率。然而在现实中,现有的监督机制不健全,很多监督只是形式的。尤其是监督信息的不对称,监督者难以获取真实的信息,使得监督者实际上被被监督者所控制,这些监督的效力很可能因为信息的不完备而降低甚至失去。

3. 政府自身的缺陷

政府自身的组织制度存在缺陷。政府失灵的出现,在相当程度上是由于政府自身的组织制度存在严重缺陷所致③。政府机构庞大,职能交叉,冗员过多,人浮于事,致使政府干预缺乏权威性和有效性;政策不完善、不配套、漏洞多,法制不健全,亦会导致政府干预力度弱化;地区、部门从自己的本位利益出发,与中央政府进行博弈活动,也将导致中央政府的宏观干预决策得不到贯彻落实,"上有政策,下有对策"就是其真实写照,它们将严重影响政府干预的力度

---

① 李东方. 政府失灵的原因为及其治理探析[J]. 昆明学院学报,2010,32(1):95-99.
② 张建东,高建奕. 西方政府失灵理论综述[J]. 云南行政学院学报,2006,8(5):82-85.
③ 高会宗,樊增强. 市场经济中的政府失灵及其防范[J]. 政治学研究,1998(1):43-48.

与时效。部分政府官员追求目标变异,他们没有从社会利益极大化出发,从发展生产力、改善人们生活出发考虑问题,而是通过扩大政府规模,增加自我威望和升迁机会,延展自己的权力和势力范围,为自己或小集团谋利益。对政府官员缺乏应有的监督,有些权力握有者运用权力谋个人私利或集团利益,损害人民利益。加之对政府官员评判标准非科学化,造成形式主义、浮夸风蔓延。在政府的组织制度存在种种缺陷的情况下,导致决策非科学化、非理性化,造成社会经济效益低下,资源配置不合理,经济发展失衡。

4. 公共决策失误

政府主要是通过政府决策(即制定和实施公共政策)的方式去弥补市场的缺陷,政府是代表公众进行公共决策的政治机构,然而,公共决策作为非市场决策有着不同于市场决策的特点[①]。市场决策是以个人作为决策主体、以私人商品为决策对象,通过竞争性的市场来实现。而公共决策是以集体作为决策主体、以公共物品作为决策对象,并通过一定政治秩序运行的政治市场(即用投票来购买公共物品)来实现。因此,相对于市场决策,公共决策是一个涉及面广、制约因素多的十分复杂的过程,使得政府难以制定并实施合理的公共决策,导致公共决策失误,造成政府失灵。从公共选择理论来看,导致公共决策失误的原因是多方面的:①阿罗的不可能定理表明,社会实际上并不存在作为政府公共决策追求目标的所谓公共利益;布坎南也指出,在公共决策中实际上并不存在根据公共利益进行选择的过程,而只存在各种特殊利益之间的"缔约"过程。②即使政府所提供的政策、方案确实是最好的,但由于投票规则本身的问题,最终的决策结果也难以达到最优。③决策信息的不完全性。决策信息的获取总是困难而且需要成本的,不论选民还是政治家所拥有的信息都是有限的,因而许多政策实际上是在信息不充分的情况下做出来的,这就很容易导致决策失误。④投票人的"短见效应"。由于政策效果的复杂性,大多数选民难以预测其对未来的影响;而政治家为了谋求连任,就会迎合选民的短见,制定一些成本滞后或从长远看弊大于利的政策。

20世纪70年代初期整个资本主义世界陷入了"滞胀"(高通胀、高失业、低经济增长)的困境。技术进步使生产率提高且在资本追求剩余价值(利润)最大化过程中导致失业增加,经济过度开发导致能源极度短缺和成本的迅速上升,政府过度干预导致政府膨胀、政府开支增加、企业税赋加重等。总之,由于政府自身的局限性和外部因素对政府约束无效,政府在纠正市场失灵时引起了效率和福利损失。用沃尔夫的话说,在市场"看不见的手"无法使私人的不良行为变为符合公共利益行为的地方,可能也很难构造"看得见的手"去实现这一任务。面对"滞胀",凯恩斯主义束手无策,新自由主义者将其归结为国家干预过度、政府开支过大、人们的理性预期导致政府政策失灵所致。也正是在这种情况下,多年受冷落的新自由主义适应这一需要,伴随美国总统里根和英国首相撒切尔夫人的上台,在否定凯恩斯主义的声浪中,占据了美英等国主流经济学地位。新自由主义的一个重要特征是把反对国家干预上升到了一个新的系统化和理论化高度,是"对凯恩斯革命的反革命"。也正是在这个意义上,西方学者又称新自由主义为新保守主义。

新自由主义理论主要的代表人物有哈耶克、弗里德曼、布坎南等人,他们从不同的角度解释了新自由主义理论。

---

① 方小刚,李仁东. 政府失灵与东亚模式危机[J]. 世界经济与政治,1998(5):31-34.

哈耶克以个人主义出发,强调维护人的自主。这种自由包括政治自由、思想自由和经济自由。其中,经济自由是自由的基础。实现经济自由的途径是实行市场经济,让市场机制充分发挥调节作用,让人们在市场上进行自由竞争。因此,市场经济就是一种由个人主义出发而形成的,能保证人的自由的"自然秩序",是一种最符合人性的经济制度。凯恩斯的理论和政策都是哈耶克批评的目标。哈耶克认为,判断一个社会好坏的标准不是经济福利,而是人的自由程度。哈耶克特别反对把经济福利作为理想社会的目标。他认为追求经济福利的目标必然导致国家干预经济。理想社会是通过法治实现的。理想社会要通过法治才能实现,要做到这一点,就要实现思想解放,把人的思想从崇尚国家的现代蒙昧主义下解放出来,自觉地为实现这种理想而奋斗。

弗里德曼指出,西方国家干预的实践并不成功,它的实际效果与预期效果之间有着相当大的差距:正是国家的干预活动阻碍了市场的健康发展,导致了西方经济"滞胀"现象的出现;各种福利措施造成极大的浪费,降低了人们的工作积极性;更为重要的是,国家干预的过程中还包含着对公民个人自由的限制。因此,政府的干预必须减少而不是增多,它的主要职能在于"防御外来敌人的侵略,确保我们的每一个同胞不受其他人的强迫,调节我们内部的纠纷,以及使我们能一致同意我们应遵循的准则"。

布坎南指出,由于人们在政治活动中同样要追求自己利益的最大化,加上政党政治的竞争性特点,政府与政治本身也具有各种各样的缺陷和不足。因而,政府对于社会和经济领域的干预,并不一定能够弥补市场的失效;相反,美国经济出现的高额赤字、通货膨胀和高失业率并存,很大程度上应归咎于凯恩斯国家干预主义的经济学。公共选择理论向人们证明,"市场的缺陷并不是把问题转交给政府去处理的充分理由",政府干预的范围应该尽可能地缩小。

新自由主义发展近百年的过程中在经济方面认为要坚持三化。"自由化",自由是效率的前提,"若要让社会裹足不前,最有效的办法莫过于给所有的人都强加一个标准"。"私有化",在他们看来,私有制是人们"能够以个人的身份来决定我们要做的事情",从而成为推动经济发展的基础。"市场化",他们认为离开了市场就谈不上经济,无法有效配置资源,反对任何形式的国家干预。

在东亚经济危机的背景下,政府失灵和凯恩斯主义的失败,使新自由主义理论主张的自由竞争的市场原理、只有市场可以对资源进行有效的配置和把政府职能控制在最小的范围内,充分发挥市场机制的作用等新自由主义思想重新占据了英美等资本主义国家主要地位。

(四)美国次贷危机

美国次贷危机(Subprime Crisis)是因次级抵押贷款机构破产、投资基金被迫关闭、股市剧烈震荡引起的金融风暴。它致使全球主要金融市场出现流动性不足危机。从 2006 年春季"次贷危机"开始逐步显现,2007 年 8 月开始席卷美国、欧盟和日本等世界主要金融市场。以美国次贷危机为导火索的金融危机爆发以来,越来越多学者开始反思主导美国乃至世界经济近三十年的新自由主义。

所谓新自由主义,是一套以复兴传统自由主义理想,以减少政府对经济社会的干预为主要经济政策目标的思潮。美国新自由主义经济政策开始于 20 世纪 80 年代初期,其背景是 70 年代的经济滞胀危机,内容主要包括:减少政府对金融、劳动力等市场的干预,打击工会,鼓励寅吃卯粮、疯狂促进消费、以高消费带动高增长的经济政策等。新自由主义兴起后很快在全球蔓延,新自由主义在拉美的经济改革取得了一定成效,在新自由主义的指导下,拉美有的国家实现了从封闭的进口替代模式向外向发展模式的转变,恶性通货膨胀得到控制,宏观经济形势曾一度有所好转。但总的来看,拉美地区十多年来,改革动作大、发展成效小,不仅如此,拉美新自由主义改革还带来了一系列严重问题:第一,国有企业私有化,使一些产业向私人资本和外国资本集中,失业问题更为严重。第二,收入分配不公的问题越来越突出,两极分化和贫困化十分严重。如墨西哥在改革前,有 2 位亿万富翁,20 世纪 90 年代后期增加到 20 多位;与此同时,贫困人口未见减少,相反有增加之势,墨西哥恰帕斯州农民揭竿而起的主要原因之一,正是两极分化和贫困化日益加剧。第三,民族企业陷入困境。这种情况在开放度较高的墨西哥和阿根廷等国尤为明显。第四,国家职能明显削弱,社会发展被严重忽视。第五,金融自由化导致金融危机频发。1994 年的墨西哥金融危机、1999 年的巴西货币危机和 2001 年的阿根廷债务危机等,都与金融自由化有关。

社会分配关系严重失衡。国有企业私有化,使一些产业向私人资本和外国资本集中,失业问题更为严重;收入分配不公的问题越来越突出,两极分化和贫困化十分严重;国家职能明显削弱,社会发展被严重忽视。近三十年来,美国社会存在着一种很奇怪的现象,一方面是美国老百姓超前消费,另一方面,老百姓的收入却一直呈下降态势。据统计,在扣除通货膨胀因素以后,美国的平均小时工资仅仅与 35 年前持平,而一名 30 多岁男人的收入则比 30 年前同样年纪的人,低了 12%。经济发展的成果更多地流入富人的腰包,统计表明,这几十年来美国贫富收入差距不断扩大。美国这种经济在快速发展,但收入却不见增长的现象,与 20 世纪 80 年代初里根政府执政以来的新自由主义政策密切相关,新自由主义的实施导致了社会分配关系严重失衡。

金融业严重缺乏监管,引诱普通百姓通过借贷超前消费、入市投机。新自由主义的一个重要内容是解除管制,其中包括金融管制。自 20 世纪 80 年代初里根政府执政以后,美国一直通过制定和修改法律,放宽对金融业的限制,推进金融自由化和所谓的金融创新。例如,1982 年,美国国会通过《加恩-圣杰曼储蓄机构法》,给予储蓄机构与银行相似的业务范围,但却不受美联储的管制。根据该法,储蓄机构可以购买商业票据和公司债券,发放商业抵押贷款和消费贷款,甚至购买垃圾债券。另外,美国国会还先后通过了《1987 年公平竞争银行法》《1989 年金融机构改革、复兴和实施方案》,以及 1999 年《金融服务现代化法》等众多立法,彻底废除了 1933 年《美国银行法》(即格拉斯-斯蒂格尔法)的基本原则,将银行业与证券、保险等投资行业之间的壁垒消除,从而为金融市场的所谓金融创新、金融投机等大开方便之门。在上述法律改革背景之下,美国华尔街的投机气氛日益浓厚,特别是自 20 世纪 90 年代末以来,随着利率不断走低,资产证券化和金融衍生产品创新速度不断加快,加上弥漫全社会的奢侈消费文化和对未来繁荣的盲目乐观,为普通民众的借贷超前消费提供了可能。特别是,通过房地产市场只涨不跌的神话,诱使大量不具备还款能力的消费者纷纷通过按揭手段,借钱涌入住房市场。

美国纽约大学教授塔布对新自由主义在全球的实践做了深刻独到的总结:"新自由主义就其所许诺的目标而言,已经失败了。它没有带来快速的经济增长,没有消除贫困,也没有使经济稳定。事实上,在新自由主义霸权盛行的这些年代里,经济增长放慢,贫困增加,经济和金融危机成为流行病。"由美国"次贷"危机引发的金融危机再次充分表明了新自由主义及其经济模式的失败。西方学者惊呼西方经济理论再次面临危机,纷纷提出"重新恢复对凯恩斯主义分析和政策的信任"。2006 年 12 月,美国著名左翼经济学家大卫·科茨在《新自由主义时代经济增长的矛盾:当代美国经济的积累和危机》一文中,分析美国的新自由主义增长模式的矛盾并提出新自由主义将进入危机和终结阶段。

新自由主义走向衰退的根本原因在于新自由主义的经济模式不仅没能解决资本主义社会的基本矛盾,即"生产的社会化同生产资料私人占有制之间的矛盾",反而加剧了这一矛盾。在新自由主义经济模式下,工会力量削弱,工人地位降低,国家对经济的调节受到限制,政府行为主要以提高资本税后利润为导向,这些直接导致了高利润和工资停滞并存的经济扩张,产生相对于需求的潜在生产过剩。大卫·科茨提出:"新自由主义结构下经济增长的矛盾在于:一方面,是有利的剩余价值生产条件,表现为通过抑制实际工资而形成的利润率的不断提高;另一方面,是困难的剩余价值实现条件。"在生产过剩的矛盾中,新自由主义的经济扩张是通过资产泡沫的膨胀、家庭和政府债务的累积实现的,即使这些措施会加剧经济失衡并最终造成经济崩溃。当政府能缓和生产过剩危机的手段失效时,资产泡沫和债务增长将不再能支撑经济扩张,潜在生产过剩问题将无法掩盖,美国房地产泡沫破裂以及次贷危机的爆发就是例证。所以,新自由主义只能将危机暂时掩盖,而不能实际解决西方社会的根本矛盾。

20世纪30年代以来,经济社会发展出现很多新的变化,工业资本日益转向金融投资,经济金融化、虚拟经济大规模发展,实体经济与虚拟经济之间的关系日益复杂,这些光靠市场这只"看不见的手"调节是不够的。无论是资本主义国家还是社会主义国家,经济的健康稳定运行都需要国家干预或调控,政府干预对经济发展的积极作用不容忽视。新自由主义推崇的自由市场经济只适合于20世纪以前的年代,那时候,生产社会化程度远没有现在高,市场经济的关系也没有现在复杂。逆历史潮流的理论和思潮终究不能长久,新自由主义无法逃脱走向衰退的命运。新自由主义的实践和理论表明,新自由主义必将进入危机和终结阶段,走向衰弱,金融危机的爆发和救助宣告了新自由主义理论和实践的基本破产。

三、社会职能

狭义的社会职能主要指政府为社会提供各种服务和社会保障,诸如环境保护、医疗卫生、城市规划、旅游娱乐以及建立健全养老保险制度和待业保险制度,逐步完善社会保障体系、提升社会福利、维护社会公平、促进社会和谐等。这些公共服务的特征和社会属性决定了政府是主要的供给主体,供给来源于公共资源。政府掌握着公共权力,必须承担起供给公共产品、公共服务的责任,并对这些基本公共服务进行管理,况且公共服务具有外部性,如最为典型的教育和卫生,它们是全社会成员的基本需求。虽然这些公共服务也可以通过市场来提供,但市场是注重和追求效率的,难以保证在提供公共服务时体现出规则公平、机会公平、过程公平、结果公平等。

(一)社会职能的基本观点

公平与效率的关系主要涉及政府的社会职能。这种关系也可以理解为是个人利益与公共利益,经济增长与大众福利,政府的经济职能与社会职能的关系。关于效率与公平的解释是多种多样的。

一般而论,效率的基本内涵指的是投入与产出或成本与收益之间的关系,是指资源的合理、有效的配置,在同一时间内投入的最小化与产出的最大化是效率的恒定标准。

所谓公平,通常是指社会成员机会或收入的均等化,以及社会权利的平等化。可以理解为公正、平等,包括规则公平、机会公平、分配公平(社会中人们之间利益和权利分配的合理化)。社会运行将公平分为起点、过程和结果三个阶段,起点和过程公平属于规则公平,结果公平属于分配公平,机会公平体现在起点、过程和结果三个阶段上,基本上等同于规则公平,又涵盖规则公平与分配公平。

公正的含义有不偏不倚的意思。它意味着一切不平等现象的消除和达到一切均能达到的平等。分配公正是人类长期以来的重要研究课题,从分配公正观点的历史考察,基本上有四种:平均主义、功利主义、市场决定论和正义论[①]。

平均主义:原始共产主义社会的分配就是原始人休戚与共的平均主义的分配,也就是说,人们应该平均分享社会的责任和利益。这是社会物质财富极端贫乏情况下的自然选择。古代希腊的斯巴达盛行平均主义,柏拉图的《理想国》有平均主义的大量说明。在空想社会主义那里,平均主义得到了很多论述,例如,托马斯·莫尔的《乌托邦》、康帕内拉的《太阳城》、罗伯特·欧文的《新道德世界书》等。

功利主义:功利主义认为分配应该根据人们的贡献、结果进行分配。身体、能力、地位、权力、家庭、教育、社会关系等都成为分配差别的根据。由此带来人们的产出结果成为分配的根本标准。它主张用严格的、可实际判定的尺度来衡量人们的劳动,给予相应的报酬。人们能力的不同、努力的不同、付出的不同等,导致了分配的差别。但是,功利主义强调结果、效率、最大化的利润(益),忽视了人类的一般平等权利,宽容了依靠不正当途径的发财致富,支持了事实上分配不公平是合理的。

市场决定论:市场决定论则强调效率就是公正,认为市场竞争的结果是公平的,因为它奖励那些最有能力和工作最努力的人。

正义论:他既强调人类的基本权利是相同的,又指出人类不可能完全平等;人类应该强调平等原则、提倡平等、追求平等,防止不平等的蔓延和扩大;对不平等应该进行最大程度的限制,不能使它危害到社会的平等原则和要求;平等地分配各种基本权利和义务;尽量平等地分配社会合作所产生的利益和负担;各种职务和地位平等地向所有人开放(机会均等)。

按照经济学家格列高里·曼昆的解释,效率是社会能从其稀缺资源中得到最多东西的特征,平等则是经济成果在社会成员中公平分配的特性。换句话说,效率是经济蛋糕的大小,而平等是指如何分割这块蛋糕,在设计政策的时候,这两个目标往往是不一致的。公平与效率的问题与国家发展战略的选择相联系,不只是现代经济问题的焦点之一,更是人类社会政治和道德问题的轴心。因此公平与效率的问题直接与广泛和深层次的人类价值判断问题相联系,进而与政府的职能及宏观公共政策选择相联系,成为每一个国家的政府过去、现在和将来都不可能回避的问题。公平与效率作为两种价值取向存在一种此消彼长的替代关系,在同一时间和空间可以有主次之分,却很难做到并行不悖。这样,作为一种宏观公共政策选择,政府事实上必须取舍维护社会公平抑或提高效率,作为政府基本的价值取向和政策标准。

关于公平与效率的争论是广泛和持久的。在这方面,大体上存在"效率优先论"、"公平优先论"和"效率与公平平衡轮"三类观点。

效率优先论认为,效率是竞争的产物,竞争与市场相联系,市场则与"天赋人权"的自由权利相联系。换言之,效率优先论认为存在这样一种逻辑关系,即没有个人权利就没有个人自由,没有个人自由就没有市场竞争,而没有市场竞争就没有效率。因此个人权利是效率优先的前提、基础和结果。效率优先论同时认为,效率是个人勤奋工作的结果,直接反映个人努力的

---

① 孙君恒.分配公正的三种基本尺度[J].武汉科技大学学报(社会科学版),2001,3(3):4-7.

程度,而勤奋的人理应占有更多的资源,获得更多的报酬。因此,效率反映真正的公平,政府不能通过干预实现"结果均等",因为这会损坏社会发展的机制,最终导致"公平"的虚无化。支持这种观点的主要有罗宾斯、哈耶克、弗里德曼、边沁等,他们认为不能把收入公平分配作为社会福利最大化的一个必要条件看待,他们要求自由经营、自由竞争和资源的自由转移,增进公平绝不能以牺牲效率为代价。他们反对通过政府干预来纠正市场机制自发调节所形成的收入分配不公平。他们认为公平只能通过自由竞争的市场机制来实现,而不能依靠法律、行政和税收手段来实现。因为依靠后一种方式实现公平实际上把一部分人的努力移作另一部分的所得,这种做法本身就是不公平。"用特殊干预行动来纠正自发过程所形成的分配状况,就是一个原则同等地适用于每一个人来说,从来就不可能是公正的。"即坚持效率优先的经济学家普遍认为,真正的公平是机会平等,结果(收入与财富)是否公平并不重要,而国家的作用主要在于保证私有财产的合法性和排他性,保证人人有获得私有财产的公平机会,保证市场的自由竞争,以促进经济效率的提高。

公平优先论认为,公平是个人"天赋权力"具体化。这种权力不适用于市场交换,不能用后天源自市场竞争的金钱作为恒量的尺度。市场竞争导致的个人收入的巨大反差,是对个人权力的直接侵害。不仅如此,与市场竞争相联系的效率不但与"公平"无关,而且是不公平的结果。因此,市场竞争不仅会导致个人收入的良机分化,而且会形成竞争优势与竞争劣势——资财占有、信息占有、社会关系占有、受教育程度、个人能力等,从而严重破坏"机会均等"的原则,形成事实上的权力的不平等。这种不平等导致社会差距的扩大化、深刻化、持续化,进而可能导致制度危机。同时,市场从来就不是按照个人对社会的实际贡献评价和付酬的。因此,只有通过运用公共公权力,即通过政府干预才能实现社会收入分配和社会权利分配的均等。持这一观点的主要代表人物有罗尔斯、琼·罗宾逊等人。从现实出发,他们认为收入分配不公平会导致权利和机会的不公平,而在市场经济下,金钱与权力可以相交换,权力又可以成为收入和财富的源泉。这样会导致钱、权之间的恶性循环交易,让不公平更加不公平。他们认为"使人们的收入和财富不一定和他的干劲和努力程度成正比,收入和财富不一定都是'公平'所得"。这样,由于不公平损害了人的积极性和工作热情,使其反作用于效率的提高。同样,不平等的收入还会损害人的尊严,使"人人生而平等"失去其普遍认识价值,也就进一步影响了社会的长远发展。20 世纪 70 年代,美国著名哲学家约翰·罗尔斯发表了著作《正义论》,他指出,"作为公平的正义"奉行的是一种最大限度改善最少受益者地位的原则。

效率与公平平衡论认为公平与效率同等重要,主张在公平与效率之间建立一种平衡关系,即以最小的公平代价换取最大的效率结果。据此,效率与公平平衡论主张同时建立以利润为目标的私有经济和以社会福利为目标的公共经济,进而在"混合经济"的基础上建立一种兼顾公平与效率、结果均等与机会均等的制度,借以在保持以"自利"为导向的效率的同时,通过政府对社会收入再分配的有效的宏观调控,维持基本的社会公平。持这种观点的经济学家既不赞成效率优先,也不赞成公平优先,而是主张二者兼顾。他们试图通过兼顾来找到一条既能保持市场机制的优点,又能消除收入差距扩大的途径,使效率最高的同时保证对公平的最小损害。萨缪尔森曾经说道:"即使是最有效率的市场制度也会产生很大的不平等"。凯恩斯认为自由放任的市场制度既不能实现公平,又不能获得高效率。他主张通过政府干预来提高有效需求水平,以消除资源利用不足的低效率政策,使食利阶层无疾而终。布坎南也承认市场的自发作用会引起收入分配不平等,但他又反对政府直接干预市场运行,他认为那是通过权力把一部分人的财富强制转移给那些弱者,这样会挫伤社会前进发展的积极性,也会严重影响效率的提高,因为在一定程度上,那又是另一种不公平行为。他所说的要建立社会制度结构包括了契约和宪法在内的社会法律制度和财税制度。他认为,用政治手段来调整分配首先必须严格地符合宪法,也就是把这种调整要当作社会秩序永久性和半永久性的制度,让其维持整个社会的和谐发展。美国经济学家阿瑟·奥肯在他 1974 年的经典著作《平等与效率——重大的抉择》中提出了公平与效率的交替理论,试图找到一条既维护市场机制,又能消除收入差别扩大的途径,主张在保留市场经济制度的情况下增进平等。在奥肯看来,平等和效率都是很重要的,社会要存在下去,既不能是效率优先,也不能是平等优先,而是二者兼顾,即以最小的不平等换取最大的效率,或者以最小的效率损失换取最大的公平。

(二)分配与再分配

我国实行按劳分配为主体、多种分配方式并存的制度。把按劳分配和按生产要素分配结合起来的分配制度,体现了效率与公平这两个现代社会追求的重要目标。效率可以通过市场自由竞争得以实现,而为了实现公平目标,社会除了需要考虑制度性的权利、机会分配的平等以达到"初始资源禀赋"的起点公平外,还应寻求"实质正义",进行某种程度均等的再分配,即政府通过税收与转移支付对市场机制决定的初次收入分配进行调整。国内一般的观点是"初次分配注重效率,二次分配注重公平"①。

初次分配,主要体现在国民收入作必要的扣除之后,每位生产参与者获取与自己在生产中的贡献相适应的报酬,不允许任何人利用自己的地位或权力攫取不合理的收入。我国社会主义市场经济条件下存在按劳分配和按要素分配两种方式,在按劳分配方式下,分配公平要求按照劳动者所提供劳动的数量和质量进行收入分配;在按要素分配方式下,分配公平要求资本所有者、劳动所有者和其他要素所有者按照各要素在生产中所作贡献的大小进行收入分配。市场经济下的国民收入初次分配经历了两个环节,首先是依据市场法则在各生产经营单位之间进行的分配;其次是企业内部对职工的分配。由此,初次分配过程贯穿效率原则,体现为两方面的内容:一是市场中的各生产经营单位的分配与各自的经济效率直接挂钩;二是在市场分配的基础上,各生产经营单位在本单位内部依据"多劳多得""贡献大者多得"的原则进行分配。

按照马克思主义政治经济学国民收入再分配的原理,再分配是对初次分配的补充和校正,理应遵循"更加关注公平"的原则。也就是在政府的主导下,旨在使那些初次分配中无受益或受益较少的社会成员得到一定的补偿,尤其是使经济弱势群体得到应有的经济支持和帮助,从而缩小社会成员过分悬殊的收入差距。这一过程实际上是政府通过税收实现"抽肥",通过公共财政支出实现"补瘦",形成富人多纳税,国家财政支出补贴穷人的再分配调节格局,实现富人和穷人在分配上的相对公平。在社会主义制度下,国民收入之所以必须进行再分配,有下列原因:

第一,满足非物质生产部门发展的需要。在国民收入初次分配过程中,只有物质生产部门的劳动者获得了原始收入,而非物质生产部门要获得收入,必须通过对国民收入的再分配解决。通过对国民收入的再分配,把物质生产部门创造的一部分原始收入,转给不创造国民收入的非物质生产部门,形成"派生收入",以满足文化教育、医疗卫生、国家行政和国防安全等部门

---

① 林毅夫.以初次分配实现公平和效率的统一[J].党政干部文摘,2007(6):23-25.

发展的需要和支付这些部门劳动者的劳动报酬。第二,加强重点建设和保证国民经济按比例协调发展的需要。国民经济在各部门、各地区、各企业的发展往往是不平衡的,它们的发展速度、生产增长规模、技术结构等互不相同,不可避免地会出现某些比例不协调现象和薄弱环节。同时,各物质生产部门、各地区、各企业从国民收入初次分配中得到的收入份额,往往同它们各自经济文化发展的需要不相一致。因此,社会主义国家必须从宏观调控的全局出发,有计划地将国家集中的纯收入,通过再分配,在不同部门、地区和企业之间调节使用,以加强重点建设,克服薄弱环节,保证国民经济按比例协调发展。第三,建立社会保证基金的需要。劳动者的养老、医疗、失业等保证基金,以及社会救济、社会福利、优抚安置等基金,除企业、个人负担外,有一部分也需要通过国民收入的再分配,建立社会保证基金来解决。这是建立社会保障体系的一项重要内容。第四,建立社会后备基金的需要。为了应付各种突发事故和自然灾害等,需要通过国民收入的再分配,建立社会后备基金,来满足这些临时性的应急需要[①]。

追求公平是人类的天性,世界各国广泛存在的再分配政策则代表了人类社会在追求公平上的实践。党的十四届三中全会提出要在个人收入分配上体现"效率优先、兼顾公平"的原则,但我国社会主义市场经济体制建立和完善的进程中,随着经济效率的提高,不公平程度在加深,党的十七大首次提出"初次分配和再分配都要处理好效率和公平的关系"的原则,表明了中央在分配理念上的一个重要变革。

第三节　中国政府的行政职能

一、我国政府行政职能存在的问题

改革开放30多年来,针对我国计划经济体制下形成的行政控制型政府的各种弊端,国务院相继进行了七次大规模的行政机构改革,我国政府行政管理体制改革逐步深入,政府管理的方式正向宏观调控转变,以间接手段为主的调控体系初步形成,促进社会协调发展的职能有所加强,政府自身的改革也取得了一定的进展。基本上完成了由计划经济时期在处理革命和建设关系上以革命为中心向以经济建设为中心的转变,政府职能定位的思路,也在大量的实践和探索中逐步清晰:2005年《国务院工作规则》正式将我国政府的主要职能定位于"经济调节、市场监管、社会管理和公共服务"。这种定位不仅大大促进了近年的行政管理体制改革和政府管理创新,而且在优化政府管理、强力支撑经济社会科学发展中,也发挥了非常好的作用。

以1978年中共十一届三中全会为标志,中国开始了经济体制的全面改革。作为政治体制改革的重要组成部分,政府职能的重塑成为经济体制改革的客观要求,并随着经济体制改革的不断深化而日益推进。2005年初修订的《国务院工作规则》提出,国务院及各部门要加快政府职能转变,全面履行经济调节、市场监管、社会管理和公共服务职能。但是,由于计划经济向市场经济转型是一个长期的、渐进过程,适应市场经济体制的政府职能转变也并非一日之功。目前,政府在"经济调节、市场监管、社会管理和公共服务"职能上,还存在着"越位"、"缺位"和"错位"的现象。

---

① 陈丽华.初次分配和再分配中公平与效率的权衡——兼论十七大对社会主义收入分配理论的创新[J].经济问题,2009(1):25-28.

(一)政府职能的越位

政府管了不该管的事,造成"越位"。计划经济的主角是政府,由政府配置资源;市场经济的主角是市场,由市场配置资源,政府要尽可能从市场中退出来,把市场能够做的事情还给市场,把企业应有的权力还给企业。但是,受计划经济体制影响和部门利益驱动,政府往往以"全能者"的身份出现在市场经济中,超越自身权限,涉足市场、企业和社会组织的自主权力范围,管了许多不该管,而且管不了、管不好的事[①]。

政府越位的表现有以下几个方面:

(1)政府职能与市场功能不分。我国政府的一些部门和一些管理者仍然习惯于代替市场去配置与私人产品相关的资源,行政审批的不合理和过多过滥,就是政府取代市场的典型表现。过多过滥的行政审批不仅妨碍了市场机制作用的有效发挥、降低了社会发展效率,而且在一定程度上还成为行政职权寻租和腐败的前提。

(2)政府与企业不分。表现为政府变相经营企业、经营公司,承担应当属于企业的经营管理责任。不仅为企业制定决策、筹集投资、掌管人事,而且还最终负担亏损,使企业长期处于政府的管束与庇护之下,无法成为自主经营、自负盈亏的法人,影响了我国公司制改革和完善法人治理结构的进程。

(3)政府与社会中介组织不分。表现为政府组织通过主管、指导等方式直接介入各种协会、社团、居民自治组织和村民自治组织的内部管理与事务运作,使它们直接或间接处于政府组织的附属地位,难以真正依照自我管理、自我约束、自我发展的原则成长发育,阻碍了非政府公共组织在公共管理中作用的发挥。

(4)政府与事业组织不分。我国政府组织与事业组织难以区分,既有使用事业编制的行政机关,又有使用行政编制的事业机构。有的事业单位实际上是行政部门的延伸,承担着一定的行政职能。

现代经济理论认为只有在市场失灵或缺失的时的政府介入才是被需要的,其基本思路是市场有效运行→市场失效→政府介入,由此可见,政府的介入是以市场失效为起点的。

(二)政府职能的缺位

政府职能缺位,主要是指本来应当由政府生产和提供的公共产品和服务,政府却没有充分尽职尽责,甚至在某些公共领域出现了"真空"。简单说就是该管的事没去管,造成"缺位"。市场不是万能的,常常也会失灵,比如,宏观性失灵,表现为总供求关系上的失衡;公共性失灵,表现在市政建设、生态环境保护等公共部门产品和服务的滞后;垄断性失灵,市场机制难以防止独家垄断;分配性失灵,市场机制难以实现完全公正;等等。正是由于存在"市场失灵",所以政府这只"看得见的手"就必须履行职能,校正"市场失灵"。但是一些地方政府在履行职能上,例如,提供公共产品、宏观经济调控、健全社会保障、市场监管、维护社会治安等方面,没有很好地行使管理权。政府介入市场和社会后,面对自身职能范围内的一些工作没有完全尽到责任,出现了职能缺位的现象[②]。

(1)政府提供公共产品与公共服务的职能"缺位"。现代政府的职能已普遍由经济管制、政

---

① 徐衣显. 转型期中国政府经济职能内在机理缺陷及矫正对策[J]. 河北学刊,2006,26(3):180-184.

② 伏竹君. 转变政府职能须多视角多学科研究解决[J]. 西北师范大学学报(社会科学版),2006,43(2):122-127.

治管制为主导向社会管理与公共服务转型,后者已演化成为现代政府处于优先地位的职能。我国是正在向现代化发展的社会主义国家,以人为本,为人民服务更是最高宗旨,更应将公共服务和提供公共产品作为政府的首要职能。但实际状况是教育、卫生、社会保障、社会福利事业得不到应有的重视,摆不到应有的位置。这一点最明显地体现在政府的财政支出的目标与功能上。财政支出是国民收入再分配的基本渠道,反映出政府职能的构架、取向与重点。长期以来,在我国财政支出中占优先目标和主导地位的是经济建设支出,其次是行政费用支出,而用于提供公共产品和公共服务支出的份额少得可怜。这种财政支出结构与目标取向,直接说明了在政府职能中应置于重要地位的社会管理与公共服务职能被严重忽视与缺位。正如刘国光先生所指出的:"经济建设费用过多和公共支出的虚耗,挤占了稀缺的公共资源,侵蚀了政府的财力,使得社会亟须的公共产品和服务,如公共设施、社会保障、基础教育、公共卫生等方面供给不足或无力供应。由于若干年来我们没有把财政的行为目标锁定在满足社会公共需要上,在社会公益事业方面投入太少,欠账太多,因此社会问题越积越多。"

(2)不同阶层、不同市场主体、不同地区、公民个人之间的收入差距拉大,贫富过度悬殊,政府对此的宏观调控职能缺位。从地区收入来看,西部地区和东部地区差距在不断扩大。从城乡收入来看,2012年《社会管理蓝皮书——中国社会管理创新报告》发布内地城乡居民收入比达3.3倍,贫富差距正在进一步扩大。这些方面收入差距的扩大,使国民经济运行失衡,妨碍共同富裕的实现,并诱发社会的不稳定。出现这种状况,政府理应在宏观调控方面及时采取举措,但由于我国在政府职能中缺乏健全合理的收入分配调控机制和转移支付系统,这方面的宏观调控出现缺位,差距在不断扩大。

(3)政府在市场管理方面职能的缺位。政府在市场管理中,重视的是与部门利益相关税费的收缴,而忽视了为各方面的市场主体服务,创造、改善市场环境,维护公开、公平、公正、自由的竞争秩序,保障市场主体各方特别是消费者的合法权益。

(4)政府的社会公共保障职能、社会安全预警职能以及应对突发事件的制度与机制缺位。以政府财政支持的社会救助、公共卫生、义务教育等社会公共保障体系是整个社会保障体系的基础。目前的状况是政府忽略了自身在构筑社会保障体系中的主角地位,忽视了政府应承担的主要职能。建立以社会救助为重点的社会保障体系,是当今世界现代政府的一项重大职能,我国在这方面的差距还很大,再从社会安全预警职能以及应对突发事件的制度与机制方面来看,公共卫生安全是整个社会安全系统中关系全体人民健康安全的一个重要组成部分。公共卫生是由政府或者公共部门筹资,向全国居民提供卫生服务方面的公共产品,是社会群体健康的基本保障,主要是预防和治疗危害社会群体的流行疾病,现已向慢性疾病的预防和治疗发展。

(5)各种社会矛盾的疏通、协调、调解、化解等制度与机制不到位。随着改革开放的深入,市场经济的发展,我国社会涌现出多元化的利益群体,而由于各群体之间在接受教育、就业择业、收入水平、享受社会保障、进入市场等方面处于很不公平的机会与环境之中,逐渐分化出强势群体、中间群体与弱势群体,各群体之间出现了日益增多的矛盾,他们之间的矛盾都属于人民内部矛盾。为了经济社会的全面协调发展,为了构建和谐社会,要求政府建立、健全诸种社会矛盾的沟通、协调、调解、化解的制度与机制,强化政府在这方面的职能,让市场经济的力量在社会团结和谐的框架内发挥作用,而不是加剧这些矛盾。当前,我国各阶层表达各自利益与要求的制度尚未建立,各利益主体沟通和协商的渠道尚不畅通,政府作为制度提供者与仲裁者的角色尚不到位。这里值得特别重视的是社会弱势群体所受到的社会排斥,包括教育排斥、就业排斥、社会保障排斥、社会政策排斥(如户籍政策)等,引起了社会弱势群体的普遍不满与愤怒,隐藏着危险的社会不安定因素。

(6)各个政府职能部门的界定、财产权(物权)的界定、企业所有权人与委托代理人之间的责权利关系的界定、公益征收的界定等都还缺乏法律的、明晰的、完善的规范,这些方面政府职能的法规依据和规范不到位。

(三)政府职能的错位

政府职能范围不清,造成了越位和缺位;而机构间职能划分不合理,又导致职位交叉重叠。同时,在履行职责的时候,出现明显的偏袒和本末倒置,导致公共性的丧失。

政府该为不为、不该为而为,造成"错位"。在市场经济条件下,政府、企业和市场对经济发展承担不同职能,发挥不同作用,相互之间不可替代。如果政府做了许多应由企业和市场去做的事情,而自己应做的事情又没有做好,那么就造成了职能"错位"。在改革"阵痛"时期,由于长期受计划经济影响,一些地方政府仍存在着角色"错位",应该履行职责的不作为,不该履行职责的乱作为。例如,应该由政府做的,市场缺乏监管,社会缺乏管理,公共缺乏服务,治安缺乏治理,环境缺乏建设;不应该由政府做的,招商引资过多介入,企业经营过多干预,等等。政府角色上的"错位",不仅妨碍了政府职能的有效行使,也妨碍了市场机制作用的充分发挥。

我国政府职能的错位有以下两个方面:

1. 职能分割、多家管理

我国政府职能部门职能配置不尽合理,平行职能部门间在职能配置上的重叠和交叉是造成多种企业面临多头管理的直接原因。众所周知,企业的所有运行都在政府的管理和监督之下。有效的政府监督,是一种科学合理的依法、有序监督。政府对企业的有效监督,对引导和促进企业的健康发展,有着十分重要的保障作用。但是,由于政府职能部门因职能交叉而对企业进行了本不应该出现的"过度、交叉监督",严重影响和制约着企业的健康发展和正常运行。例如,建筑业是一个"准入制"行业,建筑施工企业在取得工程项目中标通知书后,为了确保中标项目的按时开工,要经历设计、规划、环保、消防、土地、治安、城管、人防、建设等若干部门的批准才能开工施工。有些项目要经历市、区两个相同部门的批准。这种多头管理现象出现已久,施工企业只能埋下头来,一家一家跑,一个章一个章盖,一个部门一个部门批。因为哪一个部门都不能差,哪一个部门的章都不能少,否则,后果当然要企业自负。因而,无论从主观还是从客观上讲,政府职能部门在职能配置上的"缺失"或"重叠",都是造成企业在日常运行中饱受多头管理之苦的直接原因①。

2. 机构并立,职能重叠

食品安全管理中职能重叠的特点十分明显。我国涉及食品安全规制职责的有食品药品监管、工商、质监、卫生、农业、商务、财政、环保、公安、海关这十个部门,但涉及食品安全规制的部门有十个之多,但地沟油、毒奶粉、注水猪肉、瘦肉精等食品安全事件层出不穷,这些部门都在履行食品安全的监管职能,使行政资源分散,导致整个食品产业链的监管存在严重漏洞。另一方面,监管职能涉及多个行政管理部门,职责分工边界不明、职能交叉重叠,部门间相互抵触与损耗,相互掣肘与推诿,造成各自行政、重复行政或无人行政。更严重的是出现监管链条断裂,从而使行政监管资源浪费,管理成本居高不下,管理效率降低①。

二、我国行政职能的转变和完善

20世纪六七十年代以来,随着全球化、知识经济以及信息社会的到来,针对传统管制型政府失效的症状,西方各国公共部门中兴起了一股引用"企业化"运作模式,运用市场力量来改造政府绩效的运动。在这场被称为"新公共管理"的运动中,西方各国纷纷提出了"政府再造"的口号,以期通过"政府再造"来改善公共物品的供给质量,重新赢得公众对政府的信心。正是在"新公共管理"运动蔚为成风的背景下,西方很多国家提出了创建"服务型政府"的目标。依据2003年我国政府主要职能定位"经济调节、市场监管、社会管理和公共服务",为了满足社会的需求,我国政府积极进行职能调整与转变,不断完善政府职能。

自2013年始,在以习近平同志为核心的党中央的坚强领导下,历年国务院常务会议第一次会议都要重点研究以行政审批制度改革为主要内容的"放管服"改革工作。李克强总理在2017年政府工作报告中强调:"持续推进政府职能转变。使市场在资源配置中起决定性作用和更好发挥政府作用,必须深化简政放权、放管结合、优化服务改革。这是政府自身的一场深刻革命,要继续以壮士断腕的勇气,坚决披荆斩棘向前推进。"本届政府将"放管服"改革作为推进职能转变、深化行政体制改革的重要突破口,在实践中依托各种政策工具,巩固改革成果,取得显著成效。"放管服",就是简政放权、放管结合、优化服务的简称。简政放权是民之所望、施政所向。

"放管服"体现了政府职能转变的核心理念,体现了政府自身建设的完整性,是行政管理体制改革工作的深化。"放"是指中央政府下放行政权,减少没有法律依据和法律授权的行政权;理清多个部门重复管理的行政权,其核心是政府角色定位问题要重新界定政府、市场、社会边界和相互关系,难点是如何补缺位、纠错位、控越位,让政府归位问题,考验的是政府定力和推动改革的能力,目的是激发市场活力和社会创造力。"管"是指政府部门要创新和加强监管职能,利用新技术新体制加强监管体制创新,其核心是政府管理转型问题,管理变革要适应经济社会新常态、科学技术新进展和全面深化改革的新形势,涉及管理体制、部门职责、政府层级、运行机制、技术平台、法制保障等方方面面,目的是建设现代政府。"服"是指转变政府职能减少政府对市场进行干预,将市场的事推向市场来决定,减少对市场主体过多的行政审批等行为,降低市场主体的市场运行的行政成本,促进市场主体的活力和创新能力,其核心是在"放"与"管"的全面深刻变化基础上形成的治理理念、治理机制、治理体系,是治理能力现代化,"服"既是改革举措,也是改革目标,目的是建设人民满意的服务型政府。新形势下,推进"放管服"改革也成为我国经济管理体制改革的重要内容和抓手,是国家宏观调控的关键性工具,是推动供给侧结构性改革的重要手段,通过"放管服"营造公平便利的市场环境,降低制度性交易成本,充分调动市场主体积极性,推动大众创业、万众创新,并与"双创"和发展新经济紧密结合、互促共进,形成经济发展的持续内生动力,确保经济运行在合理区间和比较充分的就业。

1."放"的方面

"放管服"改革中的"放"就是指简政放权,精简政府机构,中央政府下放行政权,减少没有

法律依据和法律授权的行政权,理清多个部门重复管理的行政权,把经营管理权下放给企业。简政放权是中国在经济体制改革开始阶段,针对高度集中的计划经济体制下政企职责不分、政府直接经营管理企业的状况,为增强企业活力,扩大企业经营自主权而采取的改革措施。行政管理体制处于经济体制、政治体制、社会体制的结合部,内在要求处理好权力清单制度和推进简政放权的关系,以权力清单制度助推简政放权,用简政放权体现权力清单制度,以达到用政府权力的"减法",去换取市场和社会活力的"加法"及"乘法",达到十八届三中全会《决定》所说的"三个解放"的目的。为此要理顺和处理以下四对关系①:

第一,要处理好政府和市场的关系。十八届三中全会《决定》指出:"经济体制改革是全面深化改革的重点,核心问题是处理好政府和市场的关系,使市场在资源配置中起决定性作用和更好发挥政府作用。"因此简政放权的核心观点之一就是要处理好政府和市场的关系,确实把市场作为市场主体,发挥其在资源配置中的决定性作用,建立政府及政府部门的权力清单,简政放权,减少不必要的行政审批,切实减少政府对市场主体、对企业微观经济活动的过度干预,使企业真正成为市场的主体,增强企业活力,以把握真正坚持经济体制改革的市场取向并把改革引向深化,确保简政放权的成功。要做到李克强总理要求的:"要正确处理好政府和市场的关系。市场经济也是法制经济,我们要努力做到让市场主体'法无禁止即可为',让政府部门'法无授权不可为',调动千千万万人的积极性,为中国经济的发展不断注入新动力。"

第二,要处理好政府与社会的关系。一个正常的国家治理体系,理应有三大组织角色,就是政府、社会、市场。我国30多年市场取向改革,最大成绩之一是从过去比较单一的政府组织中,培育和发展了大批的市场力量,市场力量有力激发了社会活力,推动了经济社会的发展。由于市场力量发展发育和政府一起成为两大主导者,但社会这第三种力量发育迟缓,已影响我国经济社会发展。改革开放以前,以政府和市场就可以推动经济社会发展,政府包办和干了许多社会的事情,到改革开放深水区的今日,缺少社会这个轮子,经济社会就难以做到健康和谐发展。因此,全面深化改革呼唤和要求政府转变角色,政府要向社会简政放权,还权于民。

第三,要处理好中央政府和地方政府的关系。李克强总理在《政府工作报告》中强调,在政府自身改革中,首要是建立中央政府的权力清单及中央政府向地方政府的简政放权。为此,要求处理好中央政府和地方政府的关系,向地方政府下放权力,调动地方政府的主动性、积极性、创造性,让地方政府的财力、权力和责任相匹配,发挥其积极作用。从现实看,中央政府在向地方政府放权中存在两个问题:一是虚放、假放,放含金量低的虚权,而不放含金量高的实权;实权根本不放给地方政府,而是放给由中央政府所管辖的行业组织,这不是放权而是收权。二是地方政府截留中央政府下放的权力,不向社会、企业放权,其结果没有起到简政放权的作用。所以,在这轮简政放权的行政体制改革中,需解决这些问题,处理好中央政府和地方政府的关系,切实发挥简政放权的积极作用。

第四,要处理好政府部门内部的权责关系。落实十八届三中全会《决定》精神建立权力清单制度,就要解决政府各部门职能交叉、重叠、职权不清、职责混乱、相互推诿扯皮等问题。这些问题不解决,必然影响简政放权,阻碍行政体制改革的成效。所以,要遵循市场取向的改革原则,重新界定政府各部门的职权,简政放权的是权力部门,强化的是公共服务、生态部门、公共安全等部门,以此解决老百姓的就业、升学、社保等民生问题,特别是生态环境等问题。

---

① 陈坤,仲帅. 权力清单制度对简政放权的价值[J]. 行政论坛,2014(6).

因此，在这轮简政放权的行政体制改革中，要处理好政府与市场、政府与社会、中央政府和地方政府关系以及政府各部门的职权职责关系，切实发挥简政放权的积极作用，以释放出更多的改革红利，使上层建筑及行政体制更好地服务于经济基础，以上层建筑的正作用助推全面深化改革目标的实现。

2. "管"的方面

简政与放权都是对利益进行重新调整。简政是向社会放权，减少行政审批；放权是向下级和基层下放权力。改革开放以来，中央政府分别于1982年、1988年、1993年、1998年、2003年和2008年共计六次推动了以理顺中央和地方关系为主题的简政放权改革。从历次简政放权的情况看，效果并不理想，甚至出现"一放就乱、一乱就收、一收就死"的怪圈。历次行政体制改革实践表明，政府一旦下放某些权力，虽然在短暂时间内可能起到一定活跃市场的效果，但是随着时间的推移，由于部门和地方政府之间权责划分不清和利益纠葛，权力运行的相关制度规则并未完全建立起来，这就往往导致基层政府部门滥用职权、无章可循，甚至乱来一气，扰乱了正常的市场秩序和社会秩序。简政放权不只是减少和下放行政审批项目，其核心在于提高行政管理的效率和质量。通过简政放权这一改革的先手棋，更好地发挥政府的作用，需要强化放管结合，解决政府职能的缺位、越位和错位等问题。因此，简政放权不能一放了之，因此还需要政府、企事业单位、第三部门以及公民之间的协调与配合，对下放的权力进行监管①。

政府"管"的改革在体制、机制、法制、能力和文化等诸多方面都有寻求突破的空间。深化行政体制改革、转变政府职能，不仅要取消和下放权力，还要改善和加强政府管理，提高政府效能，增强依法全面履职能力，使市场和社会既充满活力又规范有序，促进经济持续健康发展和社会公平正义。要转变监管理念，强化法治、公平、责任意识。现在政府在市场监管上，一方面，各种检查太多，随意性太大，企业疲于应付，还有不少寻租行为。另一方面，该监管的还没有管或没有管住、管好。政府监管要"居敬行简"，不扰民、不烦民但法度不缺，制定科学有效的市场监管规则、流程和标准，向社会公示，使市场主体明晓界限、守法经营，并缩小监管者自由裁量权。同时，要依法开展监管，维护和保障市场公平竞争秩序，当好"裁判员"，不犯规的不去烦扰，轻微犯规的及时亮"黄牌"警告，严重犯规的马上"红牌"罚下场。当然，裁判要履职尽责、公平公正执法，不能该吹哨的不吹，更不能吹"黑哨"。监管者必须受监督，要公开信息，健全并严格执行监管责任制和责任追究制。目前，我国市场经济秩序还很不规范。不少企业包括台商、外商反映，侵犯知识产权、坑蒙拐骗等行为，企业自身难以解决，如果政府把这些问题管住了，企业的"心头之痛"就解除了。因此，在大量减少审批后，政府要更多转为事中事后监管，切实把市场管住、管好。这是政府管理方式的重大转变，难度更大、要求更高。各级政府及其工作人员要积极适应这一转变，切实履行好管理职责②。

近年来各地积极探索实践，积累了很多行之有效的经验和做法，要继续推进监管创新。一是要构建科学的监管职责体系，完善综合监管，推进市县两级综合行政执法改革，减少多头执法和重复检查，消除监管盲点，在机构未进行大的调整前，要按照谁审批谁监管、谁主管谁监管的原则，制定部门监管责任清单，明确监管主体，细化职责分工，建立登记注册、行政审批、行业主管相互衔接的监管机制，确保事有人管、责有人负。二是政府部门内部应探索审批监管服务

---

① 陈坤,仲帅.权力清单制度对简政放权的价值[J].行政论坛,2014(6).

② 张定安.关于深化"放管服"改革工作的几点思考[J].行政管理改革,2016,7(7):33-38.

分开,解决内部职能边界,构建决策执行监督相对分离相互制约权力运行机制,比如有些地方在推进"两集中两到位"改革时对部门内设机构进行调整,归集行政审批权,明确内部对外监管处室。三是进一步探索中央和地方监管职能和责任划分问题,要构建新型监管体系,不能回避中央和地方的事权和财权划分问题,不研究这个问题,监管永远难以制度化落地。比如环评、能评等一些中介服务事项,可否让地方承担更大责任。四是实行综合监管和执法。抓紧建立统一的监管平台,把部门间关联的监管事项都放到平台上来,同时清理整合各类行政执法队伍,推进跨部门、跨行业综合执法,形成监管和执法合力,避免交叉重复或留空白死角。监管和执法的结果应公示,并留底备查,阳光是治理监管和执法不公最有效的手段。五是推广随机抽查监管。有些地方和行业把企业和监管部门人员放在同一平台上,通过两次摇号,按一定比例对企业进行抽检,随机确定检查人员,企业有了压力,也减少了监管部门寻租机会。要抓紧推广这一做法。六是推进"智能"监管。积极运用大数据、云计算、物联网等信息化手段,探索实行"互联网+监管"模式。加快部门之间、上下之间信息资源的开放共享、互联互通,打破"信息孤岛"。推进统一的社会信用体系建设,建立信息披露和诚信档案制度、失信联合惩戒机制和黑名单制度,让失信者一处违规、处处受限。七是强化社会监督。畅通投诉举报渠道,对举报者要给予有足够吸引力的奖励并严格保密。强化企业首负责任,通过倒逼形成层层追溯、相互监督机制。加强行业自律,鼓励同行监督。充分发挥媒体舆论监督作用。无数双眼睛盯着每一个角落,就能织就监督的"恢恢天网"。

3."服"的方面

优化政府服务是加快转变政府职能的重要内容,优化服务既是"放管服"改革的方式,也是政府职能转变的目标,其核心在于服务社会,但是总体上看,我国政府的产品供应是充足甚至有些方面是过剩的,而服务则存在短缺问题,质量也需要提高,因此要增加服务供给,满足社会需求,加快织就织好一张覆盖全民的社会保障"安全网",特别是要"补短板""兜底线",为人民基本生活提供保障[①]。

第一,为大众创业、万众创新提供全方位服务。一是尽快出台一批扶持创业创新特别是小微企业的政策措施。发挥财政资金杠杆作用,采取贴息、补助、创投基金等方式,撬动社会投入。二是提供平台综合服务。强化政策、法律和信息咨询服务,做好对大学生的就业创业指导服务和农民工的职业技能培训。三是提供便捷高效服务。为社会和市场提供更加人性化、更富人情味的服务,态度要好、手续要少、速度要快。进一步办好政务服务中心和办事大厅,规范流程、明确标准、缩短时间。

第二,为人民群众提供公平、可及的公共服务。进一步利用社会力量提供服务,凡是企业和社会组织有积极性、适合承担的,都要通过委托、承包、采购等方式交给他们承担。进一步创新服务方式,最大限度地便民利民,尽可能让群众不出门,通过网上办理、代办服务、上门服务等方式来完成。对要求群众必须出具的各种"证明",尽可能通过部门之间信息共享和业务协同来核查解决。

第三,履行好政府保基本的兜底责任。当前,要更加关注困难群体的就业、社保、教育、医疗、养老等问题,加快城市棚户区和农村危旧房改造。

---

① 马宝成.推进放管服协调发展更好发挥政府作用[J].行政管理改革,2015(07):86-90.

第四,进一步提升基层政府服务能力。要建立事权、人权、财权对等的保障机制,让地方政府有动力、有能力、有责任去承接好、监管好审批事项。县、乡(镇)政府是"服务群众最后一公里"的关键,要注重提高基层公务员的能力。有些审批事项,专业性比较强,基层公务员缺少相应的能力和素质,存在"接不住、接不好"的现象,下放审批事项时,要对接权的基层政府工作人员进行必要的履职培训,配备必要的监测设备、仪器。

深化"放管服"改革是一场牵一发而动全身的深刻变革,是构建现代政府治理体系的重要抓手,各级政府要树立大局意识,相忍为国、让利于民,以政府减权限权,激发市场社会新活力,创造新供给,释放新需求,培育新动能,打造高效透明低成本的政务服务体系,要以"啃硬骨头"和"自我革命"的精神,以"三严三实"狠抓落实的作风,敢于涉险滩,敢于过深水区,不断深化重点领域和关键环节改革,要坚持问题导向,推出更加务实有效的举措,真抓实干,狠抓落地,将"放管服"改革做深、做透、做到位,不断推向深入。

第三章 行政组织

第一节 行政组织概述

一、组织与行政组织

(一)组织的含义

组织是人类生存的基本方式。众所周知,社会性是人类所独有的特征,而组织性又是社会性的主要特征之一。没有组织,也就没有社会。组织是连接人与社会的中介。它使各个具体的人联系在一起,将个人纳入群体网络之中,从而共同组成了人类社会。

组织是社会的细胞、社会的基本单元,是人们实现共同目标的工具。具有某种共同目标的人总是以各种不同的方式,聚合到各类不同形式的组织之中,成为其中的一员,大家相互合作,共同行动,通过集体的努力来实现目标,达到单个人所无法达到的目标或无法企及的结果。无数个大大小小、形形色色的组织相互交织、有机排列就构成了人类社会的总体结构。

从社会发展史来看,组织产生于人类的生产斗争和社会斗争之中。最初出现的人类组织是家庭、氏族、部落,以后逐渐产生了阶级,出现了国家,国家将其领域内的每个成员都编入一定的组织。同时,人们为了寻求更好的生活,建立和参加了越来越多的组织。就个人而言,一个人从生到死,在学习、生活、工作的各个阶段,要加入许多组织,同时为很多组织工作,也接受很多组织的服务。特别是在进入现代社会之后,几乎已没有任何一个领域、任何一项事业、任何一个个人能够处于与组织完全无关的地位。随着组织功能日趋分化、日臻完善,个人的每项追求、每个欲望,几乎都要在各种具有不同功能的组织中寻求实现,或获得某种程度的满足。充分发挥组织功能,发展和完善人类社会的组织体系,已经成为发展政治、经济、科技、文化、教育、卫生等各项事业,改善人类生活条件,提高人的尊严和价值的一个重要途径。

那么,组织的基本含义是什么呢?在词源上,中文的"组织"是将丝麻纺织成布。后来,"组织"被引申为将一种物体的构成部分组合成一个整体。英文的"组织"(organization)则来源于"器官"一词,即自成系统的、具有特定功能的细胞结构。后来"组织"一词又被从单纯的生物意义上引申为按照一定的目标而进行的系统安排,并逐渐被用来解释人类社会群体。从人类社会群体的角度来看,所谓组织,就是人们按照一定的目的、任务和形式编制起来的社会集团,是处于一定社会环境中的各种组织要素的有机结合体,是为了实现某种目的而有意识建立起来的人类群体。简单地说,组织是两个以上的人、目标和特定的人际关系这三种要素构成的一种特殊的人群体系。行政组织则是各类社会组织中一种极为重要的组织形态。

(二)行政组织的含义

相应地,行政组织亦有广义与狭义之分:广义的行政组织就是指各种为达到共同目的而负有执行性管理职能的组织系统。它既包括国家行政机关的立法、司法系统中负有执行性职能的各类行政单位和国家的整个组织系统,也包括社会中的企事业单位、群众团体、政党等负有管理职能的组织系统。而行政组织学所研究的是狭义的行政组织。狭义的行政组织则是指国家的行政机关,即是依宪法和法律程序建立的、行使国家行政权力、管理社会公共事务的政府组织机构实体。在本书中,行政组织主要是指狭义的行政组织,它具有不同于一般组织的特征。大体来说,我们可以看到行政组织具有以下几个显著特点:

(1)行政组织是由国家设立的组织机构。行政组织是国家行政的主体,是国家设置的承担公共管理的各种部门、单位、机构的总称。而社会中的各种企事业单位、群众团体和政党等组织由于其非国家性的组织性质,因此不能被称之为行政组织。

(2)行政组织必须依法设立和管理。组织的设立和管理都必须有一套严格的规章和程序,行政组织也不例外。由于行政组织的管理目标(社会公共事务)的特殊性,就更需要国家依据相关法律法规加以严格规定和管理。细化到行政组织的设立和管理上,这种依法办事主要体现在:在行政组织的设立上,无论是机构设置、人员编制、职能确定或权力划分等环节都必须做到有法可依和有法必依;而在行政组织的管理上,行政组织的对外具体行政行为和对内组织管理也必须做到依法执行。

(3)行政组织的设立目标是实现对社会公共事务的有效管理。对社会公共事务进行管理是国家设立行政组织的最终目的。因此,那些国家为了政治统治的需要而设立的议会组织、司法组织等由于其组织目标是实现国家的决议权与司法权并不承担相应的社会公共管理职能,我们并不将之视为是严格的行政组织。只有那些承担具体的社会公共管理职能的国家组织才是严格的行政组织。

(三)行政组织的构成要素

联系我国的现实,行政组织的基本构成要素是组织外部环境、组织内部环境、组织职能目标、组织管理主体、组织管理客体。这五个基本要素既相互结合又相互作用。

1.公共行政组织的外部环境要素

任何公共行政组织都处于一定的外部环境中,并与外部环境发生着物质、能量或信息等各种交换关系。组织的宏观外部环境有政治环境、经济环境、社会环境和文化环境等。中观环境是公共组织所在区域的市场环境、公共设施环境、技术环境等。组织的微观环境是指组织的责任与利益相关者所构成的环境,如企业环境、各种非政府组织状况、公众的需求等。公共行政组织的外部环境是和整个公共行政的环境系统联系在一起的。

2.公共行政组织的内部环境要素

这主要是指组织内部的成员或群体之间的关系模式所构成的环境,如结构环境、法制制度环境、文化环境、物质资源环境等。其中重要的是机构设置、法规制度、物质资源等。

3.公共行政组织的职能目标要素

组织职能是组织赖以存在的前提和基础,它规定着组织的工作任务和活动领域,决定着组织行为的方式和发展方向。组织的规模、机构、职位设置、人员编制等均由职能范围决定。组织目标则是组织职能的具体化,是组织成员借助组织载体达成某种共同追求的共识。组织目标是一个由各个子目标、分目标组成的组织体系。

4.公共行政组织的领导要素即组织管理主体要素

公共行政组织是通过组织领导者和被领导者的相互协作来完成组织的职能和目标的。组织领导者可以是个人,也可以是集体,必须具有一定的决策、引导、指挥、控制、协调能力,拥有相应的权威和责任来从事协调和控制活动。

5.公共行政组织的成员要素

公共行政组织的成员要素即组织管理客体要素,公共行政组织的成员指被领导、协调和控制的对象,是组织中的公职人员。一切组织都是以人为核心的,组织首先是人际关系的体现。组织职能和目标的实现和任务的完成需要组织成员的共同努力。组织成员的素质和状况直接影响到组织的效能,因此组织成员是公共行政组织的一个重要因素。组织领导正是通过引领、控制和协调组织成员来实现组织的职能和目标的。组织成员则通过履行组织职能、实现组织目标的程度和绩效来对组织领导产生反作用,并对自己的行为作出调整。组织领导和组织成员间积极的相互作用和相互影响能使组织完善、发展,而消极的相互作用与影响则会使组织走向衰弱。

(四)行政组织的特征

作为社会组织的一种,行政组织具有一般社会组织的特征。但作为掌握行政权力的公共组织,行政组织又有别于其他社会组织,具有自己的特殊性质。

1.公共性

作为公共组织,行政组织的目标在于谋求和维护公共利益。从行为宗旨上看,行政组织谋取的是全社会的公共利益,而非某个阶层、部门或个人的利益;从职能上看,行政组织以管理社会公共事务、提供社会公共产品、满足社会公共需求为其基本职能,追求社会的公平和公正;从手段上看,行政组织以行政权这一公共权力作为其活动的后盾和基础,具有强制性。

2.政治性

行政组织是国家机器的一部分,是统治阶级用以维护统治秩序、实现阶级利益、协调社会政治关系的重要工具。从其产生之时,行政组织的首要目标就是利用政权的力量维持社会秩序、强化统治意志、体现统治阶级的意志以及协调统治阶级内部各方面的关系。可见,行政组织并不是单纯的管理社会公共事务建立起来的,它的活动具有明显的政治目的,必须从政治的视角才能准确理解和深刻把握行政组织的性质。

3.执行性

行政是国家意志的执行。相对于国家民意机关(国家权力机关),行政组织居于从属地位,其基本使命是执行国家民意机关制定的法律、法规、政策和命令,代表国家对全社会公共事务进行管理,并提供公共服务,这是行政组织明显区别于其他国家机关的主要特点。与立法、司法机关相比,行政组织活动具有明显的执行性。

4.权威性

行政组织是依照国家宪法和法律享有和行使行政权力的,其行政行为体现国家的意志,具有广泛的约束力和强制执行能力,能直接或间接引起法律效果。行政组织通过行使法定权力,可以在其职责范围内颁布各种行政法规和行政规章,干预和管理各种社会公共事务,对社会的价值和利益进行权威性分配和调整,其管辖范围内的任何组织和个人都必须遵从和服从,而不能抗拒,否则会引起强制执行的法律后果。

5.法制性

行政组织是依据宪法和法律建立和运行的国家组织系统,具有很强的法制性。这主要表现在两个方面:一是行政组织设立和管理的法制性。行政组织的机构设置和调整、主要领导人员的产生、普通公务员的录用和管理、财政预算等都必须符合宪法和法律的规定。二是行政组织活动的法制性。行政权力的运用和行使,行政管理内容、方式、手段、程序必须符合宪法和法律的要求。

6.非营利性

作为公共组织,行政组织没有营利的目标和功能,其为社会提供的公共产品和服务都不以营利为目的。社会公众享受政府提供的服务一般不需要缴纳费用。当然,政府为少部分或某些特殊人群提供的一些服务,有时也会收取一定的费用,但其目的不是营利,而是为了保障纳税人权利的公平,所收取的费用也都将投入到公共福利等公共产品中去。

(五)行政组织的类型

现代社会发展迅速,结构复杂,这也决定了行政组织的多样性。从不同角度对行政组织进行分类,可以得到不同的结果。

(1)根据管辖的地域范围,行政组织可以分为中央行政组织、地方行政组织和基层行政组织。在我国,中央行政组织是指国务院及其职能部门,管辖范围涉及全国。国务院是最高国家权力机关的执行机关,是最高国家行政机关,统一领导全国各级行政机关的工作。地方行政组织是指地方各级人民政府(省、市、县)及其职能部门。基层行政组织是指城市中的街道办事处和农村中的乡、镇人民政府。

(2)按照权限性质,行政组织可以分为一般权限机关和专门权限机关。一般权限机关指的是管理全国或一定地区内的全面性、综合性行政事务,统一领导各行政部门的工作的行政组织。各级人民政府就是典型的一般权限机关。专门权限机关指的是在全国或一定地区内管理某一项或几项行政事务的行政组织。各级政府的职能部门就是典型的专门权限机关。

(3)根据功能和作用的不同,行政组织可以分为领导机关、职能机关、监督机关、辅助机关、咨询机关和派出机关。领导机关是各级行政组织的中枢部门,对辖区内的重大行政管理问题进行决策并指挥督导决策的实施。职能机关是分管专门行政事务的机构,它服从领导机关的意志,在其管辖范围内负责各部门的事务及其他社会事务。监督机关是指对行政机关及其管理活动进行监督检查的执法性机构,主要任务是促使行政机关及其工作人员依法行政、忠于职守。辅助机关是指为了使行政首长或职能机关顺利开展工作而设立的承担服务性和辅助性工作的机构,分为综合性的和专业性的、政务性的和事务性的等。咨询机关是一种特殊的辅助机关,专门给领导机关出主意、做参谋,主要由权威专家和学者组成,有时也会吸纳一部分退休后的资深政府官员参与。派出机关是指一级政府或政府部门按管辖地区授权委派的代表机构。一般情况下,派出机关没有独立的法律地位,它以派出它的政府或部门的名义行使行政权力,其行为的法律责任也由派出它的政府或部门承担。

(4)根据承担的任务性质,行政组织可以分为常规组织和任务型组织。常规组织承担的是确定的或通过某种技术手段可以实现程序化处理的任务。由于常规组织承担的任务是经常性存在和重复性出现的,所以,组织自身是以政府的常设职能部门的形式出现的。在我国政府中,各类政府工作部门和直属机构基本都属于常规组织。任务型组织承担的是非常规性任务,这些任务具有一次性出现、复杂性较高的特点,有的任务具有突发的性质,所以,承担这类任务的组织具有临时性和灵活性的特点。就其性质而言,它完全是以任务为导向的组织,是根据任务需要而设立起来的,也因任务的消失而解散。在我国政府中,任务型组织在名称上往往是以各种各样的"委""办""领导小组"的名称出现的。

(5)根据行政组织的决策负责体制,可以分为首长制行政组织与委员会制行政组织。首长制行政组织是指行政组织最高决策和管理权力由行政首长个人行使并负责的组织体制。组织内其他参与决策的管理者地位处在行政首长之下,只起咨询建议作用,没有最终决定权与责任。美国政府采用的总统制是典型的首长制。委员会制行政组织是指行政组织的决策权和管理权并非由单一的领导者所拥有,而是由委员会行使。委员会所作决策,通常会按协商达成一致的原则进行。

二、行政组织的产生与成立

行政组织的产生与成立,一般指国家行政机关或机构的设置及其合法性,它包括依据、效力和规程等基本问题。国家行政组织不同于社会组织,是一种法定的组织形态,因此,其产生与成立必须有法律的依据,经过法定的程序,得到法律的认可,才能获得和行使合法的权力。

(一)依据

国家行政组织产生与成立的依据主要集中在三个方面:

(1)宪法。在现代社会中,各国宪法通常都有关于国家行政组织即政府的原则规定。这些规定除明确政府的基本职权和宗旨外,通常还有法律适用行政组织自身的原则规定。因此,宪法是行政组织产生与成立的基础。

(2)法律。现代国家一般都有关于国家行政组织的专项法律,其中以国家行政组织法最为常见。以日本为例,战后日本遵循新宪法所制定的就有《国家行政组织法》、《内阁法》、《地方自治法》以及关于各省厅的《设置法》等一系列行政组织法规,使日本行政组织的产生、成立、变革和发展有了比较可靠的法律依据。法律关于行政组织的规定大致又可以分为两种情况:一类是明定设置,另一类则由政府行使创议权,再由法律加以确认。《中华人民共和国宪法》规定,"国务院的组织由法律规定","地方各级人民政府组织由法律规定"。《中华人民共和国国务院组织法》和《中华人民共和国地方各级人民代表大会和地方各级人民代表政府组织法》是我国政府机构设置的两个基本法律规范,其中对组织机构设置程序有具体而明确的规定,各级人民政府不得擅自增设或减少机构,以坚决杜绝行政领导个人随意增设机构的现象。

(3)行政裁量权。即由政府根据新需要,自行裁定设置与否,具体又可以分为两种情况:一是政府根据法律特别授权自行设置某些组织,二是政府根据法定职权建立某些机构。但在多数情况下,政府基本职能部门的设置需要依据法律,行政裁量通常只适用于某些委员会、临时机构或过渡性行政单位。

(二)效力

效力是指行政组织产生与成立的合法性。这种合法性对行政组织职权的实际行使或权威地位是至关重要的。要具有效力,就必须经由法定权力主体的批准或决定。能够使行政组织的产生与成立发生效力的法定权力主体主要有三类:

(1)立法机关。立法机关在不同的国家称谓不一,如议会、国会或人民代表大会。立法机关又称民意机关,是经过全民直接或间接选举产生的国家权力机关。在现代民主宪政国家中,立法机关通常执掌立法权,并对重要国事活动进行监督,其中包括设置行政组织的活动。在多数情况下,未经立法机关的审议批准,行政组织不发生法律效力,因而不得行使公共权力。

(2)内阁。在实行内阁制的国家里,内阁对议会负责,除宪法和法律有特别限制外,一般行政组织均由内阁依据行政裁量权自行设定,而不需经过立法机关决定。德国、英国等都属于这种情况。

(3)立法机关与内阁。即折中或混合制,由立法机关与政府共同决定行政组织产生与成立的效力。折中制通常的做法表现为:立法机关享有名义上的批准权,也可以规定原则标准,除少数特别立项外,一般通过授权由政府自行裁定设置与否;政府则通过授权实际行使批准权,以法律的名义裁并、变更、设置和组建行政组织。折中制反映了公共行政管理的复杂化和政府职能的扩展。

(三)规程

规程是指国家行政组织产生与成立的法定程序。在一般情况下,法定程序如下:

(1)由政府或立法机关提起创议案,说明设置特定行政组织的法律依据和现实原因;

(2)由立法机关或政府领导机关商议其合法性和合理性;

(3)由立法机关或政府领导机关决定设置与否;

(4)由批准机关依法定方式向社会公布其产生与成立,并赋予其相应的公共权力。

三、行政组织的基本原则

行政组织原则是为了建立良好而又健全的组织机构而提出的规范性法则,关系到行政组织建立的科学性、合理性及有效性。

(一)目标明确原则

目标明确原则是指行政组织的各个组成部分自身都应具有与组织整体目标相一致的独立的明确目标。行政组织存在的基础就是行政组织的目标,目标是行政组织设置的唯一依据。任何一个行政组织的创设都是根据一定的行政目标来进行的,以目标为导向设立机构和分配权责,要因事设位、因事择人,反对因人择位、因位生事,有益于减少和避免权责不清,促进行政组织的合理化。要依据行政组织目标的阶段性、层次性等来确定组织结构,并随着组织目标的发展变化适时地调整行政组织结构,实现职能目标与组织结构的统一。

(二)法制规范原则

任何组织都是依法设置的,行政组织的设立与撤销必须符合法律。要根据法定程序,依宪法和有关法律设置,防止随意设置机构。行政组织的机构、部门、职位的设置以及其职能、职权范围、人员编制等都必须由法律明确规定并严格遵守。政府部门的设立、合并、撤销、增加或减少,也应遵守相关的行政程序,严格按法律规定的程序实施。即使在行政组织的运行中,也应当遵守相应的行政法律规范依法行政。政府守法是国家法治建设的重要内容,行政组织在实际运行中要切实依据相应的规定规范行为,为社会提供规范的公共服务。

(三)管理层次与管理幅度适中原则

管理层次与管理幅度是制约行政组织结构的两个相互联系的主要因素。管理层次指行政组织纵向组织结构的层次数目。任何国家行政组织都是按照层级化设计的。纵向层次的设计必须适当。管理层次过多,不仅容易造成程序复杂,手续繁多,而且容易导致信息不畅和领导指挥不力问题;管理层次过少,则会造成分工不明,责任不清,行政效率低下。管理幅度是指同一个层级的行政机构或一位行政首长直接掌控的下级机构或人员的数目。横向的管理幅度必须适当。管理幅度过宽,容易造成疲于应付的局面;管理幅度过小,则容易产生行政事务的隔离和人浮于事的现象。管理层次与管理幅度在组织结构中成反比关系。在组织规模确定的情况下,管理层次少,则管理幅度就大;反之,管理幅度小,则行政层次就多。不同行政层次的管理幅度是不一致的。科学合理地设置管理层次和管理幅度是提高行政组织效能的重要前提。

(四)权责一致原则

权责一致是指在一个组织中的管理者所拥有的权力,应当与其所承担的责任相适应的准则。行政组织作为一个具有权力责任关系的行政体系,在其运行过程中必须贯彻权责一致原则。在行政管理的实践中,要明确规定各个机构和成员的职责范围,授予相应的行政权力,规定其责任,要做到权责明晰,实行分工负责制——在每一个行政层级严格规定领导之间的职责权限,将职责与权力统一起来,调节好上下级之间领导和服从的关系以及左右之间分工和合作的关系。同时还要建立严格的监督、考核、惩罚制度,做到有权必有责、失责必受追究制度,保障行政体制的顺利运转。

(五)完整统一的原则

所谓完整统一是指各级各部门的组织构成一个统一有机体系。行政组织的结构要上下左右完全配套,使整个行政组织体系成为一个有机的完整的统一体。一方面行政组织的职能要完整统一,避免政出多门和"权力真空";另一方面行政组织机构设置要完整统一,行政组织之间要明确隶属和制约关系,明确上下级之间的领导和服从关系。只有行政机构设置齐全,职能机构设置完整配套,功能完备齐全,才能使行政组织成为强有力的指挥系统,发挥行政管理的效能。

(六)精简效能原则

精简是行政组织的一个重要原则。简要地说,精简就是精兵简政。精简原则要求在质量和数量上达到既精又简的目的。首先要简化行政层级和行政机构,撤并多余的行政机构;其次要合理地定编定员,裁减不必要的行政工作人员;最后要简化行政程序,减少不必要的行政审批,提高办事效率。而衡量行政组织设置适当与否的主要标准之一就在于行政效能,即该行政组织能在多大程度上以最少的行政资源投入来取得最大的社会综合效益。行政组织只有精简,才能节约成本,实现高效廉洁、精干效能的目标。

第二节 行政组织的理论发展

行政组织理论是关于行政组织构成、建立、运行和发展规律的知识体系。现代的行政组织理论最早产生于19世纪末20世纪初,是在相应的经济、政治与社会背景下,在早期的行政组织思想基础上发展起来的。随着行政组织的不断发展,行政组织理论的内容也不断丰富起来。

一、西方传统行政组织理论

在人类发展史上,自氏族部落逐渐发展成国家起,各个国家就不可避免地需要解决有关社会治理的问题。伴随着处理这一问题的行政组织的发展,一整套行政组织理论也逐渐发展起来。但是,直至19世纪末20世纪初以泰勒、法约尔为代表的科学组织管理诞生前,行政组织的管理更多是为维护统治这一目的而服务的。配合着君权神授的观点,统治行政主要的、最根本的职能就是统治,实现统治阶级的意志和利益。因此,整个社会事务的管理也主要表现为国家管理而不是政府管理。行政活动过程的统治、压迫功能是特别残酷与不加掩饰的。

与这种统治行政相对应,在长达近两千年的时间中所形成的行政组织思想无不包含着对如何驾驭民众、维护统治的理解。

在中世纪以前的早期西方地中海沿岸诞生并孕育了一大批古代管理思想大师,如苏格拉底、柏拉图、亚里士多德、西塞罗等。

在这一时期中,苏格拉底(公元前 469 年—前 399 年)是较早主张将管理活动区分为"公共事务"与"私人事务"的人,主张公共事务与私人事务管理技术互通,"如果一个人不能管理好他的私人事务,他肯定也不能管理好公共事务"。他强调用人的重要性,"没有人的作用,私人事务及公共事务都无法进行……"苏格拉底还指出,治国是一门学问,是一门艺术,需要专门的训练。他提出"美德即知识"的主张,提出"贤人治理""专家治理"主张,他是西方精英管理思想的先驱者。

苏格拉底的学生柏拉图(约公元前 427 年—前 347 年)在老师的基础上进一步发展了当时的行政组织思想。他的主要思想都包含在"理想国"的理论体系中:柏拉图重视社会分工的作用,提出"分工是社会和谐的保障",各个等级各守本位,各尽其职,社会才能和谐一致,才能实现"正义"或"公道"的原则。柏拉图的"哲学王"思想在管理学上的核心理念是选贤任能,强调知识和才能对管理的作用,强调重视管理者的知识培养和教育。他提出对优秀者再施以辩证法教育,而后才可以担任各种管理职务;最高管理者为"哲学王"——他们集权力和智慧于一身。他还提出有效管理是理论与实践的统一,必须让那些只搞政治不研究哲学,或者只研究哲学不搞政治的人靠边站。否则,国家永无宁日,人类永无宁日。

此后,柏拉图的学生亚里士多德(公元前 384 年—前 322 年)的行政组织管理思想主要集中在他的《政治学》等著作中,探讨了组织管理、分工与协作的必要性。他的管理思想精华和贡献主要是关于体制设计的思想,他开创了体制理念的传统典范——体制是一种制度安排,是理性设计的产物。他提出体制设计的"价值原则"和"数量原则"。他指出,凡照顾到公共利益的各种政体都是正当或正宗的政体;而那些只照顾统治者利益的政体都是错误的政体或正宗政体的变态。按掌管最高治权人数的多寡,体制的具体类型分别有一人之治、少数人之治、多数人之治。

早期的西方行政思想主要是研究分布于城邦内部的关于"公共领域"的管理。其中,最有代表性的是雅典城邦的民主管理,它的主要特征是:主权在民、权力制约、法律至上,它是古代民主管理实践的最高成就,并成为近现代社会民主管理的典范。

而在中世纪(约公元 476—1453 年)很长的一段时间内,神学占据了政治思想的主流,相关的行政组织思想处于长期的停滞状态。

当时欧洲的封建社会实行的是政教合一的专制统治,形成独特的社会等级秩序、文化和管理传统,限制了行政组织理论和实践的进步。这一时期的行政管理,大多由统治者作出片面决策,通过神赐君权、教义对虔诚教徒的号召力以及军队的严格纪律来施行。

值得庆幸的是,在中世纪的后期,从 11 世纪起的十字军的多次东侵、马可·波罗游历东方返回意大利,到 15 世纪末、16 世纪初地理大发现等历史事件推动了西欧资本主义由简单协作逐渐过渡到工场手工业阶段,商品经济和对外贸易活跃起来,特别是打破封建教会思想禁锢的文艺复兴运动兴起,迎来了近代文明的曙光。意大利半岛的佛罗伦萨、威尼斯等是这场运动的中心地带,是西欧资本主义发源地,也是先进行政组织思想的诞生地。

中世纪西方行政组织思想的代表人物是马基亚维利(1469—1527年)。马基雅维利的行政组织思想主要体现在他的《君主论》与《讲话集》里。马基雅维利是行政思想史上第一个论述国家行政组织管理原则的人。他强调政府行政组织的持续存在必须依靠群众的支持,组织的内聚力则是行政组织能否持续的关键。他推崇行政组织的领导需要具备超人的决策能力、用人能力、应变能力以及高超的权术,能够随时保持警惕,扑灭可能的政治混乱。

行政组织思想真正得到大发展的时期是在资产阶级革命后。资产阶级革命让整个社会的政治、经济、文化发生了深刻的变化,社会分工的急剧发展要求与此相适应的国家行政组织。伴随着行政组织结构规模的不断扩大,这一时期关于行政组织管理的探讨也异常活跃。其中较具代表性的人物主要有洛克、卢梭、汉密尔顿和约翰·密尔等。此阶段的行政组织思想在国家幅员、官员数量与行政效能、好政府的标准等角度对行政组织进行了分析,极大地拓宽了人们对国家行政组织分析的视野。

综上可看出,受社会分工及国家各类组织分化水平不高的限制,"统治行政"时期的古典行政组织思想很不完善,甚至还没有从国家管理思想中分化出来。但是,此时的行政组织思想内容相当丰富,对现代行政组织学的影响也相当深远。柏拉图等人有关行政组织分工、行政组织机构设置、行政组织职能等方面的基本观点,有些成为后来西方行政组织理论的直接渊源,为以后行政组织理论的系统化发展奠定了坚实的基础。

二、行政组织与官僚制

到了19世纪末20世纪初,随着社会经济的发展,社会分化水平日趋提高,以原有的古典行政组织理论来指导国家行政组织管理活动日渐难以适用。而随着科学组织管理理论的产生,行政组织学理论也开始逐渐接受科学组织管理理论的观点。其中官僚制组织理论成为行政组织理论的核心。

德国著名社会学家马克斯·韦伯被称为"组织理论之父",于20世纪初提出了官僚制理论。在马克斯·韦伯看来,官僚制是指一种以分部—分层、集权—统一、指挥—服从等为特征的组织形态,是现代社会实施合法统治的行政组织制度。韦伯认为组织的合法权威有三种来源:习俗惯例;个人魅力;法理理性。法理权威的最适宜的组织形式是官僚制。

所谓"官僚",是指这种组织的成员是专门化的职业管理人员而言,并不含有一般语境中使用"官僚"一词的贬义。为了避免误解,有些学者把韦伯所说的官僚组织,改称科层组织。韦伯认为,在近代以来的资本主义社会中,官僚组织是对大规模社会群体进行有效管理的基本形态。

韦伯指出,在这三种组织类型中,只有传统组织和官僚组织才有相当程度的稳定性。个人崇拜组织与这两种组织差异极大,它可以破坏一个旧世界,而无法建立一个新世界。因为无法保持领袖人物魅力的历久弥新,或者领袖人物隐退去世等等,个人崇拜组织从诞生起,衰败也就不可避免。例如宗教组织在其创立时必须依赖于领袖的神圣光环,但要将信徒对领袖的顶礼膜拜常规化,一旦形成了教义和规则,它就开始转变成传统组织。古代王朝的创立时期,常得益于某个具有超凡魅力的领袖,人们信赖他那种拯救社会的神力,对乌托邦式美好世界的追求形成对领袖的拥戴,并焕发出"打江山"的动力。而一旦转入"坐江山",就得实现权威的转变,把神力变成传统,制定典章制度,个人崇拜组织随之平凡化,变成传统组织。

传统组织与官僚组织在外观上具有相似性,但两者实质有很大不同。在官僚组织中,由制度规定组织层级、部门划分、职位设置、成员资格,能够形成非人格化的层级节制体系和部门结构,组织成员是否胜任仅仅取决于他的能力,而不是取决于他对组织领袖的个人忠诚和个人依赖。传统虽然也有规章体系,但它的典章来自传统习惯,组织成员之间的关系是建立在个人关系、喜好偏爱、社会特权的基础之上。所以,传统组织中有法律制度,但不可能有法理权威。按照韦伯的说法,这种组织的司法是不规则的,组织运行缺乏工具理性。

官僚制作为一种理性的和有效率的管理体制,它迎合并极大地推动了近代资本主义的工业化进程。一方面,官僚制满足了工业大生产的生产模式和管理复杂化的需要。其在精确性、快捷性、可预期性等方面是其他社会组织形式所无与伦比的。另一方面,它以非人格化、制度化的特征而得到科学理性时代的文化认同。而这些都是对传统社会中的各种组织中普遍存在的任人唯亲、下级对上级的人身依附、官员决策的任意性与不可预测性等弊端的纠正,是时代发展的产物。当然,官僚组织自身的缺陷也十分明显,对于这种缺陷,韦伯曾毫不客气地指出,家长制组织和个人崇拜组织问题更大,人们在管理社会时当然可以选择不同方式,要么是官僚组织,要么是外行治理,别无他途。

(一)官僚制的特征

官僚制具有如下基本特征:

(1)合理的分工。在组织中明确划分每个组织成员的职责权限并以法规的形式将这种分工固定下来。

(2)层级节制的权力体系。在组织中实行职务等级制和权力等级化,整个组织是一个层级节制的权力体系。

(3)依照规程办事的运作机制。在组织中任何管理行为都不能随心所欲,都要按章行事。

(4)形成正规的决策文书。在组织中一切重要的决定和命令都以正式文件的形式下达,下级易于接受明确的命令,上级也易于对下级进行管理。

(5)组织管理的非人格化。在组织中管理工作是以法律、法规、条例和正式文件等来规范组织成员的行为,公私分明,对事不对人。

(6)合理合法的人事行政制度。量才用人,任人唯贤,因事设职,专职专人,以及适应工作需要的专业培训机制。

(二)官僚组织的合理性

官僚组织建立在法理权威之上,它的合理性来源于这三个方面:

(1)组织的劳动分工体系;

(2)调节成员关系和行为的规范秩序;

(3)对个人自利追求的激励和制裁体制。

这种组织的形式、结构和运行机制,表现为高度理性化的法律规章和制度体系。它的理性是一种工具理性,具体表现为:它仿佛一架精心设计的机器,具有精密的结构设计,从而具有特定的功能,功能的发挥依靠所有部件的紧密咬合和秩序协作而完成。官僚组织充分地体现了现代资本主义精神,它的追求是通过稳定的、有秩序的、分工合作且运作协调的组织体制来谋求效率。所以,效率是官僚制的核心,法治是官僚制的灵魂。韦伯认为,从纯粹技术的角度看,官僚组织能够取得最大效率。而从工具理性角度上来说,这种组织是进行社会管理最合理的手段。官僚组织在精确性、稳定性、严格的纪律性、可靠性等方面,比其他组织形式都要优越。资本主义的发展,使大规模社会组织迅速成长起来,官僚组织是人类迄今发现的管理大型组织的最好模式。相对于传统组织和个人崇拜组织来说,官僚组织的实质,就是抛弃人治,实现法治,屏蔽情感,崇尚科学。

(三)韦伯官僚组织的内容

官僚制组织是拥有合理—合法权威的现代组织类型。韦伯把它看作是现代社会占主导地位的权威制度,认为它具有合理性,可以用来作为实现某种既定目标的手段。韦伯认为这种组织就像一架精心设计的机器,旨在执行某些功能,而机器上的每一个零件都在为机器发挥最大的功能起着各自的作用。韦伯把这种以合理—合法权利为基础的组织称作"官僚制",也即"官僚制组织"。

在韦伯看来,官僚组织是效率最高的组织形式,它排除了个人情感等非理性因素的影响,符合"现代文化的特性,特别是它的技术—经济的基础,恰恰是要求效果的这种'可预计性'"[①]。政府、军队、宗教团体以及早期的企业都是采用这种组织形式。的确,官僚制组织是一种"理想类型"的高度理性化组织。后来人们对韦伯所描述的官僚组织有多种概括,但最主要的内容有以下几点:

1. 专业化分工

分工原则本来是亚当·斯密在《国富论》中提出来的。可以说,亚当·斯密的经济学大厦,基石就是劳动分工。但是,韦伯则是从社会学意义上探讨分工问题,他把专业化和人类理性紧密联系起来。从斯密到韦伯,分工的意义也从劳动效率发展到社会结构。韦伯的官僚组织,强调组织中根据专业技术的分工和人类理性的关系。分工的实际意义,不仅仅在于斯密强调的提高效率,而且在于消除等级社会的人身特权。在韦伯的分工体系中,人的差别只有技术能力的差别,而不再是身份和社会差别。所以,组织成员的选拔,必须采用考试方式。专业能力替代了个人效忠,权力和责任属于职位而不属于个人,这些权力和责任以法律制度的形式固定在组织之中。由此形成组织,不仅可以通过分工方式提高效率,创造更多的财富,而且能够形成新的以理性为准则的组织关系,改变整个资本主义社会的结构。

2. 等级制

等级制自古就有,而韦伯的官僚组织等级制与众不同。官僚组织中的职位,按权力大小和"命令—服从"关系,形成金字塔形的等级序列。这种等级制同以往的社会分层有着实质上的区别。以往的社会分层,如国王、贵族、自由民等,是按人格身份形成的。官僚组织中的等级制,则是按组织权力形成的。这种权力摆脱了对人身的依附,其实质是专业技术和知识差异。所以,这种等级制排除了古代和中世纪普遍存在的特权。在中世纪,家道中衰而穷困潦倒的贵族大爷,可以在精神上傲视那些珠光宝气却俗不可耐的下层暴发户,在物质上享有平民无法企求的各种优待。但在官僚组织中,这种依赖于社会等级形成的上下悬隔不复存在,是制度而不是身份赋予等级权力。在韦伯的官僚制组织中,成员有职权的高低大小之分,但却没有身份地位高低贵贱的区别,正是官僚制打破了传统农业社会中森严的社会等级,为建立近代以来的人人平等的契约型社会创造了先决性的条件。

---

① 马克斯·韦伯. 经济与社会[M]. 北京:商务印书馆,1997.

3. 对法理化规则的遵从

在韦伯的理想状态中,官僚制组织的构建形成、部门分工、职位设置、成员选拔,一直到组织的运作,每一个成员的权力和责任,都是由法律制度(不仅包括成文制度,也包括不成文制度)明确规定的。这些法律规则由组织成员协商而达成,或者由组织上层提出,但其成员以理性思考权衡而接受。因此,组织的一切规则都是理性的。任何组织成员,都依据这种规则而行事,上至组织的最高领导,下到基层普通职员,无不例外。他们服从的是共同认可的规则,而不是因人而异的举措,或者是个人的偏爱喜好。就连非常具体的报酬问题,也应当以固定薪金制来体现规则的力量。在这里,"人治"被彻底摒弃。但是,由于官僚组织只体现工具理性而排除了价值理性,所以,官僚组织从本质上来说是行政的或执行的工具,而不是政治的或情感的载体,所以,技术官僚不是法规制度的最终渊源,它必须服从于民选的政治领袖或拥有所有权的更高主人(如股东)。这种官僚组织,实际上必须建立在所有权和经营权分离的前提上。

4. 非人格化

在韦伯眼里,官僚组织是规章的体制,而不是个人的体制。所以,官僚制是排斥个人魅力的。组织的运行不依个人的意志为转移,不受个人感情的支配。理性化的另一种表述,就是非人格化。官僚制改变了传统社会中的人身依附和个人忠诚,职业官僚接受上级的指挥和命令,是因为他们要服从法律和规则,而不是服从命令者本身的人格魅力感召,或者是服从附着在他身上的身份地位,更不是服从由传统习俗决定的社会等级。尽管韦伯自己也不讳言,这种完全排除了情感的官僚组织,会使组织变成冷冰冰的机器,会产生人的异化。但是,我们尚无法找到比它更好的组织模式。韦伯也承认官僚组织的缺陷,他曾试图探讨以个人魅力来校正官僚组织的异化,但他未能完成相应的研究。

5. 明确的职责范围

官僚制组织是具有明确的职责范围限定的行政机构,这些机构由一些"公职"组成,公职的划分是按照劳动分工原则进行的。组织根据分工的要求规定每一职位均有特定的权责范围,任职者的职责权限则以法规的形式严格固定,其权力的行使方式和前提条件也是由规章制度明确规定的。

6. 专业化

为了应用规划,就必须有专业培训。在正常的情况下,只有证明接受过专业培训且成绩合格者,才有资格参加一个团体的行政管理班子,才被允许任命为"官员"。

7. 文书管理

行政管理实行文书和档案管理。组织的规则或规章、组织中的讨论、动议和随后的决议以及形形色色的指令和法令,都要形成书面文件,用文字固定下来。档案和官员们的持续运作结合在一起,使办公机关成为一切团体行为的核心。

由于官僚制组织强调分工和层级管理,在形式上呈现出"上下分层、左右分科"的特点,因此,在中国,也有人将官僚制组织翻译成"科层制"组织,其实就是指它有着一个类似"金字塔"一样的组织结构形式。韦伯认为这是一种具有很大优越性的组织,"正如精密机器在系列化生产中取得成功一样,这种方式也注定会成功,官僚体制会扩展到一切组织中去。它首先是在普鲁士军队中建立起来的,接着便传播到公共管理机构中去,最后又强加给医院、私营企业、压力集团、工会、政党、教会、学校、大学等等。"①韦伯的设想在 20 世纪逐渐变成现实。"由于组织规模的增长和复杂性的增加,人们开始探索行政管理的理论。他们在探索中发现了马克斯·韦伯和他的官僚集权的思想。"②因为"它解决了人民希望解决的基本问题……提供了人民需要和期望的基本的、简朴的、千篇一律的服务"③。也就是说,政府职能的增加以及政府对公民需要的回应,使官僚制组织在政府中发挥着越来越重要的作用。在 20 世纪 30 年代的大萧条和第二次世界大战的严重危机时期,官僚制组织因运转高效和目的明确而被人广为接受。因而,官僚制组织的发展进入全盛时期。

(四)官僚制理论的现实基础

1.政治与行政的分离

第一,在实践方面,韦伯通过对德国市民阶级的分析,指出德国的市民阶级没有成熟到成为德国的政治领导阶级,他们"有着情愿服从于官僚支配的心态,市民阶级的价值取向可以允许权力与文化政等问题被化约到技术层面,而政治可以被缩小到一个完全形式地维持国家存在的状况,不许有任何内容的实质目标——仅仅只是毫无信仰的日常照顾而已"。"政治厌倦症""非政治的精神"成为德国市民阶级的价值取向。因此这就为韦伯官僚制理论中政治与行政的分离提供了实践基础。

第二,在理论方面,韦伯的官僚制理论与威尔逊的政治与行政两分理论是紧密联系在一起的。威尔逊发表于 1887 年的《行政学研究》一文被称为是现代美国公共行政研究的起点,他本人也因此文而成为美国公共行政学的创始人。他在书中指出,"行政学研究的目标在于了解:首先,政府能够适当地和成功地进行什么工作。其次,政府怎样才能以尽可能高的效率及在费用或能源方面用尽可能少的成本完成这些工作。"为了政府成功有效地完成工作,威尔逊又进一步提出了政治与行政两分法原则,即把政策制定与政策执行分开,"行政管理的领域是一种事务性的领域,它与政治领域的那种混乱和冲突相距甚远"。这种理论的建构就为韦伯的官僚制理论体系提供了学理上的支持,因此,有人把韦伯的官僚制理论模式称为韦伯—威尔逊模式。

2.科学管理原理

20 世纪初,泰勒所领导的科学管理运动以及构建的科学管理理论以巨大的声势在全世界产生了广泛影响,同时也为韦伯的官僚制理论体系的构建提供了科学的实验依据。科学管理的主要贡献表现在:第一,对事不对人的管理。这就剔除了管理者在管理中的价值影响,也为韦伯官僚制理论形式理性与价值理性区分奠定了基础。第二,制度和程序化的管理模式。泰勒的科学管理是建立在企业组织由小规模的手工场向大规模现代工厂转变的基础上的,因此,其管理模式是以制度与程序为主的,这充分体现了韦伯的工具理性与形式理性。第三,管理的分工与分权。在科学管理中,泰勒在组织的横向和纵向上都提出了分工,横向上表现为技术与知识的分工,而纵向上则表现为管理权与操作权的分离、所有权与管理权的分离,这些都为韦伯官僚制理论提出政治与行政分离,在行政管理上重视技术和知识理性提供了根源。

---

① 莫里斯·迪韦尔热.政治社会学:政治学要素[M].杨祖功,王大东,译.北京:华夏出版社,1987.
② 丹尼尔·A.雷恩.管理思想的演变[M].李柱流,等,译.北京:中国社会科学出版社,2000.
③ 戴维·奥斯本,特德·盖布勒.改革政府:企业家精神如何改革着公共部门[M].上海:上海译文出版社,1996.

3. 文官制度的确立

19世纪70—80年代英美两国先后建立了文官制度,即国家公务员制度。随着英美两国公务员制度进一步发展,西方大多数国家相继确立了公务员制度。文官制度的建立实行了新的人事管理原则,主要包括法制化、职业化、专业化、价值中立、政务官与业务官分离等原则,这些原则为韦伯官僚制理论的实践奠定了基础。如职业化、专业化原则体现了技术理性的特征,而法制化、价值中立、政务官与业务官的分离则体现了形式理性的特征,这些都是韦伯构建官僚制理论的核心内涵,因此,我们可以说,韦伯官僚的工具理性特征就是通过公务员制度的建立与发展从理论走向实践的。

4. 官僚制面临的挑战

官僚制作为行政组织的一种"经典组织范式"在管理机构得到了广泛的推行。然而进入21世纪以来,伴随着新公共管理运动的兴起,官僚制面临着极大的挑战,主要集中在如下几个方面:

(1)过分强调了层级节制体制,要求下级对上级在职务上绝对服从,忽视了下级人员的主动性和积极性,缺乏民主精神。

(2)过分强调组织利益和组织效率,难以应付社会个性化的发展要求,难以应付多样化的社会需求。

(3)过分强调专业分工和职能权限的划分,忽视了宏观协调以及消除本位主义的问题。

(4)过分强调人员的稳定性,无过失便终身任职的制度,最终造就出不求有功但求无过的管理人员,造成管理人员得过且过混日子的状况。

以沃伦·本尼斯为代表的学者认为,官僚制组织用来对付内部环境(协调)和外部环境(适应)的方法已经完全脱离了当代社会的现实,官僚制的组织模式也面临着危机。主要表现在以下几个方面:

第一,组织的僵化、臃肿难以适应社会环境的变化。官僚制组织的发展使其成为机构规模膨胀、人浮于事、缺乏生机和活力的封闭型组织。这是因为官僚制组织是以层级节制式的组织形式来维护组织的权威性,以组织的规模和等级来体现官僚组织的优越性,因此,导致组织规模的无限制的膨胀。同时,官僚组织的技术性与神秘化又使其成为脱离社会环境的封闭系统,官僚体制依赖的稳定的和无差异的社会环境所体现的效率与秩序与当今社会新技术的飞速发展、社会环境的急剧变化产生了矛盾,致使以组织结构刚性为特征的官僚制组织丧失了对环境变革的适应性,从而表现出整体的无效率。

第二,理性主义的极端化和对人性的损害导致了人的异化。官僚制犹如一只巨大的铁笼和精密的机器,将人固定于其中,成为其附属品和零件。官僚们只会例行公事而丧失感情,成为"没有精神的专家,没有情感的享乐人"。官僚制从一开始就暗含着它自身的悖论:现代民主制度和现代工业文明是一对孪生兄弟,其中一个强烈要求宪法保护个人权利,并极其看重个人感情和个人成长;另一个却强烈要求组织活动的理性化和程序化。技术的进步和组织的目标蚕食着个人自由,要让它服从于铁面无私的工作纪律,人的个性和热情被压抑了;随着组织效率的改进和组织规章的增多,人的工作变得愈来愈无意义和非人性化了。

第三,知识和专业技术的"精英"统治在民主政治中的危机。官僚制是社会合理化、民主化过程中的产物,它对知识化和专业化的要求,以及广泛地从社会普通阶层中选拔公务人员的做法,是对身份制和世袭制中重视门第、血统、出身、特权的否定,在社会民主化和缩小社会差别方面起到了积极的作用。但是在它的发展中也导致并加强了反民主的趋势,成为民主进程的障碍。这是因为掌握公共权力的官僚组织在社会中形成了一个独立的利益群体,官吏阶层总是在维持并扩张自己的行政地位和权力,以拥有知识和经验以及保密为借口而暗中为自己及其利益集团谋取特殊的利益,从而形成"文官专政"。西方国家的科层组织在国家结构中已形成了独立的权力群体,当这种独立的力量在缺乏有效监督的情况下,就会滥用公共权力,并成为民主进程的障碍。

第四,目的和手段的倒置使形式合理性步入误区。组织的规则、程序是实现组织效率与价值的手段,但是,由于官僚制组织的自我膨胀和对自身利益的追求使得目的与手段倒置,当官僚制为实现其目标而不断完善其手段时,手段日益成为管理的目的。

三、现代行政组织理论

20世纪六七十年代,相对于传统行政组织理论,现代行政组织理论在理论学派上呈现出多元化的发展趋势。

(一)卡斯特和罗森茨韦克的系统与权变行政组织理论

弗里蒙特·卡斯特和詹姆斯·E.罗森茨韦克是美国管理学家,系统与权变组织理论的创始人。他们主张用系统的观点来看待组织管理,组织管理应随系统内外环境的变化而变化。1970年,他们在其合著的《组织与管理——系统方法与权变方法》中详细阐述了系统与权变行政组织管理理论。

卡斯特和罗森茨韦克认为,组织是由各个子系统有机联系组成的系统。构成组织的系统具有开放性和整体性。组织要生存和发展,除了要保持系统内的均衡,还要与外界环境不断地相互影响,相互作用,保持动态平衡。卡斯特和罗森茨韦克从系统论的角度提出,组织要素就是组成组织系统的五个子系统:目标与价值子系统、技术子系统、社会心理子系统、组织结构子系统和管理子系统。系统要素的提出揭示了组织系统的部分特征。但卡斯特和罗森茨韦克对子系统划分的依据比较含糊。五个子系统间相互交叉重叠,又相互作用,不可分割。

(二)雷格斯的生态行政组织理论

弗雷德·雷格斯是美国行政生态学的创始人。雷格斯运用生态学理论与方法研究发展中国家的行政问题,设计出行政系统的三模式,使得行政生态学真正成为一门系统的学科,并在行政学理论及组织学理论领域产生了重要的影响。雷格斯的生态行政组织理论集中反映在他的著作《行政生态学》中。

(1)雷格斯提出了三种行政组织模式:融合型——传统农业社会的行政组织与其他立法、司法组织混同,行政组织内部分化也很低;棱柱型——由农业社会向工业社会过渡的行政组织,既有现代的因素,又有传统的因素;衍射型——高度发达的工业社会的行政组织与立法、司法组织分开,行政组织内部分工也很清楚,各司其职。

(2)雷格斯重点分析了棱柱型即过渡社会的公共行政组织,他指出棱柱型行政模式有三种特征:①异质性并存,即在同一社会中呈现不同的制度、不同的行为规范与观点;②形式主义,即法律与现实的严重脱节;③重叠性,即传统与现代社会的结构彼此重叠。一方面有国会、行政机构、选举制度,另一方面又有影响很大的家族、宗教团体等。

(3)雷格斯考察了经济机制、社会机制、社会沟通网络、政治制度、政治信念、意识形态等外部生态环境与公共形态之间的制约关系。只有与生态环境相适应,并根据这些生态环境的变化适时地作出调整的行政组织,才有可能健康地发展。

(三)帕金森定律

帕金森定律是由西里尔·诺斯古德·帕金森在1957年出版的《帕金森定律——组织病态之研究》中提出的,是帕金森在对组织机构的无效活动进行调查和分析中,提出的关于组织机构臃肿低效的形成原因的定律。帕金森将提出的帕金森定律概括为两条(作为动机要素)法则:一是增加部属的法则,二是增加工作量的法则。这两条法则可以从这样简单而明显的逻辑路线中得出:

一个不称职的官员,可能有三条出路:第一是申请退职,把位子让给比自己能干的人;第二是让一位能干的人协助自己工作;第三是任用两个水平比自己更低的人当助手。第一条路是万万走不得的,因为那样会丧失许多权力;第二条路也不能走,因为那个能干的人会成为自己的对手;看来只有第三条路最适宜。于是,两个平庸的助手分担了他的工作,他自己则高高在上发号施令,他们不会对自己的权力构成威胁。两个助手既然无能,他们就上行下效,再为自己找两个更加无能的助手。另外,由于职位上的工作量不变(或略微增大),而人员却大幅增加,这就决定了下属行政官员们必须互相合作地从事工作,否则新增工作人员则显得一点意义也没有。这样,原有的简单工作变复杂了,原来没有的工作则被人为地创造出来,整个机构的运行显得忙碌而"高效"。

上述两方面逻辑路线最终所促成的结果就是整个组织不仅机构臃肿、人浮于事、能力低下、官僚主义盛行蔓延,而且庞大的组织机构表面上始终在忙忙碌碌,而实际上借此掩盖组织存在诸多问题,维护组织诸多不合理利益,做着无用功,使得危害性隐蔽化起来,在量变积累达到质变结果的过程中最终导致组织的解体[1]。

(四)彼得原理

彼得原理由劳伦斯·彼得在1969年出版的《彼得原理》一书中系统提出。彼得指出,每一个职工由于在原有职位上工作成绩表现好(胜任),就将被提升到更高一级职位;其后,如果继续胜任则将进一步被提升,直至到达他所不能胜任的职位。由此导出的彼得推论是,"每一个职位最终都将被一个不能胜任其工作的职工所占据。层级组织的工作任务多半是由尚未达到不胜任阶层的员工完成的。"

(五)学习型政府组织理论

学习型组织理论被誉为当今世界最前沿的管理理论之一。这一理论的渊源可以追溯到20世纪60年代。而学习型组织被大家所熟知,源于彼得·圣吉的《第五项修炼——学习型组织的艺术与务实》一书。他认为"学习型组织"是一个不断创新、进步的组织,在其中,"大家得以不断突破自己的能力上限,创造真心向往的结果,培养全新、前瞻而开阔的思考方式,全力实现共同的抱负,以及不断一起学习及如何共同学习"。彼得·圣吉提出了学习型组织的五项修炼:①自我超越——实现心灵深处的渴望;②改善心智模式——用新眼睛看世界;③建立共同愿景——打造生命共同体;④团体学习——激发群体智慧;⑤系统思考——见树又见人[2]。

---

① 李会欣,王建垣. 我国行政组织效率问题探讨——基于帕金森定律[J]. 广东技术师范学院学报,2012,33(5):22-25.
② 李丹. 学习型组织理论在政府组织中的运用[J]. 今日南国,2009(12):11-12.

第三节　行政组织目标与目标管理

一、行政组织目标的含义、特征和作用

(一)行政组织目标的含义和特征

行政组织目标就是行政组织所要达到的目的,期望取得的成果或应当完成的任务,是组织为之奋斗以争取实现的一种未来状况,也可以把它理解为组织的一整套的价值标准。行政组织目标是依据社会需要,按一定的法定程序确定的。在具体的行政机构中,表现为该机构的职能目标。可以说,它是行政管理活动的出发点和归宿。

各类行政组织的性质不同,其目标也不一样,但行政组织目标都有其共同的基本特征,具体如下:

(1)一致性,即总目标统帅分目标,小目标服从大目标。

(2)规定性,即由宪法和法律所规定的与自由裁量权相适应的,通过原则性与灵活性相结合来建立完整的行政组织目标系统。

(3)社会性,即要接受法律的约束,考虑全社会的利益,围绕社会的总目标来制定具体的行政组织目标。

(4)责任性,即服务性,是现代公共行政组织奉行的一项重要目标,是服务社会、体现为一种"公仆"的责任,以满足人民对政府直接或间接的授权,这也是现代政府合法性的唯一来源。

(5)明确性。要广泛地发动群众,为制定目标献策献力,确保其正确性。目标一旦确立,要尽快公之于众,让全体人民共同为确定好的目标而认真努力地去完成。

(6)协调性。行政组织目标系统结构的差异与复杂,决定了政策目标的多层次,所以,必须实现目标的组合与协调,消除异向和冲突。

(7)权变性,即政策目标要随着外在环境、条件的变化而改变,在保持政策连续性的前提下,具体政策必须具有灵活性和应变能力,以有效地实现政策的总目标。

(二)行政组织目标的作用

行政组织目标是行政组织活动的方向和标准,是行政组织聚合力的内在源泉。因此,目标对行政组织以及其成员来说具有非常重要的意义。

行政组织目标的重要作用表现在以下几个方面:

第一,组织目标是行政组织设置的前提和依据。组织目标是组织赖以设立和存在的前提。行政组织机构的设立、规模的大小,首先取决于该行政组织目标是否明确、适度。缺乏这个首要条件,行政组织便没有设置的基本依据。行政组织内部机构的设置同样也是以对行政组织目标进行分解与综合为依据的。

第二,组织目标制约、规范着行政组织的活动方向。在行政组织运行过程中,必须依照组织目标的方向不断调整组织的活动方向,以防止偏离目标,防止盲目行动给工作造成损失。

第三,行政组织目标可以增强行政组织的协调能力和整合能力。行政组织机构内部各部门及每个成员都需遵循组织目标努力完成自己分管的工作,从而有利于提高整体协调能力,发挥总体功能。

第四,行政组织目标有利于建立公平客观的考核标准。组织目标实现程度是检查评定行

政工作成效的客观公正的标准,能让工作人员信服,从而激励组织成员奋发努力。

二、行政组织的外部目标与内部目标

(一)行政组织目标的二分法

以政府为主的行政组织存在的主要理由是解决市场失灵问题,包括提供公共产品、克服外部性、干预自然垄断、弥补交易市场上的信息不完全等缺陷。从管理学或现实的视角看,行政组织除了上述四个方面的外部目标外,还需要具有特定的内部目标。外部目标是行政组织存在和发展的根据和导向,内部目标是行政组织实现外部目标的依托。行政组织需要从所存在的外部系统中获取资源和目标,通过实现特定的内部目标为最终实现外部目标创造现实条件。这是因为,行政组织的外部目标是复杂多变的,而且具有持续性。要持续性地实现外部目标,行政组织必须能够维持和发展自身,从而为实现外部目标提供现实条件,包括机构、场所、人员、资金和服务活动。

行政组织与社会之间在本质上存在着一种契约关系,即行政组织从社会获取一定的资源,包括公共资金、公共权力、人力资源等,在满足自身需要的同时实现社会所赋予的一系列目标,这些构成了社会对行政组织的输入。这一系列目标主要包括维护社会公平,提高社会生产效率,回应社会公众的要求和提供公共服务。在接受社会输入的同时,行政组织还要向社会输出上述一系列目标。行政组织在转换输入与输出的过程中需要满足特定内部目标,以令人满意地完成上述转换过程。行政组织的内部目标主要有:管理组织资源,成功地进行绩效管理,实现机关的顺畅运转,推动组织发展,等等。

图3-1概括性地展示了行政组织的外部目标与内部目标之间的互动关系。需要指出的是,行政组织与社会之间的输入—输出关系是一个永无休止的循环过程,行政组织需要适应社会的不断变化,通过实现特定的内部目标,为令人满意地实现外部目标提供现实条件,将组织自我价值与社会价值结合在一起,在维持这两种价值的平衡中不断向前发展。

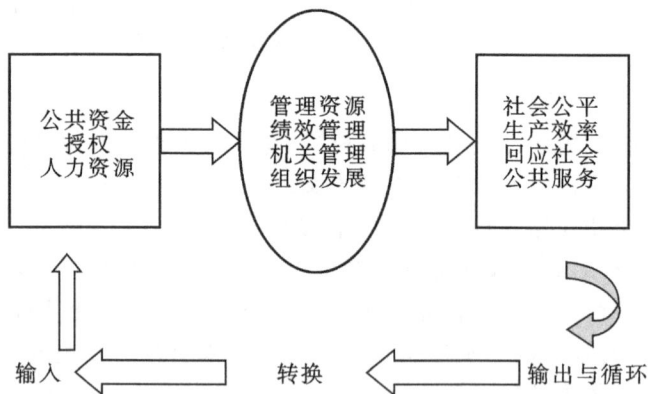

图3-1 行政组织内外部目标关系示意图

(二)行政组织的外部目标

与私人组织不同,行政组织的根本目标是形成、维护和合理分配公共利益,满足社会公共的需要。具体而言,行政组织的外部目标主要包括维护社会公平,提高社会生产效率,回应社会公众的要求和提供公共服务。

1. 维护社会公平

自有文字记载以来,人类社会对公平问题的探索就没有停止过。一般而言,社会公平是指机会公平和结果公平的统一、生产行为激励机制和社会正义供给制度的有机统一。将公平作为一种终极价值追求,反映了行政组织的公共性和崇高使命。同时,公平又是一种工具性价值追求。这是因为,几乎任何人都会持有关于公平的不同看法和观点,这将导致行政组织无所适从,无法真正实现目标。所以,有学者认为行政组织应追求公平的工具性价值。我们认为,行政组织追求的社会公平目标应该是终极目标和工具性价值的统一。把社会公平作为一个工具性的价值追求,其目的在于把公平作为一种生产行为激励机制和正义供给机制,在更大程度上调动整个社会的积极性、主动性和创造性,从而达到公民人性完善和社会和谐发展的终极目的。

2. 提高社会生产效率

社会生产效率是衡量一个社会进步程度和文明状况的公认指标之一,相对于社会公平目标而言,它更为客观。社会生产效率是对一个社会的生产投入与产出、成本与收益的比例关系的衡量。在技术经济语境下,一个社会的生产效率可以通过各种测量单位得到体现:人均 GDP、单位 GDP 能耗、单位 GDP 成本等。关于社会生产效率的价值存在着两种不同观点:一种观点认为生产效率应该成为一种价值,而且是一种优于其他价值的价值;另一种观点则认为效率应从属于满足人的需要,行政组织对效率的追求应服从于对公共利益的追求。我们认为,行政组织应致力于协调和平衡对社会公平和社会生产效率的追求,通过特定的制度安排实现两者和谐共处。

3. 回应社会公众的要求

行政组织是为了满足公众对公共服务的需求而设立的,而公众的需求总是不断变化,因此,行政组织必须灵活地回应社会公众的需求。能否及时、有效地回应社会公众的需求是判断一个组织运转情况是否良好的主要标准。从某种意义上看,公共行政就是指为实现公众的社会价值而对社会变革进程的管理。回应社会公众的要求是指行政组织通过获取社会公众对政府管理的各种要求,并将这些要求进行整合,然后根据行政组织的实际情况,采取具体行动对这些要求加以满足和实现的行为过程。著名行政学家登哈特在对英、美等国家公共行政实务界人士的走访后得出的结论认为,支撑他们的核心理念是:对组织使命的承诺,服务大众的理念,献身公共服务[1]。

4. 提供公共服务

提供公共服务是行政组织安身立命之所在,这是它区别于其他组织的显著特征。提供公共服务意味着行政组织向社会公众提供市场主体所不能、不愿意提供的公共产品和服务,它的作用在于通过税收—公共支出机制为社会成员提供均等而持续的服务,保障每个成员的基本生活权利和法律规定的各项公民权利。公共服务的提供有助于维持社会的有序运行,提高社会成员的生活质量和社会文明程度。人类社会的发展史表明了人类正是在公共服务水平不断

[1] Balchunis M E,Denhardt R B. The Pursuit of Significance:Strategies for Managerial Success in Public Organizations[J]. Public Productivity & Management Review,1993,17(1):91.

提高的过程中前进的。也正因为如此,德国著名经济学家瓦格纳提出了政府职能将随着社会经济的发展而不断丰富,从而导致公共支出随着国民产出的增长而不断增长的判断,即著名的"瓦格纳定律"。

(三)行政组织的内部目标

1.管理资源

行政组织为了维持正常运转和实现特定目标,必须拥有、管理特定的组织资源。从一般意义上看,行政组织的资源与其他性质的组织资源具有相似之处,但是也有本质区别。行政组织的资源主要包括人力资源、公共权力、公共资金、办公设备与人员装备以及相关物质资源、依法代表国家管理的土地资源等。行政组织较之于私人组织的最大区别在于它拥有权力机构赋予的公共权力资源及其延伸出来的公共权威。

2.绩效管理

绩效管理源自于英、美等西方国家,绩效管理的引入,体现了行政组织对责任和结果的重视,有利于提升组织效能和合法性。行政组织中的绩效管理是指,绩效管理主体通过设定明确的绩效目标和测量标准,对组织成员及组织自身的工作成效进行测量并据此得出考核结果,采取相应的奖惩措施以提高行政组织绩效的管理活动。与私人组织不同的是,行政组织不仅追求效率、效能和效益,还要追求公平性、回应性、参与性和公共性。

3.机关管理

机关在这里是指狭义的由行政组织的人员、财务、设备等组成的办公处所,它是行政组织成员的日常工作场所。机关管理是指行政组织的领导及其成员为了优化办公环境、有效实现组织目标,依据相关规定对机关的财务、设施和设备等实施的管理活动。机关管理的主要内容有:安全保卫、文秘通信、机关后勤(卫生环保、交通工具、住房等)、财产与资产、对外交往、办公设备、机关成员的福利与医疗保健等方面的事务。

4.组织发展

组织发展是现在组织所面临的一个无法回避的现实问题,开放的组织环境、变动的组织目标迫使各类组织积极主动地寻求发展,从而适应环境、实现组织目标。行政组织发展是指行政组织为适应内外环境及条件的变化,适时、有效地对组织的目标、结构及组成要素等进行调整和修正。行政组织发展的原因主要有:外部环境的变化,具体指科学技术的进步,行政管理体制的改革,行政法规的更新,社会公众对公共服务要求的变化,社会经济状况的深刻改变等;组织内部条件的变化,具体指行政技术的进步,人力资源的数量、质量的变化,行政组织规模和结构的调整,政务流程的再造等。组织发展是政府部门提高活力和办事效能,更好地满足社会公众的公共服务要求的一种主要途径,体现了政府管理的进步和行政组织的生命力。

(四)行政目标的确定

确定行政目标是一项十分复杂的活动,也是衡量行政领导者水平的关键。行政目标必须具体明确,既不能含混不清,也不能抽象空洞。在确定目标阶段必须认真解决好以下三个问题:

1.从实际出发

行政目标的建立只有从实际出发,以客观实际为依据,才具有可行性价值。确定目标的过程,就是研究上级要求、主观条件和外部环境因素,经过分析论证,建立指标体系,并制定对策措施的过程。上级要求、主观条件和外部环境因素,是确定行政目标的基本依据。

2.控制形成目标的数量

公共事务的复杂性决定了行政目标也必然是一个由多目标构成的目标体系。行政目标越多,行政管理的难度也越大,因此,确定行政目标,必须对目标数量实行必要的控制。具体来说,主要有以下几种控制方法:①去除法。通过对目标体系进行分析并找出其中不必要的因素,从而将它们去掉以突出主要目标的方法。②分阵法。根据各目标的重要性和紧迫性,把主要目标列为目标,而把次要目标列为约束条件的方法。③综合法。在确定目标的过程中,如果采取上述两种方法后,目标仍然较多,可以考虑采用控制目标数量的综合法,将几个目标综合在一起,形成一个新的目标。

3.目标分解

如果没有大系统的目标或大系统的目标不正确,没有可行性,就无法制定子系统的目标,也就无法保证子系统的目标正确、可行。因此,制定行政目标,应先从大系统开始,制定总目标。但是行政目标是由总目标和各具体目标所构成的一个层级复杂的系统,目标确定以后,还要进行目标分解,建立多级目标体系。目标分解的过程实质上是按行政系统内部机构设置和组织层次,层层落实目标任务,构建目标体系的过程。

三、行政组织中的目标管理

(一)目标管理的含义

目标管理是指组织通过参与管理的方式确定目标,并经过逐级分权而使下层享有充分的自主权,实现自我控制和自我管理,以创造性地达到预定目标的一种新的管理理论和管理方法。这种管理方法最早由美国管理学家德鲁克在1954年出版的《管理实践》一书中提出,宗旨是用“自我控制的管理”代替“压制的管理”。德鲁克认为“企业的使命和任务,必须转化为目标”,如果一个领域没有目标,这个领域的工作必然被忽视。因此,管理者应该通过目标对下级进行管理。当组织最高层管理者确定了组织目标后,必须对其进行有效分解,将组织目标转变成各个部门以及各个人的分目标,并把这些目标作为组织经营、评估和奖励每个单位与个人贡献的标准。

目标管理的核心是强调通过组织中的上级和下级共同参与制定具体的、可行的而且能够客观衡量的目标。目标管理过程包括目标具体化、参与决策、限期完成和绩效反馈四个阶段,认为在目标明确的条件下,人们能够承担责任,能够自治、愿意上进和发展。与传统管理方式相比,目标管理既重视人的因素,是一种民主参与、相互信任和平等的管理方式;又不忽视工作中心,通过建立环环相扣的目标层级体系,逐层分解,相互配合,把个人需求与组织目标结合起来,以达到自我控制、自我激励的目的;同时重视成果的管理,以目标的制定和对目标完成情况的考核贯穿始终,通过对目标成果的评价得到奖惩的依据,并最终促使人们重视成果,完成组织绩效。

(二)目标管理在行政组织中的应用

20世纪70年代,目标管理在企业中广泛推广后,又被引入公共管理领域,形成公共服务机构的目标管理理论,力图改变公共部门缺乏竞争,其预算经费的多少与工作和公共产品、公共服务提供水平高低无关的局面。德鲁克认为,公共管理是当代管理业务中"最重大最主要的任务",公共行政机构也应该向商业企业一样采取目标管理方法;要使服务机构的工作富有成效,不是需要"伟大的人物",而是需要一种制度——本质上与一个企业机构没有太大区别的制度,这就要求政府机构的有效运转应从明确的目标和任务开始,"只有规定的要求,才能拨给资源、安排先后次序、限定日期和指定专人负责",即包括目标的制定、分解、实施和评估等环节在内的公共部门目标管理的过程。

目标管理作为一种"民主集中制"的参与式管理方法,突出了计划、决策、组织和控制等管理功能。目标管理通过有效的沟通环节,使广大员工参与管理,启迪其事业心、荣誉感,又通过自我控制和自我管理增强其责任感,使组织成员以目标和责任为中心。在上下级的沟通和协商中,既达成对组织目标的认同,又利于改善人际关系,在从总目标到分目标的层层分解和结合中形成一个休戚相关的有机整体,易于形成密切配合的团队意识,提高整体管理绩效。随着改革的深入,向下层放权的管理通过共同的目标得到调节和节制,增强了工作的预见性和计划性,使目标的完成同客观的评价标准和奖励制度相配套,使权责清晰,奖惩分明。

目标管理在我国政府中也有具体的应用。例如,我国各级政府部门将目标管理与岗位责任制相结合,形成政府目标责任制。自1994年原国家人事部颁布了《国家公务员考核暂行规定》后,各地市都据此制定了相应的"目标管理责任制考核暂行办法",引入定量考核方法,建立由考核测评标准、考核测评质量打分、加权评定等级和结果显示报告等组成的考核体系[①]。

(三)行政组织目标的管理过程

从一般意义上讲,目标管理过程非常简单,通常情况就以目标制定、目标实施和目标评价三个阶段为表现。而实际上,包含在三个阶段中的具体内容则要烦琐得多,它不仅涉及组织及其成员的价值观问题,涉及组织传统、组织性格、组织文化、组织氛围以及表现出的组织人际关系等方面,还有组织面对的外部环境的压力,这些因素为组织目标的选择及其实施带来了困难,更对组织目标实现程度的评价以及相关组织结构设计、制度安排、流程管理等的变革提出了挑战。

1. 组织目标选择与确定

行政组织目标管理的第一步就是确定目标体系。确定组织目标是一个复杂过程,一般而言,它主要包括定义组织性质、环境预测、形成目标框架、确定指标体系等环节。

(1)定义组织性质。

行政组织的性质并非完全由组织自己来定义,它由宪法、法律等来进行政治性规定,因此,就其共性而言,它是国家政权组织的基本组成部分,政治性、公共性、社会性、服务性等的融合统一为其本质进行了限定。然而,行政组织同样是人类社会组织的一员,就其管理功能而言,不同层级、不同领域、不同类型的行政组织本身的职能和权责会有区别,明确这些区别就是确定不同行政组织的管理性质,从而为其选择正确的目标奠定基础。

定义行政组织管理的性质就是确定该组织究竟是做什么的问题。这一方面必须明确行政组织的共性特征,即它是国家共同体价值决定体系的执行机构,落实政治价值和公共价值目标是其根本职能;另一方面则是基本价值目标的现实具体化过程,即针对政治原则方向与本组织

① 赵路,朱正威. 我国公共部门实行目标管理的问题及对策[J]. 理论导刊,2004(2).

面对具体事实的对接所进行的执行指标的选择,这就需要各类行政组织确定自己的地位、目的和任务体系。一般而言,"战略层将组织的活动与其环境分系统联系起来。这一层次的目标是广泛的而且在达标的手段方面具有极大的灵活性。协调分系统把战略层建立的广泛目标转变为更具体的作业目标。这一分系统的基本目的与协调各层之间和各职能之间的活动有关。作业分系统是从事实际工作任务的。这一层次的目标通常是非常具体的、短期的、可衡量的,如销售和生产指标"①。

定义行政组织管理的性质必然涉及组织价值观以及组织自身状况问题。公共性决定了行政组织必须为公共价值和公共利益的实现服务,其价值观导向毋庸置疑;问题在于行政组织自身状况所能表达公共价值观的程度,这是定义行政组织管理性质需要考量的因素。因此,只是宏观地界定行政组织性质不足以为组织目标合理选择提供充分条件,应该考察组织内外的结构关系、人际关系、领导与工作人员素质以及组织文化、组织生态特点等。

(2)组织环境预测。

行政组织目标选择必须考察其生态环境状况,即明确行政组织所面临的社会问题。行政生态理论的研究已经为我们提供了行政主体与其环境之间的关系模式,环境对行政组织的形塑功能是客观存在的,也为行政组织管理使命的任务化过程提供了有益借鉴。组织的目标管理说到底是为利用环境资源来改善、优化和平衡环境系统以便获得创新价值而努力的过程,因此,对组织环境特质进行评判以确定组织管理的具体任务就成为目标管理的必备环节。

理性预设的行政组织性质或职能必须落位于具体而复杂的环境之中才有实际意义。地域差别、气候变化、资源状况等自然环境因素,文化传统、生活习俗、社会风气、人口状况等社会环境因素,乃至组织结构体制、法律政策体系、信息沟通状况等制度环境因素,都在人、财、物、时间、活动等方面为组织目标选择造成不尽相同的影响。这就使各级各类行政组织具体预期目标的确定及其实现途径的选择存在一定差别,它要求各级各类行政组织应该全面预测环境的特点与需要,制订适合自身发展要求的组织目标方案。

(3)生成目标框架。

在定义组织性质和环境特质的基础上,行政组织需要对目标框架体系进行研究,形成关于组织目标的基本表述和基本结构的设计。这需要多种形式的反复汇集和总结概括。目标管理理论是自我管理和参与管理的融合,因此,组织性质、组织环境的定义是组织上下级之间协作共商完成的,组织目标的基本表述和基本结构也同样是组织成员会商的结果。

德鲁克在谈到企业组织目标管理时指出:"关键领域的目标应当使我们能够做到五件事:用几次概括性的陈述就能够把企业的整个现象组织起来并且解释清楚;在实际经验中检验这些说法;对行为作出预测;在制定决策的过程中对这些决策是否正确作出判断;使在实践中的企业家能够分析他们自己的经验,从而改进他们的绩效。"这就说明,组织目标是必须明确加以表述的,同时,它还必须经由组织决策和计划实施的检验而不断修正。行政组织的目标结构涉及政治、经济、文化、社会和生态的几乎所有方面,其基本结构的设计是一个复杂的"反复循环过程",组织上下层级之间、平行部门之间、各类人员之间的沟通协商、争论辩论、复合博弈等成为追求"重叠共识"的基本形式,这就使"目标的制定不仅是一个连续的过程,而且也是一个相

---

① 弗莱蒙特·E.卡斯特,詹姆斯·E.罗森茨韦克.组织与管理:系统方法与权变方法[M].北京:中国社会科学出版社,2000.

互作用的过程"①。

还应指出,行政组织目标管理的基本结构设计需要确定目标项目的流程次序,即它是一种有明确先后顺序的逻辑系统,目标系统的构成要素之间有着内在的承续关系,一个环节出现问题对整个组织目标实现会产生重要影响。

(4)确定指标体系。

在明确组织目标的基本表述和基本结构的基础上,制定组织目标最难把握的工作就是确定各类具体的指标数额。确定指标体系就是为组织目标的具体内容进行赋值,它必然涉及工作任务定量化的过程。

显然,组织目标的定量化是为了提供可供考核的标准,即"要使目标可以计量,它就必须是可以考核的。所以,定量化的组织目标不仅要说明详细的工作内容的数量额度,还需要有区域规模和时间期限的规定,并且在人员、资金、技术等方面也需要有较为确定性的限制。

事实上,目标管理理论的鼓吹者们从来没有将完全数量化视为组织目标管理的全部内容,因为他们不可能否认组织管理中始终存在难以完全定量化的问题,比如态度、情绪、责任心、文化、伦理等因素。这些问题经常导致"组织的目标令人困惑不解,如果组织有几个目标,困难更加复杂难解"②,但是目标管理的精神在于主张组织行为结果的确定性以便形成可以衡量的标准,这对于行政组织管理的理论研究与实践探索还是产生了不容忽视的积极意义。

2.组织目标分解与实施

组织目标分解是将已经确定的行政组织目标逐层次、逐部门地分解为组织成员的个人目标,以便为目标落实提供具体翔实的行动方案。从这个意义上看,组织目标分解需要更为精细而周密的设计,它是组织目标具体化的过程,也是目标落实方案选择的关键环节。

(1)组织目标分解。

组织目标的落实过程源自于组织目标的具体拆分和解析活动。组织目标分解就是将组织的总体目标按照组织结构体系逐次分配到组织成员个人目标的过程,这种分解的重要性不言而喻,因为只有将组织目标转化成个人目标,才能明确组织成员具体应该做什么,监督、检查与评价才有实际的衡量尺度和标准,组织目标才会在实际的组织管理活动中获得绩效。

行政组织是层级制与职能制有机结合的复式体系,行政组织目标分解就主要按照层级节制的纵向延伸和部门排列的横向扩展进行。就层级化而言,其基本方式是自上而下与自下而上相结合完成的,组织目标的指标定量由下级汇总而成,上级将确定的指标数额依次配置给下级组织;就某一层级组织而言,其部门指标定额汇总而成本级组织目标,再由组织按照部门能力配置定额。就职能化而言,部门涉及的管理领域目标汇成行业目标,各行业目标集成总目标,与层级化结构的分解配置相协调,形成纵横交错的目标落实路线,最终将具体指标落实到组织单位中的个人职位上。从这个维度看,组织的职位设置就应该是有非常明确工作指标的岗位。

组织目标的精细化分解不易做到,即使像结构严谨的行政机关也不例外。这一点在诸多的研究中如帕金森定律、彼得原理等都列举了可信证据,政府管理中出现的一些低效率、不公

---

① 哈罗德·孔茨,海因茨·韦里克. 管理学[M]. 北京:经济科学出版社,1998.
② 詹姆斯·W. 费斯勒,唐纳德·F. 凯特尔. 行政过程的政治:公共行政学新论[M]. 陈振明,等,译. 北京:中国人民大学出版社,2002.

平现象等,都是集中表现。也正因为如此,人们才对标准化、工具化的官僚制理论进行了深刻批判。但是,目标管理理论提示的就是,能够量化的目标必须量化,不易量化的指标需要找到更优的评价尺度,增加组织管理的确定性程度是必要的。

(2)目标实施方案。

制订组织目标实施方案是组织目标得以落实的前提条件。组织目标实施方案是关于目标分解后如何有效执行的具体步骤、程序、环节和方法的具体设计与安排,它通常由人、财、物、时间、活动以及细致的行动路线构成。行政组织的目标实施方案一般具有明确的规范性特点,它与行政组织的实际工作职能、岗位责任、工作任务以及权力运行的过程是一体化的,因此,在行政组织管理中,目标实施方案就是其各级各类组织及其成员的具体工作内容的实际安排流程和做法。

行政组织目标实施方案包括组织与个人两个部分。一般而言,组织目标实施方案是关于整个组织任务指标落实的具体办法,涉及各项具体指标如何有效落实的流程和方法;个人目标包括领导者或管理者的具体任务标准和组织工作人员的实际任务指标。组织与个人的直接关系是通过职位设置因而也是通过目标实施的具体方案落实过程来实现的,因此,目标实施方案内容的精细程度也会反映组织成员之间协作的程度,有人将这种情形称作"互惠"的"心理契约",即"在个人与其工作的组织之间完成共同的期望和满足共同需要的过程被概念化为一种互惠的过程。互惠是实现个人和公司或其他工作机构之间心理契约的过程,这是一种个人与组织似乎变成彼此互为一部分的补充的过程。个人觉得他是公司或机构的一部分,同时,他也是整个组织人格化的象征。"[1]

现代组织目标管理是一种参与式的民主管理,组织目标实施方案的制订就需要组织成员广泛的民主参与管理。所以,组织调动其所有成员来参与制订组织目标实施方案就是使组织成员组织化的过程,这种组织化过程本质上也就是组织文化——特别是组织价值观——认同化的过程。

(3)目标落实过程。

行政组织目标方案的落实是组织各机构和成员相互配合行动的过程。一般而言,组织目标实施方案制订的详细程度将决定目标落实的程度,因为行政组织结构与体制的特点总是带有规范性和权威性倾向,一旦目标确定为可以实施的具体行动任务指标体系,执行就应该是顺理成章的事情。但是,任何组织目标的实施都涉及内外环境诸多因素的复杂影响,个人目标与组织目标并不能达成完全一致。因此,强调组织规范、纪律和评价成效的权威性就不只是官僚制组织结构的独有功能,所有组织必须拥有统一的规则体系作为保障,这就是德鲁克所说的组织必须进行"管理"的本质意义。另一方面则是组织体制、结构、制度与机制以及形成的文化氛围的深刻影响,"组织结构会影响员工对工作环境的感受。沟通的机会和因沟通而形成的信任,会极大地影响组织的气候、文化和性格……而信任感却是组织气候和员工士气的重要组成部分。"[2]这就是说,行政组织尽管是集体行动的有效方式,但其基本构成状况与运行机制仍然是制约组织目标合作行动的重要因素,优化组织体制、制度与机制的变革始终是保证组织目标管理有效性的基础。此外,外部环境的影响同样不容忽视。这要求组织目标在保证基本方向

---

① 弗莱蒙特·E.卡斯特,詹姆斯·E.罗森茨韦克. 组织与管理:系统方法与权变方法[M]. 北京:中国社会科学出版社,2000.

② Paul R. Timm Brent D Peterson. 人的行为与组织管理[M]. 钟谷兰,译. 北京:中国轻工业出版社,2004.

正确性的条件下可以依环境特点的变化而选择灵活的指标实现方式,这也是行政组织管理的战略与策略有机结合的表现过程。

行政组织目标的实施离不开关于目标旨向、结构关系、任务指标、规范要求等一系列相关要素的解释和说明,所以各种规范性文件和有关的动员、学习、报告等沟通协调或工作布置会议就成为必备的形式,它成为组织学习——认知的和体验的——过程中获得组织认同以便达到行为一致的保证环节。在组织目标实施的进程中,上下级组织之间、平行部门之间以及组织成员之间的相互监督、相互协作甚至相互冲突也是完成目标实施方案不可或缺的基本活动,它不仅有利于组织目标要素之间的协调统一,更有利于强化组织目标的理解和解释,为行政组织目标管理的实践创新提供机会,对于调动组织成员的积极性和主动性具有重要作用。

3.组织目标反馈与修正

行政组织目标实施后需要对其基本情况进行分析、总结和评价,这种目标反馈的意义在于为组织目标完善、调整或重新选择提供足够的信息资源。目标反馈可能是一个令人紧张甚至难堪的过程,不仅需要科学的态度和方法,更需要足够的勇气和能力。

(1)自我评价和组织评价。

对行政组织目标实施过程和结果进行评价是反馈阶段的首要任务,也是组织管理实践中针对每一项具体任务或工作进行的常规活动。反馈本身就是让组织成员真实地面对和接受他们按照目标所做努力的实际结果,"反馈本身可以产生高水平的绩效",也能够引起"人们对自己的绩效进行谋划"[①],但是反馈必须是行政组织目标管理真实情景的再现,因此采取个人评价与组织评价相结合的方法是必要的。

自我评价的真实性始终会受到质疑。按照管理心理学归因理论的观点,人们常常将不成功归于外部因素的影响,而将成功的结果归于自我努力和能力实现的回报,这对增强自信心和鼓励不懈奋进自然有积极作用。不过,在检视行政组织目标管理成果时,这种归因的某些倾向也造成了自我评价的主观性偏好,对科学公正地评估目标实现程度产生消极影响。因此,必须将自我评价与组织评价结合起来综合考量。其中,组织评价可以是本组织的共同评价——评价机构与组织成员共同形成的评价结论,也可以委托专业评价机构进行评价——依据专业评价结论而形成组织共同评价结论。

目标实施评价是一种衡量比较的方式。组织目标和具体化的个人目标的可衡量指标体系是目标评价的基准。这就要求组织目标的指标体系设计必须是明确的和可以被理解与接受的。

(2)目标结果的原因分析。

既然归因理论指出了人们关于成功与失败之因的认识易于出现个性偏好,那么对行政组织目标管理成效进行归因分析自然就非常重要。归因的目的是在明确影响要素之间关系的基础上寻求获取成效的正确途径,特别需要明晰各要素对目标实施结果的影响效度。因此,目标实施成败原因分析就为新的组织目标选择与制定提供了直接依据,也为组织新目标实施提供了必要的参鉴信息。

导致目标结果的原因可以分为内因和外因,这是通常的分析方法。内因包括组织内部的所有因素,如目标本身、人员、组织特质、目标实施流程与方法选择等。对目标结果的归因,组

① 波特·马金,凯瑞·库帕,查尔斯·考克斯.组织和心理契约:对工作人员的管理[M].王新超,译.北京:北京大学出版社,2000.

织本身也同样存在不同偏好问题,即易于接受客观环境的不利影响而不甘心承认自身缺陷。内因也是复杂的,管理系统与作业系统之间的责任划分有时很难明确,尽管研究者都肯定"管理系统是决定决策和实现统一的主要力量","管理者在制定目标并确定组织进程中起着关键的作用"[①]。但是,现代组织的民主参与机制不可能完全由管理者所替代,而且组织的分工协作绩效也不可能由管理者所决定,如此,行政组织目标管理结果的责任分享就需要组织体制、制度与机制的明晰化,而这项工作总是一个没有"最佳"模式的过程。事实上,目标管理作为一种参与式管理还体现在自我控制的程度上,这确实需要一种高质量的组织文化修炼作为保障。参与管理表明组织成员参与目标制定、实施与总结的全过程,组织体制、制度与机制的适应性调整是基础条件,指标体系的科学性、具体性和精当性程度是核心主线,而实施程序与方法选择的有效性与合理性是保障依据。组织目标实施结果的内因评析必须考量这些基本环节。

外因包含与组织目标实施直接相关的主要因素,如财物准备、社会传统与文化、政治经济和技术条件等。这需要行政组织目标管理必须进行充分的外部环境评估,对于政策方向、财物标准、社会责任、生态意义以及技术运用状况等进行预测,从而为目标管理的全过程寻求支撑条件。外部归因分析的难点在于准确定义组织外部环境因素与组织目标要素之间的相关度。理性的逻辑描述是比较简单的,这是组织管理哲学当然的一项任务;然而,清晰地证实这种相关度只靠实证主义研究方法还是缺乏足够的可信度。因此,创新分析方法始终是组织目标管理理论的艰难课题,从这个意义上看,找到了科学的分析手段,目标结果的归因分析就会是不证自明的辨析过程。

(3)形成规范评价报告。

行政组织目标管理过程的最后一项工作是撰写目标实施结果的规范评价报告。这是在目标评价基础上形成的组织规范文件。就简单的组织专项目标管理而言,其评价报告也比较简单明了;而复杂的组织重大综合的目标管理评价报告也就包含着丰富的内容。目标管理评价报告最终就是关于一项组织管理任务完成过程和结果的综合分析文献,它记录着组织生活的历史轨迹,也是组织管理活动的一则生动故事,因此就成为组织管理过程中一个可供反复查阅、分析和研究的具体案例。

目标管理评价报告一般包括组织目标及其管理的基本情况、主要成果、主要问题及其原因、需要反思的方面以及相关附件等部分。在行政组织目标管理中,目标管理评价报告往往是由专门的管理部门依据组织成员和各部门的自我评价标料汇总而成,并且该报告的形成不应是一蹴而就的过程,它需要广泛征求意见和建议而最终成为组织的正式规范文件。这样,组织的目标管理评价报告才有权威的价值,才可能成为组织评估的依据,特别是对组织奖惩、利益分配和人事安排、结构调整等可以起到直接的激励作用。

总之,行政组织目标管理是一个管理组织的理论体系,也是一套内容丰富的组织管理实践的方法,因此它才被称为一种以目标为中心的管理哲学。尽管学术研究和管理实践均对其理论逻辑和实际效果产生了质疑,但是一个不争的事实是:组织管理无法离开目标或使命或任务等来展开,它必须确定管理标准或准则来衡量管理成果。这应该就是诸多的现代管理量化研究方法得以畅行的充分理由。

---

① 弗莱蒙特·E.卡斯特,詹姆斯·E.罗森茨韦克. 组织与管理:系统方法与权变方法[M]. 北京:中国社会科学出版社,2000.

第四节　行政组织结构

一、行政组织结构概述

"组织理论之父"马克斯·韦伯在 20 世纪初期提出了"理想的官僚组织模式"的概念,他认为,在组织内应按照地位的高低规定成员间命令与服从的关系,组织的结构是一层层控制的体系。这是人们对组织结构最初也是最重要的一种认识。其后的组织理论家无论在具体观点上如何各执己见,但都无法否认组织结构的存在,他们反而认为组织结构对机关组织的各项职能、关系及运作具有不可替代的作用。所以,探讨行政组织结构具有必要性。

(一)行政组织结构的含义

"结构"一词原是生物学上的名词,在《世界百科全书》里的解释是:"就生物学观点,结构乃是一个有机体所有部分——器官或组织的一种特定安排。"因此,结构可说是一种"已经建立的关系模式"。组织结构即"组织各部门及各层级之间所建立的一种相互关系的模式"[①]。通常所指的组织结构是指正式的法规、运作政策、工作程序、控制过程、报酬安排及其他引导成员行为相关措施之设计。

在此基础上,可以把行政组织结构理解为行政组织各构成要素间的排列组合形态。其中,职位、职能、人员分布等形成了行政组织的主要构成要素。没有这些要素作为基础,行政组织的结构就成了无源之水、无本之木。构成要素与排列组合方式共同构成了行政组织的结构。构成要素相似,但组合方式不同,也会形成不同形式的行政组织。

合理的行政组织结构是实现组织目标、提高行政效率的物质基础。一般而言,一个组织结构应该具备下列四项基本功能:

(1)效率:良好的行政组织结构能够促进行政目标的实现。组织结构之所以必须建立,就是要使组织能够有效地运用资源,以最小的输入求得最大的产出,因此,组织结构应具有实现组织效率的功能。

(2)沟通:良好的组织结构,不论上行沟通、下行沟通或侧面沟通皆能使其达到畅通无阻的状态。因为良好的组织结构具有沟通的渠道,能够促使行政组织系统保持良好的沟通关系,发挥沟通的功能。

(3)工作的满足感:组织结构构建了人员的任务、责任、权力关系,并提供人员的地位与归属关系。合理的行政组织结构有利于稳定人员情绪,调动人员的工作积极性。所以,大部分人员皆能平生致力于组织中,为组织效命,从而获得工作满足感。

(4)组织的同一性:组织是一群个人为既定目标的完成而集结的群体,必须通过有效的沟通与协调,群策群力,方能完成组织目标。组织结构的功能便在于经由分工与权责的安排,使个人之努力及行动统一,使个人目标与组织的目标统一起来。

(二)行政组织结构的设计

设计组织结构,最重要的是要找到纵向控制与横向协调之间的平衡点。纵向控制与效率和稳定性目标相关联,而横向协调则与学习、创新和适应性相关联。当组织需要通过纵向层级

---

① 张润书. 行政学[M]. 台北:三民书局,1976.

来协调或效率对实现组织目标至关重要时,职能型结构是适合的。这种结构借助任务的专业化和严格的指挥链,使稀缺的资源得到高效率的利用,但不利于组织获得灵活性和创新性。当组织为实现创新、促进交流学习,对跨职能协调有高强度的需要时,就应该借鉴横向型结构的特性。当然,在具体的组织设计方面,还有很多综合参考因素及诸如事业部型、矩阵型结构等中间性可选择方案。

行政组织的结构不仅应该为组织提供职权、职责和部门组合的框架等要素,而且还应该联结和协调组织要素,使之成为一个和谐的整体,后者尤其重要,在很大程度上决定了组织结构的高低优劣。现代组织理论认为,将组织连接为一个和谐的整体,除了需要组织结构这一硬性要素,信息系统和各种联系手段等软件要素也是必不可少的。了解有关结构的信息有着重要意义。可以根据实现组织目标对信息处理的要求,合理地设计组织机构,以便提供需要的多方面信息联系。

管理者可以作出多种选择:或者按照传统的以公平与效率为中心的行政组织设计,强调诸如层级、规则与计划、正式信息系统等纵向联系;或者也可以根据具体情况借鉴现代的学习型组织结构设计,强调横向沟通与协调。对今天的行政组织来说,单单有纵向结构与沟通已经不够,还必须建立跨职能信息系统,通过不同部门管理者间的直接交流沟通以及成立临时性任务小组、专家队伍和专职团队等新的形式来补充、完善组织结构,以满足当今社会、经济、文化的发展对行政组织日益复杂多样的要求。

(三)行政组织结构的无效

当一种组织结构无法适应内外部环境情况的变化,不能再满足组织的需要时,往往会出现结构无效的症状,我们可以称之为"行政组织结构无效"。具体表现为:

(1)决策迟缓或质量不高。由于组织层级汇聚太多的决策问题,决策者可能会负担过重,这可能是向底层的授权不足所致。另一个导致决策质量不高的原因是,信息可能没有传达给合适的人或者信息传达得不够充分、确切。该组织中,无论是纵向还是横向的信息联系,可能都无法保证决策的质量。

(2)组织不能创造性地对环境的变化作出反应。部门之间没有横向协调起来,就是缺乏创新的一个原因。当有突发事件或危机发生时,组织部门间往往由于各自为政的关系无法及时、快速地合作处理危机,无法避免更多损失及危害的发生。此时组织表现为局部有效而整体无效。

(3)过多的对立性冲突。有冲突并不是坏事。一些组织学理论家认为,建设性冲突,不但无害,反而有助于消除矛盾、谋求更好的发展。但是,当组织内各个部门按照不同的目标各行其是,或者处于一种为完成部门目标而牺牲组织整体目标的压力下时,这种冲突就表现为对立性、破坏性。这样的结构就存在问题,严重时会影响组织功能的正常发挥,导致失效,乃是无效。

(四)影响行政组织结构的因素

公共行政组织是一个开放的系统,常与所处环境进行物质和能量的交换,其结构也常受到环境的影响。影响公共行政组织结构的主要因素有:组织环境、组织战略、科学技术和社会心理系统。

1.组织环境

组织环境是指对组织的生存和发展起直接或间接作用的各种因素之和。它包括一般环境和具体工作环境。一般环境是指国际国内的政治、经济、文化、资源等要素。具体工作环境是指与个别公共行政组织的决策转换过程相关联的更为具体的要素。组织环境的不确定性决定着公共行政组织结构的规范化程度和集权程度,二者呈负相关关系。这意味着环境的不确定性越大,公共行政组织结构的规范化程度和集权程度就越低;环境的不确定性越小,公共行政组织结构的规范化程度和集权程度就越高。一般说来,在环境动荡不稳、变动较大的情况下,公共行政组织结构宜采取有机弹性式;在环境平衡少变的情况下,公共行政组织结构宜采用稳定机械式。

2. 组织战略

组织战略是指决定公共行政组织活动的性质和根本方向的总目标。公共行政组织结构的设定是以实现公共行政组织战略为前提和基础的,必须始终服从、服务于公共行政组织的战略目标,并随着战略阶段的推进和公共行政目标的修正而适时转换或调整。

3. 科学技术

管理学上的科学技术是指组织将输入资源转化为最终产品或服务过程中的信息决策系统、沟通系统、机器设备及工艺流程的总和。高新技术的开发和应用将导致自动化程度提高、信息沟通更加便捷,促使工作人员和沟通层次减少,使公共行政组织结构趋向简化,导致组织成员受教育程度的提高,从而使公共行政组织结构日益规范化。

4. 社会心理系统

任何公共行政组织结构都受其成员的社会心理的影响。社会心理系统是由互相作用的个人和群体组成,包括个人行为与动机、地位与作用的关系、群体动力学与影响系统。它也受公务员的感情、价值观、态度、期待和愿望的影响。良好的社会心理系统,既为公共行政组织结构奠定了生存的基础,又直接影响和制约着公共行政组织结构设计者的指导思想和设计实践,并始终是公共行政组织结构设计中必须考虑的重要因素。只有与社会心理系统相适应的公共行政组织结构,才是科学的和合理的公共行政组织结构。

二、行政组织结构的一般形式

组织结构是指组织内各部分及各部分之间联系和关系的总和,它包含的内容极宽,如各类目标之间的关系、各类心理现象的关系、人员数量、知识构成的关系等,均有结构性意义。行政组织的结构仅从责任、权利、利益方面规定组织内所有机构和所有工作人员的工作关系,这种结构是人们有意识设置、明确规定了的,因而是组织中的正式结构。

行政组织结构是组织中诸要素的结合方式,只有通过行政组织结构的设置,才能显示出组织内部成员之间的权责关系以及各部门之间的分工合作关系、工作程序、活动方式、控制方式,也才能表达出组织内部许多变量之间的关系,如权威、责任、专业、分工、专业化及部门之间的依赖关系等关系模式。在这里主要介绍四种主要的结构形式。

(一)直线结构形式

直线结构形式的特点是单一垂直领导,其结构简单。领导隶属关系明确,在该结构中,每一个层级的个人或组织只有一个直接领导,不与相邻的个人或组织及其领导发生任何命令与服从关系,如图 3-2 所示。在这种结构形式下,虽然指挥命令统一,领导有力,决策快,领导效率高,但由于组织要求下级的一切问题只向上一名上级人员请示汇报,以至于上级人员工作繁重,容易陷入日常行政事务中,同时也因为信息只循上下直线传递,对左右协调、沟通不力。因此,直线结构形式一般只适用于那些规模较小、管理问题和业务简单、工作程序少而固定、各种规章制度明确、各级管理者训练有素、同级单位较少合作要求的公共组织系统。

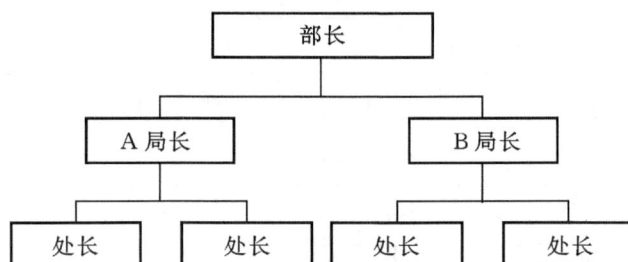

图 3-2　直线结构形式

(二)职能结构形式

职能结构形式是相关部门在水平方向上依职能不同进行分工,再分别在各自专业范围内,对下级部门实施领导的组织结构,如图 3-3 所示。在职能结构中,每个上级部门并没有单一服从自己的下级部门,同样地,每个下级部门也不止服从于一个上级部门,因此首长的作用被降低,它所重视的是专业分工,各级管理者分工明确,适宜于相比较复杂的管理工作,组织效率高。但在这种组织结构形式下,下级部门由于多头领导,却容易出现政出多门、推诿、扯后腿的情况,虽有最高首长存在,仍因管理过程被割裂,以致协调与合作十分困难。所以,这种组织结构形式只适用于专业区分极为明确的组织。

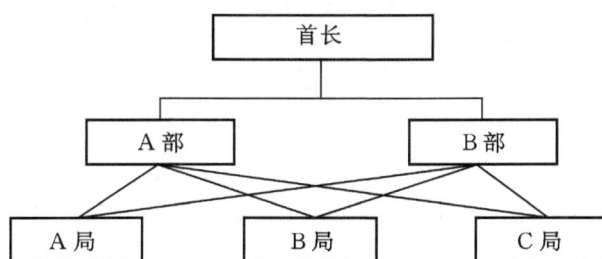

图 3-3　职能结构形式

(三)直线—职能结构形式

直线—职能结构形式是在综合直线结构和职能结构的基础上所形成的一种组织结构形式。在这种组织形式中,既有纵向(实线表示)的垂直领导隶属关系,又有横向(虚线)的水平领导隶属关系和权责关系。其中,直线隶属是基础,职能机构则具有辅助性作用,如图 3-4 所示。直线管理者各有其单一的直接领导者,有独立的指挥权,但在决策、监督和有关职能方面又受到职能机构的限制。

而职能机构或部门则设于较高的领导层级之上,和直线机构或人员之间没有直接的领导关系,他们虽无指挥权,但在其职能范围内有一定的决策权和监督权。这种组织结构形式综合了直线和职能两种结构的特点,既有直线结构形式统一指挥的优点,又有职能结构形式专业化分工的优点,更有利于行政效率的提高。不过,其潜在的缺陷是垂直领导与水平领导之间可能相互排斥,各职能部门之间的横向联系较差,因而容易产生脱节或冲突,使管理工作陷入混乱。

然而,与前两种组织结构形式相比,直线—职能结构形式具有更多的优点,为各种公共组织,尤其是行政组织所普遍采用。

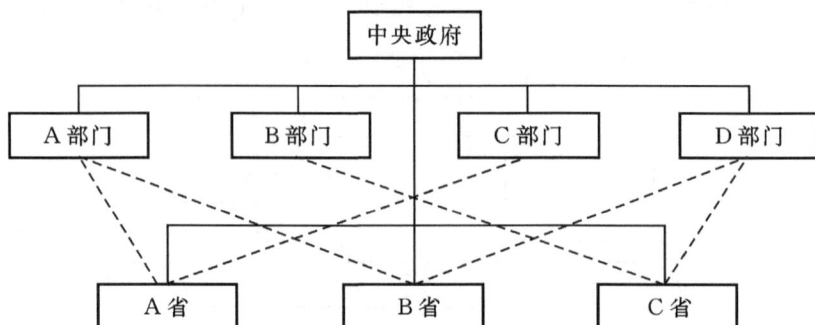

图 3-4　直线—职能结构形式

(四)矩阵结构形式

矩阵结构形式是由直线—职能结构形式发展而来的另一种组织形式,广泛存在于大型生产技术、科学研究机构中。这种结构形式将按职能划分的职能机构与按产品或项目划分的小组结合起来,在这当中,组织成员受到双重领导,如图 3-5 所示。与直线—职能结构形式的区别在于,矩阵结构形式是一种垂直领导与水平领导并重的结构形式,其优点是加强了职能部门之间的沟通和联系,有助于各种专业人员取长补短,可以更充分地发挥组织成员的综合优势,提高组织效率;其缺点则是由于同时接受来自两个方向的指挥,因此当两个上级意见不一致,或工作任务有冲突时,会使工作人员无所适从。

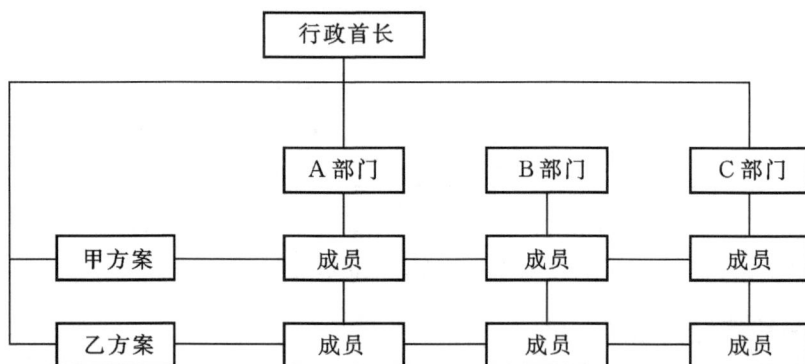

图 3-5　矩阵结构形式

三、行政组织结构的管理层次和管理幅度

管理层次与管理幅度是行政组织结构的两个基本范畴。层次构成组织的纵向结构,幅度构成组织的横向结构,纵横结合构成组织的整体结构。因此,行政组织的管理层次与管理幅度是影响组织结构形态的两个决定性因素。在组织其他条件不变的情况下,管理层次与管理幅度通常成反比关系,即管理层次少则管理幅度大,而管理层次多则管理幅度小。

(一)管理层次

管理层次是指组织的纵向等级结构和层级数目。行政组织系统划分等级层次的数额,通常都是从组织的最高层逐层由上而下分解,上下层之间有比较明确和严格的隶属关系。管理层次的划分,取决于组织劳动分工、组织权力构成、组织事物的性质及工作量等因素。管理层次的设置必须适宜,层次过多则会造成信息流通不畅、程序复杂、效率低下、政策执行力不足、官僚主义滋生、难以监督和控制。层次过少又会导致分工不明确、职责和权力不清、权力过于集中、不利于调动下级的积极性。

一般来说,任何组织都可在其内部划分为高层、中层、基层三个层次。高层是组织的战略决策层,负责制定整个组织的目标、计划和政策,决定组织的大政方针,对整个组织起神经中枢作用。中层是组织的组织协调与执行层,它在高层组织领导下,制订所辖范围内的活动计划,将组织的整体任务和总体目标分解为许多具体方案、任务和目标,在整个组织中发挥承上启下、沟通高层与基层之间联系的作用。基层是组织的具体操作层,主要进行组织的业务操作。基层操作人员的士气、情绪、能力和工作状况直接影响到组织效率的提高和组织目标的实现程度。三个层次之间的协调一致是整个组织系统正常运行的重要条件。

(二)管理幅度

管理幅度是指在一个层级的行政机关或行政首长直接领导和指挥的下级部门或人员的数额与范围。由于受主客观条件的限制,管理幅度必然是有一定限度的,超越这个限度,或多或少会影响到管理效能。科学合理的管理幅度没有统一的标准,它取决于管理机构的合理程度以及物资设备和技术水平的先进程度,并与管理层次密切相关。管理幅度既受管理者性格、知识、技能、精力及经验等限制,又受组织的规章制度、工作性质、技术条件、福利待遇、人际关系,以及管理对象能力和素质等因素的制约。

管理幅度的设置也必须适宜,幅度太宽则直接领导的部门或人员过多,难以面面俱到,疲于应付,甚至会出现本位主义、各自为政、部门利益、机构臃肿、权力交叉、互相掣肘、权利不清等问题。幅度太窄又会造成对下属控制过严,严重影响下级的工作积极性和自主性。

(三)管理幅度和管理层次的关系

管理层次与管理幅度在组织结构中呈反比关系。如果组织规模一定,那么层次越少,跨度则越大,即每个层次所包容的基本单位和人员就越多。反之,每个层次所包容的基本单位和人员越少,则层次就越多。这是行政组织中客观存在的管理幅度与管理层次间的制约关系。这种制约关系使组织形态及其功能有明显差异。第一,幅度小而层次多,行政组织的外部形态呈"尖三角形",这种结构集权优势比较突出,由于下属层次幅度较小,指挥控制的难度也较小,决策、行动、指挥较为迅速。然而这是以层次的增多为代价的,因为每个增加的层次都起着信息集结点的作用,这不仅延长了组织信息的传递线路,而且容易使信息失真,对整个组织的活动不一定有利。实践中,尖三角组织形态多用于军事性、程序性组织类别。第二,幅度大而层次少,行政组织的外部形态呈"扁三角形"。这种结构分权优势比较明显,由于幅度宽,控制较松,有利于发挥各单位及成员的积极性;组织信息流转快、失真度小,但由于下层幅度的扩大而使上层发出指令的难度增加,不易准确指挥控制。

由此可见,管理层次和幅度是需要综合权衡的两个方面,如何设置需受到一定变量的制约。如工作性质及难易程度,管理者水平与手段先进与否,被管理对象能力的大小、工作内外部条件等。因此,片面强调增加或减小幅度并不能保证组织结构的有效性,而应当考虑主要的限定性条件来作出合理选择。比如,只要信息手段足够发达,只要上级有足够的指挥控制能力,增大管理幅度而减少管理层次是可行的。

四、行政组织结构改革的新趋势

自从有组织以来,金字塔式的等级结构一直是人们用来组织自己和管理社会的结构形式,以官僚制组织为代表的等级结构是近代以来典型的行政组织结构形式。自 20 世纪 60 年代开始,社会开始发生急剧变化,复杂性和不确定性成为我们时代的基本特征,社会越来越呈现出非线性发展的性状。"世界动荡,知识爆炸,组织人口爆炸,社会与经济任务繁重,新价值系统出现;我们起码会发现有一种倾向很显然:严谨的旧的独裁机制已渐渐日薄西山,因为这些机制是为有秩序、变化缓慢及几乎静止的世界设立的。组织的含混性、不确定性和不规范性已经成为正常情况。我们必须确立新的工具和新的组织结构以对付这个不断动荡的世界。"①在这种历史背景下,行政组织的结构呈现出一些新的特征。

(一)组织的扁平化

扁平结构是相对于等级结构而言的,是指通过减少中间管理层次和裁减冗员而形成一种扁平型的组织结构。在传统的组织结构中,中间层的主要作用是进行信息的上传下达,把组织中的相关信息加以整合、放大并传递给他人,充当"信息传递员"的角色。信息技术的迅速发展,使得社会各层面的活动量急剧增加,知识流也大大加速。时间的压力要求组织作出快速反应和瞬时决策,以适应形势的发展。而传统的等级制度严重地阻碍了组织的反应和决策速度。现代信息技术特别是网络通信技术为组织结构的扁平化提供了一种可能,那就是使得行政管理更为自动化和简洁化,中间管理层的减少更有利于信息的传递,也有助于增强组织的应变能力。组织结构的扁平化减少了决策与行动之间的延迟,使组织能力更加柔性化,也提高了政府回应社会的能力和效率。

(二)组织的网络化

奈斯比特(John Naisbitt)用等级制度的打破和网络组织的形成概括了组织发展的未来趋势。网络化意味着通过人与人、人群与人群互相联系的沟通途径来实现组织目标。与金字塔式的等级结构相比,网络组织的优点在于:第一,容易获得信息,并可以促进人与人之间的沟通。第二,可以提供一种官僚制组织无法提供的东西——横向联系。网络组织结构恰如"一个编结技术不高明的渔网,有许多大小不同的结节或网眼,彼此之间直接或间接相连","未来的机构将以网络组织为模式建立自己的管理系统。这些系统将设计成为能够提供横向及平行,甚至多向重叠的联系"②。第三,网络组织可以为人们情感需求的满足创造条件。"网络组织使权力从垂直变成平行,个人因而可得到极大的自由。网络组织将权力赋予个人,而网中人则会彼此教育。"③

(三)组织的弹性化

组织需要根据外界环境的变化以及自身的条件而不断地进行结构调整,以往那种僵化的

① 哈罗德·J. 利维特.管理心理学[M].张文芝,等,译.北京:中国人民大学出版社,1989.
② 约翰·奈斯比特. 大趋势:改变我们生活的十个新方向[M]. 北京:中国社会科学出版社,1984.
③ 约翰·奈斯比特. 大趋势:改变我们生活的十个新方向[M]. 北京:中国社会科学出版社,1984.

金字塔形的科层组织结构已经难以适应快节奏的后工业社会的发展需要,新的组织形式应该具有一定的弹性,弹性的组织结构不仅可以减少政府中常规部门的设置,降低组织运行成本,还可以避免行政组织的僵化,能够较为灵活快速地根据现代动态环境及组织目标的变化而变化,具有很强的适应能力。弹性化的组织结构不仅能够适应时代的变化和更好地满足特殊群体的差异化诉求,而且能够迅速地解决问题、完成特定的公共职能和提高组织的效能。

(四)组织的虚拟化

网络技术的普及使得传统的政府职能可以延伸进家庭或私人生活空间中去,传统行政组织的边界线、组织层次等都将消失,呈现出有形组织向无形组织方向发展的趋势。因而,直接的权力控制将变成间接的制度控制,权力权威将变成制度权威。这在很大程度是以行政组织结构虚拟化的形式出现的,它是组织间所建立起的声像网络系统联系在组织结构上的体现。政府可以借助网络来完成许多服务,抛弃行政组织机构的物理实体,从而在电子虚拟空间保留行政组织的架构和功能。当然,并非所有的行政组织都能实现虚拟化,只有那些承担常规性、程序性和同质化程度比较高的公共事务管理的组织才较为容易实现虚拟化。

(五)组织的团队化

组织结构团队化就是从层级制垂直结构转向以"团队"为中心的过程化组织模式。20世纪后期以来,在私人部门中,团队的使用变得越来越频繁,而在公共部门中,团队的功能尚未充分显现出来。但是,行政组织团队化已经具有了趋势性的意义。从理论上看,行政组织的团队化可以让组织成员打破原有部门界限,绕过原来的那些中间管理层次,直接面对公众而去实现组织的总体目标。在行动上,可以造就出一种群体合作的优势,从而赢得组织的高效率。行政组织的团队化将造就一种新型的组织结构,会使行政组织呈现出目标明确、以任务为中心、角色清晰的特征,能够在发挥团队作用的过程中实现"一站式"的行政服务。

我们正处在全球化、后工业化进程中,这是人类历史上又一次伟大的社会变革运动。在这场伟大的社会变革中,需要首先谋求组织模式的变革,通过组织模式的变革去巩固社会变革的成果,也需要通过组织模式的变革去引领社会变革。其中,合作制组织的构想就是指向组织模式变革的积极方案。合作制组织的出现,将意味着人类会通过一种全新的方式开展行动,也意味着人们之间的关系以全新的形态出现,从而使人类组织起来的能力大幅提高。与官僚制组织以及以往任何一种组织模式一样,合作制组织也是一种集体行动模式,行动的个人目标和利益期待也会不同,甚至会出现对立和冲突。合作制组织生成时,也首先会在差异、对立甚至冲突中寻找共同行动的基点和路径。但是,合作是合作制组织的一种全新的集体行动模式,所依据的组织资源和价值基础不同于以往任何一种形式的组织。合作制组织的整合目标不满足于分工—协作,而是要求实现更高价值的合作。由于合作制组织是适应于在高度复杂性和高度不确定性条件下开展行动的组织模式,所以,它也是唯一能够将人类引领出当前风险社会的组织形式①。

第五节　行政组织体制

行政组织体制是指行政组织内部各层级、各部门之间所形成的权力分配关系和机构体系

---

① 张康之. 组织模式变革是社会变革的先导[J]. 江苏行政学院学报,2015(2).

的各种制度规范的总和,其实质是权力关系的制度化和程序化。行政组织体制是国家政治体制的重要组成部分,也是发挥行政组织整体效能的关键环节。一般来讲,行政组织体制可以大致分为以下三种类型。

一、首长制和委员会制

根据行政组织中掌握最高行政决策权人数的多寡,可以把行政组织体制划分为首长制和委员会制。

(一)首长制

首长制又称为一长制或独任制,是指行政组织的法定最高决策权由行政首长一人执掌的行政组织体制。在这种体制下,其他领导成员只不过是首长的下属和助手,只有建议权,没有最终的决策权。首长制不遵循少数服从多数的原则,而是由首长一人决策,其基本特征是首长对行政机关各种事务具有最终决定权。美国的总统制是典型的首长制。美国宪法第二条明文规定:“行政权属于总统。”例如,林肯总统某次召集七位部长开会讨论一个重要问题,七位部长都反对林肯的意见,但林肯仍坚持自己的主张,并最后宣布说:“七人反对,一人赞成,赞成者胜利。”

首长制的优点是:权力集中,责任明确,指挥统一,易于保密,有利于提高行政效率,迅速完成任务。缺点是:由于首长一人大权独揽,有可能导致权力滥用,独断专行,使行政决策民主化受到影响;不易监督,易于徇私舞弊,而且受首长个人精力与能力的限制,考虑问题总有不周之处,容易造成决策失误。

(二)委员会制

委员会制又称合议制,是指行政组织的法定最高决策权由两个以上人员组成的集体或委员会所执掌的一种行政组织体制。委员会制的基本特征是行政组织的最高决策权属于全体委员。在决策时,所有委员的地位平等,一人一票,并按照少数服从多数的原则集体讨论决定。瑞士是全世界实行委员会制最典型的国家。瑞士联邦委员会由七位委员组成,其中一位是主席,七位委员轮流担任主席,不管是主席还是委员,其地位完全平等。全部行政事务由这七个人共同进行决策。

委员会制的优点是能够集思广益,采纳多方观点,有利于决策的民主化与科学化;委员能相互监督,防止徇私舞弊。但是缺点也很明显,权力分散,职责不够明确,容易造成争功诿过的现象;委员间意见难以协调,导致决策迟缓,决策成本增加,并且容易泄露决策机密。

首长制与委员会制各有利弊,在实践中应视具体情况权衡运用。一般来说,属于执行性、指导性、速决性的事务宜采用首长制,可发挥其行动迅速、效率高的长处;属于立法性、政策性、咨询性、协调性的事务宜采用委员会制,可发挥其集思广益、整体功效的优势。在现实管理中,由于行政事务纷繁复杂,有些工作性质不明,或具有多种性质,所以许多行政组织宜采用混合制,即一部分事务由委员会行使,另一部分则由首长个人行使。混合制可以兼有首长制与委员制的优点,但如果运用不当,则会使二者的弊端产生合力,危害更大。

二、层级制和职能制

根据行政组织内部各机构的职责权限的性质与范围的不同,可以将行政组织体制划分为层级制和职能制。

(一)层级制

层级制,又称分级制或系统制,指行政组织纵向结构的各个层级的工作性质相同,但管辖范围随层级下降而缩小的一种组织体制。在实行层级制的组织体制中,组织的每一个层级在性质上都是普遍的和完全的,在范围上和领域上都是部分的和不完全的。

层级体制是典型的层级节制结构,其优势在于:结构严谨、事权集中、指挥灵活、行动统一,但如果层级节制过严,有可能抑制下级的主动精神,并使行政首长忙于处理日常事务,无暇顾及调查研究和组织的变革与发展。

(二)职能制

职能制,又称分职制或参与制,指横向划分部门的组织体制。职能制的特征,是将组织一定层级上的职能,按照一定的标准分配给平行的、不相统属的机关去完成。与层级制相反,职能制所形成的每一个部门,在性质上都是部分的和不完全的,在范围上和领域上却是普通的和完全的。

职能制有利于集中技术人才和发挥技术优势,也有利于行政首长将注意力集中到组织的整体谋略方面。但如果运用不当,也可能松弛行政权力,使组织的横向配合与协调发生困难。

在社会分工、分化复杂的现代社会,行政组织不可能采取单纯的纵向型或横向型结构,实际上它们也不可能单独使用,而是将两者有机结合起来,形成现代各国政府组织的"级职综合制"。其特点是行政领导者的统一指挥与职能专业部门相结合,它吸收了层级制与职能制的优点,扬弃了部分缺点,使其相互补充、制约。"级职综合制"结构设置的具体程序是,先按管理范围划分组织层级体系,然后再对每一层级按管理性质划分部门。

三、集权制和分权制

根据上级行政组织和下级行政组织的权限集中或分散程度划分为集权制和分权制。

(一)集权制

集权制是指行政权力集中在上级机关,下级机关仅有有限的裁量权,须依靠上级机关的指令办事的组织体制。在这种体制之下,高层的机关往往包揽较多的事务决策。

集权制的优点是:政令统一,可在行政组织系统内实行一致标准,便于集中力量,发挥优势,统筹兼顾。缺点是:层级节制过严,下级的行为带有被动性,积极性得不到发挥,不能因地制宜,及时处理行政事务,机关及个人也容易导致独裁和长官意志。

(二)分权制

分权制是指下级组织在其管辖范围内有较大的裁量权,上级组织不予干涉的组织体制。在联邦制国家中,分权制的行政组织体制最为普遍。

分权制的优点是:各级行政组织可以因地制宜地发挥自己的特长处理事务,行政措施紧贴实际,能适应客观环境的变化;各层级有自己的权力和责任,容易激发行政人员的工作积极性;还可防止上级组织和个人的独断专行。缺点是:权力过于分散,上级组织的目标、意图难以实现,上级反受下级牵制;下级组织机关彼此分离,中央无力调控,容易形成地方势力,相互冲突,发生纠纷,造成行政组织的分裂。

合理的行政组织体制,就是结合集权制与分权制优势的体制,不能太偏于集权制,也不能太偏分权制。权制,孙中山先生曾认为:凡事务有全国一致之性质者,划归中央;有因地制宜之性质者,划归地方;不偏于中央集权或地方分权。

第六节　行政组织环境

一般来说,行政组织环境即政府管理的环境。行政组织环境是行政组织赖以存在和发展的外部条件的总和,也就是各种直接或间接地作用和影响行政组织及其活动的外部因素的总和。行政组织环境决定、影响和制约着行政组织目标的制定、机构的设置、机制的运行以及活动方式的选择等,同时,行政组织环境总是处于发展变化的动态过程之中。可以说,有什么样的环境,就一定有什么样的行政组织。

一、行政组织环境的提出

行政组织环境这一概念最初来自于行政生态学,是行政生态学理论的重要内容。它的提出,得益于生态学和行政生态学的出现和发展,是生态学和行政生态学的理论与方法在行政组织研究上的应用和发展。

生态学形成于19世纪末20世纪初。在生态学看来,没有一种生命有机体是孤立存在的,任何一种生命有机体都必须依赖于周围的环境,要同周围的环境进行物质交换才能生存。也就是说,生命有机体都是处在与其他有机体相联系的环境中的。生态学注重对一定环境中的动态有机体之间的功能关系和生态系统中的调节机制的分析。

从20世纪50年代开始,随着人口剧增、能源紧张、环境污染、资源破坏等一系列问题的加剧,人们对生态环境问题开始给予越来越多的关注和重视。"保护环境,拯救地球"的强烈呼声促进了生态学的迅速发展,行政生态学也在这样的时代背景下应运而生并得以壮大。1936年,美国哈佛大学教授 J. M. 高斯发表了《美国社会与公共行政》,首次提出行政生态学的概念,提出行政组织管理与行政组织环境之间的关系问题。1947年,他又发表了《政府生态学》,进一步阐述了行政生态学的理论和方法。1957年和1961年,美国夏威夷大学东西文化研究中心教授里格斯分别发表了《比较公共行政模式》和在此基础上写成的《公共行政生态学》,他将行政组织的社会背景、文化背景、意识形态背景等与行政组织行为和行政现象联系起来进行考察,并依据行政组织的经济环境把行政组织划分为三种理想模型:融合型,即农业行政型态;棱柱型,即过渡行政型态;衍射型,即工业化行政型态。

里格斯从与高斯不同的研究视角出发,进一步发展了高斯的理论。他在更广泛的范围内分析了行政和经济、社会、技术、政治以及通信等因素之间的关系,确立了行政生态学的基本思想。此后,行政组织环境研究就受到行政学界和行政活动家们越来越广泛的关注,人们开始从行政组织环境这一新的途径来研究行政组织。自20世纪80年代行政学研究恢复以来,我国行政学界投入了极高的热情来研究这一问题,涌现出一批有影响力的论著,推动了现代生态学的发展。现代生态学认为,现代人应成为生态人(ecosystem people),必须具备生态道德(ecological conscience)和生态责任(ecological responsibility),注重生物圈规律,这就向我们的行政生态研究提出了更迫切的要求,要求我们研究行政组织时必须重视行政组织环境分析,注重分析行政组织在生存和运行过程中所受的各种生态环境机制的影响。

二、行政组织环境的类型和特征

(一)行政组织环境的类型

行政组织环境有极其广阔、不断变动的周延性。一国的行政组织环境,包括从地形分布、山川河流,到气候特征、自然资源;从人口数量、民族状况,到阶级状况、历史传统;从文化教育、科学技术,到社会制度、经济状况,乃至道德水准、价值观念、人际关系、国际事件等。这些条件或因素,在一定的时空中可能是常规的、确定的,也可能是混杂的、不确定的,还可以是有物质的、有精神的、有形的、无形的,有自然的、社会的。总之,凡是作用于行政组织,并为行政组织反作用所影响的条件和因素,都属于行政组织环境的范围。

为了更好地认识行政组织环境的各个因素以及它们对行政组织的影响,我们可以将包罗万象的行政组织环境诸因素,从不同的角度进行具体归类分析:第一,按内容分类,可将行政组织环境分为政治环境、经济环境、文化环境、自然环境等;第二,按地域和范围分类,可将行政组织环境分为国际行政环境和国内行政环境;第三,按作用的层次分类,可将行政组织环境分为宏观行政环境、中观行政环境和微观行政环境;第四,按环境形态分类,可将行政组织环境分为有形环境和无形环境;第五,按作用和影响分类,可将行政组织环境分为良性的行政环境和恶性的行政环境。

但事实上,各种类别之间也不是截然分开的,而是相互交叉、相互融合的。我们应当通过分类更清楚地了解行政组织环境各个因素的基本范围和特征,以更好地适应环境、改造环境。另外,行政组织环境还可以按环境作用于行政组织的强度、方式,环境对行政管理产生的影响及产生影响的途径、时间顺序等不同的标准,对行政组织环境进行不同侧面、不同角度的区分。

(二)行政组织环境的特征

(1)复杂性。行政组织环境是一个极其复杂的系统。它不仅包括行政组织所面临的经济、政治、文化、民族、宗教、国际社会等外部的宏观环境,而且还包括行政组织内部诸如组织成员、物资设备、行政经费等物质性的内部环境,以及由组织结构、权力配置、管理模式、人际关系、沟通激励、组织文化等要素与相互关系所组成的组织气候等非物质性的内部环境。

(2)动态性与不确定性。任何一个行政组织的环境都并非一成不变的。无论是行政组织的外部环境,还是行政组织的内部环境,都随时间的推移而不断发生变化。特别是在现代社会,世界变化日新月异,行政组织环境特别是行政组织的外部环境,变化速度越来越快,变化幅度越来越高,变化程度越来越深。同时,随之带给行政组织的不确定因素也越来越多,越来越剧烈。

(3)相对稳定性。相对稳定性是针对绝对稳定性而言的。尽管行政组织环境特别是其外部环境处在绝对的不断变化之中,但如果从宏观上把握某个行政组织的环境,它在某一时空内却具有稳定性。特别是它的内部环境一旦形成,一般来说,不经人为改革,组织气候的变化系数是很小的。

(4)可塑造性。可塑造性即可变革性或可创建性。行政组织环境特别是行政组织内部环境更具有塑造的可操作性。行政组织可以依据自身条件,通过一定的途径和措施,适当地创建、变革和改善内外环境,成为较理想的环境模型。

三、行政生态学简介

(一)生态学与行政生态

1.生态学的基本内涵

德国生物学家汉克尔于1869年首次提出生态学的概念,在他看来,生态学主要研究生命机体与环境之间的关系,即生态关系,其研究对象为生态系统。生态系统指的是生命系统和环境系统在特定的空间的结合形式。将生态学的方法应用于人文科学的研究形成了人类生态学和文化生态学。前者把人类生活的社会当作一个生态系统,研究其中的规律;后者则注重人类社会对环境的适应过程,研究工业、农业、政府、社会、家庭、宗教、商业等社会现象的变动给文化带来的影响。

生态平衡是生态学的基本理论假设,它是指生态系统的相对平衡,主要是指生态系统的内部与外部的动态平衡。一方面,任何一个生态系统都具有特有的一定范围的弹性和可塑性,并具有适应外来干扰的一定限度的反馈能力。另一方面,生态系统的自我调节能力是有限的,超过一定的范围,自我调节就不起作用,以致使系统遭到破坏甚至崩溃。这个界限称为"生态阈值"。当生态系统受到外界的压力超过其阈值时,就可能导致系统平衡的破坏,引起生态系统平衡失调。因此,生态系统与外界环境是相互调整的,生态系统需要不断的自我调节与主动创新,才能建立起与新环境相适应的新的平衡状态。否则,系统将遭到破坏甚至被淘汰。

2.行政生态学的基本含义与特征

行政生态学的创始人是约翰·高斯(John Gaus)。1936年,美国哈佛大学教授高斯发表了《美国社会与公共行政》一文,提出行政管理与行政环境之间的关系问题,希望公共行政学"能为个人的满足和机会找到一些新的来源并对他置身其间的环境施加某种影响"。1945年后,他在塞拉马大学作了一系列讲演,详尽阐述了运用生态学方法研究行政管理的问题,以便更好地解决行政管理中存在的诸多问题。1947年,他又发表了《政府生态学》,强调了外部生态因素对行政管理的重要性,并正式提出了在行政管理领域进行生态学研究的诉求。但是,当时高斯等人的理论和方法并未得到理论界的重视,后来由里格斯进一步发展了高斯的理论。1961年,美国夏威夷大学教授弗雷得·里格斯(Fred W. Riggs)发表了《行政生态学》一书。随后几年里,他又相继发表了《发展中国家的行政:棱柱型社会的理论》、《泰国:一个官僚政体的现代化》(1965年)、《发展行政的新领域》(1971年)、《重访棱柱型社会》(1973年)等著作。在这些论著里,里格斯从比较的角度,运用生态学的理论与方法,研究发展中国家的行政问题,创立了以生态学方法研究行政管理的新的行政理论体系,使行政生态学成为一门新的系统学科。

里格斯把行政生态学定义为,研究"自然以及人类文化环境与公共政策运行之间的相互影响情形"的一门学科。他认为,要了解一个国家的公共行政,不应该仅仅局限于行政系统本身,而应该跳出行政系统,从社会这个大系统来考察行政,亦即考察一国的行政与该国的社会环境的关系[①]。

目前我国学术界对行政生态学的研究成果也比较少。根据已有的研究结论综观起来,行政生态学概念的基本特征主要表现应该为:

---

① 萨础日娜. 行政生态学与生态行政学之比较[J]. 行政论坛,2009,16(1):10-12.

（1）将"生态学"定位为一种哲学方法论。生态学的术语和方法原本是用来解释自然现象与自然规律，如果同时用来说明非自然的现象与非自然的规律，那么，只能是运用反映自然之间的生态联系和生态规律来类比或比拟非自然的联系与非自然的规律，且这种类比或比拟往往最终表现为反映带有哲学意义上的普遍性规律内容。显然，行政生态学运用的"生态学"已不是自然科学意义上的生态学，只是"借用"了生态学的理论与方法，只是"模拟"了自然生态系统。如果这种"借用"和"模拟"仍停留于作为自然科学的生态学，而不是上升为一种具有一定普遍性的哲学方法论，那么必将自然现象与社会现象、自然规律与社会规律混为一谈，在逻辑上也表现为"机械类比"的错误。

（2）同时将"生态学"定位为一种哲学意义上的和谐价值观。即认为"生态学和行政学的组合目的就是使行政系统在其管理运行中达到动态平衡——这也是行政管理的发展方向。在一个系统中，行政系统与社会圈怎样才能达到生态平衡，进而使行政管理达到最佳的行政发展状态，是行政生态学研究的最终目的。"[①]这就是说，一个国家的行政生态系统所追求的目标是行政系统与其生态环境在相互沟通中共生、共荣、共益、共赢。因为只有建构和谐的生态行政系统才能发展和谐的社会和社会的可持续发展，才能最终实现人类的根本利益，实现以人为本价值观的需要。

（3）行政生态学研究的主要内容是指一个国家的行政系统与其周围生态环境的相互关系。即一是探讨各国所特有的社会文化以及历史等诸因素是如何影响并塑造该国的公共行政。二是探究各国的公共行政又如何影响该国的社会变迁及发展。具体地说，当我们研究某一国家的行政时，我们不仅要研究该国行政制度上的特点，更要研究其行政行为的方式；不仅要从行政本身的观点去研究行政，更要扩大范围，立足于该行政系统得以产生的社会大系统，从行政与政治制度、意识形态、价值观念、经济结构、文化心理、历史传统等的相互关系中研究行政。因为作为行政系统的"生态环境"包括了与行政系统有关的各种条件的总和。不仅仅包括自然生态环境，还包括各种社会环境因素。而自然科学意义上的生态学所指的"生态环境"也仅仅指自然生态环境。可见，与传统的公共行政学相比，行政生态学研究的内容与研究范围已经大大拓展。

如果我们将"生态学"作为一种哲学方法论和作为一种哲学意义上的价值观统称为生态主义的理论，那么，行政生态学就是这种生态主义理论在行政学研究中的应用。显然，行政生态学学科性质不是应用作为自然科学的生态学的应用生态学，也不是应用一般哲学理论与方法的应用哲学，而是应用一种生态哲学方法与生态价值观的特殊学说，即应用的是一种生态主义的理论。从行政生态学的研究对象或内容上来说，运用这种生态主义理论方法研究一个国家行政系统与周围环境之间的关系，就已突破了传统的行政学的学科边界，应当属于行政社会学的范畴。所以，行政生态学的实质应是一种生态主义的行政社会学[②]。

（二）里格斯提出的三大行政模式分类

里格斯对行政生态背景的比较分析建构在他对社会形态划分的基础上。他认为，人类历史上存在着三种基本社会形态，即传统的农业社会、过渡社会和现代工业化社会。他把现代美国、英国、苏联等国称为工业化的、生产力高度发展的、社会流动的并且具有有效的政府和行政

---

① 吴宇飞. 行政生态学浅探[J]. 天津师范大学学报(社科版)，1994(5)：41-43.
② 黄爱宝. 行政生态学与生态行政学：内涵比较分析[J]. 学海，2005(3)：37-40.

系统的现代工业化社会;把传统泰国、古代中国等国称为传统的农业社会,而把现代泰国、菲律宾和 19 世纪前的英国和法国等国称为处于现代工业化社会与传统农业社会两极之间的过渡社会,在这类社会中,其领袖们皆以为人民创造新命运的面目出现,他们推动现代化、工业化发展,为进步而鼓吹,促进传统向现代的变迁。这些构成了过渡社会的特征。里格斯通过对泰国和菲律宾等国的行政行为的研究,提出了其著名的三大行政模式并且运用物理学光谱分析上的光折射概念对这三种行政模式及其相互关系作了形象的说明。

1. 农业社会的行政模式

里格斯对农业社会的行政模式是在《农业社会形态与工业社会形态比较行政研究》一文中与工业社会的行政模式相对照进行分析的。他强调指出,农业社会的行政模式具有如下特征:①经济基础是农业生产力;②土地的分配和管理是政府的重要任务;③官僚的职位重于行政政策;④行政风范带有浓重的家族和亲族主义色彩;⑤流行世卿世禄的行政制度;⑥政治与行政不分,权力来源于君主,行政官吏在政治和经济上自成特殊的阶级;⑦政府与民众较少沟通,而同一阶级成员的交往也受到空间上的限制;⑧行政活动以地域或土地为基础,行政的主要问题是维持行政的一致和统一。里格斯认为,就像折射前的自然光是一道白光一样,传统农业社会的社会结构是混沌未分的,没有明确的、细致的社会分工,与之相适应,行政行为与诸如立法、司法、军事、经济等其他的社会行为是混杂在一起的,更谈不上有专业化的行政机构,所以里格斯将这种类型的行政称为"融合型行政",而在里格斯看来,这种所谓"融合型行政模式"的行政效率是极为低下的。

2. 工业社会的行政模式

与传统农业社会的融合型行政模式相比,里格斯认为,工业社会的行政模式的特征则主要表现在以下几个方面:①经济基础是美国式的自由经济或苏联式的管制经济;②民众有影响政府决策的渠道,政府与民众的关系密切;③行政风范体现平等主义、成就导向和对事不对人的原则;④高度的社会流动,发达的沟通渠道;⑤由于社会高度的专业化,因而行政的主要问题是谋求专业化基础上的协调和统一。里格斯认为,不同于一道白光般的传统农业社会结构和功能,工业社会的结构和功能犹如白光经过三棱镜的折射后表现出来的各色光谱,整个社会有着明确的、细致的分工,所以政府职能也是十分明确的,有着分工极细的行政机构,执行着各自不同的行政职能,各个行政部门各司其职、互不混杂,讲求的是行政效率与科学性。里格斯将这种行政模式称为"衍射型行政模式"。

3. 过渡社会的行政模式

里格斯通过对泰国、菲律宾等发展中国家公共行政的研究发现,仅有农业社会的行政模式和工业社会的行政模式尚不足以全面、完整地刻画发展中国家多姿多彩的行政特色,为此,他又在进行大量实证研究的基础上重新建构了一个可以用来刻画和描述介于传统农业社会和现代化工业社会之间的过渡社会公共行政的分析模式,即他所说的"棱柱型行政模式"。里格斯认为,过渡社会的行政模式既具有农业社会行政模式的一些特征,又具有工业社会行政模式的一些特征,明显带有新旧并存、稻稗混杂的特点。尽管行政行为已经逐渐与其他社会行为分化开来,但是却尚未完全分化;尽管专业化的行政机构已经设立,但是它们还不能正常运作,其功能还很有限;尽管许多行政制度业已建立,但是它们在实际的行政过程中因仍然受着各种传统势力的影响而不能起到约束和规范作用。这种情形如同白光在三棱镜之中,虽然光线已经开始折射,但是折射尚处在未完成的过渡状态,此时,光在棱镜中的折射过程既具有融合的白光的特性,又含有衍射光的因素,所以里格斯将这种类型的行政模式称为"棱柱型行政模式"。

在里格斯看来,利用上述的三种行政模式的理论几乎可以分别解释所有社会中的行政行为,但是,在使用任何理论之前,必须先了解社会究竟属于何种社会形态,是农业社会、过渡社会还是工业社会,然后才能利用正确的理论达到了解行政行为的目的。不过,这里我们应当注意的是,行政模式的发展本是一种漫长的、连续不断的过程,它形成了一个发展的连续体。在这一连续的发展过程中,任何一种行政理论都只能解释这一连续发展过程中的一个片断,所以,利用任何行政理论来解释一个行政制度中的行政行为,其结果都不可避免地具有片面性。

(三)对五种主要行政生态要素的分析

公共行政与其生态环境之间相互依赖、相互影响的关系具体表现为与其生态环境中的某些要素发生相互作用。里格斯认为,影响一个国家公共行政的生态要素是多种多样的,其中最主要的生态要素有五种,即经济要素、社会要素、沟通网络、符号系统以及政治构架。他在《行政生态学》一书中以泰国作为融合型行政模式的典型代表,以菲律宾作为棱柱型行政模式的典型代表,以美国作为衍射型行政模式的典型代表,结合三种不同行政模式的特点,对以下五种主要的行政生态要素与公共行政的关系作了深入的分析。

1.经济要素与公共行政

社会经济机制和生产力发展水平是影响公共行政最主要的生态因素,一个国家的公共行政模式基本上是由该国的经济结构所决定、所塑造的。所以,里格斯认为经济要素是影响一个国家公共行政的第一位要素。在他看来,与传统农业社会、过渡社会和现代工业社会这三种社会形态相对应,也存在着"互惠—重配""集市—有限市场""市场—企业"这三种经济结构,并且详细考察了这三种经济结构对公共行政的影响。

(1)"市场—企业"结构。

这是现代工业社会的经济结构,在这种经济结构中,社会经济遵循价值规律进行运作,根据"功利"与"理性"的市场原则进行交换,力图用最少的投入获得最大的产出。在里格斯看来,这种经济结构下的整个行政制度也呈现出市场化、商品化的特点,他以美国为例对此作了详细的分析。里格斯认为,作为现代工业社会典型的美国,不仅有惊人的经济生产力,而且它的经济制度乃是一种特殊的制度设置,这就是自由竞争、自由选择的市场经济机制,这种经济特点对美国公共行政产生了直接和间接的影响,美国市场社会把经济市场中的基本价值运用到行政上去,市场取向成为公共行政的基石。例如,在市场里一切都是可出售的,公务员的薪俸也可以看作他劳动力的价格,同工同酬的人事行政原则由此而产生;在市场的自由竞争中,选择自由和契约关系是永远被重视的,这一精神移入人事行政中,一个公民可以出卖劳务换取职位,如果他发现更多的机会,则可以辞职而去;在政府方面,如果发现公务员提供的服务低于他的薪俸,便予以解雇;另外,政府用人,不依据社会、家庭、学校及种族的背景,而是凭择优录用的专业考试。这些行政原则都是市场经济原则在行政领域的反映。里格斯认为,甚至可以把美国行政机构看作一个"市场",在这个"市场"里,每个行政官员以最经济有效的方法、最大限度地完成其规定的任务,实现其特定的目标。粗略地说,行政机构就是经济市场的相对物,二者都是功利的、理性的,也都是经济有效的,里格斯进一步分析了美国的行政发展,指出美国公共行政的成长正是市场经济制度扩张与增进的需要,公共行政的内涵亦取决于市场社会的经济需要,行政制度亦为市场上的需要所塑造。同时,庞大的行政机构和扩展的行政职能所需要的巨额财政支出,也只有现代经济才能给予有效的支持。总之,任何一个工业发展的社会,都必须依赖一个功利的、理性的制度,以支持其经济。对于一个工业社会来说,市场经济与行政官僚机构都是必要的。从深一层次上来看,现代社会之所以必须有一个理性的、以才能为取向的行政机构,其关键的决定因素倒不是市场本身,而是工业化的结果。

(2)"互惠—重配"结构。

所谓"互惠—重配"结构,是指传统农业社会的经济结构,里格斯所说的"互惠",泛指国家或地区之间互赠国产,地方官吏向国王"进贡"以及民间以物易物、互补不足的交易形式。这种交易主要是基于情感的、宗教的或者主仆的关系而进行的,它不同于市场经济条件下以营利为目的的商品交换。在这种"互惠"行为中,实际上完成了社会经济活动的"重配"功能,即在一定程度上实现了社会财富的重新分配。里格斯以传统的泰国为例说明了这种经济结构对公共行政的影响。他认为,正如美国公共行政受市场经济的支配一样,传统泰国的行政则受它自己的经济生态环境的制约。传统泰国的经济是自给自足的农业经济,虽然存在着一定的交换,但主要的经济交往则是在分配制度中进行的。在这种由政治权力进行分配的经济体制中,国王是最后的"重配"中心,对于他,上至贵族,下至百姓,都有效忠尽力的义务,国王从他们身上获得的贡物,再恣意地分配给他的廷臣、皇族及僧侣。每一个官吏又是小皇帝,接受孝敬和施行保护。这样层层相因,形成分配的经济结构。古典泰国的行政制度是与这种经济结构紧紧契合的。由于国王和官吏都一方面靠其被保护者贡献的货物与人力而生活,另一方面又将它们重新分配给部属,因此重新分配结构是一元的结构,不能清楚地划分经济制度和行政制度。据此,里格斯断定,这种经济结构决定了传统农业社会的行政只能是一种"重配"的行政制度,经济机构也就是行政机构,经济行为与行政行为是重合的,它们"可以说是一个钱币的两面……'重配的行政制度'的特质也就是'重配的经济制度'的特质:任何一个行为都是同时包含两者之性质的"。

(3)"集市—有限市场"结构。

这是介于传统农业社会和现代工业社会之间的过渡社会的经济结构。里格斯认为,在这种过渡社会中,尽管已经有了市场化的"集市",有了以货币为媒介的交换行为,但是社会经济并未完全商品化,政治的、社会的、宗教的以及个人地位等因素仍然强烈地影响着经济行为。可见,过渡社会的经济是一种有限的市场经济,这种经济结构的一个最明显的特征是"价格不可决",即商品的价格并非完全取决于其价值,它常常要受到诸如交换双方的社会地位、家庭出身、名声威望以及关系亲疏等非经济因素的影响。这种"价格不可决"对公共行政的影响最突出的表现为:在确定行政职务的授予以及荣誉和薪水时,"市场"和"身份"同时在起作用。在现代工业社会的衍射型行政模式中,行政"职位分类"的基础是市场因素,即根据一个人的能力、才干以及所能提供的服务数量和质量来确定职位并付给薪水;在传统农业社会的融合型行政模式中,行政职位的授予以及荣誉和薪水的确定则主要是看其身份,所谓"出身高贵"的人可享有各种特权,至于他实际上做了什么工作则无关紧要;所谓"出身贫贱"的人是很难跻身所谓"高贵阶层"圈子的。而在过渡社会的棱柱型行政模式中,里格斯认为"职位分类则是综合了职责与身份、成就与关系的",一个人职位和报酬的获得既取决于其能力强弱、贡献多少、绩效大小,又要受其资历深浅、教育水平以及家庭地位、社会背景乃至宗教信仰、种族肤色等因素的影响。

2.社会要素与公共行政

里格斯所说的社会要素,主要是指各种社会组织。他把各种社会组织分成两大类:一类是以血缘关系为纽带结成的自然团体,如家庭、家族;另一类是以利益关系为纽带结成的人为团体,如教会、政党、工会、商会等,他将此通称为"社团"。里格斯认为,在不同类型的社会中,家庭和社团对行政所发生的影响也不一样,在融合型行政模式和棱柱型行政模式中,家庭的作用很大,而社团的作用则微不足道。在衍射型行政模式中,情况却恰恰相反,社团起着重要的作用,而家庭的作用则微乎其微,无关紧要。里格斯结合美国和传统泰国等国的情况对这一点作了进一步阐述。

里格斯认为,在现代工业社会中,由于社会分工极为发达,社会结构高度分化,因而代表着各种不同社会利益的功能性社团也种类繁多、十分活跃,对社会生活的各个方面都具有重要的影响,尤其是与行政的关系非常密切,彼此之间互相影响、相互作用。里格斯认为,一方面,社团成为各种利益和要求的汇聚点和表达者:"社团变成了一个'媒介',通过它的作用,许多特殊的利益都可从公民转迁到政府。"即社会各阶层、各种利益集团都可以通过社团向政府施加压力,影响行政;另一方面,政府也利用社团来表达自己的目的:"政府机构常常会发觉应该并必须依赖社团协助,以实现各种计划和政策。"在美国,社团对政府的作用甚至达到了这样的程度:政府政策的拟定,必须事先征得各社团的同意和支持,而政策的推行,如果没有社团的帮助,则寸步难行。谈到这种现象时,里格斯说:"美国的社团模式提供了特殊有力的聚汇与表达特殊利益的方法,所以它是一个使官僚组织对人民负责的重要机关。从广阔的观点说,社团模式是任何发达工业社会所不可或缺的。因为它提供了一个方法(应该可以说是功能),保证政府对社会各种利益团体不能忽视而必须予以回应,并且也保证人民对政府的政策与计划不会冷漠,而愿意协助合作,以维持工业经济的平衡与发展。"相比之下,里格斯则认为,在传统的农业社会和过渡社会中,家庭的作用就异常明显。政府的行政行为常常为家庭,尤其是为一些显赫的家族左右,行政官员的任命和升迁在很大程度上并不是取决于其能力和才干,而看重的是其家庭背景,所以,官吏首先考虑的便是家族的利益而不是公众的利益。因此,里格斯认为,这种建立在家庭背景之上的融合型行政模式和棱柱型行政模式必定是裙带盛行、结党营私、行政封闭、效率低下。

3.沟通网络与公共行政

里格斯所说的沟通网络,包括社会的文化水平、适用语言的状况、社会舆论的力量以及通信和交通的状况等使整个社会互相"沟通"的手段。他认为,一个国家的沟通网络是否畅通,对其公共行政具有重要影响。这里,里格斯借用卡尔·多伊奇的"动员"和"同化"这两个变项来讨论社会沟通问题。所谓"动员",是指全社会的人口参加庞大的沟通网络的程度,它受语言的同一性、知识和电话、报纸等大众传播媒介的普及以及都市化和新交通工具的出现等方面因素的制约。"同化"则指的是社会普通民众和精英分子共享同一符号,认同于同一的基本价值与目标的程度。根据这两个变项,他从社会沟通的角度把社会分为一元化社会和多元化社会。他指出,在像美国这样一些现代工业化国家中,工业发展的种种后果使社会不仅高度动员,而且高度同化,成为一元化社会。一元化社会虽然也存在不同的利益集团,但没有分裂的社区。在这种社会里,在社会大众与行政官员间的行政沟通中,双方都能使用共同的语言和价值系统。这样,相互之间比较容易互相信赖,比较容易接受对方的观念、表达思想并彼此了解对方的需要。他认为,行政问题的解决是十分复杂的,必然有许多的信息、资料需要交换、表达,这在一元化社会中是非常有利的,因为在一元化社会中,多种利益集团可以顺利地凝聚他们的需要,形成他们的公共舆论,并且把他们的需要与事实用来引起行政官吏或政务官的注意,而当行政官吏考虑如何执行法律或者提出何种政策建议时,他们也能够制定出相当可靠的不同方案以及预估它们的可能结果。就执行法令来说,行政官吏也应该向公众说明他们的意愿以及可能提供的服务等。凡此种种,莫不需要大量的沟通工作,这又唯有在一元化社会中才是可能的。

4. 符号系统与公共行政

里格斯所说的符号系统是指包括政治神话、政治准则、政治法典在内的一整套政治符号系统。在里格斯看来,政治神话是"指用以表明主权的最后源泉、人之天性与命运、人之权利、义务以及主要的关系等"的信念。例如,在美国,政治神话便是指根植于美国人心中的主权在民、人生而平等、天赋人权神圣不可侵犯等观念;而在一些传统的或过渡的社会中,政治神话则指的是在上帝面前人人平等、君权神授、君臣名分不可逾越等。里格斯认为,这种神话提供了政治统一的一种"理论依据"。所谓"政治准则",是指一套决定政府结构以及统治者的选择方式及其应承担职责等的规则,里格斯认为,诸如规定了美国实行两院制、总统制、普选制等政治结构的美国宪法、独立宣言等文件便属于这种"政治准则"。而"政治法典"则是指将"政治准则"进一步具体化、规范化的各种法律制度。

里格斯认为,符号系统对行政的影响主要体现在,由符号系统所提供的"共同意识"是形成行政权威所不可缺少的东西,"共同意识的基本重要性在于它给予公共行政一高度的'权威'"。而"共同意识"的形成又受到符号系统诸因素,尤其是"政治神话"的影响。例如,在一些较古老的传统社会中,"政治神话"认为"君权神授",统治者被认为是神的代理人,统治者的权威是建立在神意之上的,人民对统治者的顺从也就是顺从神的意志,人民的意见无足轻重,甚至不起作用。因此,在这种社会中,整个行政系统便只对专制统治者负责而不向人民负责,行政的权威不是来自人民高度的认同感,而是来自武力的强制。相反,在诸如美国这样的现代社会,依据"主权在民"的政治神话,政府的权威来自于人民的同意,行政机构只对人民负责。用里格斯本人的话来说就是,"行政官员必须随时表明他们是真正的公仆,而非执行权力的'官老爷'。当然,在实际上,美国的官吏并不是百分之百地符合了'公仆'形象的,而事实上,美国也的确不乏颐指气使、上下其手的官僚。不过,值得注意的是,他们这种行为永远逃不了公众的指责,而舆论也必然会对他们构成一种压力。"因此,里格斯认为,美国的"主权在民"的政治神话及负责的政府创造了一种特殊的行政模式,"美国行政的结构——它的甄拔、升迁与组织的方式——是的确反映了她的政治神话。"

5. 政治构架与公共行政

里格斯认为,政治与行政应该是分离的,政治是决定政策的过程,行政是执行政策的过程,换言之,行政靠政治来领导,而政治则要依靠行政来实现其目标,行政制度的有效与否是决定政治目标能否圆满实现的关键。尽管行政与政治具有不同的功能,但二者之间实际上存在着一种"功能依存关系",而正是这种"功能依存关系"决定了政治构架是对公共行政具有重要影响的行政生态要素。

里格斯认为,在传统社会,由于社会结构尚未分化,没有专门的行政机构,政治权力与行政权力是合二为一的,人们无法在"政客"与"官僚"之间作出明确的划分,从国王到各级地方官员实际上往往都是"身兼二任"的。这样,由于行政权力与政治权力合为一体,行政官吏可以不向任何人或任何机关负责而专横独断、为所欲为。里格斯将这种现象称为"官僚政治",他认为,这种"官僚政治"的特点是"专横但非有效","国王的权力型态虽然专断恣睢,但其权力幅度却极为有限",一方面由于缺少一部专职的"行政机器",另一方面又没有健全的沟通网络,无法及时了解各方面的情况,所以行政效率极为低下,用里格斯的话来说就是"一方面,人民对于国王与官吏固然无法加以控制,反过来,从另一方面看,朝廷对于全国百姓也缺少有效的控制"。而在现代社会,行政是服从于政治的,行政官僚的权力是有限的,是受着"非官僚权力"制约的,因此可以保证较高的行政效率。正如里格斯所言:"只有在'非官僚的权力'强大得足以控制并奖惩官僚的成绩表现时,以及政策之执行步骤能很清晰地被规制时,我们才能期望一个高水准的行政的产出的获得。"

里格斯认为,上述五种因素是影响并决定一个国家公共行政的主要因素,这几种因素的作用是交叉的、互动的,它们彼此之间相互作用、相互影响,例如,经济要素对沟通网络具有重要影响,社会要素、符号系统影响着政治构架,而政治构架也影响着经济、社会等诸要素。因此,在考察一个国家的行政生态环境时,既要认真、细致地分析这每一种要素,又要注意它们之间的这种"互动性"。

第七节　行政组织变革

一、行政组织变革的内涵与目标

行政组织变革是当代各国普遍关注的问题。关于行政组织变革的概念,国内外学者虽然提出了种种不同的解释,但有一点是共同的,即都把行政组织变革作为提高行政效率,使公共行政更好地成为实现经济和社会发展目标的有力杠杆。

所谓行政组织变革,是指国家为使行政活动更有效地适应其内外环境的变化,对行政组织的结构、功能、行为方式进行调整和变革,以达到预期行政效率的行为或过程。行政改革,是当代行政管理活动世界范围内的一个趋势,而我的行政改革,更是体现了时代发展和行政管理活动自身内在的要求。

参考各国行政改革的经验教训,根据我国的历史条件和现实情况,我国行政组织变革应当确立以下目标:

(一)转变政府职能

行政组织改革要抓住转变政府职能这个关键,合并裁减政府的企业、教育文化等管理部门和综合部门内部的专业机构,加强政府对国家经济生活和社会生活的宏观调节控制能力。同时,应当充分发挥社会团体和群众组织管理社会事务的能力和积极性,将某些社会管理职能进一步委托给社会团体和群众组织,从而进一步提高政府的宏观调节控制能力,并有利于政府紧缩编制、节省开支。

(二)优化行政组织结构

从我国的具体情况出发,优化行政组织结构主要包括两方面内容:第一,机构设置必须合理,既应当有利于提高工作效率,又应当有利于克服官僚主义。同时应当维护指挥链的统一,坚决实行行政首长负责制。在目前,应当适当加强决策咨询和调节、监督、审计以及信息部门。第二,必须明确规定各个行政机关及各级行政、公务人员的职权、职责和相互间的工作关系。

(三)提高行政组织的法制化水平

必须加强行政立法,包括行政机关组织法、行政机关编制法、行政活动程序法、行政案件诉讼法,以此加强对行政机关、行政人员及其行政工作和行政行为的监督、监察,追究一切行政人员的失职、渎职行为及其他违法违纪行为。这就要求进行干部人事制度改革,建立和推行以法律和规章为基础的国家公务员制度,以及广泛、严格、具体的行政责任制度。

(四)提高行政组织的管理水平

在这一点上,我国行政组织变革需要在几个方面继续做出努力:第一,树立新的观念,包括市场经济的观念,创新的观念,注重实绩的观念,接受公众公开、民主监督的观念,等等。第二,在国家财力许可的条件下,尽量提高管理设备、管理技术和管理方法的现代化程度,克服管理手段和管理方式对提高工作效率的束缚。第三,对现有和未来的国家公务人员实行普遍的、按职类进行的职业培训,以提高国家公务人员的素质。

二、行政组织变革的动力和阻力及条件

(一)公共组织变革的类型

一般来说,公共组织变革主要有三种类型:

(1)革命性变革,即公共组织断然采取一举打破现状、抛弃旧有成规而采取新办法的变革方式。这种变革类型容易产生较大的震荡、阻力甚至破坏。

(2)渐进性变革,即采取逐渐演变、过渡的办法,在组织原有框架内做细微调整的变革类型。这种变革往往不能触及公共组织内的根本问题,而且时间缓慢,零敲碎打,成效不大。

(3)计划性变革,是指采取系统发展、统筹解决的办法,由领导者先设想出一个最佳化的方案,经有关人员共同研究、分析、修改,建立变革的系统模型,确定解决问题的具体措施,然后一步步实施,最终达到公共组织高效化、最佳化的状态,完成组织任务。这种变革类型能够把领导者和成员的聪明才智发挥出来,共同有系统地研究问题和制订变革方案,从而在谅解、支持的基础上,朝着预定的目标,顺利地改变现状。

(二)行政组织变革的动力和阻力

1.行政组织变革的动力

行政组织变革的动力是非常复杂的,归纳起来主要有以下几个方面[①]:

(1)社会环境变化为行政组织变革提供环境动力。现代行政组织系统是一个处于外在诸多因素中的开放系统,是社会大系统中的一个子系统。影响一国行政组织的外部环境,具体来讲有国际环境、国内环境和行政组织工作环境,包括政治、经济、文化、军事、人口、宗教等因素,其中最重要的是政治、经济、文化环境。由于社会的政治、经济、文化等因素不断发生变化,环境对行政组织的要求和期望不断变更,从而必然地引起行政组织内部各分系统的变化。行政组织只有适应发展和变化了的新环境,进行相应变革,才能维持其生存与发展。

(2)改革者为行政组织变革提供主体动力。行政组织变革是上层建筑必须与经济基础相

---

① 高留念. 行政组织变革的动力和阻力分析[J]. 中共郑州市委党校学报,2006(3):67 - 69.

适应这一普遍规律的反映,具有深刻的客观必然性。但任何规律性的东西都不可能在无主体干预的情况下自然而然推动历史的发展,要想真正推动行政组织变革顺利进行,就必须发挥各阶层行政组织改革者的主观能动性,将规律性动力转化为现实力量。统治阶级为了完成行政管理的职能,行政组织成员为了自身的全面发展,人民群众为了实现生活的改善,都要求推进行政组织变革。因此,人们在改革前对改革普遍具有很大期望,从心态上赞成改革、支持改革。人们对改革的这种心理要求会形成改革的主体性动力,推动行政组织变革的开展。

(3)科学与技术的发展是推动行政组织变革进行的工具动力。组织行为学认为,任何组织都包括三个基本因素:结构、人员和技术。进行行政组织变革,除了注意机构和人员数量增减变更外,还必须协同进行技术变革以及人的"心理—文化"变革(主要是理论、思维、观念的变革)才能顺利开展。日新月异的物质技术进步,特别是电子信息技术、现代办公自动化技术,尤其是网络技术在政府组织广泛普及与应用,网络政府和电子政府的出现,促使行政组织作出相应的变革,是推动行政组织变革的技术性力量;新的科学、民主、效率观念及组织变革理论的出现,会逐步改变人的心理动机及行为模式,为行政组织变革目标、途径、方式、时机的选择指明了方向,提供了精神支柱、理论基础和指导思想。技术的进步和人的心理变革必然会为行政组织变革提供工具性动力。

(4)财政压力为行政组织变革提供临界动力。有时候,在环境动力、主体动力和工具动力都具备的情况下,政治领导者却出于政治稳定等因素的考虑,而不愿启动行政组织变革,直到国家财政状况恶化到一定程度后,才被迫削减人员,裁撤机构,减少行政事业费支出,启动行政组织变革。这便是财政压力的临界动力转化过程。在当代社会,财政压力在推动行政组织变革中的这种临界动力作用非常重要。行政组织结构臃肿,人浮于事,效率低下,必然加大社会的财政负担,使财政支出越来越大。财政赤字不断增长,使国家财政力不从心,严重影响了行政组织职能的正常发挥,迫使行政组织不得不启动行政组织变革。

2. 行政组织变革的阻力

尽管行政组织变革是一个不以人的意志为转移的客观必然,但组织变革的实施并非一帆风顺,因为在组织中除了存在促进其变革的因素,同时还存在着反抗变革的力量。阻力是动力的对立面,有动力就有阻力,行政组织变革的阻力主要有以下几个方面[①]:

(1)传统行政组织文化的弊端。我国传统的行政组织文化中往往继承了传统文化和计划经济双重强化的"官本位"文化的理念。"官本位"文化强调的是如何依靠国家计划和上级指令行事,行政组织管理者期盼的是在等级阶梯上步步高升,关心的是如何赢得领导赏识,获得自己的理想职位、优厚的待遇。长期以来,行政组织员工养成了等、靠、要的依赖思想和被动心理,干多干少一个样的分配机制,使不少职工养尊处优,既无压力又无动力地按惯性工作着。结果,行政组织员工成了缺乏活力与个性的"单位人",缺乏冒险意识、竞争意识和责任意识,也无学习愿望和变革的理念,组织的生命力大受影响。

(2)行政组织员工对未来发展的不可预见性导致的阻力。由于变革必然会发生人员调动的情况,这些组织成员也许会为调往新的工作岗位后如何才能与其他员工配合而焦虑,是否能够适应新的工作环境而疑惑、担心;组织所进行的变革在多大程度上是可行的;种种变革所带

---

① 刘思圻. 行政组织变革的动力和阻力分析[J]. 理论观察,2005(5):52-54.

来的最终境况又会如何;等等。诸多的忧虑实际上都是来自于对未来发展的不可预见性所产生的焦虑。在这种情况下,组织成员的焦虑担心往往会转化为其外在的对变革的抵制行为。同时,组织成员对行政组织变革的目的、机制和前景是怎样认知和理解看待的,有时差距很大,其结果可能导致基于理解不清或理解混乱而抵制、干扰变革。

(3)利益失衡导致的动力。公共行政组织的变革从实质上来说,是组织内部权力、利益和资源的调整或再分配,这种调整和再分配的任何措施都会涉及原有利益的重新分化组合,导致原有利益格局失衡,因此必然会触动某些部门和人的切身利益,进而形成不满和阻力。比如:因机构变动而引起的权力再分配活动中,丧失权力的人将产生不满,并可能形成阻力。来自于利益方面的阻力是最顽强和最具有破坏力的,对此应当保持高度的警惕。一般来说,当公共行政组织变革所带来的预期收益低于预期成本时,人们就会对变革持反对态度。

(4)行政组织中的留滞成本。组织中的留滞成本即组织已经投入而无法收回的"投资"。如行政组织的固定资产(包括办公设备等)占用了大量资金。这些投资成本很可能会因为变革而无法收回,使留滞成本无法发挥其应有的效用。组织的留滞成本更明显地体现在组织中的"人"的因素方面。如,一位不能再对组织作出有价值的贡献但资历很深而必须留用的组织成员,在组织变革中该怎么办呢?付给这些成员的工资、福利等是对其过去贡献所付的报酬,对其所在组织来说,也是一种留滞成本。这种留滞成本的存在,导致组织追求稳当、缺乏变革的动力,甚至在应当实现变革的时期极力阻挠变革。

(三)行政组织变革的条件

要完成行政组织的变革,须具备基本的条件。一般而言,这些条件涉及以下几个方面:一是组织所面临的情景压力已将组织推到非改不可的进步,除非改革,否则组织将无法继续生存下去。二是有计划的变革必须由组织管理部门来制定系统的规划和模型,这一规划和模型既要能适应当前的环境,又要能适应未来的变化。三是负责考察组织历史、现状和设计未来的人必须对组织变革承担责任,他们必须了解职工的需要,并把需要反映到解决问题的方案中来。四是避免重大失误破坏变革的进程和打击人们对变革的信心,应首先在小范围进行变革试验,待取得成功的经验和失败的教训后,再向大范围推广。五是必须从组织外部引入一些新的思想和方法,以帮助组织内的人们开阔视野、活跃思想、启发创新思维,从而找到改善组织状况和提高组织效率的途径。六是组织的各级领导层和变革的主持者应当经常收集他人关于变革的新想法,并把自己关于变革的新想法介绍给他人,以实现相互促进。七是组织的管理人员应当准确而全面地了解和把握变革的阻力,了解和把握主要矛盾所在以及各种阻力之间的相互关系。在此基础上根据阻力的性质和主要表现形式,正确的选择克服阻力的方法,以有效而巧妙地克服阻力,推动变革的不断发展。

(四)行政组织变革的路径

在条件合适的情形下,使行政组织变革取得成功的关键在于尽可能地不要让那些导致反对变革的因素发挥作用,最大限度地缩小反对变革的力量,使变革的阻力尽量降低。在一定意义上说,行政组织变革的过程,就是增强动力与克服或减少阻力的过程。

(1)客观分析变革的动力与阻力的强弱。组织变革的动力和阻力并不是各自分开的,而是相互作用和影响的,形成一个错综复杂的力场,并不断地保持动态平衡。

为此,美国社会心理学家勒温提出"力场分析"的方法研究变革中的阻力,提出了组织变革的建议：将组织中支持变革与反对变革的所有因素，采用图示法进行排列，比较其强弱，然后采取措施，增强支持因素，削弱反对因素，以推动变革前进。

（2）进行人事调整，做好组织保证。实践证明，各国在进行重大的行政组织变革与发展之前都需要对行政组织中某些关键性职位进行人事调整，以便从宏观的组织体系上保证未来的改革与发展能够顺利进行。但同时这种人事调整范围不宜过大，以期最大限度地减少因改革和发展而带来的震荡。

（3）正确运用组织动力，消除对变革的抵制心理。行政领导者和下级人员形成对变革的共同的认识，认清变革的必要性和重要性，在组织内形成要求变革的强大力量，促使人们自觉地去变革；培养对行政组织变革的强烈归属感，领导者通过各种形式和途径在组织中形成"变革是我们自己的事，我们每个人都是变革中的一分子"的归属感，把"要我改"变成"我要改"；力争行政组织变革的目标与行政组织大的共同目标最大限度地重合或协调，便于有效影响组织成员的态度与行为；利用组织中良好的规范对抵制变革的个别成员施加压力，迫使他们遵从组织行为。

（4）强化革新行为。要对表现出新态度、新行为的团体和个人给予积极的宣传与充分的肯定。行政组织的宣传与肯定对于新态度、新行为的继续存在和扩散效用是十分重要的，其具体方法包括公开表扬、宣传报道、物质奖励、升职提薪等。对在行政组织中作出突出成绩的团体和个人，还应当给予特别的宣传和肯定。

（5）提高领导者的自身素质，完善领导行为方式，也对克服个人和组织方面的阻力有较大的影响。行政领导者若作风正派、大公无私、秉公办事，具有较高的群众威信，他们的行为方式就易于对广大普通行政人员产生较大影响力和积极的心理效应，提出的变革主张也易于为他们接受和肯定。反之，若领导者拉帮结派、搞不正之风，甚至以权谋私，则会引起广大普通行政人员的反感，加大心理差距，由他们提出的变革措施就难以产生积极反应，甚至引起抵触。

（6）妥善安置因改革而受到冲击的人员。来自因改革而受到冲击或可能受到冲击的人员的抵制，往往是造成行政组织改革与发展活动夭折的主要因素。因此在变革以前和变革之中都要慎重而妥善地考虑如何安置那些因改革和发展而被触动切身利益的人，同时，要设法使其中能继续工作的人员安心工作，以减少来自利益方面的阻力，保证改革与发展的顺利进行。

三、我国行政组织改革的历程

改革开放以来，我国先后进行了七次大的行政管理体制和政府机构改革，分别是 1982 年、1988 年、1993 年、1998 年、2003 年的改革以及 2008 年开始的大部制改革、2013 年机构改革。

（一）1982 年改革

1978 年 12 月召开的党的十一届三中全会，把全党工作的重点转移到以经济建设为中心。这时，政府机构与工作重点转移不相适应的问题相当突出，主要表现在机构和人员过多、领导干部"四化"程度不高、部门职责不清、运转不灵、工作效率低下。1982 年 1 月，中央政治局召开会议讨论中央机构精简问题。邓小平同志在会上指出，精简机构是一场革命，是对体制的革命。随后召开的五届全国人大常委会第 22 次会议审议通过了《关于国务院机构改革的决议》，改革开放后的第一次行政管理体制改革拉开序幕。这次国务院机构改革的重点是：适应工作重点转移，提高政府工作效率。首先，减少副总理人数，设置了国务委员职位，由总理、副总理、国务委员和秘书长组成国务院常务会议。其次，精简调整机构，将 98 个部、委、直属机构和办事机构裁减、合并为 52 个,同时撤销了大量临时性机构。改革中,重组了国家经济委员会;进一步加强了国家计委的工作;成立了国家经济体制改革委员会,负责经济体制改革的总体研究和设计。其三,精干领导班子,紧缩编制。按照干部"四化"方针,减少部分副职,推进新老干部更替。国务院各部门机关工作人员由 4.9 万多人核减为 3.2 万人。其四,废除实际存在的领导干部职务终身制,实行干部离退休制度。国务院部门机构改革完成后,进行了地方政府机构改革,重点是调整和加强各级领导核心,精简庞大臃肿的机构,选拔大批优秀中青年干部,轮训在职干部,克服官僚主义,提高工作效能。同时,积极试行地、市合并,实行市管县体制;改变农村人民公社"政社合一"体制,设立乡政府;实行老干部离退休制度等①。

(二)1988 年改革

1982 年改革形成的新的行政管理体制运行 5 年后,1987 年 10 月召开的党的十三大提出了政府机构改革新的任务。1988 年,中央政治局讨论通过了《关于党中央、国务院机构改革方案的报告》。同年 3 月,七届全国人大一次会议审议通过了《国务院机构改革方案》,明确提出改革的任务是进一步转变职能,理顺关系,精简机构和人员,提高行政效率,逐步建立符合现代化管理要求的具有中国特色的功能齐全、结构合理、运转协调、灵活高效的行政管理体制。这次改革首次提出必须抓住转变职能这个关键,紧密地与经济体制改革相结合;按照经济体制改革和政企分开的要求,合并裁减专业管理部门和综合部门内设专业机构;从机构设置的科学性和整体性出发,适当加强决策咨询和调节、监督、审计、信息部门,转变综合部门的工作方式,提高政府对宏观经济活动的调控能力;贯彻精简、统一、效能原则,清理整顿行政性公司,撤销因人设事的机构,裁减人浮于事的部门和人员;为了巩固机构改革的成果,并使行政管理走上法制化道路,提出用法律手段控制机构设置和人员编制。改革中撤销或整合涉及的国务院机构包括计委、经委、机械委、电子部、航天部、航空部、石油部、煤炭部、水电部、核工业部、城建部、劳动人事部等 12 个部委。改革后,设置国务院部委 41 个,直属机构 19 个;将一部分业务比较接近的直属机构划归有关部委归口管理,称之为部委归口管理的国家局,共设置 15 个;设置办事机构 7 个、非常设机构 44 个。由于 1982 年国务院机构改革实行"定编不定员"政策,造成大量人员超编,这次改革主要不是减少编制,而是分流 1982 年改革遗留下来的机关超编人员。通过职能调整和人员划转,国务院各部门在原实有 5 万余人的基础上,减少了 1 万余人。改革中第一次实行定职能、定机构、定编制的"三定"工作。此后,经国务院批准,1989 年确定了河北和哈尔滨、武汉、青岛、深圳等地市作为省和计划单列市机构改革的试点;卓资、藁城、原平、邛崃、滑县、华容、上虞、定西、宝安 9 县作为县级机构改革的试点。以后又确定在湖北、陕西、内蒙古进行省(自治区)各级地方政府机构改革试点。

(三)1993 年改革

1992 年 10 月召开的党的十四大明确提出了建立社会主义市场经济体制的目标,要求建立适应社会主义市场经济需要的组织机构。围绕这一目标,1993 年 3 月十四届二中全会讨论通过了机构改革方案。这是第一次在中央全会上讨论通过机构改革方案。随后,八届人大一次会议审议通过了《国务院机构改革方案》。改革的主要内容:一是转变职能,坚持政企分开。要求把属于企业的权力下放给企业,把应该由企业解决的问题交由企业自己去解决,减少具体

---

① 王澜明. 改革开放以来我国六次集中的行政管理体制改革的回顾与思考[J]. 中国行政管理,2009(10):7-16.

审批事务和对企业的直接管理,做到宏观管好,微观放开。要求国家计委、财政部、人民银行以及新组建的国家经贸委等综合经济部门,把工作重点真正转到搞好宏观管理上来,集中精力搞好国民经济发展战略、发展规划和经济总量平衡,制定产业政策,培育与发展市场,有效调控社会经济活动。明确专业经济部门的职能主要是规划、协调、服务和监督,大力转变职能,简政放权,推动企业进入市场。二是理顺关系。要求理顺国务院部门之间,尤其是综合经济部门之间以及综合经济部门与专业经济部门之间的关系,合理划分职责权限,避免交叉重复。理顺中央与地方关系,合理划分管理权限,充分发挥中央与地方两个积极性,使地方在中央方针政策的指导下因地制宜地发展本地区经济和各项社会事业。三是精简机构编制。对专业经济部门,一类改为经济实体,不再承担政府行政管理职能;一类改为行业总会,作为国务院的直属事业单位,保留行业管理职能;还有一类是保留或新设的行政部门,这些部门的机构也要精简。对国务院直属机构、办事机构,除保留的外,一部分改为部委管理的国家局,一部分并入部委,成为部委内设的职能司局。经过改革,国务院设置组成部门41个(含国务院办公厅),直属机构13个,办事机构5个,共59个工作部门,另设置非常设机构26个。四是规范机构类别。明确原由部委归口管理的15个国家局不再作为国务院直属机构,而是部委管理的国家局,作为一个机构类别,并进一步规范了国家局与主管部委的关系。从1993年开始,地方政府机构改革在全国展开。地方政府机构改革以转变政府职能为关键,加强宏观管理职能,弱化微观管理职能;坚持政企分开,切实落实企业的经营自主权,促进企业经营机制的转换;较大幅度地精简了机构和人员,特别是大幅度精简专业经济管理部门。改革中,对全国地方政府的机构编制进行了核定。一方面依据各地经济发展水平、人口、面积等情况,将全国的市、县、乡镇划分为不同类别,重新核定编制数;另一方面对地方党政机构设置作了具体规定,规定了必设机构和机构限额。

(四)1998年改革

这是改革开放以来机构变动最大、人员精简最多、改革力度最大的一次机构改革。随着经济体制改革不断深入,市场配置资源的基础性作用日益增强。1997年9月召开的党的十五大,再次提出了进行机构改革的要求。十五届二中全会审议通过的《国务院机构改革方案》认为,过去虽然进行过多次机构改革,取得了一定进展,但由于历史条件限制和宏观环境制约,很多问题未能得到根本性的解决,机构设置同社会主义市场经济发展需要之间的矛盾日益突出,改革势在必行,不改革没有出路。九届全国人大一次会议审议批准了《国务院机构改革方案》,提出建立办事高效、运转协调、行为规范的行政管理体系,完善国家公务员制度,建设高素质的专业化行政管理队伍,逐步建立适应社会主义市场经济体制的有中国特色的行政管理体制。改革的主要内容:一是转变职能。明确政府宏观调控部门的主要职能是保持经济总量平衡,抑制通货膨胀,优化经济结构,实现经济持续快速健康发展;专业经济管理部门的主要职能是制定行业规划和政策,进行行业管理,引导本行业产品结构的调整,维护行业平等竞争秩序。二是调整部门分工。按照权责一致的原则,在部门之间划转了100多项职能,相同或相近的职能尽可能交由一个部门承担,过去长期存在而没有解决的职能交叉、多头管理、政出多门、权责不清等问题有了很大改进。三是精简机构编制。主要是大力精简工业经济部门。将煤炭、冶金、机械等9个工业部先改成国家经贸委管理的国家局,2000年年底全部撤销。同时将电子部与邮电部合并组成信息产业部,将广播电影电视部改组为广播电影电视总局、国家体委改组为国家体育总局,列为国务院直属机构。经过改革,国务院组成部门设置29个,直属机构设置17

个,办事机构设置 5 个,加上国务院办公厅,共计 52 个。此外,还设有部委管理的国家局 19 个。与此同时,对各部门的内设机构和人员编制都作了较大幅度的调整和精简。1999 年以后,省级党委和政府的机构改革分别展开;2000 年年底,市县乡机构改革开始启动。

(五)2003 年改革

随着改革开放和社会主义现代化建设事业的不断推进,行政管理体制又出现了一些与新形势不相适应的突出矛盾和问题,需要通过改革加以解决。2002 年 11 月召开的党的十六大提出了深化行政管理体制改革的任务,2003 年 2 月召开的党的十六届二中全会审议通过了《关于深化行政管理体制和机构改革的意见》,随后十届全国人大一次会议审议通过了《国务院机构改革方案》。这次改革重在解决行政管理体制中存在的一些突出矛盾和问题,为促进改革开放和现代化建设提供组织保障。改革的主要内容:一是深化国有资产管理体制改革,将国家经贸委指导国有企业改革和管理的职能、中央企业工委的职能以及财政部有关国有资产管理的部分职能等整合起来,设立了国务院国有资产监督管理委员会,作为国务院直属特设机构,由国务院授权代表国家履行出资人职责。二是完善宏观调控体系。将国家发展计划委员会改组为国家发展和改革委员会,将国务院体改办的职能和国家经贸委的部分职能并入发展和改革委。三是健全金融监管体制,设立中国银行业监督管理委员会,负责拟订有关银行业监管的政策法规,负责市场准入和运行监督,依法查处违法违规行为等。四是继续推进流通管理体制改革,组建商务部,主管国内外贸易和国际经济合作等。五是加强食品安全和安全生产监管体制建设,在国家药品监督管理局的基础上,组建国家食品药品监督管理局,作为国务院直属机构,将原国家经贸委管理的国家安全生产监督管理局改为国务院直属机构。六是为加强人口发展战略研究,推动人口与计划生育工作的综合协调,将国家计划生育委员会更名为国家人口和计划生育委员会。这次改革继续强调要进一步转变政府职能,要求按照政企分开原则,结合国有资产管理体制改革,政府部门不再承担直接管理国有企业的职能;按照权责一致原则,进一步理顺部门职责关系,根据责任赋予相应的权力;继续推进行政审批制度改革,明确审批范围,减少审批事项,规范审批行为;规范中央和地方的职能权限,正确处理中央垂直管理部门和地方政府的关系;探索完善综合行政执法工作,加强行政执法队伍组织建设;按照发挥行业自律机制作用和完善社会自我管理的要求,规范和发展行业协会、咨询组织、鉴定机构等社会中介组织和专业服务组织;按照依法行政的要求,进一步改进政府管理方式,规范行政行为,推进电子政务,提高行政效率。国务院机构改革完成后,进行了地方政府机构改革。地方政府机构改革的特点:一是对口设置省级国有资产管理机构。二是有关机构调整和职能整合不强调上下对口。除国有资产管理机构的设置外,一些地区从本地实际出发,因地制宜对其他有关机构进行调整和职能的整合。三是严格控制机构和编制,做到机构、编制、领导职数"三个不突破"。

(六)2008 年改革

根据党的十七大和十七届二中全会精神,这次国务院机构改革的主要任务是,围绕转变政府职能和理顺部门职责关系,探索实行职能有机统一的大部门体制,合理配置宏观调控部门职能,加强能源环境管理机构,整合完善工业和信息化、交通运输行业管理体制,以改善民生为重点,加强与整合社会管理和公共服务部门。

(1)合理配置宏观调控部门职能。这次改革着力推动国家发展和改革委员会进一步转变职能,减少微观管理事务和具体审批事项,集中精力抓好宏观调控;财政部改革完善预算和税政管理,健全中央和地方财力与事权相匹配的体制,完善公共财政体系;中国人民银行进一步健全货币政策体系,加强与金融监管部门的统筹协调,维护国家金融安全。国家发展和改革委员会、财政部、中国人民银行等部门建立健全协调机制,形成更加完善的宏观调控体系。

(2)加强能源管理机构。设立高层次议事协调机构国家能源委员会。组建国家能源局,由国家发展和改革委员会管理。将国家发展和改革委员会的能源行业管理有关职责及机构,与国家能源领导小组办公室的职责、国防科学技术工业委员会的核电管理职责进行整合,划入该局。国家能源委员会办公室的工作由国家能源局承担。不再保留国家能源领导小组及其办事机构。

(3)组建工业和信息化部。将国家发展和改革委员会的工业行业管理有关职责,国防科学技术工业委员会核电管理以外的职责,信息产业部和国务院信息化工作办公室的职责,整合划入工业和信息化部。组建国家国防科技工业局,由工业和信息化部管理。国家烟草专卖局改由工业和信息化部管理。不再保留国防科学技术工业委员会、信息产业部、国务院信息化工作办公室。

(4)组建交通运输部。将交通部、中国民用航空总局的职责,建设部的指导城市客运职责,整合划入交通运输部。组建国家民用航空局,由交通运输部管理。国家邮电局改由交通运输部管理。保留铁道部,继续推进改革。不再保留交通部、中国民用航空总局。

(5)组建人力资源和社会保障部。将人事部、劳动和社会保障部的职责整合划入人力资源和社会保障部。组建国家公务员局,由人力资源和社会保障部管理。不再保留人事部、劳动和社会保障部。

(6)组建环境保护部。不再保留国家环境保护总局。

(7)组建住房和城乡建设部。不再保留建设部。

(8)国家食品药品监督管理局改由卫生部管理。明确卫生部承担食品安全综合协调、组织查处食品安全重大事故的责任。

经过以上调整,除国务院办公厅外,国务院设置组成部门 27 个,直属特设机构 1 个,直属机构 15 个,办事机构 4 个,部委管理的国家局 16 个,直属事业单位 14 个。国务院正部级机构减少 4 个[①]。

(七)2013 年机构改革

这次国务院机构改革,重点围绕转变职能和理顺职责关系,稳步推进大部门制改革,实行铁路政企分开,整合加强卫生和计划生育、食品药品、新闻出版和广播电影电视、海洋、能源管理机构[②]。

(1)实行铁路政企分开。将铁道部拟订铁路发展规划和政策的行政职责划入交通运输部。交通运输部统筹规划铁路、公路、水路、民航发展,加快推进综合交通运输体系建设。组建国家铁路局,由交通运输部管理,承担铁道部的其他行政职责,负责拟订铁路技术标准,监督管理铁路安全生产、运输服务质量和铁路工程质量等。组建中国铁路总公司,承担铁道部的企业职责,负责铁路运输统一调度指挥,经营铁路客货运输业务,承担专运、特运任务,负责铁路建设,承担铁路安全生产主体责任等。不再保留铁道部。

---

① 2008 年国务院机构改革的情况[EB/OL]. http://www.scopsr.gov.cn/zlzx/zlzxlsyg/201203/t20120323_35145.html.

② 2013 年国务院机构改革的情况[EB/OL]. http://www.scopsr.gov.cn/zlzx/zlzxlsyg/201409/t20140929_266637.html.

(2)组建国家卫生和计划生育委员会。将卫生部的职责、国家人口和计划生育委员会的计划生育管理和服务职责整合,组建国家卫生和计划生育委员会。主要职责是,统筹规划医疗卫生和计划生育服务资源配置,组织制定国家基本药物制度,拟订计划生育政策,监督管理公共卫生和医疗服务,负责计划生育管理和服务工作等。将国家人口和计划生育委员会的研究拟订人口发展战略、规划及人口政策职责划入国家发展和改革委员会。国家中医药管理局由国家卫生和计划生育委员会管理。不再保留卫生部、国家人口和计划生育委员会。

(3)组建国家食品药品监督管理总局。将国务院食品安全委员会办公室的职责、国家食品药品监督管理局的职责、国家质量监督检验检疫总局的生产环节食品安全监督管理职责、国家工商行政管理总局的流通环节食品安全监督管理职责整合,组建国家食品药品监督管理总局。主要职责是,对生产、流通、消费环节的食品安全和药品的安全性、有效性实施统一监督管理等。将工商行政管理、质量技术监督部门相应的食品安全监督管理队伍和检验检测机构划转食品药品监督管理部门。保留国务院食品安全委员会,具体工作由国家食品药品监督管理总局承担。国家食品药品监督管理总局加挂国务院食品安全委员会办公室牌子。新组建的国家卫生和计划生育委员会负责食品安全风险评估和食品安全标准制定。农业部负责农产品质量安全监督管理。将商务部的生猪定点屠宰监督管理职责划入农业部。不再保留国家食品药品监督管理局和单设的国务院食品安全委员会办公室。

(4)组建国家新闻出版广电总局。将国家新闻出版总署、国家广播电影电视总局的职责整合,组建国家新闻出版广电总局。主要职责是,统筹规划新闻出版广播电影电视事业产业发展,监督管理新闻出版广播影视机构和业务以及出版物、广播影视节目的内容和质量,负责著作权管理等。国家新闻出版广电总局加挂国家版权局牌子。不再保留国家广播电影电视总局、国家新闻出版总署。

(5)重新组建国家海洋局。将现国家海洋局及其中国海监、公安部边防海警、农业部中国渔政、海关总署海上缉私警察的队伍和职责整合,重新组建国家海洋局,由国土资源部管理。主要职责是,拟订海洋发展规划,实施海上维权执法,监督管理海域使用,海洋环境保护等。国家海洋局以中国海警局名义开展海上维权执法,接受公安部业务指导。设立高层次议事协调机构国家海洋委员会,负责研究制定国家海洋发展战略,统筹协调海洋重大事项。国家海洋委员会的具体工作由国家海洋局承担。

(6)重新组建国家能源局。将现国家能源局、国家电力监管委员会的职责整合,重新组建国家能源局,由国家发展和改革委员会管理。主要职责是,拟订并组织实施能源发展战略、规划和政策,研究提出能源体制改革建议,负责能源监督管理等。不再保留国家电力监管委员会。

这次改革,国务院正部级机构减少4个,其中组成部门减少2个,副部级机构增减相抵数量不变。改革后,除国务院办公厅外,国务院设置组成部门25个。

第四章　行政权力

第一节　行政权力概述

一、行政权力的含义与特征

(一)行政权力的含义

权力是一种广泛存在的社会现象,反映了人们之间的社会关系。在中国古代,"权"基本有两种含义,一是衡量审度之义;二是制约别人的能力。而在西方社会科学中,"权力"一词的基本含义是"能力",即影响和控制他人的能力。近代政治思想家们又从不同的角度给"权力"一词下了许多定义。概括起来主要有能力论和关系论两种基本观点:能力论认为"权力"是指一个行为者(个人或机构)影响其他行为者(个人或机构)的态度和行为的能力。马克斯·韦伯、罗素等多数思想家持此观点。关系论则认为,"权力"是一个人或许多人的行为使另一个人或其他许多人的行为发生改变的一种关系。持此种观点的人有罗伯特·达尔等。以上两种观点虽着眼点不同,但都从不同的角度揭示了"权力"的特性,其共同点是:都把权力看成是一种力量,依靠这种力量可以造成某种特定的局面或结果,使他人的行为符合自己的目的性。

行政权力是公共权力的一种。它具有公共权力的所有特征,但又有别于其他公共权力。确切地说,行政权力是以行政机构为主体,以执行国家意志为目的,以强制性政令为手段,对全社会进行管理的公共权力。行政权力的这一界说,包括以下四个方面的主要内容:

第一,行政权力的主体是国家行政机构及其工作人员。行政权力主体有广义和狭义之分。广义的行政权力主体包括政府组织、非政府组织、政党和各种社会团体。狭义的行政权力主体就是狭义的政府,即国家行政机关。虽然行政权力主体概念的外延较为宽泛,但由于非政府和其他社会组织不具备行政权力的全部功能和特征,管理权力只是与行政权力有相似之处而已,所以,行政权力主体应该是国家机关中专司行政管理职能的行政机关及其工作人员。行政权力的行使必须以国家行政机构为依托,离开了行政机构的行政权力是抽象的和无实际作用的。在各个政治共同体中行政机构各不相同,美国为总统和行政部门,日本、英国为首相和内阁,法国为总统和总理结合的行政体制,德国、意大利等国为总理和行政部门,瑞士为联邦委员会,我国为总理和国务院。

第二,行政权力的目的是执行国家意志。从本质上讲,国家意志代表着统治阶级的意志。但就形式而言,国家意志代表的是公共意志。行政权力在法理上属于派生性权力,因此,它必须执行赋予其权力的公民或立法机关的意志。

第三,行政权力的主要作用方式是强制性地推行政令。为了有效执行国家意志,最大限度地实现公共利益,使政府作出的各种决策、政令等得到顺利推行,必须以社会中公认的、强大的国家机器作为后盾,这是实现行政权力的最基本方式。行政权力行使的强制性表现为:它是以国家强制力或暴力的威慑作为后盾,其所推行的法律、法规、政策等行政客体必须接受。否则,就可能导致强制执行,违反者或拒不执行者将会受到相应的制裁。同时,行政权力行使的强制性也是确保行政机关执行公务的基本条件。否则,国家行政机关发布的政令和作出的具体决定就难以落实和实现。然而,行政权力行使的强制性也不排除行政权力在行使中存在某些具体的非强制性的行政方式,如行政合同、行政指导等。但即便如此,强制力仍然是在日常管理中经常使用、必不可少的一种重要手段。

第四,行政权力的客体是全社会。行政权力具有普遍性,不仅对全体公民具有普遍的约束力,而且对不同的社会组织同样具有规范性。因此,行政权力的作用对象是全体公民及全部社会组织。

通过上述分析可以看出与立法权和司法权相比,行政权力的最重要特征即是操作与执行。关于这一点 T. W. 威尔逊在《行政学研究》一文中指出:行政管理就是"政府的执行、政府的操作"。行政权力也有决策功能,但行政决策从宏观上看属于二次决策,是为了执行或实现目的而作出的手段型决策。

(二)行政权力的特征

行政机关为履行其职责,必须具有相应的行政权力。行政权力是行政机关履行职责的保障,是行政活动的基础和依据。一切行政活动,无论是作出行政决策,还是作出具体的行政决定,都是通过行政权力的运行来实现的。行政权力具有如下特征:

第一,公益性。从行政权力行使的目的来看,行政权力具有公共利益性。权力的享有和行使,一般以权力主体自身利益的实现为主要目的。但是行政权力是一种公权力,它的存在和行使绝不是为了追求行政权力主体自身的利益。行政权力的目的是要通过执行国家的法律、法规、政策等来有效地实现国家意志,而国家意志在本质上是公共利益的体现。因此,行政权力行使的目的是为了实现公共利益,而不是为了实现某一个党派、某一个团体、某一个企业的利益。公共利益是社会中个人利益和各个组织、团体利益的一种整合。在现代社会当中,这种公共利益通过国家的法律、法规和政策等表现出来。国家设置行政权力的目的,就是为了让这种公共利益得以实现。因此,国家行政机关及其公务员在行使行政权力时,必须是以为社会公众提供服务为指导,以实现社会公共利益为宗旨。如果以权谋私,那就偏离了行政权力行使的目的。

第二,优益性。从行政权力行使的保障条件来看,行政权力具有优益性。由于行政权力的行使以实现公共利益为目标,因此国家为行政权力的有效行使设定了一系列的保障条件,使得行政机关在行使行政权力时,依法享有一定的行政优先权和受益权。行政优先权和受益权统称优益权,指国家为确保行政机关有效地行使职权,履行职责,而以法律、法规等形式赋予行政机关享有的各种职务上和物质上的特权。职务上的特权叫行政优先权,指行政权与其他社会组织及公民个人的权利在同一领域或范围相遇时,行政权具有优先行使与实现的能力。物质上的特权叫行政受益权,指行政机关为行使职权所拥有的享有各种资财上和物质上的便利条件的资格。行政优益权本身不是行政权力,但它与行政权力具有密切联系,是行政权力有效行使的保障条件。

第三,强制性。从行政权力行使的方式来看,行政权力具有强制性。国家行政机关为了社会公共利益的实现,必须要让体现公共利益的国家法律、法规、政策等得到落实,这使得行政权力的行使方式主要表现为强制性地推行政令,强制性成了行政权力有效执行国家意志的显著特征。行政权力行使的强制性表现在以国家强制力或暴力的威慑为后盾,其所推行的法律、法规、政策等都是行政客体必须接受的。否则,就有可能导致强制执行,违反者或拒不接受者将会受到相应的制裁。行政权力行使的强制性也是行政机关执行公务的保障条件,否则,国家行政机关发布的政令和作出的具体决定就难以落实和实现。当然,行政权力行使的强制性并不排除行政权力在行使中也会存在某些具体的非强制性的行政方式,例如行政指导、行政合同等。即便如此,强制力也是作为一种后盾力量而经常性地起作用的。

第四,单方面性。从行政权力行使主体的意志来看,行政权力具有单方面性。行政权力的行使目的是为了国家利益和公共利益,因此,作为国家利益和公共利益的代表的行政主体在行使行政权力的过程中一般不必征得相对方的同意。这也就是说,相对方是否应当承担某种社会义务,能否使用或利用某种公共资源,其行为是否侵犯了公共利益,都是由实施行政权力的行政主体的意志所决定的,并不需要征得相对方的认可或同意。尽管随着行政民主化的发展,现代社会中的行政相对方已经有机会广泛地参与行政决策以及行政行为的实施,但这种参与仍然主要是起一种建议的作用,这种建议是否被采纳或被接受将取决于行政主体的意志。并且,即使公众的建议被采纳或被接受,其最终结果仍然被视为是行政主体的意志的体现。因此,行政权力的行使是行政主体的单方面意志的鲜明体现。

第五,不可处分性。从行政权力行使的自由度来看,行政权力具有不可处分性。行政权力既是一种权力,表现为一种可以支配或迫使他人服从的力量,同时也是一种职责,表现为行政机关必须履行的义务和必须完成的任务。因此,行政权力是权力与职责的统一。行政权力的这种权力与职责的统一性决定了行政权力是不能自由处分的。作为行政权力行使主体的行政机关必须严格按照法律、法规的规定来行使行政权力,没有法律上的依据,行政机关不能随意增加、减少或者转让对行政权力的行使,更不能放弃对行政权力的行使。

第六,广泛性。从行政权力行使的客体来看,行政权力具有范围上的广泛性。传统的行政权力行使的范围也许只涉及治安、税务、外交、军事等为数有限的事务,但是现代行政权力行使的范围却极为广泛,除上述事项外,可以说还包括经济、科技、文化教育、卫生、社会福利、环境保护等,几乎涉及社会生活的所有领域。一个人的一生可以不和立法机关打交道,可以不和司法机关打交道,但不可能不和行政机关打交道,现代社会中行政机关的行政权所能管辖的范围几乎涉及了公民从摇篮到坟墓的一生的所有事务。对于其他国家权力来说,其所涉及的客体都或多或少只局限于某一特定领域,唯独行政权力涉及的客体遍及全社会,范围最为广泛。

二、行政权力的来源、基础与演变

(一)行政权力的来源

行政权力是国家权力的一部分,因此,关于国家权力的来源的学说比如君权神授学说、人民主权学说等都适用于对行政权力的阐释。行政权力作为一种独立的权力是从政治—行政二分开始的。德国学者布隆赤里(Johann Bluntschli)较早提出了政治与行政分开的思想,行政学创始人伍德罗·威尔逊以及组织理论之父马克斯·韦伯都对此做了进一步的继承和发展。美国学者古德诺全面阐述了政治与行政二分法的原理。据此行政学逐渐作为一门独立的学科从政治学中分离出来。也正是政治与行政的二分使行政从政治的统摄中剥离出来,行政权力才作为一种独立的权力形式受到人们的重视。这里主要说明现代行政权力的来源问题。

1.法律和法规

法律和法规是行政权力的主要来源。对于任何一个国家而言,权力都是由宪法这一国家的最高法律法规确定的,行政权力也是如此。行政权力在普通法律和相关的行政法规中还有相应的规定和规范。

2.惯例裁决

惯例裁决是自由裁量权的重要依据。由于行政事务的复杂性和多变性,使得相关法律法规难以对各种具体的事务作出详细全面的规定,因此,对某项特定事务的处理就可能成为惯例,作为以后处理类似事务可以依据的不成文法。惯例裁决通过上下级行政主体间在不同层次上的授权与被授权,形成一种新的动态权力配置体系,以更好地适应社会公共事务和行政管理工作的发展变化。

3.授权

授权主要包括法律授权和人为授权两种。行政授权本质上是行政组织内部的权力分配,是指行政组织内部上级行政机关依法定程序,把某些行政权力授予下级行政机关或公务人员行使,下级行政机关或公务人员获得授权后,就可以在授权范围内自主地处理有关的行政事务。在行政授权关系中,授权者对被授权者有指挥和监督的权力,被授权者对授权者有按要求完成任务的义务。授权者与被授权者均应属合法的行政机关,授权行为一旦发生,在规定的期限内有效。

(二)行政权力的基础

行政权力的基础指行政权力受到服从的正当性或合理性因素。行政权力之所以能够使相对方接受并服从,乃是因为行政权力背后的力量。行政权力背后的这种力量构成了行政权力的基础,从而使得行政权力具有了权威性。在不同的历史时期,行政权力的基础是不一样的。在所有对行政权力背后因素探讨的学者中,德国社会学家马克斯·韦伯作出了重要贡献。韦伯学术兴趣广泛,就政治社会学方面来说,在论文《政治作为一种职业》及著作《经济与社会》中,他论述了权威的三种基础,实质上也是行政权力基础的三种分类:权力的传统型基础、权力的魅力型基础和权力的法理型基础。

1.传统型基础

人们对这种权力的服从是因为传统惯例或者权力拥有者的身份是世袭而来,实质上是人们对来自古老规则的宣称和信仰并虔诚地遵守。比如"世袭制",中国封建王朝的君主驾崩后,即使继位的新皇帝年方弱冠,也会受到群臣的尊敬和服从;西方世袭爵位的传承更是如此,上至君主,下至男爵,一旦得到爵位,也就有了支配臣子和奴仆的权力。当我们询问服从者为什么要服从这样的权力时,他会告诉我们,这是因为历来如此。传统型基础的权力一般有以下几方面的特征:

(1)权力的拥有者和权力的服从者一般有亲缘关系。这种亲缘关系或是自然的血亲,或是至亲关系的比拟,甚或是一套亲缘的纲常礼教,在整个行政系统内外推广开来。从自然的血亲来看,王朝帝国的继任者和分封的同姓王公、贵族由血脉紧密相连,构成同气连枝的政治服从和行政服从之链,共同维护王朝的传统和权威。尽管历史上也存在为了争权夺利发生父子反目、兄弟相残的事件,但亲缘关系却是王朝维系的纽带,也是权力服从的重要基础。我国的宗族、欧洲的家族也具有这种特点,在一个宗族或家族内部,所有成员应该都具有或多或少的血亲关系,权力的掌握者一般是族长或长老之类,他们是权力的拥有者、宗规家法的解释者及执行者和争议的裁决者。大部分情况下,他们拥有绝对的权威,之所以如此,一方面是因为他们拥有更多的人生经验,即俗语"吃的盐比一般人吃的饭多,过的桥比一般人走的路多",可以作出正确的决定;另一方面是因为他们是宗族家族的"长者",是"历史的记忆",是家族传统权威的继任者,他们自身就代表着家族的身份。从拟制亲缘关系来看,权力拥有者有时候为了笼络被服从者或者创造服从的激励效应,会特许少数人改姓,从而加入统治集团,或者人们通过"桃园结义"之类的形式,奠定服从首领的基础。从整个行政系统来看,统治者提炼亲缘关系的基本原则,总结亲缘统治的经验,推出了一系列纲常礼教的文化规训,使"天下"成为一个大家庭。在这个大家庭的体系内,人们可以找到各自的位置,并努力扮演好自己的角色。这样,"家族"权力运行模式就在政治系统(国家)得到提升,但权力的基础仍然是服从传统。

(2)传统型权力与自然经济密切相关。自然经济是生产力水平低下和社会分工不发达的产物,主要以家庭(氏族公社、封建庄园、手工作坊)为基本生产单位,其构成基础是小农经济为主体的农业经济和家庭手工业。不发达的商品经济处于从属地位,长期处于被压制的状态,对社会生活起着补充作用。其理想的生产状态是"男耕女织"。这种"自然经济"就成为"天然权力"的沃土,小农经济发展目的是积累财富,特别是购买土地,即着眼于土地兼并;人力流动的近似僵滞为血缘关系构建起来的传统政治权力结构和统治秩序提供了保障;"耕者有其田"的理想在造就大批小农的同时,进一步巩固了传统的自然经济结构。在这样的状态下,人们容易形成权力本位的观念,崇尚人治的传统,考虑的并不是改变体制,而是"彼可取而代之"的对传统体制的膜拜。尤其是在亚洲,特别是在中国,在漫长的自然经济发展的过程中,形成了一套宗法家族制度,这套制度要求行政权力维护宗法,更要维护祖祖辈辈遵循的产生传统道德文化的乡土传统,实质上是维护产生血缘家庭的自然经济。

(3)传统型权力统治的方式一般是家长制。家长制在现代社会,比喻为一种不讲民主的行政管理方式。它产生于原始社会末期父系家庭制,普遍存在于建立在自然经济基础上的具有亲缘关系的社会里。它一方面与自然经济伴生,一方面依赖于传统的传承,因此它自然演化为传统权力最适宜和最正当的统治方式。在家长制宗法制度下,法律、礼教、伦理道德和传统习俗同时发挥着重要作用。正式规则的规制,传统礼教的禁锢,伦理道德的规训,传统习俗的约束,各自相互支撑。在家长制统治方式中,所有的权力都属于亲缘金字塔的塔尖人物,他是权力规则的继承者和发展者,其权力来源于继承或更高统治者——"家长"的授予,他之所以获得人们的服从,是因为其祖辈处于统治地位。在家长制统治方式之下,各级官员是统治者的私人奴仆,官员升迁也主要依据对传统体系和统治者本人的忠诚度。

(4)传统型权力要有一套完整的带有宗教性质的仪式体系。为了证明权力传承的正当,这套体系一是要借助特殊的仪式制度;二是要借助固化在象征权力的物件上。仪式制度在长期的历史发展中,逐步完善。比如:中国的"封禅""祭天""祭祖"等;西欧的"加冕""臣服""晋封"等。此类仪式一般选择吉日举行,各项之规定非常详细,使人们在仪式的驯化中习得对传统权力服从的自觉性。象征物更是权力的象征,这些象征包括:玉玺、王杖、虎符、印章、宫殿、服饰等,甚至赋予一定的神物(有些是人为创造)灵性,以此象征权力。比如在中国,麒麟、凤凰、龟、龙被认为是"四灵",龙、凤皆被认为是帝王权力和尊严的象征。这些物件的授予也有特殊的仪式,仪式与象征物结合,也就为权力披上了合法性的外衣。

2.魅力型基础

这种权力的拥有者之所以受到人们或下属的服从,是因为他们具有个人魅力。这种魅力一般是追随者的一种心理状态和认知。这种魅力可以由多个方面表现出来,权力拥有者或是足智多谋异于常人,或是英勇善战堪比虎狼,或是"神"的化身,或本身即是宗教领袖,这些特质使追随者和下属自愿服从。权力拥有者作为统治的核心,外层由亲信、精英、追随者、大众逐层展开,一般来说,权力拥有者通过亲信来传递行政命令,亲信虽然失去外层成员对"领袖"的神秘感,但忠诚度却是最高的。魅力型基础的权力一般有以下两方面的特征:

(1)依赖于领袖魅力的统治实质上是一种人治。它依赖于领袖集权,忽视正式规则的效用和正式组织的功能(规则和组织依据领袖的喜好改变),因此,此种权力的运作缺乏稳定性。人们对领袖的服从也带有膜拜性质。这种权力产生时期一般是在愚昧阶段,或者是社会不稳定时期,随着社会"由大乱到大治",和平时期出现魅力型领袖的条件消失,权力基础就会转变到传统型或法理型基础的轨道上来。

(2)魅力型基础权力注重公平正义。魅力型领袖一般要传达关注下层、注重平等的信息,给予追随者美好生活的希望,加上自己独特的魅力,获取信任和膜拜。不能否认,领袖是享受特权的,但魅力型领袖在某些时刻能表现出与民众同甘共苦的精神,并严厉打击骄奢淫逸之风,防止特权阶层的出现或扩张,以保持自身在民众中的形象。

3. 法理型基础

法理型权力建立在制度和法律的合法性基础之上,它是近代以来,经过政治思想启蒙和近代资产阶级革命,人类政治文明进入新的阶段以后,人们对权力合法性的新认识。权力拥有者必须依据法律和制度来进行社会治理,而且法律和制度还必须是合理的。合理即这些法律和制度必须建立在"人民同意"的基础上,是良法。当问到人们为何服从这种权力时,他们的回答一般是,因为这种权力是法律和制度产生的,服从权力即服从法律。法理型基础的权力一般有以下两方面的特征:

(1)法理型基础的权力运行具有"非人格化"特点。法律和制度是理性的产物,权力拥有者依据法律发布行政命令,并依靠制度和正式组织运行。非人格化与官僚科层制密切相连,官僚制的特征即非人格化,要求官员泯灭个人特性,严格地按照规章制度办事。同时,官僚制行政有严格的等级秩序,权力严格按照等级制的原则进行横向和纵向的配置,运行依等级阶梯运行。权力执行者成为无个性的职业官僚。

(2)法理型基础的权力统治方式一般是现代民主制。民主制是现代政治的基本制度。其发展经历了漫长的历史时期,从氏族公社的直接民主到如今的间接民主,民主的规模和形式已经发生了很大变化,但民主不断进步依然是我们追求的目标。特别是,近代以来的民主制以社会契约论、人民主权论、代表制、公务员制、权力监督思想等为基础,建立了现代的政府和法律制度。因此,到了现代社会条件下,崇尚法律权威、遵守政治规则已经成为民主政治的基本诉求。法理型权力也只能在民主制度下才能实现。

现代社会,随着世界经济政治一体化的加剧,全球化已是不可阻挡的历史潮流,特别是信息化、科技化、知识化、网络化条件下,如何在扁平行政组织内有效地进行行政管理,规范行政权力的运行,这是摆在世人面前的一项严重任务。随着新公共管理运动、电子政府运动的深入,人们对于权力的基础有了更多的思考,主要表现为以下几个方面:

(1)权力的经济利益基础。利益关系是政治关系的基础,因而,获得利益或利益的预期是人们服从权力的基础。公共管理活动中经济因素的作用历来被行政权力拥有者所重视,经济利益(对个人来说,薪金、补助、津贴、补偿、减免等;对组织来说,财政补贴、税收优惠、股票债券购买、经济战略资助等)在一定时刻就成为权力运行的重要砝码,特殊时刻,会成为最重要的砝码。

（2）权力的知识性基础。谁掌握知识,谁就掌握了权力,这里知识的含义,既包括治国理政策论,也包括学科知识,更包括各种利于权力运行的信息。掌握了知识,在某些情况下,也就拥有了支配别人的能力。

（3）权力的社会资本性基础。社会资本属于资本的一种形式,是指为实现某一目的,资本主体通过社会网络来动员的资源或能力的总和。相对于传统的经济的物质资本,社会资本偏重于人力资本。社会资本要依赖于领导者和行政单位（两者相互影响）的人际关系、非正式组织等社会网络。社会资本对于权力的运用,具有双刃剑的作用,利用得好,可以作为正式规则的补充和润滑剂;利用得不好,则会泄露行政组织信息,影响行政组织绩效。

可以看出,行政权力的基础存在于多个方面,权力在运行时,依靠的也不是单一的基础。因此,我们在考察行政权力时,要从多个角度,才能对某一具体行政权力运行轨迹及其背后的力量作出准确认知。

（三）行政权力的演变

行政权力是随着国家权力的产生而出现的,而它的萌芽则可以追溯到原始社会的氏族、部落和部落联盟等早期人类共同体中。这些组织的个别成员被赋予了权威的职位,在组织成员的监督下负责管理氏族的日常事务和解决冲突,成为组织的首领。这些首领们所拥有的执行权力,就是行政权力的萌芽。随着人类社会分工的进一步深化,人类劳动的日益复杂化,尤其是脑力劳动和体力劳动的分工,出现了专职的管理者。同时,原始社会末期,私有制产生,从而导致了国家权力的形成,原始社会中少数人掌握的管理权力也就从本质上发生了改变,由单纯的社会职能变化为社会管理与政治统治的双重职能——行政权力就此产生。而从历史和人类社会形态演进的角度,行政权力的发展经历了传统行政权力、现代行政权力和"行政国家"现象的不同阶段。

1.传统行政权力

传统行政权力的主要特点有以下几个方面:①行政权力与宗教权力和宗法权力有着密切的联系。行政权力和超自然力量的不同结合方式,使农业社会的行政权力有着许多特定的形式。如中世纪欧洲的行政权力就是基督教会的工具,古代中国的政治很大程度上是靠宗法制度来维持的,整个行政管理活动带有很大的家长式的专制特征。②行政权力与经济权力、社会管理功能与政治统治功能交织在一起。在传统社会中,行政权力自主性表现得不足,缺乏独立的、完整的行政权力。③传统社会的国家治理以人治为主。在传统行政权力结构中个人权力大于职位权力,个人权威高于职务权威。

2.现代行政权力

与传统行政权力相比较,现代行政权力有以下几个显著特点:①现代行政权力不仅实现了与外部权力的分离,而且内部功能分化也比较发达。现代行政权力的功能分化是工业社会里社会部门和职业分工复杂化的结果。②现代行政权力的社会管理功能日益突出。现代行政权力侧重于国家行政事务和社会事务的管理。③现代行政权力必须在法律的框架内行使。其突出表现为职位权力大于个人权力,职务权威大于个人权威。

3."行政国家"的出现

进入20世纪以后,从发达国家开始,世界逐渐出现一种普遍现象,那就是行政权力急剧扩张,行政管理机构在规模、作用和自主权方面都明显增大,人们极力推崇分权与制衡的原则,想要尽可能地限制行政权力的愿望并没有实现。这种现象被称为"行政国家"。行政国家的特点表现在以下几个方面:①国家行政权力机关数量大大增多,所管内容异常复杂,职能也日趋专门化;②行政人员队伍日益庞大,行政事业费用大量增加;③行政委员会纷纷成立,委任立法增加的趋势带来了行政的准立法化,行政内部的纠纷调停制度不断健全和完善又带来了行政的准司法化;④行政性立法数量增加,"自由裁量"的范围不断扩大;⑤行政权力不仅独立性增强,而且地位日益提高,有凌驾于立法权力和司法权力之上的趋势;⑥行政权力的服务功能渐趋重要,福利措施明显增多,甚至有人把行政国家称为"福利国家";⑦行政权力不断发生越轨现象,侵犯立法权力和司法权力,侵犯公民权利,直接干预经济与社会事务等。行政权力的这些变化,在某种程度上可以说是社会经济高度发展的必然结果,它有积极和消极两方面的影响。如何对其进行评价和改革,是世界各国所共同面对的问题。

三、行政权力的结构

行政权力在内部分化的过程中,不仅形成抽象行政权力与具体行政权力的分野,而且还形成纵横交错的行政权力结构。行政权力结构建立在公共行政活动中权力分化的基础上,指的是行政权力整体性的关系状态和有序性的活动过程。

(一)行政权力的纵向结构

行政权力的纵向结构,实质是行政权力的层级结构,即层级制。它表现在两个方面:一是中央和地方行政关系,也即中央行政权力和地方行政权力的划分,包括不同层级的地方政府行政权力的划分;二是部门内部,即行政组织内行政权力的层级划分。行政权力的纵向结构受到国家结构形式的影响。目前,国家结构主要有联邦制和单一制两种形式,它们对中央和地方行政权力结构有一定的影响。

联邦制是由两个或两个以上的政治单位(如共和国、州、邦)结合而成的一种国家形式。一般来说,联邦宪法明确规定联邦政府统一行使的权力和地方政府所保留的权力;有的宪法仅仅规定了联邦政府的权力,未规定的即为地方政府所有。联邦成员有自己的独立的立法、行政和司法机构,这些部门与联邦国家的最高立法、行政、司法机构不存在隶属关系。联邦国家的主权由联邦和各地方政府分享,联邦政府对外代表国家主权。但是各地方政府也在联邦宪法允许的范围内(比如文化、教育、旅游、贸易等领域)享有一定的外交独立性,可以与其他外交主体签订一些协议。有些地方政府也可以参加一些非政治的国际组织。目前,实行联邦制的国家大约有20多个,主要有美国、墨西哥、巴西、德国、印度、俄罗斯、瑞士等。

联邦制国家内,除了宪法规定的须由联邦处理的事项,地方行政权力可以自主处理地方事务,联邦行政权力不能干预地方行政权力的运行。因此,整个国家内,行政权力是由联邦政府和地方政府分享,各自依照法律规定行事。但是,随着经济社会的发展,对于一些经济社会事务,联邦政府及地方都可以规制,行政权力难免出现交叉,如教育,原来只是地方政府负责,现在却成为联邦政府和地方政府共同管理的对象,只是侧重点不同;再比如,环境保护问题,原来只是地方行政权力规制的内容,现在也受到联邦行政权力的强力规制。当然,由于实行联邦制的国家,大多有深厚的地方自治传统,地方行政权力对经济社会的渗透和控制仍占据重要地位。

因此,在联邦制国家内,中央行政权力和地方行政权力是相互牵制和制约的,在现代社会,中央行政权力开始扩展,以各种形式夺取了部分地方行政权力的领地。当然,在地方政府内部的层级上,行政权力在本级和下级地方政府内是统一的。

单一制指由若干不享有独立主权的一般行政区域或自治区域单位组成的单一主权国家的结构形式。单一制国家只有一部统一的宪法以及统一的法律体系,国家具有统一的立法、行政、司法系统。国家主权在于中央政府,其独占国家的外交权,地方政府作为中央政府的下一级政府,没有地方宪法,没有独立的外交权。目前,世界上大多数国家和地区实行单一制,如英国、法国、中国、日本、意大利等。

在单一制国家中,中央行政权力与地方行政权力的关系是授权与服从的关系。地方行政权力来源于中央的行政授权,地方自治权或自主权是根据宪法由国家权力机关授予。在现代社会,严格的单一制,即地方行政权力严格地服从中央行政权力的安排,已经不合时宜了,因为现代社会管理更为复杂,需要地方行政权力因时因势作出安排;同时,现代民主政治条件下,地方民意代表机构也基本建立起来,地方行政权力也要对地方民意代表机构负责并报告工作。我国就明确规定,地方人民政府既对上一级人民政府负责并报告工作,也要对地方人民代表大会及常务委员会负责并报告工作;所有的地方政府都受国务院的统一领导。因此,从纵向结构上来看,单一制国家地方政府是上级政府的下级机构,同时,地方行政权力要受中央行政权力的制约。

在部门内部,行政权力纵向结构基本是与科层制共生的,和行政管理的层次一致。简单地说,下级服从上级即下级行政权力服从上级行政权力。

可以看出,行政权力的纵向结构具有以下几个要素:第一,强制性的法规。行政权力须由宪法和政府组织法等类似的法律来加以明确的规定。第二,明确的分工和责任。各级行政权力主体的职能、任务、使命须明确,在整个行政系统内的地位也要清楚;同时,各级行政主体的责任也要和地位对应。第三,有序的等级制度。只有等级关系明确,行政权力在纵向运行上才能畅通,否则便会出现梗阻现象。第四,合理层级制。行政层级的设置不宜过多,也不能过少。如何既能提高行政效率,又能提升行政效能,发挥行政权力的最佳结构安排,是层级制研究的重要任务。

(二)行政权力的横向结构

行政权力的横向结构是行政权力在同级行政机构、部门和行政人员之间制度化分配的方式,是行政权力合理配置的一个重要方面。在现实的行政管理过程中,行政体系的各个机构之间、部门之间以及行政人员之间都存在着追求自身权力更大化的要求,它们都会争取得到有关方面的支持以获得更多、更大的权力。由此,就存在着一个如何在各个机构、部门和行政人员之间进行权力配置的问题,以及如何保证权力行使的范围边界明确、衔接无隙,使它们之间既不交叉重叠,又不存在空场。所以,需要重视权力的横向结构的研究,以实现权力横向配置的科学化、合理化。

行政权力的运行过程也就是行政主体分配和行使权力的过程。对于现代公共行政而言,权力根据职能和调整对象的不同而被分成不同的类别,同一行政机构中的权力被分配给不同的职能部门,而同一部门中的权力也需要进行再分配,最终会落实到具体的个人来加以执掌和行使。行政权力的分类就是行政权力横向结构生成的基础。

认识行政权力横向结构的目的是要进一步提高行政权力的协调性,找到进一步整合行政权力的途径,以便行政权力能以一个整体的形式发挥作用。因此,通过认识和研究行政权力的横向结构,可以防止行政权力功能上的交叉重叠、矛盾冲突和作用边界的不衔接问题。从动态的角度看,行政权力的纵向结构是相对稳定的,是与整个行政体制联系在一起的。而行政权力的横向结构则是处在不断调整和变化之中的。一般说来,当行政体系出现不适应管理实际的要求时,总是首先调整行政权力的横向结构,以此方法来达到行政权力横向分配的合理化。

作为行政权力水平在横向部门差异的表现,每个国家的行政权力横向结构都有所不同,但基本的职能是相似的。特别是全球化时代条件下,公共行政改革的示范效应传播迅速,在一个公共行政系统内,通过设立新的部门或进行行政权力的整合后,公共行政绩效提升明显,这样的方法容易得到其他行政系统的学习。尽管行政权力在每个部门不尽相同,但它们共同构成了相同层级上的行政权力体系,相互配合,完成上级行政权力体系的任务,或指导着下级权力体系的运行。

四、行政权力的种类与内容

(一)行政权力的种类

1. 结构性权力

结构性权力即组织权力,其基础是行政组织的层级结构和组织分工,以及由此所带来的地位差异。一般而言,"权力来自一个人在分工中和在机构的联络系统中所处的地位。"行政组织在社会学意义上称作科层制,其结构常被人们比作金字塔,这些都是就其层级性而言的。科层组织结构具有强有力的内部约束机制,它通过层级制度安排,使每一级行政主体都拥有相应的权力,每一个组织成员都有其适当的地位。层级越高,地位越重要,权力也就越大。与此同时,与科层结构相一致的组织目标结构,也构成强大的功能权力体系,把权力运行和组织目标的实现紧密联系起来,把权力责任、资源控制和利益的实现紧密联系起来。根据权力运行的双峰对称原理,"组织只有赢得内部对其目标的服从时才能赢得外部的服从。其外在权力的大小和可靠性取决于内部服从的程度。"行政客体对于结构性权力的服从源于行政组织自上而下的层级约束力。

2. 制度性权力

这种权力的基础是行政组织结构所赖以运行的制度规则、制度安排,也包括一些程序性规范和行为准则。需要清楚的是,结构和制度是两个不同的概念。早在 20 世纪 50 年代,西蒙就明确区分了团体(group)、组织(organization)和制度(institution)之间的含义。20 世纪末期,新制度主义又着力区分了组织与制度两个不同的概念。行政主体通过集体行动的规章制度,可以迫使客体按照主体的意愿去行动。法律和伦理是制度性权力的两种基本形态,二者的有机结合构成合法合理的权力。合法—合理权力是现代行政管理的基础。既合法又合理的权力在社会看来才是具有正当性的权力,行政客体对于制度权力的服从是和这种正当性分不开的。

3. 报酬性权力

报酬性权力起源于交换的不平衡性,此种权力的基础是行政主体对于资源的控制,而这些资源又正是客体所希望得到的东西。如果主客体双方实力相当,彼此存在相等的依赖或影响,那就说明主体缺乏权力基础。在大多数情况下,资源匮乏是行政管理中不可避免的问题,于是便产生了相互依赖关系,产生了权力与服从的关系。正如普费弗所揭示的,"一个影响相互依赖性质和程度的至关重要的因素是资源的匮乏"。行政主体一旦控制了资源本身或控制了取得资源的途径,它就拥有了相应的权力,创造了相应的权力格局。譬如在人力资源方面控制了工资报酬、职位和升迁的途径,也就获得了人事权力。行政客体对于报酬性权力的服从是一种不对称的依赖或某种摆脱依赖的愿望,因为他们希望得到相应的资源,就不得不依赖于某种既定的资源分配格局。

4.强制性权力

强制性权力的基础是行政组织所拥有的威胁和惩罚手段。恩格斯讲,"文明国家的一个最微不足道的警察,都拥有比氏族社会的全部机构加在一起还要大的'权威'。"这一方面说明了法律的意义,另一方面就是说明强制性权力的威力。行政主体可以依赖权力集中的势能,利用物理的力量进行制裁或威胁,强迫行政客体服从就犯。这种权力最原始的形式就是体罚、鞭笞等手段的运用。现代社会则以科层的强制势能为主,暴力通常只是一种后盾,而法律则是必要的依据。强制性权力离不开对于人身自由或公民权利的限制,因而在现代文明的国家中,其使用自然也离不开一定的限度,必须依法进行。行政客体对于强制性权力的服从是因为他们惧怕惩罚,惧怕失去自由与权利。

5.象征性权力

从一定意义上讲,"组织权力是由组织符号体系的结构所构成并得以再现的"。在行政管理过程中,象征性的符号资源可以成为行政权力的基础。构成这种基础的资源包括风俗、伦理、舆论、宗教及意识形态等文化精神方面的因素,也包括语言、仪式和氛围等行动方面的象征性因素,还包括徽标、建筑物、设施设备等物质方面的象征性因素。著名权力分析大师哈罗德·拉斯韦尔曾对权力的象征性资源进行过专门分析,他甚至还专门强调了象征性资源的物质表现形态。普费弗在分析组织权力时,亦曾对构成象征性权力的主要因素进行了概括。应该说,象征性权力是行政权力最原始而又常新的基础性资源,人们对于这种权力的服从主要是由于对象征性符号的精神敬畏。

6.知识性权力

知识性权力来源于专业、技术和信息等知识性资源,集中体现为专家所拥有的知识技能和信息处理能力,故也有人称之为专家权力或信息权力。专家所掌握的关于人、事件或其他有助于预测未来行为方向的信息资源,以及作为专家对这些信息处理结果的知识,是行政权力的重要基础。能够带来权力的知识不仅包括有关工作程序本身的技术知识,而且也包括对组织社会系统理解的知识。"如果我们把知识看作权力,那么对可交易信息的不同拥有就给予利用障碍阻止其扩散的人以可观的利益",而且,"对信息的拥有造成了等级性的交易结构"。就此意义而言,现代行政管理的重要特征在于,知识就是力量,信息就是权力。人们的服从来自于对专家知识水平的认可和信息资源的依赖。

7.关系性权力

关系性权力的基础是与行政主体相关的人际关系、社会网络、非正式组织等,这种资源是行政权力运行的重要社会资本。有人说,权力是由一个人在交流与社会网络中的地位决定的。由于关系可以创造机会,增加施展权力的余地,现代思想家米歇尔·福柯干脆把权力视作复杂的、不断变化的关系域,每个人都是其中的一个元素。在这里,人际关系处理技巧和行政客体的情感支持是关系性权力的基础。行政客体对于关系性权力的服从是基于一种非正式约束。

8.人格性权力

行政活动是通过人的行为体现出来的。人格性的行政权力取决于具有充任行政主体资格的个人。他们的才能、品德、智慧、处事风格、技巧、作风等,甚至体格特征,都可以构成一种影响力使客体服从。榜样的力量可以看作是这种权力,即所谓"其身正,不令而行"。人格性权力集中体现为个人魅力。魅力一词原本来自神学,其意义是具有与生俱来的优雅风度。但人格性权力又不局限于个人魅力,它同时也包括与个人特质相契合的情势。人们对于人格性权力的服从来自特定情势下对作为行政主体的人的尊敬与爱戴。

(二)行政权力的内容

行政权力的内容指行政权力的能力范围。由于各个国家的历史传统、政治制度不同,所以行政权力的内容也不完全相同。一般而论,行政权力主要包括如下内容:

1.行政立法权

行政立法权是指行政机关制定普遍性行为规范的权力,在现代社会中,各国政府的行政权力中几乎无例外地都拥有行政立法权。按照三权分立的理论,立法权属于立法机关。行政机关只是执行立法机关制定的法律。但是随着西方社会行政国家现象的出现,现代社会中行政机关具有广泛的职责。行政机关为有效地管理国家事务和社会事务,仅靠立法机关的立法已远远满足不了履行职责对法律的需要,于是,宪法和法律便赋予行政机关以一定范围内的立法权,允许行政机关为履行职责的需要,根据法律的精神和原则,制定行政法规和规章,用以调整各种行政关系,规范行政相对方的行为。所谓行政立法权,就是指国家行政机关根据宪法和法律,制定和发布一般性行政法律规范的权力。不过,行政机关的行政立法权是一种不完全的立法权,必须在法定权限内行使。也就是说,第一,行政立法必须要有宪法和法律的依据,或者要有权力机关或具体法律的授权。第二,行政立法的内容不能与宪法、法律相抵触。

2.行政决策权

行政决策权指国家行政机关依法对重大行政管理事项制订计划、作出决定的权力。行政决策是行政活动的基本内容,贯穿于行政活动的整个过程。行政决策权对于行政机关有效地履行职责起着积极的作用。行政决策往往成为行政的政治课题,决策是否符合实际,决策的效果或结果如何,决定着社会及民众对决策的态度及评价。政府在行使决策时应该确保倾听人民意见的渠道畅通,始终将公共利益的实现作为决策追求的目标,保证决策的科学化与民主化。

3.行政组织权

行政活动的特点之一是其组织工作,组织活动对于实现行政管理目标具有重要意义。行政组织权指行政机关对其行政组织内部的岗位和人员的设置权,包括对行政机构和人员的法律权利义务和职责权限等的设定、变更和废止的权利;对作为管理对象的社会公众的法律地位、权利义务的设定、变更和废止的权力等。

4.行政决定权

行政决定权指行政机关依法对行政管理中的具体事项进行处理的权力。行政处理权是行政机关实施行政管理,履行行政职责中最经常、最广泛使用的一种行政权力,因为行政机关最经常性的工作就是对日常事务作出具体行政决定。行政机关大量职责的履行,是通过行政决定实现的。行政决定权具体表现为行政机关对行政事务的行政许可权、行政征收权、行政确认权、行政奖励权、行政合同权等。

5.行政命令权

行政命令权指行政机关在行政管理过程中,通过作出行政决定,依法要求被管理对象作出某种行为或不作出某种行为的权力。行政命令的形式是多种多样的,如通告、通令、布告、规定、决定、命令等。行政命令可以是针对特定的人和事的,也可以是不针对特定的人和事的。不针对特定人和事的行政命令与行政立法相似,往往以规范性文件的形式发布。它与行政立法的区别主要有两点:第一,制定和发布的主体不同。行政立法的主体是拥有行政立法权的特定的行政机关,而行政命令的主体则是一般的行政机关。第二,制定和发布的程序不同。行政立法的程序接近于立法的程序,可以说是一种准立法程序,而行政命令的制定和发布则没有严格的程序要求,它与行政立法相比要简单得多。

6.行政执行权

行政执行权指行政机关根据有关法律、法规的规定或者有关上级部门的决定、命令等,具体执行行政事务的权力。行政机关行使行政执行权,必须是对法律、法规或有关上级部门的决定、命令的具体执行。这一点和公民、社会组织的权利不同。公民或社会组织在不违反法律、法规的前提下,可以从事许多法律、法规未明文禁止的活动。而行政机关行使行政执行权,没有明确的法律、法规的根据是不行的。

7.行政监督检查权

行政监督检查权指行政机关为保证行政管理目标的实现,对其管辖范围内的被管理对象遵守及执行相关法律、法规,履行义务的情况进行监督和检查的权力,包括专门监督主体所行使的监督检查权和业务主管部门或职能部门所行使的监督检查权。行政监督检查的形式是多种多样的,主要有检查、审查、审计、检验、查验、鉴定、勘验等。行政监督检查权既是一种独立的权力,同时又是行政立法权、行政命令权、行政决定权实现的保障。

8.行政处罚权

行政处罚权指行政机关在行政管理过程中,为了维护公共利益和社会秩序,保护社会公众的合法权益,对其所管辖范围内的被管理对象违反有关法律规范的行为,依法给予处罚等法律制裁的权力。行政处罚是现代国家普遍采用的管理手段之一。为实现行政管理目的,行政机关常常会对公民的行为作出种种规定,公民则有服从的义务。如果公民违反法律、法规规定,不履行相关义务,行政机关可依法给予处罚。根据各国行政法规范所设定的行政处罚权,一般都包括申诫罚、财产罚、行为罚和人身罚等。由于行政处罚权的行使涉及公民的人身和财产权利,因此,行政处罚权的行使要贯彻处罚法定原则,包括处罚主体法定、处罚依据法定以及处罚程序法定等,以避免侵犯公民的合法权益。

9.行政强制执行权

行政强制执行权指行政机关在行政管理过程中,对不依法履行义务的被管理对象采取法定的强制措施,以促使其履行法定义务的权力。行政强制执行的内容一般包括强制划拨、强制拆除、强制检查以及执行罚等强制执行措施。行政机关是国家机关,为了保证行政管理目标的实现,制止违法行为和维护社会、经济秩序,法律赋予其行政强制权是必要的。但是,行政强制权因涉及公民的人身和财产权利,法律必须对之加以严格的限制和规范。因此,行政强制执行的行使,必须有法律的依据,并严格按照法定程序进行。行政机关行使时也必须非常慎重,不是在必要时不行使,必须行使时亦应限制在必要的限度之内,否则,将导致行政专制和对公民合法权益的侵犯。行政强制执行权与行政处罚权的区别在于二者的目的和形式不同,行政处罚权的目的主要在于制裁违反行政管理秩序者,行政强制执行权的目的主要在于迫使不履行行政义务的人履行义务;行政处罚的形式主要为罚款、拘留、没收、吊扣证照等,行政强制执行的形式主要为查封、扣押、冻结、划拨及对人身的强制措施,如扣留、约束等。

10.行政司法权

行政司法权指行政机关作为第三方裁决争议、处理纠纷的权力。裁决争议、处理纠纷的权力本来属于司法机关,是法院的固有权力,但是在现代社会,由于社会的发展和科技的进步,行政管理涉及的问题越来越专门化,越来越具有专业技术性的因素。这样,普通法院在处理与此有关的争议和纠纷方面越来越困难和越来越感到不适应,而行政机关因为长期管理这方面的事务,恰恰具有处理这类争议、纠纷的专门知识、专门经验和专门技能。于是,法律赋予行政机关以一定范围内的司法权,允许行政机关在行政管理过程中裁决和处理与行政管理有关的民事、行政争议和纠纷,如有关商标、专利、医疗事故、交通事故、运输、劳动就业以及资源权属等方面的争议和纠纷。行政机关在行政管理中,直接裁决和处理与此有关的争议、纠纷,显然有利于及时解决社会矛盾,实现行政管理的目标。当然,为了保障公正和法治,行政机关的行政裁决行为通常还要受到司法审查的监督。

第二节 行政权力的分配

行政权力结构的层次性和行政权力目的的可分性,决定了行政权力不可能铁板一块地进行活动。它需要划分为若干系统和层次,并在此基础上进行分工,这就必然带来行政权力的分配问题。实际上,行政权力分配乃是行政组织内部的结构分化和功能分割问题,而行政机构的设置和职能配置就是行政权力分配的外在表现形式。

一、行政权力的分配方式与途径

(一)行政权力的分配方式

行政权力的分配是行政组织内部的结构分化和功能分割问题。行政机构的设置和职能配置也就是行政权力配置的外在表现形式。

(1)结构性分配。这是根据行政权力的层次性而对其所做的纵向垂直性分割。此种分配所形成的结果是行政组织的结构权力。结构权力使行政主体呈现出层级性的差别,结构性权力的大小应该与其所在权力层次的高低成正比,层次越高,权力也就越大,在结构性分配过程中,影响行政权力层级性的最直接最主要因素就是其权力幅度的大小。因此,处理好管理层次与管理幅度之间的关系,就成为行政机构设置的基本问题。

(2)功能性分配。这是根据行政权力所承担的任务及其客体的状况而对它进行的横向水平分割。此种分配所形成的结果是行政组织的功能性权力。功能性权力使行政主体呈现出职能上的差别。功能性权力的大小往往同功能本身的重要程度呈正比,功能越重要,权力也就越大。行政权力的功能性分配在具体行政组织当中,就表现为行政机构设置中部门与部门之间的关系安排。

结构性划分与功能性分割是行政权力分配的两种基本方式。这两种分配方式使行政权力主体在每一个层次、每一个部门都拥有相应的权力。作为行政权力总体运行过程的行政管理活动,就是在这些分配基础上实现的。

(二)公共行政权力分配的途径

公共行政权力的分配主要通过行政授权、权力下放、地方自治、行政委托、政府放权以及行政权力的再分配等途径进行。

1.行政授权

行政授权是行政系统内部权力分配的主要途径,是"指行政组织内部上级机关把某些权力授予下级行政机关或职能机构,以便下级能够在上级的监督下自主地行动和处理行政事务"。授权者授予的权力不能超出自己的职权范围,授权后,授权者保留指挥与监督的权力,其责任不因授权下级而免除,同时,被授权者对授权者负责,应向其报告工作。行政授权按照行政权力的层级性逐渐实现,一般情况下都会存在比较明显的授权终结期限。

2.权力下放

权力下放即上级为调动下级的积极性或让下级因地制宜或机动灵活地管理公共事务,把某些权力转移给下级,而上级在放权后只做一般原则性的指导和检查,不过多干涉下级的权力行使过程。权力下放没有明显的终结期限,接受放权的下级行政主体承担其所产生的责任,而且权力下放不具有普适性,它只存在于一定条件下行政权力的结构性分配中。

3.地方自治

地方自治是基于地域关系而形成的中央与地方之间公共行政权力的特殊分配形式,主要是通过宪政制度的设计,给予地方更多的自我管理、自我发展的权力。在复合制国家,地方自治是一种基本的行政权力垂直分配制度,往往根据社会公共事务的性质进行划分,地方事务由地方自主管理,中央政府只保留监督的权力,这实际上是一种建立在中央与地方事权分工基础上的权力分配方式,而在单一制国家,地方自治是为了提高行政效率或者基于某种政治原因而实行的特殊权力分配制度,如我国的民族区域自治和特别行政区就是典型,这种地方自治权力往往由中央政府规定。

4.行政委托

行政委托是行政系统将某些职能或权力委托给非行政机构或其他行政机构行使,以实现委托方的行政目标,委托方给付报酬或双方形成互惠的合作关系。因此,行政委托所形成的实际上是一种带有行政色彩的民事关系,是一种委托合同。行政委托在现实公共管理活动中的主要形式是"签约外包",即政府与私人企业、非政府组织或其他政府机构签订公共服务供给合同。

5.政府放权

政府放权是指政府将一部分行政权力外放于社会,是政府在整体上调整自己的权力范围,它主要解决行政权力与社会权力的关系,或者称为政府与社会的关系。放权行为与政府的意识形态、经济思想发展和变化有关,例如,我国由政府全面控制企业而走向政企分开,就是由于政府的经济思想由计划经济转变为市场经济的缘故。

6.公共行政权力的再分配

公共行政权力在进行合理分配以后,在一定时间内会相对稳定下来。然而,由于社会和公共行政权力自身都在不断发展变化,因此公共行政权力的分配也不可能一劳永逸,还必须不断进行再分配。公共行政权力的再分配主要包括两种情况:一是公共行政权力的外源型再分配,是由于社会利益的调整和政治权力的再分配而对公共行政权力进行相应调整。我国当前正在进行的行政管理体制改革就是一种公共行政权力的外源型再分配。二是公共行政权力的内源型再分配,主要表现为机构的改变、撤销、合并甚至扩大等。两种公共行政权力再分配所带来的结果是不同的,前者导致行政管理体制的根本性变革,因此不可能经常发生,而后者仅仅表现为行政体制渐进性的量变,因而是经常性的。

二、行政权力分配的原则

在行政管理实践中,确保行政权力的合理分配,是各级行政主体有效行使行政权力的基本前提和重要步骤。为此,行政权力分配必须遵循相应的分配原则。

第一,程序必须合法。合法性是行政权力的重要特征,也是其运行的根本保证。行政权力分配首先必须严格按照合理—合法的规则进行。只有程序合法,行政权力才能保证有明确的法律依据,也才能获得行政客体乃至全社会的认可与接受,从而也才能具有足够的权威。行政权力的合理—合法性要求:第一,上级行政主体在分配权力的过程中要本着合理的行政目的,依照明确的法律法规来进行分配,不得随心所欲;第二,应兼顾层次性与功能差异两种因素,适当进行权力分配,过大或者过小都是不足取的;第三,行政权力分配不能以人为基础,必须以事为准绳,从而保证权力的稳定性。

第二,职权必须分明。在行政权力分配过程中,每一层次、每一部分的权力都必须作出十分明确的规定。权限划分既要考虑到行政主体内部上级的权力控制能力和下级的权力承受能力,又要考虑到行政客体的范围等问题,不可使分配对象有职无权,同时又不能使分配对象超越其所具有的职位。要使职位与权力保持切实的统一,否则会引起组织内部之间的矛盾,甚至发生权力争夺的现象,导致某种无序化状态,影响行政管理活动的正常进行。

第三,权责必须一致。比职权更根本的东西是职责,也就是与职权相应的责任和义务。权力与责任、义务是不能分开的。行政权力来自公民及其代议机关,也来自上级行政机关。因此,每一级的行政权力主体既要对它的上级行政机关负有相应的责任,又要对公民及其代议机关负有相应的责任和义务。有权无责或有责无权的权责分离现象,都是在行政权力分配过程中所应防止的。不仅如此,权力的大小也必须同责任大小相一致,权大于责会导致权力滥用,责大于权工作会无法开展,所以在行政权力分配过程中还应该把握权与责相统一的度。行政责任一般是通过法律后果表现出来的,权责一致是实现法治行政的重要步骤。

第四,权利必须明确。行政权力主体完成职责的过程就是承担义务的过程。但没有无权利的义务,也没有无义务的权利,利益问题在行政权力分配过程中也是一个不容忽视的因素。在行政权力分配过程中,应注意每一层主体在恪尽职守后应得的利益,包括行政人员的物质利益和精神利益等。满足了这些要求,行政权力的行使就能获得现实的动力。利益的大小不能只由权力的大小而定,它是直接与行政责任相联系的,二者之间成正比关系。

第五,内容必须全面。在行政权力分配中,各级行政主体都应获得与其权力层次及功能相一致的全面的职权,例如资金、物资调配、使用权和人员指挥权等,即人权、物权、财权应该齐全。同时,各级行政主体的职位、权力、责任和利益几方面也必须有完整的组合,不能有所偏废。只有在分配时保证内容全面,行政权力才能构成完整和统一的体系。

三、行政权力分配过程中的相关问题

(一)行政权力分配与政治授权的关系

行政权力是一种执行性的权力,它来自于人民及其代议机关,这便是政治授权问题。

政治授权也有层次之分。譬如在中国,全国人民代表大会与中央行政机关之间、地方各级人民代表大会与地方各级行政机关之间,都存在政治授权关系。这种授权与行政权力分配过程中的行政授权是不同的。行政权力分配是行政权力体系内部不同层次主体之间的权力分配,而政治授权则是行政权力的外部来源。不同层次的政治授权可以看成是对行政权力在多级分配过程当中能量消耗的补充。政治授权和行政授权之间的区别,实际上是立法权力与行政权力之间的关系问题。

(二)集权与分权之间的关系

与行政权力的两种分配方式相适应,行政权力分配当中的集权与分权关系也包括两种情况。一种是结构性权力的集中与分散问题,即国家行政机关内部中央与地方、上级政府与下级政府之间的关系。另一种情况是功能性权力的集中与分散问题,即在行政职能和任务方面权力主体对于客体之间的关系。前者乃"集"与"分"的关系,后者乃"收"与"放"的关系。无论是集分关系,还是收放关系,都必须使权力在集中与分散之间保持一个恰当的度。行政权力过于分散会使行政工作迟滞不前乃至宏观失控,行政权力过于集中又有出现专制甚至是独裁的可能。随着社会公共事务的逐渐增多,行政客体日益庞大,行政环境更加复杂多变,上级行政机关又无力事事过问,适当地分散权力给下级主体或客体也是大势所趋。

(三)权力与义务之间的关系

在行政权力分配过程中,还有一个现象值得注意,那就是行政主体因为特殊需要,具有某些不受一般行政法规约束的权力,美国行政法将这些权力称为行政特权,而法国习惯上称其为"公务优先权",我国也有人把它叫作行政优先权。行政特权实际上是一些法定的特殊权力,它主要有几种情况:①某些行政主体为保护国家利益、维持公共秩序,有权在特殊情况下采取必要的措施,包括一些同保护人身自由、集会和言论自由等公民权利相冲突的紧急状态;②某些涉及国家安全、对外关系等方面的行政决定或行政措施的审查权,往往由专门的国家机关去执行;③某些担任特殊公职的行政人员,如在行政机构中执行监督、审查或准司法职责的行政人员,享有某种保护其工作进行的行政豁免权;④行政主体还拥有获得社会协助权以及其他的非常情况下的自由裁量权等。

行政特权是一种很特殊的权力。它的授予,固然能满足工作的某种需要,但处理不好又可能导致非法侵害公民的正当权利。实际上,行政特权的特殊还表现在另一个方面,特殊的权力意味着特殊的权利,它是以特殊的义务为前提的。对于牺牲相应权利的公民而言,他们需要行政主体尽到特殊的义务来交换。行政主体与客体之间的这种特殊的权利义务关系也仍然是一种对应关系。行政主体不能只享有特殊权利而不履行特殊义务。从法理上讲,"行政权一旦形成,便与公民权利结成一种既互相依存,又相互对立的关系。在行政主体与相对方形成的关系中,一方权力(权利)的实现,要求另一方履行相应的义务。每一方既是权利主体又是义务主体,双方的权利义务在总体上应是平衡的。"因此,行政特权的授予必须谨慎,既要有特殊的需

要作为前提,又要有特殊的责任义务作为基础,执行时也要有一定的制约机制,而且还必须符合宪法的规定。在行政权力分配过程中,绝不因为行政特权而导致行政机关或行政人员不受任何法律约束的"特权"现象,导致只拥有行政特权而不尽特殊义务和责任的"特殊公民"。

第三节 行政授权

行政授权作为行政权力分配的主要形式,它不仅存在于行政权力的纵向分配当中,而且也存在于行政权力的横向分配当中。因此,行政授权是经常发生的,而且使用范围非常之广。对它进行专门研究是非常必要的。

一、行政授权的含义及特点

行政授权是行政系统内部的日常权力分配活动,是指行政系统内部上级按照法律规定或行政习惯,把某些权力授予下级,以便下级在上级指挥和监督下,自主地处理行政事务的一种权力活动。

行政授权主要有三个特点:一是行政授权是组织内部权力的动态分配方式,行政系统为提高权力运用效率,需要对行政权力进行动态调整,以适应不断变化的公共事务和行政工作的需要。二是行政授权是行政领导活动的一部分,发生在行政系统的上下级之间,授权活动往往与领导者分派给下级的工作任务联系在一起,因此,行政授权可以看作是领导方法或领导艺术的问题。三是行政授权不是单纯的转移权力的活动,还涉及责任的明确与下放。在行政授权中,下级在得到上级授权的同时,也得到了上级分配的工作任务,下级为完成该工作任务承担相应的行政责任,这就导致了一个责权体系的产生,使其不同于一般的民事授权。

行政授权的目的主要是为了减轻上级的负担,使上级把更多的精力和时间放在处理更重要的事情上,同时更好地调动下级的工作积极性,培养下级的工作责任感,锻炼干部,提高工作效率和政府回应能力。

二、行政授权方式

行政授权方式非常复杂。人们所站的角度不同,对于行政授权方式的认识也各有所异。根据不同的标准可以对其进行分类认识。

行政授权的主要方式,可以从以下三个方面对其进行分类:

(1)以授权内容的重要性程度为主要依据,行政授权可分为充分授权、不充分授权、制约授权、弹性授权四种方式。

充分授权,也叫一般授权,是指上级行政主体在下达任务时,只发布一般工作指示,允许下属自己决定行动方案、进行创造性的工作,大多数的行政授权都属于这一类。充分授权具体又可以分为三种情况:一是柔性授权,即上级领导者对工作仅做大概指示,下属有比较大的自主空间;二是模糊授权,即授权者一般只指出所要达到的任务和目标,被授权者自己去选择完成任务的具体途径和方法;三是惰性授权,即上级领导把一些不太重要、自己不愿意处理或者领导者自己也弄不清怎样处理的事务交给下属处理。

不充分授权也叫特定授权、刚性授权,是指上级领导对于下属的工作范围、内容、应达成的目标、完成工作的具体途径以及被授权者的职务与责任等都有详细规定,下级必须严格执行。这种授权一般涉及重要的事务和问题。被授权者获得的权力有限,因此授权者必须负主要责任。

制约授权又叫复合授权,这是把某项任务的职权分解授给两个以上子系统,使它们互相制约、相互促进,以免出现疏漏。此方式适用于工作难度较大、技术性较强,而且容易出现疏漏,或者领导者本人精力、专业知识有限等情况。

弹性授权亦称动态授权,是指在完成同一项任务的不同阶段采用不同的授权方式。这种授权适用于任务复杂、上级对下属的能力和水平无充分把握、环境和条件多变的情况。

在以上四类授权方式当中,前两类是基本的授权方式,后两类是前两类基本方式的复杂综合,其适用的场合较少,且运用起来难度较大,授权者需谨慎使用。

(2)以授权时利用的媒介为依据,行政授权可分为书面授权和口头授权。书面授权即授权者以文字形式对被授权者的任务和权限等给予明确规定和说明的授权形式,这里所谓文字形式包括工作说明书、办法条例等;口头授权是指上级行政领导对下属用口头语言所做的工作交代,或者是上下级之间根据会议所产生的工作分配。

(3)根据授权的合法程序,行政授权可分为正式授权和非正式授权。正式授权是指行政主体依据法律规定并按照法定程序所进行的授权活动。这是通常情况下普遍采用的授权方式。非正式授权是指无法律明确规定或组织体系之外的非程序性授权。非正式授权虽然不是普遍存在的形式,但它的确是行政授权的必要形式。

有效行政授权的实现,必须要具备相应的主客观条件,诸如组织和人事管理的因素、遵守行政授权的限度以及授权者与被授权者心理障碍的克服等。

三、行政授权的过程

(一)行政授权的条件

行政授权是权力转移活动,对行政管理活动成败有重要影响。为保证行政授权的有效、合理、合法,必须要仔细考虑影响行政授权的外部环境因素。

行政授权的外部环境因素:一是行政组织的规模,组织规模越大,授权的可能性就越大;二是行政事务的重要性,对上级领导有重大影响的事务,授权的可能性就越低;三是行政事务的复杂程度,越是复杂的事务,上级领导就越有可能授权专业人员去完成;四是上下级互相信任程度,授权的程度与上下级之间信任程度成正比;五是下级的素质,下级素质越高,上级越是乐于授权;六是组织内部关系的稳定程度,组织内部关系不稳时不宜授权。

(二)行政授权的程序

明确了行政授权所需要的条件之后,随之而来的便是怎样进行授权的问题,亦即行政授权的程序和步骤。具体来说,它们是:

(1)确定授权的工作内容。根据行政管理的目标和任务,行政领导必须先确定自己工作的内容与范围,而后对这些工作进行比较分析,确定哪些事务是自己应该做的,哪些事务是应交由下属或下级行政机关去处理的。

(2)选择授权的对象。确定行政授权的内容后,上级要根据指派给下级工作的性质、工作量的大小、事物的重要性与复杂性程度,选定授权的对象。为充分发挥行政授权的功能,上级应该根据授权内容选择最适当的下属。

(3)规定授权工作应该达到的目标、成果以及完成工作的权限和应负的责任。授权工作的数量、质量、时限、权力范围和奖惩的规定等,都必须做到明白无误。因而,在授权工作中采用目标管理,不失为行之有效的方法。

(4)正式授予权力。这是授权者与被授权者之间的契约或承诺的达成。授权者可以采取开会任命方式,也可以采取下发文件、任命书或聘任书等方式进行授权。被授权者可以口头表示接受,也可以通过立军令状或签订合同等形式加以接受。

(5)检查评估授权成效。行政授权需要规定检查授权成效的办法,最好是避免对过程的不断干预,而采用绩效控制的方法。譬如,规定下属定期填报表格、提出书面报告,规定主要负责人定期作述职报告,保证上下之间沟通渠道畅通。

四、行政授权的作用及授权过程中出现的问题

(一)行政授权的作用

在现代社会,授权是一种基本的管理艺术,除了为行政权力运行所必须之外,还有下面四点作用:

(1)减轻上级负担。行政事务是各种国家事务中最庞大、最复杂的一部分,要处理这些事务,仅靠一个人或一个机关的能力是根本无法胜任的。尤其是当今社会,行政系统面临的是前所未有的庞杂事务,行政领导一人更不可能包揽一切,他必须把大量的行政活动安排给下级去做。通过行政授权,可以减少机关首长及各主管的工作负担,使其从琐事中得以解放,以便有更多的时间考虑重大问题。

(2)授权可以发展下属能力。授权之后,被授权者有充分的自主权处理其权责范围内的事务,不必再事事呈转首长批示。属员因而有充分的机会,发挥本身之工作潜能及智慧。

(3)授权可以提高工作效率。授权可以简化行政程序或沟通系统,使得行政效率为之提高。适当的授权也能使下属对本身所从事的工作发生兴趣,更容易培养其积极负责态度。

(4)授权可以加强组织的结构与力量。由于组织各层级间的层层授权关系,产生了自组织顶层至底层的上级与下属间关系之连锁系统,使各层级组成分子之间发生密切关系。这种由授权关系贯穿整个组织层级体系的设计,可以使组织结构与力量加强。

(二)行政授权中常见的问题

行政授权在具体实施过程中经常会出现一些问题和障碍,主要反映在行政体制本身和行政授权主体及客体等方面。在行政体制中可能存在的问题有:行政体制中集权思想和观念没有改变,阻碍着行政授权的实行;行政系统权责划分不明确,导致授权的内容、权力和责任不明确,影响到授权的有效实施;行政规章过于复杂、烦琐或过时,束缚了被授权人员的积极性、创造性和活力。

行政授权主体方面的问题主要表现为以下四方面:

(1)过于自负。某些主管人员自以为是机关首长,便认为自己的学识、经验、能力等都要比部属高明许多,这种优越感使他们看不起部属,更不愿授权给下属。

(2)控制欲太强。有些领导有一种强烈的控制他人的欲望,他对机关的每一件事都要过问。在此局面下,下属的积极性根本得不到发挥,个人的发展受到限制。

(3)恐惧心理。对下属不信任,怕他们不负责任,不敢让下属放手去做,唯恐闹出乱子,贻误工作。

(4)猜忌心理。对有潜力的下属,担心一旦他们得到授权以后,会有优异的表现而成为自己升迁的竞争者,所以不给下属以表现的机会,不予授权。

行政授权客体方面的问题主要表现为以下三方面：

(1)下属的工作过多，超出其能力范围。

(2)下属的惰性。有些属员发现对于如何处理问题，问领导比自己决定容易些，而作适当决定并非易事，加之自己作决定要对其结果负完全责任，问领导也是一种分担责任的方法。

(3)下属缺少自信心。认为自己能力有限，不敢承担过多的权责。

因此，为达到有效授权的目的，在具体的行政授权过程中，必须注意行政授权的条件，遵循行政权力分配的原则，保持授权者和受权者之间良好的信任和支持关系，克服和消除行政授权所可能遇到的障碍。

第四节　行政权力行使

一、行政权力行使的原则

行政权力的行使就是指如何行使人民赋予的权力的问题，它的一个基本着眼点就是以最低的行政成本获取最大的行政收益，以实现行政资源的增值，真正地做到行政权力用来为人民服务。而要做到这点，就必须使行政权力的运行遵循一定的原则。

(一)权责一致原则

权责一致原则是指管理者所拥有的权力应当与所承担的责任相对等的原则。一方面，管理者拥有的权力与其承担的责任应是对等的，不能只行使权力，而不承担职责；也不能只要求管理者承担责任而不予以授权。另一方面，一定的职权应当由具有相应能力和素质的人员来承担，也就是人和职位一定要相称。也就是要根据管理者的素质和表现，尤其是责任感的强弱，授予其适合的管理职位和权力。

(二)公益性原则

公益性既是行政权力的特征，又是行政权力行使的一个基本原则。因为在现代社会，行政权力从根本上讲是由人民赋予的。因此，行政权力的行使必须以公共利益为目标，以人民的根本利益的实现为出发点和落脚点，而不能把行政权力作为谋取个别政党、个别集团、个别人利益的工具。

(三)合法性原则

就是说，行政机关在行使行政权力时必须有法可依，在行使行政权力的过程中必须依法行政，在违反法律、法规时必须依法追究。这是现代法治社会对行政权力行使的一个共识。一个国家要依法治国，首先必须依法行政，否则，法治就会成为一纸空文。

(四)科学性原则

行政权力行使的科学性原则主要是指程序的科学性，即行政权力为达到一定的目标应遵循一定的步骤、时间、形式和相应的顺序等。程序的科学性和合理性对于行政权力的行使尤其重要。在某种意义上说，只有程序正义才是看得见的正义。

(五)民主性原则

民主性原则主要是指行政权力的行使必须坚持公正和公开的原则。公正是目的，公开是实现公正的手段和必由之路。

公正是行政权力公益性的内在要求。尤其是对于社会主义国家，更应该把公正放在行政权力行使的至关重要的位置。

而要保障行政权力行使的公平，就必须使行政权力的行使通过有效的途径让公民了解，即要坚持行政权力行使的公开原则。公开是行政机关的行政活动公开化的具体体现，是人民当家作主的必然要求。公开性原则有助于克服行政机关的官僚主义作风，同时又保障了公民的知情权、参与权和表达权。

行政权力行使的公开包括行政权力行使依据的公开、行政权力行使的有关信息的公开以及行政权力作出的行政决定的公开。

二、行政权力行使的手段

行政权力的目的正是通过行政权力的行使来实现的，行政权力的行使过程即行政权力主体对被管理对象施加影响的过程，这一过程包括决策、组织、用人、指挥、控制、协调、沟通、监督和反馈等一系列的具体行为。从整个管理过程看来，行政主体行使行政权力对客体施加影响的手段是多种多样的，我们将其概括为强制性手段和非强制性手段。

(一)强制性手段

强制性手段指要求被管理对象绝对服从的手段。行政权力的强制性是行政权力的最显著的特征，这既是人类社会文明进化的结果，又是实现对社会有效控制的必要条件。如果行政权力不具有强制性，就不能实现维护社会公共秩序的基本职能。行政权力之所以对被管理对象具有约束力，在一定程度上就是依赖于其所具有的强制力量。

但是行政权力的强制性并不意味着行政主体凭借着掌握的强制力量可以随心所欲地支配被管理对象，也不意味着在任何时候都会直接动用强制力量。实际上，对于行政权力主体实现目标和利益而言，强制力存在着一定的局限性。其原因，一方面如同前面所指出的，强制力并不是使行政权力合法化的力量。另一方面，强制力的行使必须符合价值合理性。使用强制力量的价值在于，使那些破坏社会公认准则的社会成员为自己的行为付出一定的必要的代价，同时对其他社会成员象征性地表明违反准则的行为的不利后果以及遵从的意义，从而强化社会成员对社会准则的认同。

行使行政权力的强制性手段主要有：

1.行政规划

行政规划，即行政机关在管理国家各项事务之前，先制定出各种规划，在各规划蓝图的指导下确定各项政策性大纲，如经济规划、产业规划、土地规划、教育发展规划等。

2.行政命令

行政命令，即行政机关依法要求被管理对象做出或不做出某种行动的行为，如命令纳税、禁止携带危险品上车等。

3.行政处罚

行政处罚，即行政机关或其他行政主体依法定职权和程序对违反行政法规尚未构成犯罪的相关人给予行政制裁的具体行为。行政处罚包括：①人身罚。即限制或者剥夺违反行政管理秩序者的人身自由，如行政拘留、劳动教养等。②财产罚。即强迫违法者交纳一定数额金钱或一定数量的物品，或者限制、剥夺其某种财产权，如罚款、没收等。③行为罚。即限制或剥夺违法者某些特定的行为能力或资格,如责令停产停业、暂扣或吊销许可证、执照等。④申诫罚。即向违法者发出警戒,申明其有违法行为,通过对其名誉、荣誉、信誉等施加影响,引起精神上的警惕,使其不再违法,如警告、通报批评等。

4.行政征收

行政征收,即行政机关或法定授权组织依法向公民、法人或其他组织无偿收取一定财务的行政行为,如税收、各种行政收费等。行政征收的目的是为国家实现国家职能提供物质保证。

5.行政强制

行政强制,即行政机关为实现行政目的,针对当事人的财产、身体及自由等强制采取的措施,如强制拘留、强制传唤、滞纳金、查封、扣押、冻结等。

强制行使行政权力必须合法合理,并能为社会创造价值。而它的合理性离不开强制性手段运用的准确性和有效性。如何制定切实有效的措施,借助有力的手段,保证行政权力在行政管理的运用中发挥积极、有效的作用,是对一个国家行政能力的重要考验,也是衡量一个社会文明程度的重要指标之一。

(二)非强制性手段

非强制性手段配合强制性手段实现行政权力的行使,两者共同保证行政权力的有效实施。比较而言,强制性手段是保证行政管理机构正常运作的基础性条件,而非强制性手段则在具体管理过程中占主导地位,并且其作用范围正不断扩大。常见的非强制性手段有以下几种:

1.行政指导

行政指导,即行政机关为了引导行政管理对象采取或不采取某些行为,基于国家的法律及政策的规定而做出的行政活动。行政指导可以在市场调节以及政府干预失灵的情况下发挥经济管理的作用,也是现代行政管理发挥民主精神的表现。

2.签订行政合同

签订行政合同,即行政机关与行政管理对象就某些事项经协商一致后达成协议,签订行政合同,双方按照合同约定行动。

三、行政权力行使的程度

行政机关对客体施加影响时,会表现出不同程度的差别。行政客体可能服从,也可能部分服从,也可能不服从。行政客体服从行政机关的情况,一般体现了社会成员对政府活动的服从情况。如果行政客体的反应能通过正常渠道反馈给政府,或公民中一直保持着参与活动,公民拥护政府的政策,那么这种服从度就是比较高的了;如果行政客体不满意政府的行为,通过非正常的渠道抗议政府的政策,那么就是行政客体服从度低的表现了。

行政客体对行政主体服从程度的差异,就表示了行政权力行使的程度。行政权力的行使程度是一个综合性的指标,它不仅能反映政府工作的效率,也能反映政府的治理能力,二者的统一便是政府的效能。所以有效的政府必须是既有效率又有能力的政府。有效的政府并不取决于自身是大政府还是小政府,不取决于自身干涉社会和公共事务的多少;而是取决于政府对公共问题解决的多少,实现公共利益的多少亦即行政权力行使的结果如何。

行政权力行使的程度是由多种因素决定的。

(1)行政权力行使的目的与手段是否合理是影响行政权力行使程度的重要因素。行政权力行使的目的将会直接影响到行政权力自身的权威性,也会影响到手段的正确与否,而不同的手段所取得的效果是不一样的。当然有时正确的目的也可能产生不正确的手段,但保证行政权力目的与手段的合理与统一,是实现有效政府的首要前提。

(2)行政权力的强度。强度的大小取决于行政权力的结构,更取决于行政权力的基础。行政权力的结构无论是静态方面还是动态方面,一般是相对稳定的,只有在改革调整时期才发生明显变化,影响到行政权力的强度。行政权力的基础经常以变量的形式出现。行政权力的基础可以概括为两个方面,一是分配基础,二是个人基础。所谓分配基础,是指与职位相关的行政权力。它是通过行政权力分配而来的,在行政权力行使过程中体现为职务权威和法的权威。这种基础虽然与行政权力结构相关,也具有相应的稳定性,但因为行政权力人格化与非人格化的张力集中体现于此,所以其变动性也相当突出。加之,不同层次上及不同功能方面的职位权力,其权威的大小也是不一样的,因而在行使过程中的作用也各不相同。所谓个人基础,是指作为行政权力主体的个人自身可能带来的某种权力,包括品质、经验、知识、专长等方面的影响力。个人权力在行使过程中体现为人格权威和技术权威。这种权威的大小是因人而异的,所以,用人是行政权力行使过程中非常重要的环节。个人权力在行政权力行使过程中的作用不容忽视。在现实中,经常出现一种现象,因其在位人员不同,相同职位权力的行使程度也会有所不同,原因就在于此。

(3)行政客体的潜在能力问题。作为行政客体的个人,其财富的多寡、教育水平的高低、文化知识的多少和技术能力的强弱,都在很大程度上影响到行政客体的认知与行为能力,影响到客体对于政府政策与法令的认同与反应程度。就作为行政客体的社会集团与社会组织来说,它们潜在能力的最佳组合与整体效应,对其每一个成员能力的发挥都有很大的影响。

(4)行政权力作用的范围。范围的大小需要视权力强度、权力基础、权力手段、社会发展水平等情况而定。超越行政权力的能力发展,无视行政客体的认同,而一味追求过大、过宽的管理范围,行政权力在行使过程中就有可能发生衰减或衰变,影响行政权力的最终实现。所以,不论"最小的政府就是最好的政府"这一命题是否正确,我们至少可以认为,大政府未必是好政府。

(5)行政环境问题。无论是政治环境、社会环境、文化环境和国际环境等外部环境,抑或行政文化、行政氛围等内部环境,都对行政权力的行使起着一定的制约作用。其中,一个国家的政治遗产和经济发展阶段是影响行政权力行使程度的重要因素。

四、行政权力行使过程中的负效应

在经济社会发展过程中,行政权力具有双重作用。一方面,它在维护社会秩序、推动经济发展和增进公共利益、保障公民权利方面会起到积极的能动作用。另一方面,行政权力也可能带来社会矛盾、阻碍经济发展、损害公共利益,甚至侵犯公民权利,起到消极的负面作用。所以,对于行政权力行使过程中有可能产生的负效应,必须引起足够的重视。行政权力的负效应是行政主体在行使权力过程中所产生的某种结果,这是一种违背公共利益和行政根本目的的现象。它主要表现为:

第一,利益倒错,公仆变成为主人。行政权力的根本目的是要实现表现为国家意志的公共利益。但是,由于行政权力在特定条件下的自利性,又由于行政权力在行使时必然有一个人格化的过程,亦即是说,行政科层制结构中需要安排大量拥有固定职位,并领取一定薪俸的公职人员,他们不可避免地都有自己的特殊利益。如果缺乏相应的利益协调机制和权力制约机制,公职人员不能通过正常渠道满足自己的利益要求,那么,在行政权力行使过程中,他们就有可能为了追求自己的特殊利益而置国家利益于不顾,用公共行政权力去满足私人的需要。加之在历史跨入文明社会的门槛后,权力"决定几乎所有的由社会所拥有的剩余产品的分配"。这样一来,行政腐败现象就很容易发生,公共管理者有可能变成贪官污吏,甚至由社会公仆变成社会主人。

第二,权力角逐,手段变成为目的。行政权力虽然是由社会中少数人行使的权力,但它应该是为全体社会公众服务的权力。从本质上讲,行政权力只是实现国家目的的一种手段。但是,由于行政权力自身的层次性能够带来利益的差别,加之行政权力又拥有有效的行为手段,这样,在行政权力行使过程中,人们就容易产生"权力崇拜"意识。在权力崇拜意识的支配下,人们有可能为追求权力而互相角逐,全然不顾自己肩负的使命,甚至把权力追求作为自己一切行为的主要目的,不择手段地往上爬,最后达到自己所不能胜任的职位。组织理论中著名的彼得原理就解释了这种现象。权力角逐的结果,会导致行政权力手段与目的的本末倒置。这比在官僚制度中因人们过分遵从而带来的组织"目标置换"要更为严重。

第三,传统惯性,导致权力滥用。在行政权力既归少数人所有又归少数人支配行使的社会形态中,利益倒错、权力角逐和特权化等腐败现象是司空见惯的事情。在现代民主社会,行政权力本质上归全体公民所有。这本来是人类历史的重大进步,但由于经济与社会发展水平的限制,由于社会分工结构的制约,由于行政权力本身集中的特性,公共行政权力又不得不由少数人来行使。因此,在相当长的历史时期,行政权力依然保留着许多原有的特性。另外,这里还有行政文化传统的影响在起作用。正如恩格斯所言:"人们从小就习惯于认为,全社会的公共事业和公共利益像迄今为止那样,由国家和国家的地位优越的官吏来处理和保护。"所以,在行政权力行使过程中,上述腐败现象在一定范围和一定程度上还会有所发生。这种死灰复燃现象系由多种社会"基因"所导致的遗传现象。现代社会中行政权力的拥有者要正视这种现象,既不能惊慌失措,也不能掉以轻心,关键是要建立完善的权力制约机制,以防止并纠正行政权力行使的负效应。

第四,"应为而不为",政府公共产品供给缺位。政府对增进社会公共利益具有较弱的自发性,在公共政策运行的领域缺乏偏好度,民生的保障湮没在财富增加的发展之中。例如,倾斜性保护机制的缺失,使部分群体的利益未得到充分保护,某些政府部门过度注重可量化经济指数的提高,忽略社会发展中贫富差距扩大、整体福利减少的问题,弱势群体的政治权利与经济权利没有得到应有的重视和保护,如农民的土地权益、社会保障水平屡屡被边缘化。在主体多元、利益分化的现代社会中,不同社会主体之间在组织能力及维护自身利益的机会方面差别极大,因此,政府的权力运行必须对资源占有、能力禀赋、环境因素等予以非对称性调节,以避免市场自由异化为实质不公平。

第五,行政权力运行中存在官僚主义等,导致权力运行效率低。如果政府机构执行政策的效率不够高,就有可能使好的政策产生不好的结果,官僚主义就是行政效率低下的典型代表[①]。在行政权力运行中的官僚主义现象,主要表现为一部分行政人员办事拖拉,工作效率低下,不能高效地行使权力,充分发挥管理职能;一部分行政人员欺上瞒下,大搞地方保护主义和部门主义,妨碍了党和国家方针、政策的贯彻落实;还有一部分行政人员高高在上,脱离

---

① 袁源洁.我国当前行政负效应的分析和改进对策研究[J].福建质量管理,2015(10).

实际，脱离群众，好摆门面，大搞"面子"工程，不能为人民办实事，等等①。行政权力运行中的这些官僚主义现象，必然会导致行政权力的部分脱轨运行，对社会与经济的发展是极为不利的。

第六，权力僭越，职权扩张为特权。行政权力作为政治权力的一种，同样具有能够对社会价值进行权威性分配和再分配的功能。正因为如此，公职人员有可能利用手中的权力攫取私利。在正常情况下，行政权力不仅具有集中统一的特性，而且存在一种自然增长的趋势。当遇有权力行使对象不明、范围不清或其他有利可图的情况时，行政越权现象就更可能发生。而当有不利于自己的情况时，行政权力主体又总是尽量利用权力进行规避。这就是为什么特权现象在行政权力行使过程中时有发生的根本原因。

政府权力僭越容易使政府经济角色出现错位，"不该为而为"。政府作为管理者和参与者进入市场，在客观上为政府职能错位提供了便利②。政府权力资源的不断拓延，使其能够将未剥离出去的企业或社会中介组织承担的职责与公共服务职能合二为一，政府与市场的粘合性增强；同时，被扭曲的财政体制使中央与地方的利益分化日趋明显。在实际生活中，诸如越权立法、恶性竞争的税收优惠和土地流转政策等政府乱作为现象屡屡发生。尤其是在国有经济领域，虽然国有企业的营业收入增长较快，上缴税金增幅较大，但国有资产管理中政企不分、政资不分的难题仍然未能得到根本解决。"政府企业化"的泛化运用导致政府及其控制的国有企业挤压了民营企业的生存空间，市场公平也在这种机制中被严重剥蚀。权力在此失去了增进社会福利的应然意蕴，强权与特权严重集结，甚至形成利益共同体，以攫取更多的资源和利益。这种权利与权力的非均衡分配，意味着个人权益很难由预期可得利益转化为实然利益。

第五节　行政权力的制约与监督

行政权力是国家行政机关及其工作人员行使的一种带有强制性的约束他人行为的能力，权力行使的目的在于代表和维护社会公众的公共利益。这种具有公共性质的权力来源于社会公众共同意愿的表达，但具体的权力总是由具体的个人去执行的，执行权力的个人便由此成了掌权者。如果掌权者将个人意志和利益凌驾于社会公众和组织利益之上，就可能背离权力的行使宗旨；而如果对这种扭曲权力的行使无制约机制进行控制，政府专制、权力腐败等有违公意的现象都有可能发生。由此，权力必须受到制约成为任何一个民主国家行政权力运作的基本规则。

行政监督是国家立法机关、司法机关、政党、社会团体、公民及国家行政组织自身对行政执行过程和行为所实施的监督。行政执行的最基本的特征是依法行政，与此相联系，行政监督的最基本的特征是依法监督。它决定了行政监督的基本目标、特点、不同的内容和方式。严格要求国家行政机关及其工作人员在行政执行过程中遵纪守法、认真执法和履行公务是行政监督的基本任务。行政监督过程虽然复杂多样，但并不是一个杂乱无章的聚合体，而是一种有内在联系的社会机制。

---

① 王存福. 现阶段我国行政权力运行的负效应及其矫治[J]. 山东高等教育，2002，19(3)：12-14.
② 刘大洪，郑文丽. 政府权力市场化的经济法规制[J]. 现代法学，2013，35(2)：102-107.

一、行政权力的他律机制

他律也就是其他政治权力以及行政客体对于行政主体的制约,这主要包括立法权力和司法权力等行政权力之外的国家权力的监控、政党政治权力的监督、舆论权力的监督、公民和公民集团的监督等多种形式。

(一)权力机关监督

权力机关监督是指国家立法机关对行政管理机构及其活动实施的监督,是有法律效力的最高层次的异体监督。由于各国政体和国体不同,国家权力机关监督内容与模式存在差异性。

在"三权分立"国家,立法权、司法权、行政权分别交由不同国家机关行使,以实现权力的相互制约、监督。因而,通常被称为议会或国会的权力机关,由选民选举的议员组成,行使立法职能并享有某种监督政府的权力,同时它也被政府监督。

在实行"议行合一"国家,国家权力机关拥有国家主权和最高法律地位,在国家体系中居于核心地位,任何机关没有制约它的权力。例如,我国实行的是人民代表大会制度,根本特点是国家的一切权力属于人民,人民通过选举人大代表行使国家权力,全国人民代表大会作为最高国家权力机关对人民负责并接受人民的监督。在行政监督中,全国人大是通过中央和地方各级人大及其常委会来实施监督权。由于各级人民政府、人民法院和人民检察院都由人大产生,并对人大负责和报告工作,因此,人大的监督既是代表人民意志和国家利益的监督,也是最高层次、最具权威以及享有最高法律效力的监督。

各国权力机关监督的方式主要有质询、诘问、不信任表决、弹劾、审批、调查等。

(1)质询主要指立法机关成员在讨论会中就某个政府管理活动有关问题向政府机关发问,要求回答的做法,目的是了解信息。

(2)诘问指以严肃而正式的提问与答复方式对政府组织进行的立法监督活动。

(3)不信任表决是针对内阁制政府是否应继续工作的议会表决,主要指当国会议员对内阁制政府行为感到严重不满时,可采用不信任表决的方式促使政府官员辞职。

(4)弹劾指国会议员纠举违法失职的政府官员并罢免其职务的工作活动。弹劾对象主要是各国总统、副总统及高级公职人员。

(5)审批指国会对政府重大措施所进行的审查批准的活动。

(6)调查指各国国会在行使其立法职能时,需要准确了解信息和资料,组织经常性的调查委员会从事信息和资料的收集工作。

在我国,国家权力机关的监督是指各级人民代表大会对国家行政机关及其工作人员的行政管理活动实行的监督。《中华人民共和国宪法》规定:"国家的一切权力属于人民。人民行使国家权力的机关是全国人民代表大会和地方各级人民代表大会。""国家行政机关、审判机关、监察机关都由国家权力机关产生,对它负责,受它监督。"因此人民代表大会及其常委会与各级政府是权力机关和执行机关的关系,是监督和被监督的关系。国家权力机关对国家行政机关及其工作人员的监督方式主要有:

(1)听取和审查人民政府的工作报告。这是最常见的方式。我国宪法规定,国务院对全国人民代表大会及其常务委员会负责并报告工作。地方各级人民政府对本级人民代表大会及其常务委员会负责并报告工作。

(2)向本级政府及其所属部门提出询问和质询。质询是指全国人大常委会开会期间,代表或委员有权依照法律规定的程序对本级人民政府及其所属各工作部门提出质询案,质询内容主要是违法问题、工作中其他重大问题和领导人的严重失职渎职行为,由主席团决定接受质询的机关,受质询的机关必须在会议中做出书面或口头答复。询问是在审议议案时向有关的负责人提出问题,由其在会上做出说明,或走访政府部门,询问有关情况,提出建议,督促其解决。

(3)罢免政府组成人员的行政职务。各级人大及其常委会依照法律规定的权限决定政府组成人员的任免。凡由人大选举、决定或人大常委会决定人民政府的组成人员,人大及其常委会有权对他们进行考核、弹劾、撤换和罢免。

(4)组织人民代表视察和检查政府工作。人民代表在人代会闭会期间,可以定期地组织视察和检查,向人民代表大会和常务委员会、人民政府反映群众的意见和要求。

(5)受理和处理人民来信、来访、申诉、控告。对人民群众反映的有关情况或提出的意见进行分别处理,或亲自调查处理,或组织有关部门共同调查处理,或责成有关部门进行调查并报告处理结果。

(6)改变和撤销政府违宪和违法的以及不适当的决议、决定、法规和规章,监督政府遵守和实施宪法和法律情况。

(二)司法机关监督

司法机关监督指司法机关作为监督主体对行政机构及其活动实施的强制性监督活动。司法监督是兼具公正性与合法性的监督形式,对保障国家法制秩序的稳定,完善法制建设都有重要意义。其监督主体与监督内容都由国家法律明确规定,具有特定性。这种监督形式的重点是监督行政管理主体及其人员具体行为的合法性,其监督主体主要是国家检察机关和国家审判机关即国家法院,这两种机关的监督活动构成了司法机关监督的主要内容。司法机关可对行政立法进行审查。目前,各国司法监督实践主要包括两方面:

(1)由专门的宪法法院或普通法院系统对政府颁布的行政管理法规和行政措施进行审查,以判断其是否违反宪法。

(2)由司法机关对政府管理有关的行政纠纷进行了审理和裁判,以维护当事人的合法权益,即行政诉讼和行政裁判。

根据宪法规定,我国的司法机关由各级人民法院和各级人民检察院组成,前者是国家的审判机关,行使审判权,后者是国家的法律监督机关,行使检查权。在司法过程中,它们和国家行政组织中的公安机关三者存在着分工负责、互相配合、互相制约的关系。《中华人民共和国刑事诉讼法》第3条规定,对刑事案件的侦查、拘留、执行逮捕、预审,由公安机关负责。检察、批准逮捕、检察机关直接受理的案件的侦查、提起公诉,由人民检察院负责。审判由人民法院负责。除法律特别规定的以外,其他任何机关、团体和个人都无权行使这些权力。这条规定是公、检、法三机关在刑事诉讼过程中必须遵守的基本原则之一。

我国人民法院作为国家审判机关,它通过审理、判决与行政管理组织机构及其人员相关的案件,处罚违法犯罪的行政管理人员的行为,对行政管理活动实行监督。人民法院监督的具体方式有:

(1)对刑事案件进行审理和判决,依法追究行政管理主体及其工作人员在刑法案件所应负的违法、侵权的刑事责任。

(2)对民事案件进行审理和判决,依法追究行政管理主体及其工作人员在民事活动中所应负的违法、侵权的民事责任。

（3）对行政案件进行审理和判决,依法追究政府管理主体及其工作人员在行政活动中所应负的违法、侵权的行政责任,保证行政工作的公正合法进行。

（4）通过司法建议通知书、司法建议书等形式,向有关机构及其主管部门提出改进工作的意见和建议。

我国人民检察院作为国家的法律监督机关,肩负维护国家法制的职责,主要是通过对行政管理组织机构人员触犯法律的罪行和利用职权犯罪的事件进行侦查、批捕和提起公诉来实施监督。检察机关具体监督方式有:

（1）对行政管理中触犯刑法的管理主体及其工作负责人进行批捕和提起公诉,以此来实行监督。

（2）对利用职权徇私舞弊、贪污受贿、失职渎职以及重大责任事故之类的案件进行调查、批捕和提起公诉,履行监督职能。

（3）依法监督刑事案件的判决、判决的执行以及监狱、看守所等机关的行为是否公正合法。

（4）对专门负责侦查的公安机关的侦查活动的过程实行监督,保证侦查工作的合法性与公证性。

（三）政党监督

政党是各国政治中最重要的组成部分,它在监督领域占有重要地位。在西方实行两党制和多党制的国家,政党对政府组织的监督主要通过两方面来进行:制造社会舆论支持或反对政府的某些决策和行为;政党议员代表本党利益对政府工作进行监督。

我国政党监督与西方国家的两党制或多党制的政党制度不同,我国实行的是共产党领导的、多党合作的政党制度,相应的,我国的政党监督是以共产党监督为主、各民主党派监督为辅的政党监督形式。

中国共产党作为执政党的领导地位和作用是在宪法中明确规定的,党的性质决定它代表中国各族人民的根本利益,宪法的各项规定与党的路线、方针、政策是完全一致的。因此,共产党对国家行政机关的监督是真正从维护国家和全体人民的利益出发的,其所实施的政治监督和政策监督的过程实质上也是依法监督的过程。由于中国共产党的性质和地位,其监督作用并不仅仅局限于国家行政机关的外部,它同时也可以从国家行政机关的内部实行有效的监督。中国共产党的行政监督作用与我国的政治制度密切相关,具体表现在下列几个方面:

（1）政治监督。党对国家行政机关的监督作用主要是通过政治领导作用来体现的。党依靠制定正确的路线、方针和政策,提出符合国家利益和人民利益的政治主张,领导和影响国家行政机关的政策制定和决策过程。

（2）政策监督。党通过在各级人民代表大会和各级政府内部进行的政策法律化、政策法规化的过程,将党的路线、方针、政策转化为具体的法律规定,以立法程序强化政策的实施和效果。

（3）立法监督。党在各级人民代表大会中占有较多的代表名额,可以有效利用各种立法监督手段影响国家行政机关的行政活动和行为。

（4）纪律监督。党的各级纪律检查委员会对担任各级行政机关领导的党员干部进行严格的考查和监督,对违犯党纪国法的党员干部在进行党纪处分的同时,分别提请有关人民代表大会或行政机关免除其行政职务。

（5）法制监督。党通过自己的政治影响和政策影响,促进法治建设,不断加强立法机关、司法机关及其工作人员的工作,增强立法监督和司法监督的作用。

当然,我国政党监督中也包括各民主党派对政府及非政府组织行政管理活动的监督。各民主党派在中国共产党的领导下,对行政管理主体的活动进行监督,成为行政管理外部监督体系的重要组成部分。民主党派的监督是政治上民主的体现,它在一定程度上是对民主党派代表的特定阶层和范围的民众利益的尊重。

民主党派通过下面几种方式来监督行政管理活动:以人民政协的方式实行监督;民主党派通过其在人大中的代表来监督政府工作,对政府工作提出批评和建议;出席国务院和地方各级政府召开的重要会议,提出自己的意见和建议;向国家高层领导人直接提出意见和建议,民主党派的领导人定期与国家领导人进行会晤,就某些重要问题交换意见;民主党派党员作为国家公民,还可以通过其他途径实行监督。

(四)社会舆论的监督

社会舆论也称公众舆论,是公众对事情知情后所形成的看法、观点。大众传媒是公众舆论的核心和代表。报纸、刊物、广播、电视、因特网等大众传播媒介不仅在政府决策等活动中发挥着重要作用,而且是一支强大的监督力量。特别是在二战以后,随着科技革命的飞速发展,新闻媒介日趋活跃,不仅成为国家政治生活的工具,而且也成了公众监督政府的有力工具。各种新闻媒体组成了几乎覆盖整个社会成员的信息服务网和舆论市场。新闻媒介具有信息量大、传播迅速、覆盖面广的特点,能够形成广泛的社会影响。

在西方国家,社会舆论被称为与立法、司法、行政三权并立的"第四权力"。国家通过立法保障公共舆论的自由,新闻界成为制约国家权力的重要力量,也被誉为"无冕之王"。西方国家新闻媒体对政府的监督方式主要有以下几种形式:①在记者招待会或新闻发布会上直接诘问;②大量转播有关部门对政治丑闻的调查、审判以及听证会等;③调查指导;④政治评论;⑤民意调查。

在我国,通过各种现代化的新闻和宣传工具,增加对政务和党务活动的报道,发挥舆论监督的作用,也收到了较好的效果。通过在报纸杂志上开设专栏,在电视和广播的"黄金时间"开设监督专题节目,热情宣传国家公务员中的先进分子和模范事迹,揭发政府机关及其工作人员的官僚主义、贪污腐败等违法乱纪行为,对行政机关和行政人员的工作提出善意的批评和建议。通过举办座谈会、对话会、记者招待会、新闻发布会等形式揭露和分析政府管理和决策的重大失误,报道实情,针砭时弊。

在我国,社会舆论的监督是指通过社会公众的议论评价和报刊、广播、电视等新闻媒介对国家行政机关及其公务员的行政行为实施的监督,包括公民批评和新闻舆论监督。通过使政府管理活动置于公众和舆论的监督之下,从而达到监督的目的。

(五)社会团体的监督

这是指各种社会团体作为监督主体对行政管理实行监督的活动。社会团体是指由公民或单位自愿组成,为实现其成员的共同意愿,按国家有关规定及组织章程开展活动的非营利性社会组织。社会团体按其宗旨和所处行业分为三大类:

(1)群众性组织,主要包括全国共青团、工会、妇联以及其他群众自治组织;

(2)行业性组织,主要指全国性和地方性的工商联合会、文学艺术界联合会、科学技术协会、记者协会、个体劳动者协会等;

（3）公益性组织，主要指消费者权益保护协会、红十字会、环境保护协会、慈善组织等。

社会团体有自愿性、非营利性、非政府性、自制性和开放性等特征。因此，社会团体监督是民主社会的产物，是基于宪法规定的各项公民权利和结社权以及普遍的人权来获得合法性支持，体现国家对公民主权的尊重。

我国的社会团体监督主要包括两种情况：一是按照中国共产党的领导渠道介入政治监督，通过向同级党委和上级系统领导反映问题和意见，达到参与和监督的目的；二是利用组织结构活跃的优势，独立或与其他团体合作开展多种多样有特色的监督活动。

（六）公民的监督

公民监督主要是指公民以个人名义参与对政府行政机关和国家公务员行政行为的监督。在我国，公民的主体是人民群众，人民群众是国家的主人，包括行政首长在内的国家公务员都是人民的公仆，都是为人民服务的。公民对政府行政机关和国家公务员的监督，主要表现为国家主人对人民公仆的监督。这是我国行政监督所有的监督形式中最广泛、最直接的监督。公民监督的方式和内容主要有：

（1）通过书信、上访、监督电话、直接对话等多种途径或方式对政府行政机关和国家公务员的工作提出要求、意见和建议，参加各种形式的评议活动，对行政机关和国家公务员的行政行为与工作作出客观的评价。

（2）通过法定程序向国家立法机关、国家检察机关或行政机关的特别专业部门（主要是审计、监察部门）检举国家公务员的违法、渎职行为，控告行政机关和国家公务员的侵权行为对行政机关和国家公务员的不合理或失当的处理决定，向其上级机关提出申诉直至向人民法院提起行政诉讼。

二、行政权力的自律机制

行政权力的制约机制还包括自律机制，即行政权力自身所应具备防范措施与制度等。

（一）行政管理内部监督体系

中国行政管理内部监督体系主要有一般监督、专门监督、行政复议和特种监督四种基本形式。

1. 一般监督

一般监督是指国家行政机关内部按照隶属关系和其他关系而进行的监督。一般监督可分为三类。

一是自上而下的监督，包括国务院对全国所有国家行政机关的监督、地方各级人民政府对所属各工作部门和下级人民政府的监督。这种监督具有直接、迅速、及时的特点。根据《中华人民共和国宪法》和《中华人民共和国地方各级人民代表大会和地方各级人民政府组织法》的规定，国务院有权改变或者撤销各部、委发布的不适当的命令、指示和规章，改变或者撤销地方各级行政机关的不适当的决定和命令。上级人民政府有权改变或者撤销所属各工作部门和下级人民政府的不适当的命令、指示。

二是自下而上的监督，即下级行政机关对上级行政机关的监督。根据民主集中制原则，下级行政机关有向上级行政机关提出批评、建议的权利和义务。1955年，国务院在《关于各省、自治区、直辖市人民委员会工作报告制度的规定》中指出：各地政府对国务院的批评和建议，应随时整理和报送，国务院对这种批评和建议应认真处理和答复。自下而上的监督能够从一定程度上弥补自上而下监督的不足,克服和防止官僚主义。

三是地方政府对设在本辖区内不属于自己管辖的行政机关的监督。这种监督不具有隶属关系,它既不是自上而下的监督,也不是自下而上的监督。依据我国法律规定,县以上的地方各级人民政府对设在本辖区内不属于自己管理的国家机关具有监督职责。

2. 专门监督

专门监督指在行政管理主体内部设专门监督机关,即专门监察机关实行的监察活动。我国行政管理专门监督中,最为核心、常用、有效的专门监督是国家行政监督机关实行的行政监察活动。国家行政监察机关以宪法和法律为依据,在我国县及县以上各级政府中都有设立。它在上级行政监督机关和所属人民政府的领导下,独立地行使监察权,只服从国家有关法律、法规和政策等,因而其监督地位有公正性和权威性的特点。

中华人民共和国成立后,中央人民政府政务院设人民检察委员会,省级以上各级财政机关和国营财经企业部门设监察室。1954年,国务院设立监察部。1959年第二届全国人大撤销监察部,1986年,恢复监察部,1990年国务院颁布实施《中华人民共和国行政监察条例》,1997年《中华人民共和国行政监察法》颁布实施并于2010年6月25日进行修正。

3. 行政复议

行政复议指行政相对人认为行政主体的具体行政行为侵犯其合法权益而依法向行政复议机关提出复查该具体行政行为的申请,行政复议机关依法定程序对被申请的具体行政行为的合法性、适当性进行审查并作出行政复议决定的一种行政监督法律制度。国家十分重视行政复议,专门制定《中华人民共和国行政复议法》,中共中央办公厅和国务院办公厅还于2007年初联合发出《关于预防和化解行政争议、健全行政争议解决机制的意见》。行政复议的目的是为纠正行政主体做出的违法或者不当的具体行政行为,因此,它是行政自我纠错机制。

4. 特种监督

特种监督指行政管理主体内部依法实行的针对某种专门的行政管理活动进行的专业性监督,如审计监督、物价监督等。其中审计监督是国家审计机关进行经济监督的一种活动,它有权依法对政府组织、企事业单位以及其他同国家财政有关单位的财政财务收支的真实、合法和效益进行审查、稽查的活动。如发现有违法行为,审计机关有权责成有关单位予以纠正,并有权对其作出没收非法所得、处以罚款、停止财政拨款、终止银行信贷等处理。由于专业性监督主体在公共组织内部有相对的独立性,它与被监督对象既无隶属关系,又无经济利害关系,从而使其监督有较高的自主性、主动性和客观性。

(二)行政分权机制

党的十六大报告中提出,按照精简、统一、效能的原则和决策、执行、监督相协调的要求,继续推进政府机构改革;2007年,党的十七大报告明确提出,要"着力转变职能、理顺关系、优化结构、提高效能,形成权责一致、分工合理、决策科学、执行顺畅、监督有力的行政管理体制",并在完善制约和监督机制时提出"要坚持用制度管权、管事、管人,建立健全决策权、执行权、监督权既相互制约又相互协调的权力结构和运行机制";党的十八大报告中指出,要确保决策权、执行权、监督权既相互制约又相互协调,确保国家机关按照法定权限和程序行使权力;党的十九大报告中指出,健全依法决策机制,构建决策科学、执行坚决、监督有力的权力运行机制。

决策权、执行权、监督权既相互制约又相互协调,指的是政府内部的职权配置形式和相互关系①。通过相关职能及其机构的整合,合理配置和运用决策权、执行权、监督权,以解决某些方面权力过于集中且缺乏有效监督以及执行不力等问题。按此要求进行改革,有利于形成科学合理的政府组织结构和权力运行机制,有利于改进政府管理,做到权责一致,提高行政效能。根据授权情况,这三种职权有的由不同政府部门分别行使,有的由同一个部门的不同内设机构或下设机构分别行使。具体组织和运行形式,还要在实践中逐步探索和完善。

实施将决策权上移、执行权下移、监督权外移,推进决策民主化和科学化、执行统一化和集中化、监督外部化和独立化,建立决策、执行与监督分工合理又统一协调的管理体制和运行机制②。

广东省佛山市顺德区的大部制改革由于其党政联动的改革模式、机构重组的改革力度、体制机制的改革创新而备受关注③。顺德大部制改革以行政权三分为思路,将党政的决策权、执行权、监督权进行明确分工,并设计了新的运行机制。行政权三分的核心在于实现权力间的相互监督,从而提升行政效能。一是决策权的上移,区政府的重要决策由党委、人大、政府、政协主要代表组成的区联席会议作出;二是执行权下移,新组建的大部门执行区联席会议作出的决策,并定期向联席会议报告执行情况;三是监督权外移,监督权由新设立的政务监察部门掌握。

但是在实践过程中,行政权三分也可能造成决策者脱离实际、执行者行动偏差、监督者实权有限无从下手的局面,因此仍需要继续探索。

(三)行政责任机制

行政责任是人类社会政治法律思想和制度发展史上间接民主阶段的历史产物,是"主权在民"及"权力分立"原则的必然要求。确立和确保行政责任的精义在于:宪法以及与宪法相一致的法律是政府及其官员施政的准绳;公民的权利与义务受法律的规定与保障,政府的行政行为须以完备之方式以昭信守并负违法失职责任;一切行政行为均须凭依详细之权限规定;受到政府及其官员公务行为损害的公民,有权提出诉讼并获得赔偿。在当代世界上,行政责任已经成为民主政治体制国家的重要标志。

从广义上说,行政责任是指政府作为国家行政主体行使行政权力,通过实施国家行政管理对国家权力主体负责。在现代民主宪政国家里,全体国民是国家的最高权力主体,国民授权是国家行政权的权源。因此,政府应当为国民谋利益,并接受国民的监督,从而承担广泛的行政责任,即广义行政责任。

从狭义上说,政府公务人员作为政府的构成主体,在代表国家实施行政行为的过程中,当其违背与其公务身份同时产生的义务和职责时,就必须承担责任即承担狭义行政责任。狭义行政责任又有两种情况,即法律上的行政责任和普通的行政责任。前者主要指因触犯法律而产生的行政责任,其主体恒定属于个人,他人不能为之承担或互换;后者则主要指因具体的工作制度或道德品质而产生的行政责任。在通常情况下,普通行政责任不涉及法律问题,有时还存在因为公务的因果关系而产生的连带变化。所以,普通行政责任常常可以互换承担。

行政责任是一种责任,这包括以下几层意思:第一,行政责任是一种责任;首先,责任(lia-

① 编办就深化行政管理体制和机构改革答记者问[EB/OL]. (2008-03-11). http://finance.sina.com.cn/g/20080311/20014608599.shtml.
② 行政管理体制改革全面铺开[EB/OL]. http://www.gd.gov.cn/govinc/nj2010/00dsj/000107.htm.
③ 张蒋亮,冯梦琪. 我国县区级政府大部制改革与行政效能关系探析[J]. 管理观察,2016(21):72-73.

bility)指分内之事,即有义务作为或者不作为;其次,是指一定的行为主体对自身的所作所为负责,即承担行为责任;最后,是指违背义务的行为要受到相应的追究和制裁。第二,行政责任是一种政治责任:政府由国民直接或者间接选举产生,因而要对国民负责,政府公务人员则由职位所规定,分担政府的责任。第三,行政责任是一种法律责任:政治责任通过法律的形式加以规范性地肯定和保障,并以国家的强制力,包括政府强制力为后盾发生约束力。第四,行政责任是一种行政法律责任:由执行职务的行政行为所产生,其责任主体恒定是政府、政府机关或政府公务人员。第五,行政责任是一种道义责任:政府及其公务人员遵循普遍的社会道德规范,在行政行为的过程中"应作为"和"不作为",在增强工作责任心和职业道德水平的基础上,对公务过错进行自我责备和反省悔过。

行政责任是一种义务。"对国家行政官员来说,承受行政责任的过程,是一个承担为国民尽义务的过程,在这个意义上。行政责任就是一种义务。"这种义务由法律法规所规定,由社会公德和社会舆论所约束,表现在两个方面:①行政行为主体对国家权力主体(内阁制国家间接表现为对代议机关)承担尽责效力、谋取利益、提供服务、遵法执行的义务,这种义务具有法律的性质;②与行政权力的下授和首长责任制相一致,行政下级对行政上级承担忠于职守、努力工作、提高效率、遵纪守法的义务,这种义务具有行政法规(包括行政规章制度)的性质。

行政责任是一种任务。行政机关和公务人员在承担一定义务的同时,还必须通过一定的履行义务的方式,才能实现和保证这种义务。在这里,履行义务的方式即规定性的工作任务及其相应的制度。国家权力主体以宪法和法律的形式向政府规定工作任务,在此基础上,政府则通过自身的再分配,将宏观的工作任务分解委派给各个行政机关以至政府官员。各个行政机关及其公务人员通过任务的完成来履行所承担的义务。从这个意义上说,完成工作任务的过程就是履行其义务的过程。除此之外,行政机关和行政官员还可以本着对国家权力主体负责的精神,主动开展虽未明确委任,但确实有益于社会的行政活动,即通过自身主动的行政行为,为全体国民服务。从行动目的角度看,后一种行政行为也是一种任务。完成这种任务的状况,往往是衡量行政机关及其公务人员工作精神和工作状态的标准。在社会主义国家里,这种任务直接体现政府机关和政府工作人员为人民服务的精神。

(四)行政伦理的制约机制

行政伦理根据行政行为主体确立。从主体性角度分析,行政伦理由两个层面构成。"从国家公务员个体作为行政伦理主体的意义上,行政伦理是指国家公务员的行政道德意识、行政道德活动以及行政道德规范现象的总和;在行政机关群体作为行政伦理主体的意义上,行政伦理是指行政体制、行政领导集团以及党政机关在从事各种行政领导、管理、协调、服务等事务中所遵循的政治道德和行政道德的总和。"显而易见,行政伦理属于一种行政权力的自律机制,是行政权力主体内在的一种约束机制。

行政伦理以一系列的伦理规范反映并作用于行政过程和行政行为。其特点是:行政角色自身道德意识和人格追求通过外在舆论评价和内心信念体验,以及一定的道德约束,形成强大的规范场,对其自律品质的形成起指导、监督和自我评价作用。

在行政系统的运行和行政行为的实施过程中,一方面,行政伦理对符合其要求的情感、信念和行政行为,予以激励和强化;对不符合其要求的情感、欲望和行为则予以纠正或弱化。这是行政伦理促成行政行为者进行好坏是非的道德判断的双重功能。另一方面,在行政管理过程中出现认识错误、方式或方法失当时,行政伦理能纠正行为者某种自私的念头和偏颇的情感,改变自己的行为方向和方式,以避免产生违背行政责任要求的后果。这是行政伦理对于行政行为者进行行为矫正的功能。

由于人的行为总处于不断变化的过程中,当行政行为发生变化,需要重新作出选择的时候,人们总是从某种动机出发,依照某种伦理理念进行行为选择。行政伦理此时对行政管理行为就起着类似"检察官"的作用,检验行为者动机的纯正与否、是否履行了行政责任。行政伦理通过伦理意识规范、限定并调整行政管理的活动范围、行为模式、行为选择,使行政管理行为趋于程序化、规范化。

行政伦理作为一种约束机制,它不仅可以加强对行政强权力的制约,而且更重要的还在于,它作为一种观念的力量,可以提高行政权力的合法性。这也就是说,行政伦理在很大程度上影响到公众对于行政权力的认同感和支持程度。行政伦理对于行政管理的公正、廉洁与高效起着至关重要的作用。良好的行政伦理可以树立政府在公众心目中的良好形象,获取较高的社会支持与服从。

(五)利益协调机制

有学者提出:"每一个管理决策或每一项管理措施的背后,都必须有某些关于人性本质及人性行为的假设为后盾。""经济人"行为是现实社会中的一种普遍存在,它不存在价值取向的判断,不涉及自利行为对不对、道德不道德的问题,而仅仅是对普遍存在于人类行为中的一种原则抽象,公务员也不例外。"经济人"假设,不仅是市场经济的基本前提假设,而且是公务员的基础人性假设。对公务员的"经济人"假设,便成为公务员物质激励机制的基本假设前提[1]。

"腐败"现象的产生与人的"趋利性"直接相关[2]。特别是在市场经济条件下,这种"趋利性"就表现得更为突出。"理性经济人"的前提假设,可以说是对市场经济本质的最好诠释,由此也就奠定了"高薪养廉"的理论基础。

所谓"高薪养廉",即通过提高公务员薪金(注意,这里所说的薪金不仅包括通常意义上的工资,还包括工资以外的福利待遇等)水平,使他们拥有较高的机会成本,从而促使其自觉提高工作效率,保持自身的廉洁。

推动高薪养廉政策,有以下具体做法可供探讨:

(1)必须改革目前公务员的工资制度,使政府公务员有合理和合法的途径来实现其贡献与收入的相对平衡。

(2)公务员涨薪是一个牵涉方方面面利益的敏感话题,决不可急功近利,必须要渐进而行。渐进的过程实际上就是一个不断探索和学习、不断反馈和检验的过程。决策者必须根据现有的条件和手段,借鉴以往的知识和经验,不断地调整政策目标,以期取得满意的效果。

(3)建议在工资分配的体制上进行一定的调整。可以考虑在国内一些经济相对比较发达、地方财政实力较强的地区,在效率优先兼顾公平的前提下,率先打破按行政级别取酬的传统分配方式,由地方政府自主决定当地公务员的工资水平,使公务员队伍中一部分人的工资先高起来。当然,这需要中央制定相关的政策并下放一定的权力。

(4)公务员加薪无疑会对中央财政构成很大的压力,怎样缓解这种压力,确是一个需要认

---

① 郑永兰,潘晨光. 由"高薪养廉"谈我国公务员物质激励的必要性[J]. 南京理工大学学报(社会科学版),2007,20(1):31-35.
② 谢明. 论"高薪养廉"[J]. 北京行政学院学报,2002(3):14-19.

真考虑的问题。在目前已经进行、正在进行和将要进行的中央和地方政府机构改革中,应尽可能使那些具备一定条件的事业部门脱离中央财政和地方财政,争取做到最大限度的剥离,从总体上缩小公职人员队伍的规模,为高薪养廉铺平道路。

(5)在奖励制度方面应加强对一线公务员(如国务院部委机关中的处级以下公务员)特殊贡献的特殊奖励,这将成为高薪制的有利辅助手段,对政府部门的廉政建设起到积极的作用。

(6)提出高薪的主张并不只是单纯出于养廉的考虑,而是还考虑到要为政府部门吸收最优秀的人才。

第五章 行政决策

第一节 行政决策概述

一、行政决策的含义

(一)什么是决策

在汉语中,"决"是决定、决断、断定;"策"则是计谋、计策、主意等。所谓决策,就是人们根据对客观规律的认识,为一定的行为确定目标、制定并选择行动方案的过程。决策是人类实践活动的重要组成部分,上至国家事务,下至个人生活,无不涉及决策问题。

关于"决策"一词,在两千多年以前我国的史籍中就已出现。战国末期的学者韩非在其《韩非子·孤愤》篇中提出:"智者决策于愚人,贤士程行于不肖,则贤智之士羞而人主之论悖矣。"古代楚汉之争时,韩信也曾提出过著名的"越过鸿沟,决策向东"的思想。然而,现代管理意义的"决策"概念,却是来源于西方企业管理活动的实践。

20世纪初期,美国学者巴纳德提出"组织决策"这一概念。他认为,组织中的决策分为个人决策和组织决策两种,前者是指个人参加组织的决定,主要出自个人动机;后者则是指有关组织活动的决定,主要从组织目标上考虑。

按照西蒙的分析,决策包括两层含义:第一,它是一种行为,一种过程,而不是一种结果。第二,它是一种选择的过程,是人类在实施一项改造自然和社会的实践活动之前,对多种可能的行为取向的一种判断和选择。

综上所述,决策就是指人们在正确地认识客观规律的基础上为自己的行动确定目标和选择行动方案的过程,它既是人们的理想思维过程,又是一个决断过程,因而也是人们意志活动的过程。

决策的外延也相当广泛,包括经济决策、政治决策、社会决策、文化决策、教育决策、科技决策、行政决策等。行政决策活动是人类决策活动的一个重要组成部分。

(二)什么是公共决策

公共决策,是指以享有公共权力的公共机构为主体,为达成特定的社会公共目标,在综合考虑各种需求和可能性的基础上,所进行的选择性和定型化的创造思维的活动过程。公共决策的内容涉及各个领域的广泛的社会公共事务的管理[①]。

公共决策决定着社会价值的分配,各种社会政治力量都会对它施加影响,因而公共决策过程是权力运用的政治过程。

---

① 严强. 公共政策分析的实质、特点和内容[J]. 南京社会科学,2010(1):76-82.

在市场经济条件下,存在两种基本决策类型:市场决策(私人决策)和非市场决策(公共决策)①。市场决策解决私人之间商品交易的问题;公共决策要解决的问题是市场(通过市场交易方式)解决不了的事情。

(三)什么是行政决策

行政决策是决策的一种,特指国家行政机关工作人员在处理国家行政事务时,为了达到预定的目标,根据一定的情况和条件,运用科学的理论和方法,系统地分析主客观条件,在掌握大量的有关信息的基础上,对所要解决的问题或处理的事务,作出决定的过程。这一概念有三点内涵:一是行政决策是政府的一种行政行为,其性质具有国家法定的行政权力;二是行政决策是所有行政机关的重要功能,既要体现国家意志,又要反映自身制度化和组织化的行为;三是行政机关在作出处理公共事务的决定时,应当遵循行政管理活动程序,对所解决的问题,根据事物发展的客观规律拟订多种方案,并选择一个满意的方案依法付诸实施。

1.行政决策的法学内涵

中国共产党十八届四中全会通过的《中共中央关于全面推进依法治国若干重大问题的决定》明确将健全依法决策机制作为加快建设法治政府的重要内容。要健全科学、民主、依法的行政决策机制,首先要在行政法学的视野下理解什么是行政决策,以及行政决策的范围。

行政决策最初是管理学概念,后延伸到行政学领域。基于管理学和行政学的视角,"行政决策属于管理决策的一种,它主要是指国家行政机关为履行行政职能就面临要解决的问题,从实际出发,制订与选择行动方案,作出决定的活动。"(许文惠、张成福、孙柏英,1997)政府新的行为方式的出现,要求我国行政法学揭示各种新行为方式的规则。因此,行政决策逐渐走入了行政法学的研究范围。从词性上来看,行政决策可分为静态的行政决策和动态的行政决策。静态的行政决策是指"国家行政机关执行宪法、法律,发挥行政管理职能作出的处理国家公共事务的决定"②。动态的行政决策则将其定性为行政行为或者行为过程,是指行政机关在职权范围内为实现行政管理目标,制订方案,选择方案,以及在执行过程中调整方案的行政行为(皮纯协,2000;刘莘,2006)。静态行政决策其实是动态行政决策的结果,前者可以被后者吸收。因此,行政决策可以是指包含了静态行政决策的动态行政决策。

2.行政决策的概念对行政行为类型体系的挑战

由于行政决策一词"并非行政法学上的用语,内涵非常模糊"(黄学贤,2010)③。若要将"行政决策"作为独立的概念范畴纳入行政法学的研究体系,就注定无法回避"行政行为"这一行政法学的核心概念。由于深受法国和德国的影响,我国行政行为的概念体系被打上了类型化的深刻烙印,以至于行政决策这一概念甫一出现,人们的第一反应便是去探究它究竟属于行政行为中的哪一种类型,是属于抽象行政行为还是具体行政行为?按照中国行政法学界比较通行的观点,划分抽象行政行为与具体行政行为的标准是相对人是否特定。行政决策往往针对的是不特定的相对人,按照通行的区分标准,似乎应属于抽象行政行为。但是,仔细比较可

① 陈振明.市场决策与非市场决策——论市场经济条件下我国公共决策的优化[J].厦门大学学报(哲学社会科学版),1997(4):29-34.
② 杨海坤,李兵.建立健全科学民主行政决策的法律机制[J].政治与法律,2006(3):20-27.
③ 黄学贤.行政法视野下的行政决策治理研究[J].政治与法律,2014.

以发现,行政决策与抽象行政行为存在一些不同之处。第一,行政决策强调目的性,任何行政决策都是为了实现特定的目的。抽象行政行为强调规则性,旨在为不特定的相对人将来可能实施的行为提供相应的规范依据。第二,行政决策因决策目的的实现或者未实现而终结或者终止,而抽象行政行为做出之后将会反复适用,直至社会生活发生重大变化导致该行为规则被废止。可见,尽管具有某些相似的特征,但行政决策与抽象行政行为并非一对种属概念,即不能将行政决策理解为抽象行政行为的一种。那么,行政决策与具体行政行为的关系呢?由于行政决策会针对不特定的主体产生广泛的影响,因此,很难将其直接归入具体行政行为这一类型。行政决策是为未来的特定目标服务的,或者制定行动准则,或者拟订和选择行动方案,目的都是指导行动解决具体问题。行政决策宏观性和指导性的特点决定了决策的实施需要通过一个或者多个具体行政行为来完成。因此,二者又存在着密不可分的联系。行政立法与具体行政行为的关系是法律与执行的关系。但是,随着行政法理论与实践的发展,从"法律—执行"到"法律—行政决策—决策执行"的变迁值得关注。另外,通过对现行的规范行政决策的规范性法律文件的分析,可以发现某些行政决策也明显具备具体行政行为的特征,例如处置某重大国有资产、特殊的行政许可等。综上可见,如果固守抽象行政行为与具体行政行为的二分法,行政决策实则具有二者的混合性或者综合性,无法简单地归入抽象行政行为或者具体行政行为。通过以上的分析可以得出一个结论:"传统行政法建立起来的行政行为理论已经完全无法涵盖现代政府的所有活动。"(翁岳生,2002)在行政法学研究领域,行政决策概念的引入对行政行为类型化理论提出了挑战。若固守类型化的行政行为概念,则行政决策无法在行政行为体系中找到自身的定位。近年来行政行为类型化的研究思路已经受到诟病。境外学者提出现有行政法学关于行政行为的类型化带有理想类型的特征。国内也有学者指出对行政行为外延的理论研究和实践需要之间存在矛盾[1]。还有学者提出了"行政过程论"这一新的研究范式。按照该理论,行政行为是一系列不断运动、相互关联具有承接性的过程[2]。因此,将"行政决策作为行政行为的一种类型并无理论障碍"(栗燕杰,2011)。在立法层面,2014 年修正的《中华人民共和国行政诉讼法》全面取消了"具体行政行为"的表述,代之以"行政行为",也体现了淡化行政行为类型的倾向。因此,扩充和完善行政行为的概念,并适时将行政决策引入行政行为概念体系,打破抽象行政行为与具体行政行为的二分法,方才顺应行政法学发展的趋势。按照"行政过程论"的基本思路,可以将行政决策界定为"行政决策主体基于国家法律和政策,根据预定目标,作出旨在分配社会资源和价值的,从而设立、变更和终止行政法上的法律关系的对策行为"[3]。

3.行政决策范围的界定

通过对地方政府规章的梳理和分析,可以发现,确定行政决策范围的方式是列举加排除式。但是,具体内容值得认真思考。

首先,纳入事项。行政决策是行政机关运用行政权力确定目标,制订和选择方案,并修正和调整方案的行为过程。行政决策范围也即可以纳入该行为过程的事项范围。这些事项应当符合下列特征:

---

① 杨海坤,蔡翔. 行政行为概念的考证分析和重新建构[J]. 山东大学学报(哲学社会科学版),2013(1):1-16.
② 戴建华. 作为过程的行政决策——在一种新研究范式下的考察[J]. 政法论坛:中国政法大学学报,2012,30(1):167-174.
③ 戴建华. 作为过程的行政决策——在一种新研究范式下的考察[J]. 政法论坛:中国政法大学学报,2012,30(1):167-174.

①符合公共利益的需要。公共利益是一切行政决策正当性的基础和来源。但是,公共利益是一个典型的不确定概念。"公共利益并非是一块整石,而是诸多利益的平衡。"①因此,界定公共利益的关键在于明确公共利益的认定主体和认定程序。有学者认为"由法律来确认或者形成客观的公共利益成为法治社会的普遍做法"②。但是,法律确认的公共利益的实现往往仰赖于行政决策的启动。因此,行政决策程序的启动者是事实上的公共利益认定主体。从各地的实践情况来看,有权提出行政决策建议的主体甚多,包括政府行政首长和分管领导、政府工作部门以及公民(含人大代表、政协委员等具有特殊身份的公民)、法人或者其他组织等。这些主体仅仅是公共利益的主张者,其主张的利益及相关事项是否可以纳入行政决策的范围通常由政府行政首长或者对应办公会议决定。有权启动行政决策程序者才是公共利益的认定主体。因此,行政决策的启动程序对于防止公共利益标准的滥用以及由此导致的行政决策范围的失范有着重要意义。有学者经分析后提出:公民参与程度不高是导致重大行政决策事项范围界定陷入困境的原因之一③。美国行为科学家舒伯特(1975)认为,公共利益存在于适当的决策程序的建构中④。因此,完善公众参与机制,强化公众参与的主动性,丰富公众参与的形式对于促进行政决策范围的法治化有着重要意义。

②影响深远性。这种深远性表现在对公民和社会的影响面广和影响力深。行政决策一旦作出并付诸实施,其造成的影响将是持续的、难以忽略的。如果决策失误,纠正其造成的不利后果可能会耗费更多的时间、人力和财力,甚至可能无法治愈或者弥补。

③宏观性。宏观性既可以是纵向的宏观,如制定区域经济和社会发展中长期规划、年度计划,也可以是横向的宏观,如确定最低工资标准。当然,更多的是纵向和横向紧密结合的宏观性。

④指导性。这个特性是由前一个特性决定的,正是因为决策事项具有宏观性,行政决策的结果必然是具有指导性的方案,指导其他主体通过具体的行为来实现行政决策的目的。

根据以上特征,并结合立法实践,目前明确应当纳入行政决策范围的事项应当包括下列几类:①社会规划和计划类;②财政资金使用、重大项目建设及重大国有资产处置类;③民生保障类;④经济、行政、文化等体制改革类;⑤自然资源规划、利用与保护类;⑥市场监管类。

其次,排除事项。从逻辑上分析,列举事项以外的并非当然属于排除事项的范畴。"其他事项"这一兜底性条款的设计为列举以外的事项进入行政决策范围提供了可能的路径。从立法技术上来看,列举或者排除都是鲜明立场的体现。既不列举,也不排除,事实上也是立法者内心态度模糊的反映。中国共产党十八届四中全会明确提出了建设法治政府的战略目标。"打造权力清单,构建有限政府"是法治政府建设的首要出路⑤。

行政决策作为行政权力运行最重要、最核心的方式之一,理应受到最严格的规制。因此,明确行政决策的排除事项是打造政府权力清单的应有之义。可以认为,应当在行政法学的视

① 黄丽娟. 对我国地方政府行政决策行为的法规范探讨——以公共利益的实现为中心[J]. 武汉大学学报(哲学社会科学版),2008(6):817-821.
② 胡锦光,王锴. 论公共利益概念的界定[J]. 法学论坛,2005,20(1):10-14.
③ 黄学贤,桂萍. 重大行政决策之范围界定[J]. 山东科技大学学报(社会科学版),2013,15(5):35-45.
④ Glendon A Schubert Jr. "The Public Interest" in Administrative Decision-Making:Theorem, Theosophy, or Theory? [J]. American Political Science Review,1957,51(2):347-348.
⑤ 汪习根. 法治政府的基本法则及其中国实践[J]. 理论视野,2015(1):18-21.

野下思考哪些事项应当被排除在行政决策范围之外。

①非行政机关的决策。在我国,除了行政机关有权作出决策,权力机关、党政机关、军事机关和司法机关等国家机关都有权就重大事项作出决策。其决策在形式、实施方式以及对公民和社会生活的影响方面均与行政决策有较大的相似性。但是,它们之间根本的区别在于决策权力的性质。既然行政决策属于行政行为,行政权的行使和运用就是其必要条件。

②行政立法。行政立法是否属于行政决策的范围是实践中最具争议的问题之一。尽管行政立法事项在很大程度上具有与行政决策事项相似甚至相同的特征,但是行政立法与行政决策在行政法学体系中处于不同的定位。行政立法已经是行政法学上范畴清晰、控制系统完善的领域,无论是立法主体、权限还是程序等问题,都已有成熟的规范体系,受《中华人民共和国立法法》等法律法规的调整。因此,无须纳入行政决策的规制体系。

③一般行政许可。行政决策不包括具体的行政处理行为。一般行政许可虽然具有裁量性,但其仅针对特定的主体作出,影响的范围和程度有限,而且已有《中华人民共和国行政许可法》和配套的法规、规章等作为依据。只有特殊的行政许可,如涉及特定行业准入和有限自然资源开发等的行政许可才可纳入行政决策的范围。

④内部人事管理决定。外部性是行政决策的基本属性之一。行政机关作出的内部人事管理决定,在特定情况下,例如与行政管理体制改革或者政府机构调整相伴而作出,可能与行政决策密切相关或者具备相似性。但是,不能改变其内部性特征。此类行为应受《中华人民共和国公务员法》《行政机关公务员处分条例》等法律法规的规范。

最后,预留事项。此类兜底性条款的设计具有重要意义。一方面,滞后性是法律的重要特征之一,无论多么详尽周密的列举都无法穷尽社会生活的方方面面。另一方面,法律语言概括性和简明性的特征容易导致法律理解和适用的模糊。解决上述困境最合适的方法就是设计兜底条款。但是,兜底条款最大的弊病在于其模糊性和不确定性给适用者留下了过大的自由裁量空间。究竟什么事项属于"其他事项"并无准确的判断标准。拥有"其他事项"判断和界定权力的就是前文所述的行政决策程序的启动者,往往是政府行政首长。

要防止行政决策程序的启动者滥用或者错用自由裁量权,需要从两方面予以保障。一是对行政决策概念进行准确清晰的界定,明确行政决策概念的内涵。同时尽量详尽和具体地列举已知的行政决策事项。二是完善行政决策的启动程序,赋予公众行政决策建议权,并设置公众意见的反馈机制及决策动议审议机制。

(四)公共决策与行政决策的关系

行政决策在公共行政中占据着核心的地位,对整个公共行政起着决定性的作用。行政决策是行政管理基本的和首要的功能。没有正确的行政决策,就没有正确的解决公共问题的途径和方法[①]。

行政决策在公共行政和解决公共问题上起着重要作用。同样,公共决策也是解决公共问题的重要方式。因此,人们常常将"行政决策"和"公共决策"这两个概念混同使用。

公共决策的主体既包括公共权力部门和占据合法职位的官员,也包括一般的社会组织、中介组织。

---

① 赵明星. 浅谈行政决策制定的原则[J]. 法制与社会,2009(13):368-368.

　　行政决策的主体只是公共权力部门和占据合法职位的官员,不包括一般的社会中介组织。在西方发达国家,社会中介组织比较发达,公共决策在解决公共问题时起着重要的作用。而在中国,行政决策在解决公共问题时起重要作用,公共决策只是起辅助作用。

(五)行政决策与非行政决策的区别

　　行政决策是决策的一种,它是行政机关为履行行政职能所作的行为设计和抉择过程。它具有不同于其他决策的特点[①],主要有:行政决策主体是特定的,只有具有行政权的组织和个人才能成为决策主体;由于行政管理的范围和内容极其广泛,行政决策的客体是广泛的;既定的行政决策不仅对行政组织成员,而且对各级行政组织的管辖范围内的企业、事业单位、社会团体和个人都有约束力,表现出行政决策的一定权威性。行政决策与其他非行政决策相比,它是以国家权力为其后盾的,具有强制性、权威性与社会性。

二、行政决策的特征

　　决策活动的最一般特征是以信息为交换媒介的决策主体与决策对象之间的相互作用。它的一般结构是由决策主体、决策问题、决策目标、决策准则以及决策方案等要素相连接所构成的。

　　决策的特征主要有:一是预见性。决策先于行动,并在对未来的科学预测的基础上进行。二是目的性。决策是为解决一定问题而拟订并选择方案的过程,因此决策目的在于解决问题。三是选择性。决策的任务在对从多种可能的行动方案进行分析比较以选取最终的行动方案。四是实践性。决策在制定之后必将付诸实践,否则决策将失去其现实意义[②]。行政决策除了具备一般决策的特征之外,还具有自身的特征,主要表现为:

(一)行政决策主体的确定性

　　行政决策的主体具有一定的特殊性,因为行政决策的主体是拥有行政权力的组织和个人,也就是国家行政机关,决策活动的进行以国家权力作为后盾。我国宪法和有关法律对中央和地方各级国家行政机关的行政权都有明确的规定,各级国家行政机关只能在各自职权范围内进行决策。如果说行政决策的法学定位难以确定是因为其难以融入现有的具体行政行为与抽象行政行为之中的任何一个,那么这恰恰从另一个侧面说明,行政决策本身就是在行政法学的行政行为范围内。而不论是具体行政行为还是抽象行政行为,其主体是确定的,那就是行政机关。因此,行政决策的作出主体也应该是行政机关。行政决策是行政机关在作出行政行为之前必然要进行的程序[③]。

(二)行政决策内容的广泛性

　　行政决策的内容是国家和社会事务,包括国家的政治、经济、科学、文化、军事、外交以及社会生活各个方面的公共事务。如转变政府职能、调控市场物价、鼓励企业自主创新、推进高考改革和统筹城乡发展等。

(三)行政决策依据的法律性

　　行政机关是国家权力机关的执行机关,这就决定了行政决策的实质是国家权力机关意志

---

① 和景龙. 浅谈我国的行政决策[J]. 读书文摘,2016(20).
② 马玉清. 浅论公共决策的科学性[EB/OL]. www.bjdcyj.gov.cn.
③ 韩义良. 浅析行政决策的特征[J]. 职工法律天地,2016(16).

的执行。因为法律是统治阶级意志的集中表现,而行政决策必须代表和反映统治阶级的利益与意志。因此,行政决策是主体依据国家法律和法规在职权范围内按照法定的决策程序进行的决策活动。因此,行政决策的依据具有法律性。

(四)行政决策实施的强制性

行政决策是国家行政组织为实现行政目标而进行的决策活动,因此行政决策的实施以国家权力作为后盾,行政决策一经作出便具有权威性与强制性,凡在行政管辖范围内的一切组织与个人必须无条件地执行。

(五)行政决策目标的非营利性

行政决策的目标是实施行政职能、贯彻政策法律、增进社会效益,而不是以营利为目的。这是由国家行政机关的非营利性决定的,国家行政机关对国家和社会公共事务进行管理,以促进公共利益的提升为目的。因此,行政决策的目标也具有非营利性。

(六)决策结果表达形式的多样性

行政决策的结果表现为国家的政策、计划、规划或是行政法规、规章等多种形式。这些表现形式的行政决策一经确定下来,付诸实施,便具有权威性与强制性,并且在较长的时期内和广泛的范围内影响、规范着公众的行为。

三、行政决策的地位与作用

当今社会,在公共管理过程中,最主要的功能便是决策。例如,某省政府准备建设一条从A城市到D城市的公路,有两种可以供选择的方案:从A城市经由B城市到D城市;从A城市经由C城市到D城市。省政府对这两种方案的选择,就是一种决策。再例如,某区政府面临着来自两方的压力:某居民区的居民因环境噪音要求区政府将居民区内的市场清理;而以下岗工人为主体的小贩则要求区政府给予他们继续经营的权利。区政府必须要在这两者之间作出决策。

然而,在具体决策过程中,由于受到官僚组织体制的缺陷、价值观念差异、利益集团博弈、议政程序复杂等因素的影响,因此导致其进展迟缓。在现代社会快速发展变化的条件下,将导致丧失各种稍纵即逝的发展机遇;在公民权利意识不断增强的条件下,决策迟缓将降低满足公众需求的有效性,引发民众更大的不满。因此,研究现代社会条件下的行政决策,对于公共行政的科学化、民主化及有效性都具有非常重要的意义。

(一)行政决策是行政管理过程的首要环节和各项管理职能的基础

决策先于行动,行政管理活动中面临的各种需要采取行为以解决的问题,都要首先进行决策。同时,在行政组织履行各项管理职能时,也需要进行决策来推动行为以解决现实问题。因此,行政决策贯穿于行政管理的各个方面和行政管理的整个过程,任何行政管理活动都离不开行政决策。

整个行政管理活动过程就是进行决策和实施决策的循环往复的不间断过程。无论哪一级行政机构和哪一类行政人员,都要涉及行政决策。行政决策是行政领导人员最根本的任务,是行政人员最经常、最大量的活动。作为下级,要对上级的指示制定贯彻落实的计划措施,同时,又要在执行过程中对出现的各种问题进行决策。行政管理过程中的计划、组织、领导、协调、控制等职能都以决策为基础,为实现决策目标服务。

(二)行政决策是行政领导的基本职能和重要技能

决策水平高低是直接关系到政府管理是否具有生机和活力、能否取得成效的大问题。

行政领导在行政管理过程中处于管理的核心地位,承担着多项行政管理职能,这些职能中的基础职能和主要职能就是行政决策。同时,行政决策又是行政领导的重要技能,因为行政领导级别越高,其所作出的行政决策地位就越重要、作用就越大,对于行政领导的行政决策技能要求也越高。

行政决策是行政组织有效运行的导向,是规范自身行为的尺度。党和国家的路线、方针、政策是通过行政决策贯彻执行的,政府行为正确与否,很大程度上取决于行政决策的正确与否。行政决策为各级政府引航导向、指明目标,通过决策规范政府行为,使社会人力、物力、财力、技术资金和信息等要素达到合理配置以提高管理效率。行政决策科学化还有助于行政机关自身行为的规范化和科学化,从而为政府加强能力建设,塑造良好形象设定规范和尺度,为廉洁高效政府的实现创造条件。

(三)行政决策正确与否是行政管理成败的关键

成功的决策往往是行政管理成功的关键,在社会、经济、文化发展诸方面起着不可忽视的作用。错误的行政决策则产生错误的行政行为,即使客观条件再好也不会有好结果,执行越坚决对社会危害越大。尤其是国家最高层领导决策失误,必将给国家造成巨大损失,甚至危及政局稳定和政权生存。

行政组织要在遵循行政管理活动客观规律的基础上作出合理科学的决策,才能保证行政管理活动有效发挥作用;反之,错误的行政决策将会产生错误的行政管理行为并导致负面的后果。尤其国家最高领导层的行政决策的正确与否,直接关系到国家的政治、社会、经济等能否健康发展。可以说,决策失误是最大的失误。

四、行政决策的类型

行政现象的多变性和行政对象的复杂性决定了行政决策类型的多样性。行政决策从不同角度可分为不同类型。

(一)按行政决策的地位与作用,可分为战略性决策、策略性决策和战术性决策

战略性决策也叫宏观决策,指关系全局和具有深远意义的决策。策略性决策也叫中观决策,指为解决局部地方或地区的问题所作的决策。战术性决策也称微观决策,是指为执行宏观决策和中观决策,针对需要解决的技术性和枝节性问题所作的决策,是宏观决策和中观决策的配套措施与补充规定。

上述三方面的决策是辩证统一的。战略性决策决定策略性决策和战术性决策的方向与性质,战略性决策的执行又取决于策略性决策和战术性决策的执行。策略性决策和战术性决策的制定以战略性决策为依据,既要有利于战略性决策的实现,又要结合当地实际情况因地制宜地进行创造性决策。

(二)按行政决策的内容,可分为政治决策、经济决策、文化决策、社会决策等

《中华人民共和国宪法》第107条规定:县级以上地方各级人民政府依照法律规定的权限,管理本行政区域内的经济、教育、科学、文化、卫生、体育事业、城乡建设事业和财政、民政、公安、民族事务、司法行政、监察、计划生育等行政工作,发布决定和命令,任免、培训、考核和奖惩

行政工作人员。可见,行政决策的内容包括政治、经济、文化、社会各个方面。其中政治决策是一个国家行政活动的基本功能,它最鲜明地反映一个国家的阶级本质。

(三)按决策的方法,可分为经验决策和科学决策

经验决策是指决策者对决策对象的认识与分析,以及对决策方案的选择,完全凭借决策者在长期工作中所积累的经验和解决问题的惯性思维方式所进行的决策。这是领导者经常用的决策类型,也是最传统、最常见的决策类型。经验决策通常采用直接判断法、淘汰法、排队法和归纳法。

科学决策是指决策者为了实现某种特定的目标,运用科学的理论和方法,系统地分析主客观条件作出正确决策的过程[①]。

(四)根据所选方案结果的可靠性,可分为确定型决策、风险型决策和不确定型决策

确定型决策是在存在一个明确目标与一个确定的自然状态,有可供选择的两个或两个以上的行动方案,且不同行动方案在确定状态下的损益值可以计算的条件下所作出的决策。

风险型决策是在存在一个明确目标与两种以上的自然状态且每种自然状态出现的概率值可以估算,有可供选择的两个或两个以上的行动方案,且每种方案在不同自然状态下的损益值可以计算的条件下所作出的决策。决策者在风险型决策中,可根据每种方案的期望值选取收益最大(或损失最小)的方案。

不确定型决策所处的条件和状态都与风险型决策类似,不同的是各种自然状态出现的概率不能预测,因此决策结果是不确定的。决策者在进行不确定型决策时可采用等可能法、保守法、冒险法、乐观法、最小最大后悔值法等方法选取方案。

(五)按行政决策所涉及问题是否重复出现,可分为程序性决策和非程序性决策

程序性决策又称常规性决策,是指决策所要解决的问题是重复性的、结构性较强的问题,对于此类问题的决策,决策者有法可依,有章可循,有先例可参考。

非程序性决策又称非常规性决策,是指非重复性、非结构性的决策。这种决策问题不是重复发生的,既无章可循也无先例可参考。大多数决策问题均为非程序性问题,非程序性决策比程序性决策更重要,它对决策者决策技能、决策水平、知识经验与能力素养均是严峻的考验。

案例讨论与思考

北京:重大行政决策"晒一晒"——透过三个案例看决策的科学化、民主化

"规划规划,不如领导一句话!"老百姓的调侃,道出了法治政府建设的突出症结:重大行政决策制度不健全,要么政策老是翻来覆去"翻烧饼",要么好心却办坏了事,一边干部为难,一边群众无感。

重大行政决策如何规范化、透明化,特别是如何落地细化,是法治政府建设中一直在探索的问题。

年终岁末,中共中央、国务院印发了《法治政府建设实施纲要(2015—2020年)》,提出要推进行政决策科学化、民主化、法治化,并对规范行政决策给出了具体措施。

行政决策走出政府大楼会议室,应该是什么样子? 这方面我们还缺乏经验,但探索已经

[①] 孙立柱. 科学决策的基础理论和方法[J]. 理论导刊,1985(5):53-57.

开始。

记者现场观察记录了一场由北京市推进依法行政工作领导小组办公室组织的2015年度区政府行政决策案例评审会。会上,北京市各区政府将其重大行政决策中的实际案例拿出来"晒一晒"。

此次涉及的案例包括房屋征收拆迁、养老设施建设等与普通百姓切身利益紧密相关领域,社会矛盾较为集中,政府决策往往较为棘手。各区政府在介绍自身案例时,对决策中的合法性审查、公众参与、专家咨询、风险评估、决策实施监督等情况予以了说明。

各区首先向与会专家学者、媒体记者汇报决策案例情况,之后专家进行点评,并由市依法行政办当场通报经第三方调查机构调查所得的决策个案社会公众评价情况。根据以上情况介绍,北京市推进依法行政工作领导小组成员单位和各区政府法制办相关负责人对决策个案进行匿名打分。

资料来源:张璁.北京:重大行政决策"晒一晒"——透过三个案例看决策的科学化、民主化[N].人民日报,2016-01-27(18).

思考:结合案例探讨重大行政决策如何规范化、透明化。

第二节 行政决策过程

行政决策一般须经过发现问题、确定目标、设计备选方案、分析评估与选择方案等几个相互联系的环节。具体可分为四个阶段:一是情报活动阶段;二是设计活动阶段;三是抉择活动阶段;四是审查活动阶段。

一、情报活动阶段

情报活动阶段主要完成决策问题的确定和决策目标的确定。这是行政决策活动的第一个阶段,它构成决策的前提。这一阶段包括两个相互联系的环节:发现问题和确定决策目标。

(一)决策问题的确定

1.行政决策问题的含义

所谓问题,就是理想状态与现实之间的差异。而行政决策中的问题也即决策问题,就是社会现状与期望状态的差异。形成问题的原因有两类:一是维持社会的现状,二是推动社会发展。行政机构需要解决的决策问题包括现存和即将产生的社会问题。

确定决策问题是行政决策的起点。美国学者 J. S. 利文斯顿认为:"问题的挖掘和确认比问题的解决更为重要,对一个决策者来说,用一个完整而优雅的方案去解决一个错误的问题对某机构产生的不良影响比用较不完整的方案去解决一个正确的问题大得多。"这足见决策问题的确认在行政决策中的重要地位。

决策问题是那些带有普遍性和共性的社会问题或公共问题,是人们的价值、观念、利益或生存条件遭到威胁或损害而出现的问题;是由于社会关系或环境失调,使社会全体或部分成员的正常生活乃至社会进步发生障碍。也有人解释为,决策问题是那些引发部分或全部公民需求或不满的条件和状况,而这些公民追求的是状况的改善或矫正。

2.行政决策问题的特征

行政决策问题一般具有客观性、主观性、动态性、可解性的特征。

(1)客观性。决策问题是在社会、经济发展中客观存在的,决策问题的出现不以人的意志为转移。决策问题的出现既有历史的原因,也有现实的原因。

(2)主观性。决策问题客观存在,但必须通过人们的体验,通过人们的确认、分类、解释等思维活动才能够完整地表述出来。不同的人因为个人的利益、价值观念的差异,而导致对同一客观问题有不同的认识。

(3)动态性。由于社会经济环境、政治环境、生态环境处于不断的变动过程中,所以决策问题也处于动态变化之中。例如,网络问题在 20 世纪 80 年代以前还未曾出现,而现在,网络安全、网络管理等公共问题也成为行政决策所关注的热点问题。

(4)可解性。即决策问题是指那些具有解决条件的问题。那种不具备解决条件的问题无法转化为决策问题。

由此来看,成为决策问题的问题都必须具备一定范围和强度的影响力。问题的强度和影响力,以及渴望解决问题的强度在很大程度上决定了该问题能否进入议程和在议程中的排序。

决策问题的提出有三种:一种是由社会组织或公众提出,以社会舆论或建议的方式被政府采纳;二是由最高领导集团或政治领袖提出,自上而下地形成各级政府的基本政策议程;三是由政府部门或某一层级的政府首先提出,并成为政府的正式议程。

此后,公共问题进入政府议事日程成为决策问题后,政府部门要做的事情是在搜集问题信息的基础上确定决策问题的类型,即是确定性决策、风险性决策还是非确定性决策,这是制定决策目标的基础。

3.行政决策问题的构成要素

行政决策问题是一种客观存在的被认知的状态。行政决策问题是客观存在的现实情况与理想状态的差距,且是行政组织在信息收集的基础上确认的需要解决的问题。

行政决策问题是大多数人认识到或关系到大多数人利害关系的一种状况。行政决策问题应与大多数公众的利害关系相关,而非只与个别人相关。

行政决策问题是政府部门有必要采取行动加以解决的问题。并非所有的社会问题都是行政决策问题,而只有那些有必要由政府来解决而被提上行政议程的问题才是现实的政策问题。

从决策要素和问题性质两个维度可以对决策问题进行解构,如表 5-1 所示。

表 5-1 决策问题的结构

决策要素	问题性质		
	确定型	部分确定型	非确定型
决策情境	可以确定	风险型	不可确定
决策方案	有限	有限	众多
决策后果	确定	风险	不确定
概率	可计算	可计算	不可计算

(二)决策目标的确定

发现问题的过程也是调查研究的过程,只有通过调查研究才能界定和确认问题,才能弄清楚问题的范围、程度、特征、性质、产生的原因、发展的趋势以及问题的社会价值和政治影响。决策问题和原因找出后,就可根据客观需要和现实可能来初步确定决策目标。

在探查出所积累材料的基础上,分析和辨明决策的条件,进而确立决策目标。对问题的准确、完整的陈述和抽象,是决策目标正确的前提。

1.决策目标的含义

所谓决策目标是决策者进行决策活动所追求的目的。如果说问题是决策的起点,那么目标则是决策的前提。确定目标以问题确认为基础,但确定目标比问题确认更为复杂。

决策目标是行政组织通过决策解决决策问题而最终要实现或达成的预期状态或目的。决策目标制定的前提是对问题完整、正确的描述与抽象和对决策信息的收集与整理。决策目标是整个行政决策过程的指导方向,是行动方案的设计、选择、执行和评估的依据。

2.决策目标的特征

(1)政治性。这是由行政决策的主体决定的,相比一般的管理决策目标,行政决策目标是行政结构期望达成的理想状态。因此行政决策目标首先是一种特定的政治目标,它集中反映了不同决策主体对决策的认同程度。

(2)相关性。这是由决策问题之间的相关性决定的。决策目标之间的相关性有两种表现形式:一是促进其他决策目标的实现,二是阻碍其他决策目标的实现。

(3)可行性。决策目标不可过高,无法实现的目标是没有意义的;决策目标亦不宜过低,过低的目标难以指导行政管理活动。因此,一般来说,可行的决策目标是基于客观现实又略高于现实。

(4)明确性。即决策目标明确具体,对于条件、时间、成本、质量等有明确的界定与说明。

3.决策目标确定的基本原则

行政决策目标必须符合社会普遍的价值标准,否则决策目标的实施不仅将遭遇极大的阻力,而且目标的实现也毫无意义。

行政决策目标必须在政府的职权范围之内,这涉及两个问题,一是政府的职能范围,即政府应该解决的是必须由政府采取行动加以解决的问题;二是在政府职权范围内的行政决策目标才具有可行性。

发现问题的过程也是调查研究的过程,只有通过调查研究才能界定和确认问题,才能弄清楚问题的范围、程度、特征、性质、产生的原因、发展的趋势以及问题的社会价值和政治影响。决策问题和原因找出后,就可根据客观需要和现实可能来初步确定决策目标。决策目标的确定应该遵循以下原则:

(1)目标的规范性。所谓目标的规范性,是指目标的表述必须意思单一,选词造句得当,尽量避免多义,能用数字表达的,应尽量用数字表达,避免使用"很少""可能"之类的词。另外,决策目标包括一定的数量概念、时间概念和约束条件,也有助于目标的明确化。

(2)目标的层次性。目标的层次性是指决策目标分为总目标、中目标、小目标三个层次。下一层目标通常是上一层目标的手段。通过对决策目标的分层,可以找到上一级大目标和下一级小目标,这有助于分析问题和有效地决策。确定目标的层次,要进行目标归并和目标协调。

(3)目标的针对性。目标的针对性是指决策目标的确定必须以解决决策问题为中心,而与决策问题无关的事情一概不予考虑。这样,才能有的放矢,切中要害,选准解决问题的突破口。

(4)目标的可行性。目标的可行性是指目标实现的可能性。决策目标必须建立在正确的预测基础之上,也就是说,决策者拥有实现该目标的人力、物力、财力和时间以及全部手段。

(5)目标的时效性。目标的时效性是指实现决策目标的期限。所谓实现目标的期限,是指实现决策的具体目标的时间界限。如果一切决策目标不预先规定出完成期限,什么时候完成都可以,那么在社会、经济、政策环境急剧变化的条件下,决策目标就失去了意义。因此,决策目标必须具有时效性。

4. 决策目标确定的注意事项

(1)要以国家的法律、方针和政策为指导,体现最大多数人的利益和要求。

(2)要根据客观需要和现实可能,全面综合地进行考虑。

(3)确立目标要科学,即目标既要先进合理,高于现有水平,但又必须是经过努力可以达到的。因为目标太高会挫伤积极性,目标过低无法发挥潜力。

(4)确立目标要保持适当弹性,即要留有余地,不能定得太死。因为,客观环境处于不断变化之中,有些偶然事件无法预测。如果定得过死,毫无余地,一旦情况变化就会陷于被动。在决策目标初步确定后,应组织专家进行论证、检验。在此基础上,研究如何实现决策目标的方案。

二、设计活动阶段

设计活动是决策的第二阶段,决策目标确定后,就要设计决策方案,以实现这些目标。决策方案是基于对错综复杂的社会因素、社会关系的分析而获得的实现决策目标的途径和办法。

(一)备选方案的内容与构成

备选方案内容是决策实施活动中对各个要素的安排。具体来说,就包括:第一,确定决策实施的主体;第二,选择实施的时间与空间环境;第三,明确决策实施的方法与手段。这三方面内容的不同组合形式,即构成不同的备选方案。

任何备选方案都是由决策目标、环境参量和决策变量三个基本部分构成。决策目标由情报活动阶段确定,环境参量和决策变量则由设计阶段给出。环境参量是指那些虽然影响决策目标实现,但无法对之施加控制作用的因素,它对行为后果影响重大,需要充分考虑。如对一项社会政策而言,文化价值观的变化是环境参量,因为它直接影响政策的贯彻执行程度。决策变量指那些影响目标实现而又可以对之施加控制作用的因素,如公共工程决策中涉及的资金、技术、资源、士气等。因此,方案设计阶段的基本任务就是寻找对可控因素的控制策略,以便在不同状态参量下,能保证决策目标得以实现。

一般地,行政决策方案具有多样性、排斥性、多因素性的特征。

(二)备选方案的设计

简单的决策问题,可以很快地设想出几个备选方案。复杂的决策问题,拟订方案比较困难。设计备选方案的大体步骤如下所述:

(1)方案酝酿。这是将决策目标与现实条件沟通联结的一种活动。它是从决策目标出发,找出与实现决策目标有关的种种因素,从中分析出相关性大和相关性小的因素,进而将相关性大的因素区分为可控因素和不可控因素,最后把相关性大的可控因素确定为决策变量,把相关性大的不可控因素确定为环境参量,从而为方案的构思设计提供直接的基础。

(2)方案构思。这是综合考虑各种决策变量,以寻找使决策目标得以实现的诸控制策略的活动。首先要通过对决策变量数目和区间的不同选择和匹配,构造出多种可能的控制策略,进而对各策略实现目标的程度加以粗略估计,优选出几种策略设想作为方案成型的轮廓。方案构思只是从原则上探索方案的框架,而不涉及方案的具体细节。

(3)方案的形成。即将构思出的若干方案雏形转变为正式的备选方案的活动。方案形成的结果是为决策提供可选择的方案,所以要注意备选方案数量适当,过多的备选方案会增加评价选择的难度,所以应把精力集中在最有希望的若干方案雏形上。要保证备选方案的详细、具体,从过程和结果两方面使之具体化,如工作条件、内容和方式,以及方案产生的各种后果等,以便使方案切实可行。

从方案酝酿、构思到形成的设计活动的每一步都离不开预测与创新。任何方案设计都是为解决一定的问题,而问题千差万别,唯有创新才能以特殊的反应方式解决特殊问题,而预测则为创新提供现实依据,离开创新结果的支持,创新难免陷于主观随意性,在实践中也很难获得成功。创新除了需要决策的设计者有广博的知识和创造能力、创造精神之外,还需要一些具体的方法和技术,在行政学领域中,一般来讲,常用的决策方法主要有"头脑风暴法"(brain storming)、德尔菲法(Delphi)等。

(三)行政决策方案拟订的原则

在备选方案的设计过程中,要注意调查研究掌握客观现实情况,以获取大量的一手数据资料作为方案拟订及评估的依据。具体来说,有以下四个原则:一是方案要尽可能详尽和完备;二是方案之间要相互排斥;三是要注意调查研究,掌握实情,以及大量的第一手数据资料;四是要充分发挥专家、智囊、科研机构的作用。

三、抉择活动阶段:选定最佳方案

(一)行政决策方案的抉择标准

一是确保直接目标的实现。行政决策方案实施的目的在于实现决策目标,因此决策方案的首要属性便是能确保目标的实现。

二是注重效益原则。即要能够以最小的成本换取最大预期的社会整体效益的原则。

三是伦理道德标准。即方案要符合社会普遍认同的伦理准则与道德规范。

四是合法性。行政决策必须依法进行,在国家政权机关中,各机关所具有的行政决策权,以及各机关在行政决策中的地位及其关系均由法律所规定。

五是合目的性。即目标的可实现性和目标的价值权重。目标的可实现性指备选方案能使目标得以实现的程度,它包括分析方案依据的前提是否成立,方案展开过程中是否具有合理性和稳定性等。能使决策目标全面实现的方案无疑是优化方案或满意方案,反之则是无效方案。另外,在确立目标可实现性的过程中,还要对相应目标赋予价值权重,将主要目标和次要目标区分开来,以便对目标可实现程度的评价围绕主要目标展开,才能对方案进行取舍和修正。

六是可行性。要对方案进行可行性分析。包含:①政治上的可行性:政治资源的限制;政治制度的限制;利益分配的限制。②经济上的可行性。③行政可行性:行政共识;行政组织;执行人员;管理技术;信息通信。④法律上的可行性:行政决策方案的合法性;决策权;决策的法律规范化;立法。

七是协调性。协调性,即要使方案整个过程的各阶段、各环节在进度、投入、产出等方面都协调配合,紧密衔接。

(二)行政决策方案的选择方法

针对不同类型的决策,有不同的选择方法:确定型决策主要采用线性规划法、量本利分析法、边际分析法和净现值法。风险型决策方法则通过计算各种方案的期望收益或损失,选取收益期望最大或损失期望最小的方案。不确定型决策方法一般采用等可能法、保守法、冒险法、乐观法、最小最大后悔值法等方法选取方案。

需要指出的是,选择最优的决策方案无疑是决策所追求的目标,但是在实际工作中,很难做到最优。因为达到最优需要满足以下条件:①找到所有可能的方案;②对每种方案的后果有精确的预测;③所有方案的后果都有单纯的可比性。要满足这些条件,需要决策者有无限的知识、信息,显然,这是不可能的,方案的优化总是相对的。因此,西蒙提出用"满意原则"代替亚当·斯密的"最优原则",即只要找到符合或超过目标值的方案即可。"满意原则"可能并不是最优化的,但从实践角度看,却是最有效的,这也是西蒙对决策理论的一个重要贡献。

(三)科学、合理的决策体制

除了决策者主观因素对抉择活动产生影响之外,决策体制也对抉择活动产生重要影响。科学、合理的决策体制应该包括如下几个方面:第一,决策人员结构合理,即决策人员的知识结构、智能结构、年龄结构要合理;第二,决策权力统一完整,决策者有权决定选择哪一个方案,有能力调动人力、物力、财力为决策服务;第三,权责统一,法定的决策者拥有相应的决策权,同时承担相应的决策责任。

四、审查活动阶段

行政决策审查活动是对过去的抉择进行评价。这种反馈存在于行政决策过程的始终,在确定目标、拟订方案与选择方案中,要不断地进行信息反馈,以对每一阶段的工作进行实践性的检验与评价,验证其正确及合理程度,以及时修正方案或弥补缺陷,从而提升决策的科学性。

审查活动是对过去的抉择进行评价的行为。决策者的拍板定案标志着行政决策的形成,但是并不意味着整个决策过程的结束。为了证明人们的主观设想符合客观实际,就必须对决策者择定的决策方案进行评价和验证。而这种检验往往是通过局部试验来进行的。

局部试验是决策与执行的中间环节,它既是决策过程的延续,又是执行过程的先导。在局部试验中,决策者应跟踪监测试验过程,随时收集反馈信息。如果信息多属正反馈信息,则证明决策正确,接下来就可以进入普遍实施阶段;如果决策者收到的多为负反馈信息,就必须对原有方案进行调整。

但是在调整之前,有必要根据反馈信息对原有方案进行可靠性分析。因为,根据决策在执行过程中的失效规律,决策执行初期往往存在着较高的失效率。其原因或是来自传统习惯的阻力,人们对决策未充分理解;或是决策本身不完善或者错误。如果是前者,就不应该轻易变更决策,而应该致力于排除传统的阻力,同时加强宣传,使人们理解并拥护决策,从而推动行政决策的顺利执行;如果是后者,就应该修正原有决策,使之逐渐完善;或者对原有决策进行根本性的修正,即进行追踪决策。

追踪决策既意味着原有的决策和执行循环的结束,又意味着新的决策与执行循环的开始。

行政决策活动的整个过程以行政决策问题为起点,经由情报活动、设计活动、抉择活动、审查活动四个阶段(也有学者在研究行政决策过程问题时把决策执行也包括在内),这就是行政决策过程模型。一般情况下,行政决策活动依照这个模型进行,然而在实际的决策过程中,决策活动可能与这个模型有很大的出入。例如,在某些情况下,设计活动、抉择活动因为信息不完备,而要返回情报活动阶段重新搜集信息资料。因此,在实际决策过程中,要灵活运用这个模型。

案例讨论与思考

破解征收"补偿难"——东城区钟鼓楼广场恢复整治项目范围内房屋征收决策

决策过程:钟鼓楼广场恢复整治项目位于东城区鼓楼地区,是北京最为著名的历史景观和象征之一。但随着历史变迁,钟鼓楼广场历史风貌及周边环境受到很大破坏,特别是近年来,钟鼓楼地区乱搭乱建现象严重,路边违规修建的民房等建筑普遍存在建筑质量差、侵占道路的现象,市政设施落后,安全隐患突出。

2011年11月,东城区政府启动房屋征收前期准备工作。在房屋征收决策过程中,由居民自愿投票,自主选择房地产评估机构,发放征求意见表,对房屋征收补偿方案广泛征求意见,并对意见采纳情况及其理由向居民进行反馈。同时,邀请权威专家多次论证,反复修改征收方案,特别是征收范围内的房产,均经专家逐一认定,确认其既不是文物,也无历史价值,并邀请区人大代表、政协委员及区相关部门负责人出席征收论证会,就项目是否符合公益性相关要求进行论证表决。另外,决策中从合法性、合理性、可行性和可控性等方面对项目进行了社会稳定风险评估。最后在征收补偿方案提交区政府会议讨论前由政府法制机构进行合法性审查。

公众评价:东城区共完成样本量102位,其中拆迁户43位,非拆迁户59位。超九成市民听说过东城区钟鼓楼广场恢复整治及房屋征收决策。两成以上市民认为东城区政府征求过意见,其中九成参与过意见征求工作。六成市民满意东城区征收房屋、恢复钟鼓楼广场的效果。55.8%的被访拆迁户对东城区征收房屋,恢复钟鼓楼广场的效果表示满意。非拆迁户表示满意的比例为64.4%。

专家点评:各地在征收补偿中的共同点就是一个"难"字。东城区在重大行政决策的实施中比较到位,有三点做得较好:第一,决策规范化;第二,充分考虑公众的需求;第三,决策过程符合中央文件的要求与精神。

但是这种做法也存在一定不足:第一,在公益性的论证上,政府委办局参与得多,而人大代表、社会组织代表等参与较少,代表性还应增强,避免开成说服自己的会;第二,还应考虑引入第三方评估,同时对评估过程与内容予以规范。

资料来源:张璐.北京:重大行政决策"晒一晒"——通过三个案例看决策的科学化、民主化[N].人民日报,2016-01-27(18).

思考:结合案例探讨如何开展行政决策的公众参与。

第三节 行政决策的分析模型

决策的分析模型就是对组织决策过程的刻画和再现,无论是哪一种决策模型,其核心问题都是"决策是如何发生的",或者说,"决策是如何产生的"。

行政决策模式又叫作决策行为模式,是决策者反复出现的或有规律的可参考的决策标准活动形式。对行政决策的类型,目前国内外尚无明确划分,从实际运用情况来看,主要是从以下两个方面来解释的:一是按决策活动过程的基本步骤及其所运用的方法来划分。持这种观点的人一般将决策模式划分为理性决策模式、有限理性决策模式、渐进决策模式等。二是以决策主体的构成及其活动方式为划分标准,如美国政治学家所提出的"精英决策模式"和"多元决策模式"之分。

一、按决策活动过程的基本步骤及其所运用的方法划分决策模式

(一)理性决策模式

理性决策理论(rational choice model)是 20 世纪 50 年代以来流行的决策理论。该理论主要来源于经济学和统计学,建立在"经济人"假设的基础上。理性决策模式是理性选择理论用于分析组织决策的产物,通常被认为是一种理想化的决策过程,并且认为不仅适用于私人组织,而且适用于公共组织。

该模式(见图 5-1)由亚当·斯密提出,被西蒙称为"经济人的无限理性决策模式",是指决策者能够根据完备的信息作出完全符合偏好和价值最大化的决策。西方古典经济学中的"经济人"假设,认为人具有完全的理性,可以做出让自己利益最大化的选择。

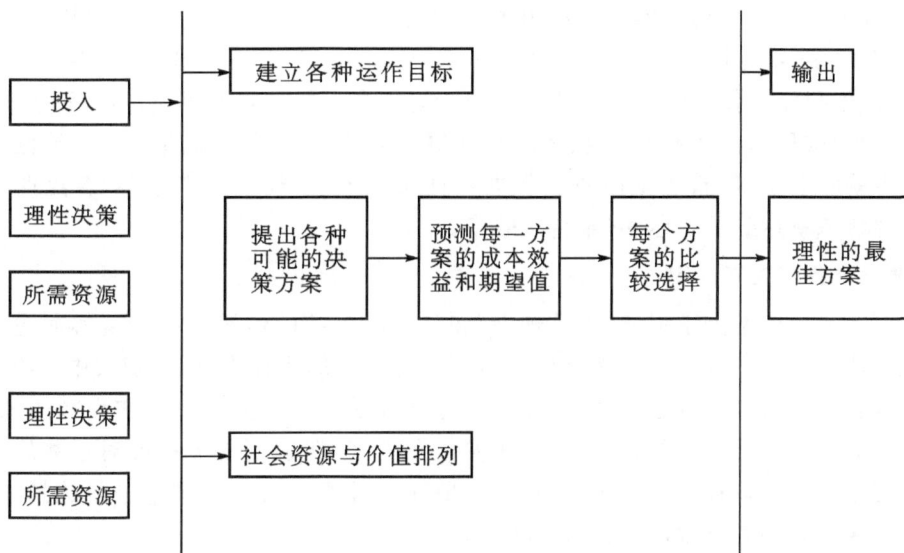

图 5-1　理性决策模式

1.理性决策模式的四个基本要素

理性决策模式的基本观点是:①决策者有一套偏好一致的目标体系;②一系列可供选择的行为方案;③对各种行动方案可能结果的评价;④选择最能够实现决策者偏好和价值最大化的方案。

2.理性决策过程的四个步骤

首先,对于组织决策而言,组织目标或政策目标通常被认为是给定的,也就是说它是由外部行政决策者所设定的。同样,它也假定所有完成目标的替代方案或手段也是给定的。原则上,搜寻替代方案的过程不是行政人员的职责。这一假设是该模式受到批评最多的原因。事实上,公共组织决策中的行政人员需要花费大量精力来寻找决策方案,以及需要在政治和技

术方面进行权衡。

其次,所有的替代方案或程序需要接受彻底的分析和检验,以识别它们各种可能的后果,这些后果包括直接的和间接的、意料中的和意料外的。这些决策方案的后果通常被认为具有研究性,或者仅仅有一定程度的不确定性和风险。对于这些方案的分析通常包括以过去经验为基础进行预测。

再次,需要按照价值偏好对这些决策方案的可能后果进行排序,这也被认为是理性决策过程中最关键的一步。由于每一种决策方案都有各种可能的决策后果,因此,我们需要对决策结果进行逐步排序。例如,在所有被考虑的行动方案中,有些行动方案可能有经济和环境方面的后果,有些行动方案可能有教育方面的后果,而这些后果之间的优先顺序必须先被排列,然后由决策者进行工具理性方面的选择。

最后,最能够实现决策者偏好和价值最大化的决策方案被选择。通常而言,这一决策方案要求满足最优效率标准,即要求在既定资源范围内,产生最高收益和价值。

3. 决策的理性模型的两种效率标准

组织决策的理性模型在现实中发展出了两种效率标准,一种帕累托效率(Pareto efficiency),一种是卡尔多-希克斯标准(Kaldor-Hicks criterion)。在经济学里,如果不存在另外一种可选择的状态使得没有任何人的处境变差而至少有一个人的处境变得更好,这种状态(资源配置、社会制度等)被称为帕累托最优状态。而如果一种变革使受益者所得足以补偿受损者所失,这种变革就叫卡尔多-希克斯改进。如果一种状态下,已经没有卡尔多-希克斯改进的余地,那么这种状态就达到了卡尔多-希克斯效率。

4. 对理性选择模型的批评

不过,理性选择模型由于强调"充分理性"和"充分信息"的假设不符合现实而遭到了很多批评。例如,西蒙(1997)认为理性选择模型以不符合现实的假设为基础,现实中人类行为至少在三方面偏离客观理性:①理性要求对每一种选择的可能后果拥有完全知识和想象力,很显然,关于后果的知识总是破碎的;②由于后果发生在未来,在使用价值标准对这些后果进行评价时,必须使用想象力弥补经验不足;③理性需要在各种所有可能方案中进行选择,但在实际决策过程中,通常只拥有有限的几个方案供选择。

当然,理性选择模型在接受批评之后,逐渐放宽了自身的假设,例如引入信息不确定性和信息不对称下的决策行为分析,利用博弈论来分析组织决策等,但是对"充分理性"的假设一直没有进行修正。而正是对"充分理性"假设的批评,马奇和西蒙等人开发了有限理性决策模型。

(二)有限理性决策模式

"有限理性"的概念是由西蒙于20世纪50年代提出,主要针对经济学的理性决策模型。有限理性的基本思想是人的信息加工能力是有限的,因此,人无法按照充分理性模式去行为,即人们没有能力同时考虑各种选择方案,无法总是在决策中实现效率最大化。

西蒙认为,纯粹理性是不可能的,在现实中,所有决策都是在有限理性基础上的决策。这是因为:①人的知识具有不完备性,要受主观认知、理解能力和客观条件的限制。决策者对政策问题及其环境的理解总是零碎不全的,不可能具备完备的知识。②预见的困难。决策是面向未来的,方案的选择是以对未来的预见为前提。由于对未来的预见是以想象而非实际体验为基础,任何预见都不可能是完整的。③选择范围的有限性。按照纯粹理性的要求,决策主体要在全部可能的备选方案中进行比较和选择,但实际上人们只能想到全部可能方案中的很少的几个。④时效的局限。即使每种可能的行动方案以及每一种行动方案的全部后果都能够考虑到,这在成本上也往往是不合适的。因为决策要考虑时机,决策的时机稍纵即逝,一旦时机错过,再好的决策也无济于事。

正是由于理性有限,决策者不可能达到如理性决策模式所要求的那么完善,只能在有限的且力所能及的范围内,对可能找到的备选方案作出"满意的"或是"够好的"决策。因此,行政决策的模式只能是有限理性决策模式(见图 5-2)。

可见,西蒙认为,现实中的个人决策和组织决策既不是完全理性,也不是没有理性,而是"有限理性"。正是因为在"有限理性"的假设之下,无论是作为决策者的个人,还是从事集体决策的组织,都是采取"满意"决策,即从所有可能选择的方案中追求"满意",而不是追求"最优"。

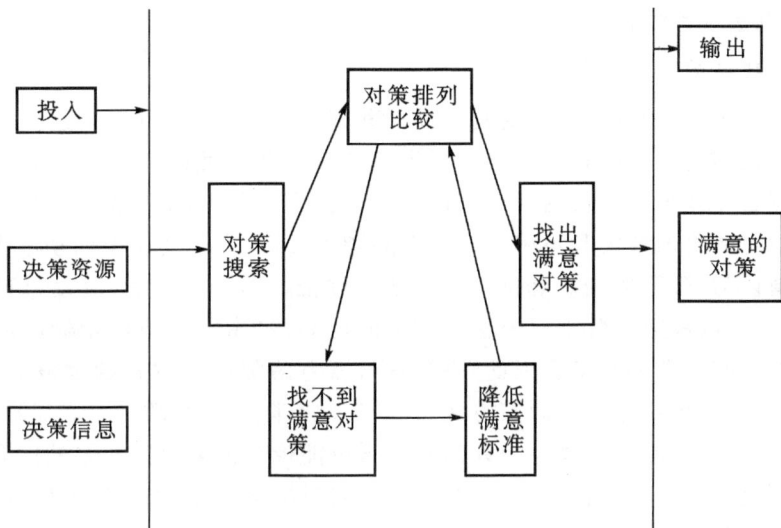

图 5-2 有限理性决策模式

1. 有限理性决策模式的主要观点

该模式认为现实中的个人与组织处于介于完全理性与非理性之间的"有限理性"状态,对行动方案进行决策的标准是"满意",而非追求"最优"。

(1)决策者不可能能够获取所有与决策状况相关的信息,他所掌握的信息通常是不完备的;决策者处理信息的能力也是有限的,他不能识别所有信息并全能地进行处理。

(2)决策主体无法提出所有可能的备选方案,现实中人们能想到的方案只有部分。

(3)决策要考虑时机,一旦错过时机,"最优"的决策也无法发挥作用。因此即使人们可以对每种方案的后果都进行评价,在成本上往往也是不合适的。

(4)决策者的选择行为会受信息的性质和时间先后的影响,他的决策能力在复杂的决策中会受到限制。

(5)决策者的决策行为除了受已有知识与经验的影响,还受到决策者的个性因素影响。

2. 有限理性决策的模型的特点

(1)在对目标达到一致意见之后,决策过程的第一步是决策者需要选择满意的标准,即当对各种替代方案进行选择时,决策者需要考虑在何种程度上达到满意要求。

(2)一旦希望提高或达到的标准确定,第一个满足或超过决策者期望或需求的行动方案就会被选择。

(3)有限理性决策模型并非同时对所有决策方案进行选择,而是按照顺序对决策方案进行排序,进行两两比较。在两个决策方案进行比较过程中,所有其他方面相同的情况之下,比较两个方案的不同之处,这样可以减少对于决策者的知识要求和理性要求。

因此,西蒙认为人不是完全理性的"经济人",行政决策者的决策应该是"有限"的决策,在决策过程中应该以最大的满意代替最优。

(三)渐进决策模式

美国当代著名经济学家、政治学家查尔斯·林德布洛姆在批判传统全面理性决策理论的基础上,提出了渐进决策理论。

1.渐进决策理论的主要思想

林德布洛姆认为,人的理性由于受到种种不利因素的制约,决策无法达到完全的理性,因而理性决策模式提出的决策必备的条件是不现实的。它不仅使决策成本大大提高,而且使决策分析过分依赖于专业技术人员,强化政府权力,减少了公民参与决策的机会和可能性,并且无法解决决策面对的价值冲突和不确定性政策问题,与政府实际的决策活动不大相符。

林德布洛姆认为,政策的制定既是一个科学的过程,又是一个社会互动过程,由于多重主体的参与和制衡,行政决策实际上只是根据过去的经验,经由对现行政策做出局部的、边际性的调适过程达到共同一致的政策。因此,决策者只需考虑那些与现存的政策具有渐进差异的政策方案,不必调查与评估全部的政策方案;只需考虑有限的几个政策方案而不是涉及所有逻辑上可能的方案;对每个政策方案也只评估几个很可能产生的并且很重要的后果。这样一来,新政策的出台不过是过去政治体系活动的继续,是对过去老政策做某种程度上的修正。据此,决策的制定和完善是一个渐进发展的过程,是谨慎的步步试错过程,而不是对以往的政策的推倒重来。按照这一理论要求,决策者在进行决策时,首先要认真分析研究以往的决策方案,总结经验教训,然后再做出改革措施。

可见,渐进决策理论主要观点就是:决策者在决策时在既有的合法政策的基础上,采用渐进方法对现行政策加以修正,通过边际变动,在社会稳定的前提下逐渐实现决策目标。

该模式承认决策者理性的局限性,认为决策无法达到完全的理性。他认为,行政决策实际上是对现实中执行的方案进行微小的、局部性的调试,通过采取边际行动,在社会稳定的前提下逐渐实现决策目标。

2.渐进决策模式的基本观点

(1)决策过程是决策者基于过去的经验对现行政策稍加修改而成,而不是对以往政策的彻底改变。

(2)渐进决策通过逐步的渐进方式寻求变革,经过一点点的微小变化,逐渐达到根本变革的目标。

(3)进行决策时,需考虑的只是与现存的政策存在边际性差异的备选方案,而不必拟订和评估所有的政策方案。

(4)该模式常常倾向于维持现状以达到稳中求变的目的,避免巨大变革可能引起的社会不稳定。

因此,渐进决策模式实际是一个积小成大、渐进发展、稳中求变的决策模式,是谨慎的步步审查的过程。渐进决策模式被推崇的原因包括:它是与渐进政治相适应的,是由决策技术上的困难和现行政策已投入的巨额资本所决定的。对于该模式的批评集中在其保守性以致难以深入有效了解社会和不适应危机与变革的要求以及对于环境变化的适应性不足等方面。

3.渐进决策的基本原则

渐进决策的特点是保留对以往政策的承诺、注重研究现行政策的缺陷、目标与方案之间的相互调适、一致同意原则。

第一,渐进主义。林德布洛姆认为"政策的制定是根据过去的经验,经过逐渐变迁的过程,而获得的共同一致的政策"。这也就是说,决策过程只是决策者基于过去的经验而对现行政策稍加修改而已。

第二,积小为大。渐进决策看上去似乎行动缓慢,但它积少成多,实际速度往往大于一次大的变革。就是说,渐进决策并不是不要求变革,而是要求这种变革必须从现状出发,通过一点点的变化,逐渐达到根本变革的目的。

第三,稳中求变。渐进决策步子虽小,但却可以保证决策过程的稳定性,达到稳中求变。政策上的巨大变革是不可取的,因为往往欲速则不达,会危及社会的稳定。渐进的方式比较容易获得支持,而急剧的变革往往会带来人们心理上的不适应和行为上的抵制。

4.推行渐进决策模式的原因

首先,渐进决策是与渐进政治相适应的,即政治的一致性。西方政治上所推行的多党制,决策主体是多元的。但由于阶级利益的一致性,其政治利益常常也是一致的。各政党在竞选时仅对每项政策提出渐进的修改。

其次,渐进决策是技术上的困难造成的。决策者在技术上不可能对决策的所有备选方案都做到透彻的了解。因此,他认为,决策者必须在有所了解的基础上就作决策,然后边执行边修正。

最后,渐进决策是由现行政策的巨额资本所决定的。现行计划的连续性是必须被纳入考虑的。任何一项新的决策都不得不考虑原有决策的影响,否则便会带来一系列问题。

5.渐进决策模式的缺陷

林德布洛姆的渐进决策模式有一定的合理性。在方法上,它强调在进行改变时维持社会和组织的稳定,而不是引起动荡的变革,逐步对政策加以修改并最终改变政策。从政治和行政决策的角度来看,渐进决策模式不失为在某种条件下的一种有用的思想和方式。

但林德布洛姆的渐进决策模式依然存在局限性。一是保守性,难以深入有效了解社会。在方法上明显地带有保守的特点,一般适合于比较安稳的环境,一旦社会条件发生巨大变化,渐进决策模式所主张的修改和缓行就起不到它的作用。二是多元主义趋于膨胀。三是未来的不可控制性。四是形成循环。五是对于社会条件和环境发生巨大变化,需要对以往的政策进行彻底改变,具有很多风险时,渐进决策所主张的修正和缓和就起不到它的作用,有时甚至会对社会的根本变革起阻碍作用。

6.关于理性决策模式、有限理性决策模式和渐进决策模式的比较

关于理性决策模式、有限理性决策模式和渐进决策模式的比较见表5-2。

表 5-2　三种决策模式的比较

	理性决策模式	有限理性决策模式	渐进决策模式
从决策的理性方面上看	理性决策模式是在科学管理理论和"经济人"的假设前提下从规范的角度来考察问题的。强调通过理性的计算和推理来实现决策目标的最大化,但是由于受周围环境、问题难易程度、价值观差异和社会文化的影响等,使得决策理性化的分析可能导致问题的贻误,从而带来较大的价值损失(时间成本)	有限理性决策模式是一个介于理性决策模式和渐进决策模式之间的中性决策模式,它认为完全的"经济人"是不存在的,主张用满意的决策代替最优的决策。然而,有限理性决策模式容易受信息的性质、先后和决策者个人经历、个性因素的影响,使得最后的决策常常带有浓重的个人因素,容易偏离了最初的决策目标	渐进决策模式承认决策者理性的局限性,它只是对现存政策进行了必要的修改和补充,没能从根本上对政策进行彻底的改变。这种小规模的行政决策容易让人接受,有利于社会稳定。但渐进决策模式倾向于维持现状,忽视了政策要随环境的改变而进行变革,在遇到急需变革的政策时力不能及,最终也会引发社会动乱

(四)规范最佳模型

通过上述可知,无论是理性模型还是渐进模型都在包含合理性的同时存在局限性:理性模型是最为理想的,但在现实中很难实现;渐进模型是最为现实的,但却有着明显的保守倾向。那么,能否有一种综合决策模式能吸纳二者优点、克服二者缺点呢?德洛尔(Y. Dror)和埃兹奥尼(A. Etzioni)就此做出努力,分别提出了规范最佳模型(normative optimum model)和综合扫描模型(mixed-scanning model)。

作为一种综合模型的规范最佳模型建立在四个假设的基础之上:第一,最佳决策是一个认同理性、增加理性的过程;第二,这一认同理性、增加理性的过程对于在复杂的问题上形成最佳决策所起的作用是至关重要的;第三,可通过多重途径和方法提高政策的理性程度;第四,现代政府同时面对要求稳定的政策诉求和要求变革的政策诉求,而在一定时期内则以其中的一种政策诉求为主,前者适合于使用渐进的决策模型,后者则适合于使用革新的决策模型,因此,必须将不同的决策模型结合起来。

(五)综合扫描模型

作为另外一种综合模型,综合扫描模型更为直观地综合了理性模型和渐进模型。埃兹奥尼指出,综合扫描因运用了两种摄像机而包含了上述两种方法的基本内容。第一种是多角度摄像机,以此能观察全部空间,只是观察不了细节;第二种摄像机对空间做深入、细微的观察,但不观察已经被多角度摄像机所观察的地区。综合扫描模型要求决策者将理性和渐进两种方法结合使用:在某些情况下使用前者,另外一些情况下则使用后者,扫描的范围应尽量广泛和深入①。

综合扫描决策模型主张以下决策步骤:

(1)在现行政策无法单靠修补挽回败局时,列举所有的相关备选政策方案。

(2)简明扼要地审视上述所有方案,剔除明显阻滞难行的备选方案。被剔除的方案概因存在以下障碍:功利性障碍,即该备选方案无法获得所需的支持;规范性障碍,即该备选方案违背

---

① Amitai Etzioni. Mixed-scanning: A "Third" Approach to Decision-making[J]. A Reader in Planning Theory, 1973, 27 (5):217-229.

了决策者的基本价值观;政治性障碍,即该备选方案与其他参与者的基本价值观、利益大相径庭,而这些参与者的支持与否关系到决策与执行的成败。

(3)筛选后得到的备选方案,再依上述剔除方式做概略的检验。

(4)经过上述过滤后,可提高复核的标准,再详细地用步骤(2)精挑细选,直到选出一个可行的方案为止,此时即确定了政策(基本决策)。

(5)根据确定的政策制定详细的实施办法。

(6)在此基础上的决策只是对此政策进行局部的渐进完善。

综合扫描决策模型提供了兼顾渐进与理性模型间关系、照应理想与实际的决策范式。综合扫描决策模型要求根据决策者的能力确定扫描的层次,能力较强进行高层次扫描,扫描得越详尽决策过程就越有效,能力较弱者则不宜进行高层次扫描。在剧烈变迁的情景下,可以集中资源在高层次扫描上,根据扫描的结果采取适当的应变措施,避免破坏性的变迁。

综合扫描模型遇到的最大的困境莫过于区分决策的大小,以便确定在何时何种程度上使用综合扫描模型。要摆脱这一困境只能求诸决策者的素质、能力和实际决策的经验。

二、以决策主体的构成及其活动方式为标准划分决策模式

(一)精英决策模式

精英主义决策就是指在政策的制定过程中,作出决策的主体是掌握权力的少数人。这种决策模式在西方国家表现得尤为明显。威尔逊在《决策和决策人》一文中做出了详尽说明。托马斯·戴伊在《谁掌管美国——卡特年代》中,通过大量的事实材料说明美国政策制定也是由少数精英来完成的。在威权政治的东亚等国家,精英决策就更加明显。

1. 精英理论的特征

托马斯·戴伊和哈蒙·齐格勒从不同的角度概括了精英理论的几个特征:第一,社会区分为有权的少数和无权的多数;负责社会收益分配的是少数人;政策不是由民众决定的。第二,统治多数人的少数人并不代表被统治的多数;精英大多出自社会经济的上等阶层。第三,为了保持稳定、避免发生革命,非精英上升到精英地位的过程必须是缓慢而又不间断的。非精英只有接受精英的基本观点,才能进入统治集团。第四,精英对于社会制度的基本准则和保持现行社会制度不变等方面是意见一致的,只是在很少一些问题上有分歧。第五,国家政策并不反映民众的要求,而只是反映盛行于精英中的价值观。国家政策的改变是缓慢的,而不是革命性的。第六,相对来说,行动积极的精英很少受到态度冷漠的民众的直接影响。精英对民众的影响多于民众对精英的影响。

2. 精英决策模式的基本观点

精英决策模式由托马斯·戴伊和哈蒙·齐格勒提出,认为公共政策是由占统治地位的精英们决定,然后由行政机关及其人员加以实施,而不是由人民大众通过他们的需求和行动决定。其基本观点是:

(1)社会可划分为拥有权力的少数人和未拥有权力的多数人。即少数人是社会的精英,精英享有分配社会价值、决定公共政策的权力。

(2)精英来自社会中经济地位较高的阶层,他们不是被统治者的代表。

(3)公共政策反映的不是公众的需求,而是精英普遍性的价值。民众很少能直接影响精英,而精英的利益、感情和价值观念则对民众有很大的影响。

在托马斯看来,这种自上而下制定政策的形式实际上是许多国家的普遍现象,即使在民主化程度较高的国家也是如此。在现实中,精英并非只来自上层阶级,而在很多情况下是由多数人选举产生的,因此它是建立在多数民主基础上的少数人的民主。尽管精英对于行政决策的影响不是绝对的,但确实实实在在存在,因此这一模式具有不可否定的现实意义。对此模式的批评集中在其决策过程较为封闭、不利于社会愿望的表达与吸纳、不利于决策的科学化与民主化等方面。

(二)团体决策模型

团体理论作为一种研究方法由美国政治学家 A.F.本特利在 20 世纪初运用于政治研究中。他的《政府的过程》(1908)一书被认为是团体理论的代表著作。1951 年,美国政治学家 D.B.杜鲁门在《政府过程》一书中系统总结了以前的政治学家尤其是本特利对团体理论的研究成果,促使了这种研究方法的形成[①]。

1.团体决策模型的基本命题

团体间的交互影响为政治活动的中心事实。一般而言,具有共同利益的个人,均正式或非正式地结合成某一个团体,以便向政府提出他们的需求,这种利益团体的存在,乃是政治生活的主要特征之一。

政府决策过程实际上是团体间争取影响政策的过程。在这种影响之下,政策便成为各种团体之间竞争后所造成的均衡。这种均衡取决于各个利益团体的相互影响力,一旦这种影响力的格局发生变化,政策便可能随之改变。

团体决策模型是西方决策理论中的主要模式之一。该模式认为,作为政治过程产物的公共政策是利益团体之间互动、争斗和妥协的产物,并反映占支配地位利益团体的利益。这一模式的基本假设是:团体之间相互作用和斗争是政治生活的根本事实。团体之所以重要,是因为个人的力量是极其有限的,个体如果不结成组织或团体,就难以影响政府的行政决策行为。也就是说,个人的政治重要性只有通过团体或组织才能得以实现。利益团体参与行政决策的模型见图5-3。

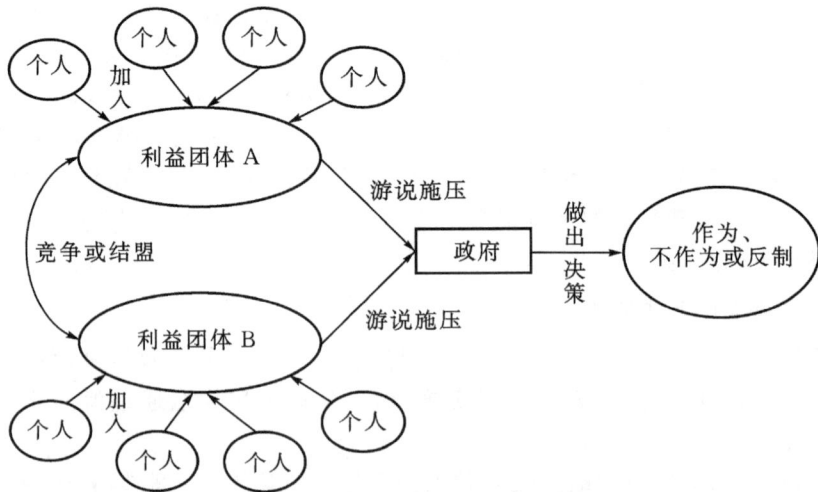

图 5-3 利益团体参与行政决策的模型

① Truman D B. The governmental process : political interests and public opinion[J]. American Political Science Review, 1971, 45(4):544-1193.

因此,团体是个人和国家之间的桥梁,团体之间的互动斗争是政治生活的基本特征。在这种情况下,行政决策便成为各利益团体斗争后实现的均衡。这种均衡取决于利益团体的影响力,而集体成员的数量,集体拥有的人、财、物等资源,团体的凝聚力,团体领导能力大小等是决定利益团体影响力的关键因素。一旦这种影响力的对比发生消长与变化,政策也将随之发生变化。因此,公共政策反映的是占统治地位的团体的利益,这是团体决策模型的实质。对团体决策模型的批评则集中在其蔑视公民政治参与、忽视政府的支配地位和决定性意义、决策导致弱势团体和社会公共利益损害等方面。

2. 利益团体影响力大小的决定因素

团体影响力的大小取决于以下诸因素:成员的多少、财富的多寡、组织能力的强弱、领导能力的高低、与决策者的接近或远离以及团体内部的凝聚力等。具体如图 5 - 4 所示。

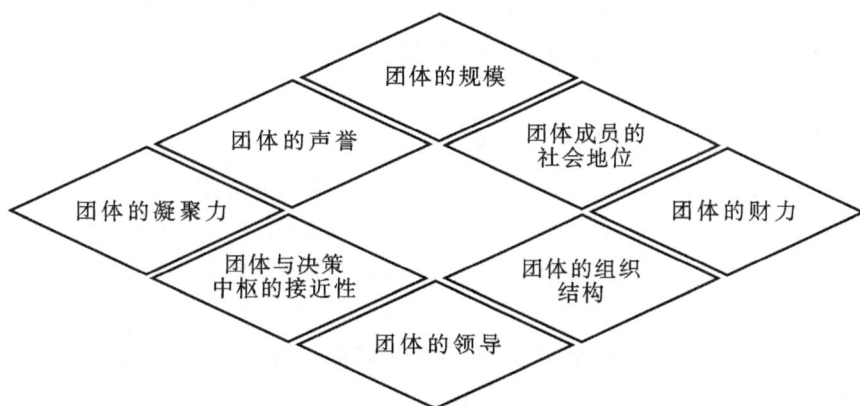

图 5 - 4　利益团体影响力大小的决定因素

在团体影响的政治运行机制中,政治系统的主要任务应该是建立团体竞争的规则、安排妥协与平衡利益、制定政策用以规定妥协的方式、执行妥协以解决团体间的冲突。

3. 团体决策模型的局限

该模型认为,作为政治过程产物的公共政策是利益团体间斗争的产物,并反映占支配地位的利益团体的利益。随着各利益团体力量和影响的消长,公共政策将变得有利于其影响增加的那些利益团体的利益[1]。

该决策模型下产生的公共政策,反映的是占支配地位的利益团体的利益,而不是社会整体的公共利益。尽管在实际决策过程中,无论哪一个利益团体,在法理上,还是能力上,都无法取代政府的主导地位,公共政策不一定就反映影响力最大的利益团体的政策要求,但是,这种模型无视公共利益要求的倾向,无疑将是对政府及其政策背离"公共"原则的某种认可。

三、其他决策模型

(一)组织决策的政治过程模型

在有限理性决策模型中,我们已经指出组织决策的政治过程模型事实上是有限理性的具

---

① 卢坤建,姚冰. 论公共政策分析中的"公共"原则——可持续发展角度的透视[J]. 中国矿业大学学报(社会科学版),2000(1):35 - 40.

体应用。

1.组织决策的政治过程模型介绍

1962 年,马奇(James G. March,1962)就将组织描述为一个政治联合体,并将这种描述发展成为一种组织决策过程理论(political models of organizations),认为组织决策是各种利益团体讨价还价的过程[①]。

西蒙(1997)的组织影响理论观点是组织中的上层通过权威机制、沟通机制、效率机制和忠诚机制,促使组织中的下层放弃自身的目标,按照组织目标进行决策,从而使得组织集体行动得以实现。

马奇(1988)、杰弗瑞·菲佛(Jeffrey Pfeffer,1981)、阿利森(Allison,1971)等学者认为,所有这些控制工具并不能够很好地和有效地解决组织中的利益冲突问题,使得组织目标具有连贯性和一致性,相反,他们主张将组织看成是一种由多种利益集团、小团体和子单位等组成的联盟。在组织决策中,行动并非按照某种预先期望的方式行动,而是"游戏"的各种参与者讨价还价的过程[②]。

2.组织决策的政治过程模型的基本命题

由于"利益"和"权力"的引入,组织决策的政治模型通常包括如下基本命题:①利益的考虑意味着信息的使用是策略的,而不是中立的;②组织的目标并不一定是连贯一致的;③组织目标和组织决策通常是松散关联的;④组织政治过程的一种重要意义是决策的执行过程,是组织决策过程的继续。

据此,组织决策的政治过程模型断言,当组织中各种决策者之间偏好不一致时,参与者的各种权力博弈将决定决策过程的结果,该模型进一步假定那些拥有最大权力的利益集团、小团体和子单位将会从组织决策中获得最多的好处和利益。

为了理解组织决策中的政治过程模型,阿利森认为应该理解组织中的如下要素:①谁参与了决策制定;②什么决定了参与者关于某个问题的立场;③什么决策了每个参与者的相对权力;④决策过程是如何达到决策结果的,也即各种不同偏好是如何转化为决策的。

相对权力、决策规则以及偏好等方面的变化都会导致组织决策的变化。组织决策是一个动态调整的过程,而决策这种动态调整的原因就是权力变化。

人们对于组织决策过程的权力模型的批判是权力本身的不可测量性,这使得学者们开始找到有关权力测量的替代性因素。其中资源依附理论是一个尝试,即通过分析和判断权力拥有者的资源数量来测量其权力数量,从而推断权力与组织决策之间的相关关系。

(二)垃圾桶决策模式

垃圾桶模式最先是由科恩(M. D. Cohen)、马奇以及奥尔森(J. P. Olsen)在 1972 年提出的,这种模式首先用来了解"无政府状态"组织(organized anarchy)的决策过程。"无政府状态"组织有三个特征:一是目标模糊(problematic preferences);二是对如何达成目标的方法亦不甚清楚(unclear technology);三是流动性参与(fluid participation)。这一模式认为,组织的行为选择并非像理性模型提示的那样有条不紊地进行,各种问题和解决方案混杂在一起就

---

① James G March. The Business Firm as a PoliticalCoalition[J]. Journal of Politics,1962(24),662-678.

② James G March. Decisions and Organizations[M]. Oxford:Bail Blackwell Ltd,1988.

像杂乱地投入垃圾桶中的东西一样供人们选择。这本来是以大学为对象进行经验考察的模型,用在政府部门的公共政策形成上,也被认为是具有现实说明力的模型①。

1.模型的主要思想

垃圾桶模式的出发点是认为在组织中存在"组织化的无秩序",这种被组织化了的无秩序有下列三个特点,即存在不明确的问题偏好、不明确的技术以及流动的参与。

首先,就偏好而言,一般人们不能将自己的偏好明确地定义,在政治过程中,参与的人们的目标也不明确。林德布洛姆也认为人们并不是明确地定义目标之后才采取行动的,实际上,正是因为人们对达成什么持一种暧昧的态度,更容易做出行动。如果人们试图对自己的偏好明确地定义,人与人之间的对立和冲突就会暴露出来。人们的偏好有差异是很普通的现象,有时在同一个人的内心也会存在矛盾和对立。目标和偏好不明确,使内在的对立暧昧化,容易就行为取得一致。因此,科恩等认为与其说组织是紧密的结构不如说是主体松散的集合体,与其说基于偏好采取行动,不如说通过行动发现偏好。

其次,所谓不明确的技术是指被组织化的无秩序的构成成员对组织过程尚不能准确地理解。这些成员了解自己的工作,由他们构成的组织全体也许工作相当努力,但是他们对自己为什么做那些工作、自己的工作在组织中如何被编排只具有极少的、零散的、初步的理解。因此,他们重复许多的试行错误,从经验中学习,遇到危机时以实用的工夫处理事务。

最后,组织成员根据问题决定表达自己的意愿或不表达自己的意愿。组织的边界是流动的,组织成员对不同主题投入的时间和努力是不同的,即使对于同一主题的关注也随时间的流逝而变化。特定的重要会议谁被邀请、谁出席,出席者的活动程度如何都会使结果有很大的不同。尽管具有这样的特性,组织还发挥着功能、表达着意愿,适应、存续着。

2.决策的四大要素

在以上的组织决策结构中有四个不同的要素,即问题、解决方案的速度、参与者以及选择机会②。

(1)问题(stream of problems)。一是进入时间,即问题浮现的时点;二是解决问题所需的能量;三是通路结构,即一些能触及问题的选择。

(2)解决方案的速度(rate of flow of solutions)。有了问题并不表示就有解决的方案,当问题与选择(决策的机会)配合时,会有解决方案流产生,而流动速率是指系统内产生解决方案的速率。

(3)决策参与者(stream from participants)。决策参与者的重要性,前面已有提及。要注意的是,决策参与者不必然是一群在某时某地开会和参与讨论的人员或官员,有可能学术界、舆论界、民间团体乃至一般老百姓也加入某一政策的争辩且企图影响最后的决策。而决策参与者共识的建立,也是决策能否确定的关键之一。

(4)决策的机会(choice opportunities stream)。最后的一股力量是决策的机会,组织的决策时机,约翰·金登(John Kingdon,1984)称之为政策之窗(policy window)。政策的决定,要等待恰当的时机。政策之窗一开,机会一来,打铁趁热,决策就可定案。如果机会一失,代表

---

① Michael D Cohen,James G March,Johan P Olson. A Garbage Can Model of Organizational Choice[J]. Administrative-Science Quarterly,1972,17(1).
② 李文钊. 公共组织决策理论:起源、模型与发展趋势[J]. 管理世界,2006(12):146-151.

政策之窗关闭,则需等待下一次机会的出现。

这些因素具有独自的生命流程。例如,人们思考解决方案并就此展开议论,解决方案对某个问题的反应,或许不是像过程模型预想的那样作出连贯的选择,这是因为人们持有自己的利益。而且,人们带着自己感兴趣的问题和解决方案,参与决策或者不参与决策。科恩等认为这样的组织是寻找问题的选择、寻找决策情景的议题及情感、寻找议题的解决方案、寻找工作的决策者的集合。

当组织中出现选择的机会时,则涉及掌握能力、地位、权力、影响力等资源的各式各样的参与者。在组织中,各种各样的问题被带入,各种各样的解决方案被考虑。此时的选择机会被认为是投入了由参与者产出的各种各样的问题和解决方案的垃圾桶。被投入一个垃圾箱的垃圾的混合状态取决于可能利用的垃圾桶的数量和种类、各个垃圾桶上贴上的标签名、产生的垃圾的性质、垃圾被收集还是被清除的速度。

从这样的垃圾桶中产生的结果与垃圾箱中的垃圾(问题、解决方案、参与者以及参与者的资源)的混合状态以及垃圾如何被处理紧密相关。例如,在某个会议上谁被邀请、谁实际参与都会给结果带来很大影响。哪个解决方案能引起参与者的兴趣,还有哪个问题会吸引人们的注意力都会带来决定性的影响。在这样的选择状况之中,有各种流程的汇合。例如,提出某个解决方案时,会出现参与者认为它对于所要解决问题不合适从而被否定的情况,或者更大的可能性是参与者看好某一行动方案,寻找适合解决方案的问题,无视不适用这个方案的问题。这样一来,什么样的问题和解决方案被注意取决于每次会议是由什么样的成员去参加。有的时候问题实际上已经被解决,而有的时候问题被推到另一个垃圾桶中,至少要宕延至下一个回合解决,或者即使是重要问题由于没有找到解决方案,有时也被暂时无视。

3. 对模型的评价

从以上描述可以看出垃圾桶理论的结构为:①系统内有各种流程;②强调结果与那些流程有很大的相关性。解决方案与问题的关联、参与者间的相互作用、解决方案、问题、参与者的偶然性乃至有意的缺席,这些都会给结果带来重大影响。这个模型与理性模型有明显的不同。首先,有了问题,并非想解决它人们就采取行动。更多的场合是,以解决方案寻找问题。只有在选择状况中的问题、解决方案、参加者这三者的特定组合可能的情况下,人们才会热心于解决问题。并不是按照首先定义问题,列举可能的方案,然后对这些方案是否能够很好地解决问题进行评价,最后选择最好的解决方案的逻辑顺序进行的。倒不如说,解决方案和问题作为选择状况中的不同流程处于同等的地位。某一个时点的某个解决方案的人气通常受人们把怎样的问题作为考虑对象抽出的影响。其次,垃圾桶模型也与渐进模型不同。从它的过程发生的变化未必只是渐进的。当然,也有渐进的,但当选择状况的流程汇合导致以前未曾有的结合时,也可能发生激烈的变化。

这个模型展示了开放的政策体系,为一些非渐进式决策提供了解释资源,同时也有助于我们理解行政机构的决策的混沌。但是,在多数情况下,很难将"组织化的无秩序"认定为行政机构的常态。果真如此,垃圾桶则对组织内部的畸形状况更说服力。

(三)公共选择理论

公共选择是指非市场的集体选择,实际上就是政府选择[①]。公共选择理论(public choice

---

① 李树. 公共选择理论及其启示[J]. 行政论坛,1999(6):20-21.

theory)是以新古典经济学的基本假设、原理和方法来研究选民、利益集团、政党、官员和政治家的决策行为的理论。公共选择的主题与政治学的主题一致。

1. 政治经济学视角

用经济学原理来分析政治决策过程。①经济人假设:"经济人"和"政治人"一样;②选民:投票;③政治家:追求最多选票;④政治市场:人们通过选票来选择满足其政治需求的政治家和制度等公共产品。在经济市场上,消费者和生产者用货币交换产品和服务;在政治市场上,选民和政治家用利益交换达成协定、契约、规章、条例等公共品。

2. 政治市场视角

在市场上自私常常导致效率结果,问题在于在"政治市场"上情况如何。利益最大化问题的核心就是政府的目标之一可能是社会福利的最大化。

政治市场上参与者的行为:①投票者:设法从备选方案中选择能给自己带来最大满足程度同时税收负担又最小的方案。投票者的行为是理性的(选收益超过成本的方案),又是无知的(对备选方案缺乏信息)。②政治家:处于政治权力顶峰地位的人,如总统、议长等。有的追求某种政治信念;有的追求权势与声誉;还有的追求金钱。③官员:由政治家任命,他们所追求的目标是薪水、津贴、声誉、任免权和晋升机会等。

3. 公共选择理论的主要内容(见图5-5)

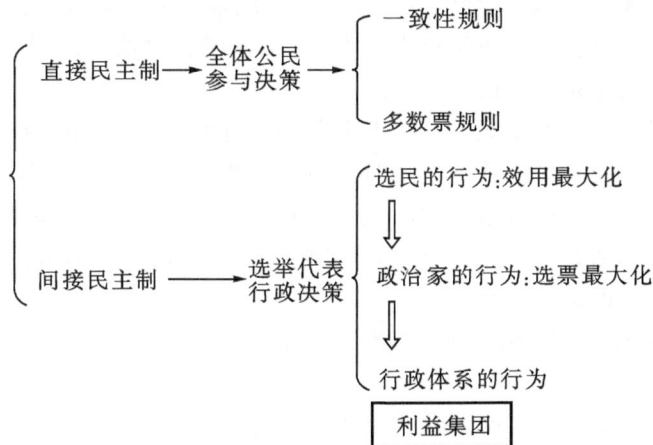

图5-5 公共选择理论

(1)直接民主制。

直接民主就是在公共事务的决定中,所有公民都可以表达意见,又称全民公决。

①直接民主的两种规则。

第一,一致性规则:所有党派必须就某一政策达成一致。

所谓一致同意规则,是指一项集体行动方案,只有在所有参与者都同意,或者至少没有任何一个参与者反对的前提下,才能最后通过实施,也就是说每一个参与者都对将要达成的集体决策享有否决权。现实政治制度中,最典型的一个一致同意投票原则是联合国安理会的决议。任何安理会的决议,如果要得到最后的通过,必须得到安理会的五个常任理事国——美国、英国、法国、中国和俄罗斯——的一致同意,这就是所谓的"五大国一致"原则。一致同意并不意味着每个成员国都投赞成票才能通过一项决议,而是要求没有任何一个常任理事国反对。

一致同意规则有如下几个特点:a.由一致同意规则得出的集体行动方案是帕累托最优的,因而在经济学上是有效率的。当然,这样的结果不是唯一的。b.在一致同意规则下,每个参与者都拥有否决权,因而任何成员都不能把自己的意志强加于别人,也不能把自己的利益凌驾于其他人利益之上。所以,在一致同意规则下,参与人的权利是绝对平等的,因而每个参与人都有积极性说出自己的真实意愿,在这种规则下,"说谎"是不能得到任何好处的,因为别人可能因为你的不诚实而一直否决议案。c.一致同意规则可以有效避免"免费搭车"行为的发生。如果某个集体行动议案能够使部分成员不付任何代价地从中获益,这项决议就会因为损害其他人的利益而被这些人否决。d.一致同意原则需要反复讨论、修改和表决议案,要进行不断地讨价还价,需要花很大的交易成本才能实现。但当事人数目众多时,达成一个议案需要进行马拉松式的谈判。这一点是一致同意规则最大的缺点。

第二,多数票规则:超过半数的人同意,即可通过(简单多数)。

在多数票规则下,一个议案能否通过取决于能否获得超过某一比例的参与者的支持,这一比例可以是2/3,也可以是1/2,后一种情况又称为简单多数。所以,最终通过的议案只是反映多数派的利益,而忽略甚至损害少数人的利益。多数票规则选出的每一项方案都具有内在的强制性,因为决策是根据多数派成员的意志作出的,但是要求所有成员服从。

多数票规则最大优点在于节省决策作出的交易成本。我们已经论述过一致投票规则的最大缺点是交易成本太大,而多数票规则可以减少这一成本。但是多数票比例不同,决策的成本是不同的。一般说来,比例越高,决策成本越大,因而在现实政治中,一般采用简单多数规则,因为这样的预期决策成本是最低的。

因为单个投票者的行为在多数票规则下是微不足道的,可以忽略不计,因而这种规则助长了选民不重视选举的行为,"既然我的选票对最后的选举结果没有决定作用,那么我为什么费力地去投票呢?"当有很多选民都这么想时,选举的结果就可能受到一些组织起来的利益集团的操作。利益集团可以通过很小的代价收买不重视选举的选民,使后者按照他们的意志投票。这就是多数票规则带来的最大问题。

多数票规则的问题有:可能缺乏效率;投票循环。

②互投赞成票。

互投赞成票制度(logrolling systems)允许人们进行投票交易,从而表达他们对不同方案的偏好程度。但是,互投赞成票可能会提高福利,也可能降低福利。

(2)代议民主制。

间接民主是指公民个人投票选举代表,再由这些代表对公共事务进行表决,又称代议制。代议民主制视角下,有选民、政治家、行政体系三个基本要素。

①选民行为的特点是:一个人的选票改变结果的可能性很小;人们只有在认为自己投票会改变结果时,才会愿意投票;"不投票"很可能是理性的选择;通过使选民从投票中获得效用来提高投票率,例如向儿童灌输公民责任感。

②政治家行为的特点是:实际上,政府并非把选民的偏好简单相加;而是由政治家、法官和官僚体系组成的;这些人有自己的目标函数;两党都保持接近"中间派意见",从这个意义上说,两党制趋于稳定;用代议民主取代全民投票对结果没有影响,反映的都是中位选民的意愿。

③行政体系的行为特点是:一项计划的具体实施掌握在公务员的手里;领会并忠实履行选

民的意愿,并不是官僚的唯一目标;尼斯坎南(Niskanen,1971)认为,官僚们的目标函数包括特权、公共声誉、权力和官职[1]。

而行政体系的特点是:有发债的权利,将来的债务规模取决于现在的支出水平;政府没有可转让的产权,也没有股东,所以也没有人愿意主动从财务上监控政府;政府提供的许多服务没有竞争;政府在年终不愿有财政盈余,因为如果这样的话,下一年的拨款就会减少;因为政府的目标不是利润最大化,所以不太注意控制成本,政府成本很难减少;官僚们不像厂商那样希望取悦于消费者,因为他们没有竞争,也没有竞争的威胁。

④代议民主制:公共选择和行政体系。官僚们会努力宣传其活动,以提高提案人和公众对官僚机构收益的评价——使收益曲线向上移动。行政体系具有信息优势。可以采取孤注一掷的态度:或者接受 Q_{bc},或者什么都不干。如图 5-6 所示。

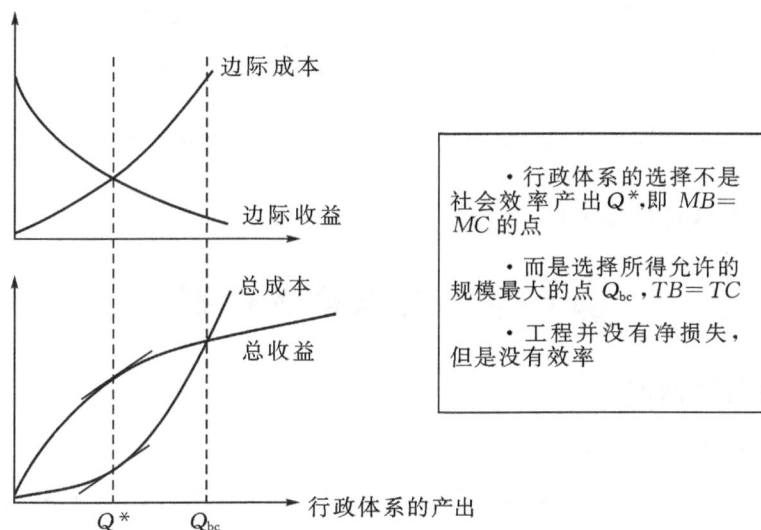

图 5-6 行政体系的选择

⑤代议民主制:特殊利益集团。

特殊利益集团是指对某项政策或政府行动有特殊的赞同或者反对倾向的人群。特殊利益集团的利益往往与公共利益不一致。

特殊利益集团结成联盟进行竞选,发挥的威力可以远远超过其在人口中的比例。人们只关心对自己有较大影响的议题。特殊利益集团的游说下制定的法律,一般不会受到纳税人的强烈反对,因为对他来说,获得的利益不值得花费时间和精力。在许多国家都发现,特殊利益集团提出的法案容易通过。

案例讨论与思考

让调价更透明——房山区压缩天然气销售价格调整决策

决策过程:2012 年,相关企业向区发改委反映经营困难,申请对压缩天然气价格进行调整。

---

[1] Hashimoto N. Niskanen Model and Bureaucratic Behavior[J]. Journal of Law & Politics, 1990(41):801-848.

房山区首先成立成本监审小组,通过调查企业经营情况,制订销售价格调整草案。然后组织举行听证会,确定了包括消费者、经营者、人大代表、政协委员、专家学者以及政府部门等在内的 25 人参加。

公众评价:调查对象为在房山区居住超过两年、家里使用管道天然气的房山区市民,共完成 102 个样本。两成以上市民听说过房山区管道天然气销售价格调整。全部被访市民中,无人认为房山区政府在制定管道天然气销售价格调整政策时,征求过居民或单位的意见。有三成市民对房山区管道天然气销售价格调整工作表示满意。

专家点评:发改委的燃气价格调整涉及面广,尤其是关系涨价,社会接受度低,政府决策难度大,但是本决策程序完备,比较顺利,没有因为价格调整引起社会波动。

但这一过程也存在社会参与程度不高等问题。价格调整关涉千家万户,本决策中虽然依照常规,召开了听证会,但是参加听证的人员主要是政府或者协会推荐的。社会公众参与的创新方式应用不足。随着互联网的发展,通过微信、微博等多种形式都可以创新听证方式,提高公众参与程度。

资料来源:张璁.北京:重大行政决策"晒一晒"——透过三个案例看决策的科学化、民主化[N].人民日报,2016-01-27(18).

思考:结合案例探讨如何提升行政决策的民主化程度。

第四节　行政决策体制

一、行政决策体制概述

(一)行政决策体制的概念

行政决策体制是指在行政系统内部围绕着行政决策权责的划分、运行和维持而形成的各种制度化的关系模式的总称。在行政系统内部和行政系统与外部环境之间,围绕着行政决策权责的划分、运行和行使,产生了许多种行政决策关系。在传统、经验和环境的影响下,许多关系的内容、形式被固定下来,成为一种习惯或正式制度。行政决策体制就是指行政系统内部的与决策直接相关的习惯和正式制度。

把握行政决策体制的概念要注意以下几点:

(1)行政决策体制既受到国家的政治体制、经济体制、行政领导体制的制约,同时又要受行政文化、民族传统等诸因素的影响。

(2)行政决策体制的基础是行政决策权力。

(3)行政决策体制的载体是一定的组织机构,通常是由若干各具独特功能的子系统组合成具有整体功能的大系统。

(4)行政决策体制是具有较高素养、较高智能的人群结合体。

(二)行政决策体制的构成

行政决策体制有两个构成要件:一是决策权力。决策权力可以定义为一种法律权力,它或者是在一系列可能行动中作出选择的权力,或者是影响决策者,推动他去选择自己所偏好的某一行动的权力。二是决策主体,决策者与决策参与者共同构成决策主体。决策权力会从各个角度进行分化,如纵向分化和横向分化,向决策者和决策参与者等,形成不同的决策体制。

现代行政决策体制包括:决策信息系统、决策咨询系统、决策中枢系统、决策执行系统和决策监督系统。

(三)行政决策体制的作用

行政决策体制对行政决策职能的实现起组织保证的作用。具体有以下几点:

(1)科学的行政决策体制在决策职能的科学分解基础上,合理分工,集思广益,使决策活动变为许多人合作活动,有助于克服官僚主义,减少决策失误。

(2)科学的行政决策体制有助于根据职能来合理地设置决策机构和层次,形成职能齐全、运转灵活、富有效率的行政体制。

(3)科学的行政决策体制有助于造就更多更优秀的决策人才。

(4)科学的行政决策体制有助于社会主义民主政治建设的发展。

二、决策权力

(一)决策权力的主要内涵

决策权力是决策体制中最重要的因素之一。决策权力,可以定义为一种法律权力,它或者是在一系列可能行动中做出选择的权力,或者是影响政策主体,推动他去选择自己所偏好的某一行动的权力。在组织中,决策权力的基础主要是正式的职权和非正式权力或二者的结合。非正式的权力可能来源于个人魅力、拥有某种特长、掌握某种资源、具有强制力量等方面。

决策权力有以下几个方面的内涵:

首先,决策权力是决策体制中最重要的因素之一。自人类有组织的决策活动开始至今,决策活动总是表现出这样的图景:人们相互作用,彼此施加影响,最后制定出政策。人们很清楚,在决策活动中,谁拥有的决策权大,他所偏好的政策就会得到通过和贯彻。因此,有人把决策过程看作是人们相互间进行"权力角逐"的过程,是一定行为者使用各种争论、政策为手段,维持和扩张自己的权力、影响力的过程。

其次,决策权力角逐的中心问题是利益。这种利益可能是物质的,也可能是非物质性的(意识形态的),或二者兼而有之。决策权力在利益导向下会沿着一定的轨道运行和作用,由于权力主体与权力客体之间往往存在许多中间环节,并且每一环节都会以"反权力"来对权力运动做出能动性的反应。因此,权力只能间接地、曲折地作用于客体,权力在运动过程中会因为各种阻力而减弱甚至消亡。在层次过多的纵向结构中,最高决策权就可能到达不了最底层。

再次,决策者(权力主体)控制自己的决策权力最常见的手段是:①说服:包括欺骗性的说服和基于对预期真实分析之上的说服;②威胁:对权力作用对象至少意味着某种利益的净损失;③交换:交换的基础是双方均能受益,互惠、金钱收买等都是交换的方式;④施用权威:施用权威的前提是权力作用对象对权威的认可,并由此产生命令服从的关系。

最后,决策权力的运行和作用是一个动态的过程。决策权力本身需要不断地充实基础、补充能量,权力运作才能长期维持。利益团体对决策的干预这一现代政治生活中常见的现象之所以有不断增强之势,原因就在于利益团体充分利用了金钱与权力交换这一手段,从而达到不断补充权力能量的目的。

(二)决策权力的分配

立足我国的具体国情,决策权力的分配有三条线索:以党的机构及其领导为线索的党的决策权;以全国人大及其常务委员会为线索的权力机关的决策权;以国务院及其职能部门为线索的执行机关的决策权。

党、全国人大、国务院三个决策主体所拥有的决策权力有着明显的界限。

在决策时,党主要是制定路线、方针、政策;国务院则主要在咨询机构所提供方案的基础上初步选择具体的方案,进行方案效果的预测,同时也参与方案的设计,并在决策形成后具体负责实施;全国人大主要是最后"拍板定案",即作出决议,形成决定以及修正方案。如图 5-7 所示。

三者的决策权力从根本上说是一致的。党、全国人大决策权的根本目的是维护人民的共同利益,国务院则是这一目标忠实的实现者。

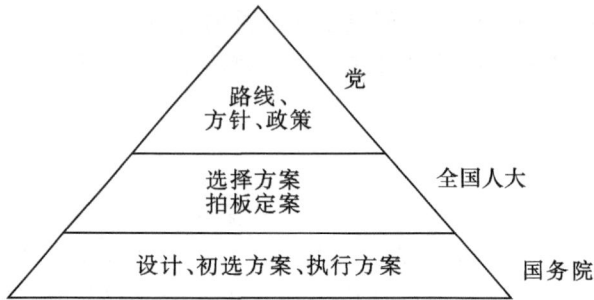

图 5-7　决策权力的分配

(三)决策体制中的咨询权力

在现代,对重大问题作出正确决策所需要掌握的知识、信息量、使用的先进手段,是过去无法比拟的。这样,现代决策者所要解决的决策问题,所承担的职责与他们的知识和能力之间的差距越来越大,要弥补这个差距,就必须开发社会科学家、自然科学家等各领域的专家的智慧,把他们的智慧有效地纳入到决策过程中,使他们的智慧同决策者的智慧和权力结合起来。这样就产生了咨询因素的权力和功能问题。

三、决策信息系统

信息是管理活动中各种消息情报、数据指令、密码、符号、文字、语言等讯号的总称。是否及时得到准确而有用的信息,并对其进行及时处理,是进行有效决策活动的必要前提。

决策信息系统是为决策中枢系统和咨询系统收集、加工、传输和贮存信息的组织机构形式。

(一)信息系统的职责

信息系统的主要任务是为决策者收集、处理和传输信息,它是决策体制中的"神经系统",对决策具有极为重要的作用。这种作用主要表现在以下四个方面:

(1)及时、完整、准确地收集、处理信息。所谓收集、处理信息的及时性,是指收集、处理信息速度快,对于时过境迁且不能追忆的信息做到当时记录。有计划、有规律、经常性地收集、整理、分析和贮存社会发展各个领域、各个方面的历史和现实的情况与数据,以保证政策能够及时获得适用、准确和充足的情报信息资料。

(2)为决策中枢系统和咨询系统传输合乎需要的信息。决策方案的提出都是以比较准确、全面的信息为基础的,信息系统将比较全面、准确、及时、适用的信息传输给决策中心,这就使决策中心有了制订方案的依据。有意识地收集、整理政策实施过程及结果等方面的情况、数据,并及时向决策者反馈。

(3)协助决策者对各种方案进行比较和评价,选择最优方案。现代决策信息系统要求以电子计算机系统为基础,能够满足现代公共管理对管理效果进行及时、准确的计算、评估的要求,能够对各种因素进行全面考虑,综合分析,提出各种方案进行评价和比较,并能迅速地帮助决策者选择最优方案。

(4)搜集传输决策执行的反馈信息,为决策者修正决策和控制执行系统提供依据。决策一旦作出,就必须编制具体计划,加以实施。信息系统不但能够为决策提供比较全面、准确的信息,而且能够控制决策实施和计划执行的要求,从而能使决策的实施和计划的执行处于最佳状态。研究分析政策执行结果中存在的问题,发现政策的偏差或失误,并及时向决策者反馈。

(二)信息系统的构成

信息系统由信息流程体系和信息组织体系两大部分构成。其中信息流程体系包括信息收集、信息传递、信息加工、信息贮存等基本环节。信息组织体系,从我国的情况看,主要有四种类型:①专业性的社会统计系统;②政策执行机构和监督检查机构的信息反馈系统;③政策智囊机构设置的信息系统;④政策中枢机构设立的信息系统。

如果没有决策的咨询系统,就无法完成决策信息的收集和处理工作。一般地,决策信息系统的类型包括:纵向传输信息系统、横向传输信息系统、综合传输信息系统。①纵向传输信息系统,是将不同级别的组织之间的信息进行传输的一个信息系统;②横向传输信息系统,是同一级别的组织为了使各自的决策或行动相互协调而将它们各自的信息互相进行传输;③综合传输信息系统,是前两种系统的集合,其中既有纵向传输,又有横向传输。

四、决策咨询系统

决策咨询系统指决策的智囊团,是广泛开发智力,集思广益,协助决策中枢系统进行决策的组织形式。

(一)咨询系统的主要任务

决策咨询系统,又称智库、外脑、智囊系统。如果没有决策的咨询系统,决策者就无法借助"外脑"增加决策的智慧和提高决策的质量。而且,发挥决策咨询系统的作用,有助于克服决策过程中的主观主义(拍脑袋决策)和家长式的独裁作风。

决策咨询系统是指为决策提供咨询服务的组织系统。其在决策过程中的作用是:①进行科学预测,提供建议;②拟制、评估决策方案,辅助选定方案;③根据反馈信息,协助决策中枢系统调整原有方案。具体的功能和任务为:

一是预测功能。准确的预测是选定正确决策目标的前提。现代决策过程中,要达到准确预测,需要具备四个基本条件:第一,预测人员要有高深的学识、丰富的经验、敏锐的洞察力和准确的判断力;第二,预测机构的成员构成应体现出学科和专业的交叉性和综合性;第三,情报信息准确、全面,尤其要体现出整体性和连续性;第四,采用先进的工作手段和现代科学的预测方法。

二是分析功能。包括形势分析和原因分析两个方面。形势分析是对现状做系统、全面和综合的评价,为确立下一步的决策目标打好基础;原因分析是找出形成某种社会现象的各种原因,以使决策者制定出更有效的对策。

三是设计方案的功能。设计方案是决策的关键性环节,一般需要设计出多个科学的决策方案,这就离不开专家的咨询,因此,设计决策方案是专家参与决策过程中所拥有的主要功能。

四是论证功能。专家的论证功能包括战略思想论证、决策目标论证和决策方案论证。

(二)决策咨询机构

现代各国为了提高决策效能,普遍在政府系统内建立了由各类专家组成的幕僚机构;同时,在决策系统之外,还建立了以社会科学研究机构为主体的决策咨询机构(思想库)。使用先进手段掌握大量的知识、信息,对重大问题作出正确判断分析。在我国,决策咨询机构一般分为三类:一是官方咨询机构,包括党委系统的咨询机构和政府系统的咨询机构;二是非官方或半官方咨询机构,包括科研系统的咨询机构;三是综合性的咨询机构,这类机构各部门的人兼而有之,如某市的咨询委员会。

服务政府的咨询机构具有以下特点:一是具有鲜明的政治性;二是具有合理的智力结构;三是研究工作的相对独立性。

五、决策中枢系统

决策中枢系统,由行政组织中具有决策权力的领导及其他可以影响决策的核心人员所组成。决策中枢系统的首要任务是决定决策的价值,然后根据所选择的判断价值进行分析以确定决策目标,进而经过分析选择一个最终的方案。

行政决策中枢系统是现代行政决策体制的核心,是决策的主体,在决策中占据主导地位。在参谋咨询系统和决策支持系统已经分化的条件下,其主要职责是:提出决策研究目标、选定决策方案。行政决策中枢系统的核心是拥有行政决策权的领导集体或个人。围绕这个核心,设立工作机构,承担领导核心交办的具体决策任务。

决策中枢系统作为决策的核心部分,直接决定着一项决策的成功与否,因此,如何提高这一系统的能量是行政学研究中的一个重要问题。决策中枢系统的能量既取决于行政领导者的知识、智慧、能力、经验以及作风和性格等个人素质,也依赖于决策中枢系统人员的群体知识能力结构、人际关系结构和气质结构等群体结构的优化。

决策中枢系统一般分为首长制和委员制、集权制和分权制。

(一)首长制和委员制的比较

凡将政府组织法定的最高行政决策权力和责任赋予一人承担者,称为首长负责制,简称首长制;而将该权力和责任赋予委员会议集体承担者,称为委员会议负责制,简称委员会制。

首长制与委员会制各有其适用范围。一般来说,凡是执行性、技术性与速决性一类的事务,宜用首长制,其行动快,效率高;凡立法性、协调性、倾向性一类的事务,宜用委员会制,利于集思广益,避免个人专断。二者的比较如表 5-3 所示。

表 5-3　首长制和委员制的比较

	首长制	委员制
特点	最高决策权归某个人独掌	最高决策权由两个人以上的委员会议集体执掌
优点	决策迅速	能够集思广益,采纳多方观点,有利于决策的民主化与科学化
缺点	公共决策民主受到影响	容易争功诿过,决策迟缓,增加决策成本

(二)集权制和分权制的比较

集权制指行政权力集中于上级机关,下级机关没有或很少有自主权,一切均需按照上级机关的指示去办。分权制指下级机关在其管辖范围内有自主决定权,上级机关对其权限内决定的事项不加干涉。集权制与分权制各有利弊,不可一概行之,而应相互结合,合理运用,在保证政令统一的前提下充分发挥下级机关的主动性与积极性。二者的比较如表5-4所示。

表 5-4 集权制和分权制的比较

	集权制	分权制
特点	决策权力集中于上级机关	各级决策机关在各自管辖的范围内享有决策权,上级机关无权干预下级机关的决策活动
优点	决策能统筹全局	各级决策机构能因地制宜制定政策,针对性强
缺点	决策适应性差	各级决策机关的政策难以协调,易产生冲突

六、决策执行系统

决策执行系统是将决策转变为现实行动的机构,因此它是决策体制中不可或缺的一个重要组成部分。它可以是法定的执行机关,也可以是政府的办公机关,同时还可以有非政府组织来参与执行。

执行系统的基本任务是:高效、准确、有力地执行贯彻政策,根据本地区与本部门的实际情况创造性地执行政策,同时也要根据在执行行政决策过程中的信息反馈来对行政决策方案进行适时适当的调整。可以说,执行是使决策方案付诸实践并达到预期效果的过程,也是一个对行政决策进行再次决策的过程。

七、决策监督系统

监督系统也称控制系统,它是对决策的制定和实施的全程进行全面监督,及时发现并纠正各种偏差和失误的组织机构及其人员。其基本任务是:监督和监管行政决策者是否拥有法定合理的职权;检查行政决策中心所产生的相应的决策行为的合法性;确定决策系统作出的决策是否符合国家的法律和党的路线、方针、政策,是否符合行政管理的客观规律;检查执行系统是否具备了执行决策的条件和技能,是否偏离或违背决策的目标;审查信息系统与咨询系统所提供的信息和备选方案是否及时、真实、准确等。

决策的监督系统既可以防患于未然,又可以对已经发生的偏差和失误进行有效的纠正,因此是决策顺利实施的重要保障。在我国,将社会舆论、广大群众的监督与专门机构的监督进行有效的结合,同时将国家权力机关监督、行政机关内部监督、政党监督等也同时结合起来,是形成更为严密有效的监督系统的有效路径。

行政决策体制是一个完整的系统,它不只是简单的几个部分的加和,而是系统性、组织性的。上述的决策信息系统、决策咨询系统、决策中枢系统、决策执行系统和决策监督系统共同构成了决策体制,各个部分互相补充、互相渗透、职责分明、各司其职,既保证了行政决策中心的重要地位,同时保证了行政决策咨询的辅助功能,又明确了行政决策执行的重要性,也相应地保证了行政决策体制的监管控制,从而实现了行政决策体制的制定、执行与监督的有机统一。

第五节　行政决策中的公共参与

在中国政府的许多重大政策决定中,中国特色新型智库发挥着越来越大的作用。这表明随着公民意识的觉醒,在行政决策的实践中,参与的身影已经越来越多。

一、行政决策与第三部门

公共管理学不仅明确地将国家机关当作研究对象,而且把其他公共组织(尤其是第三部门或非营利组织)的管理活动纳入自己的研究范围之中。第三部门一般指的是介于政府部门与营利性部门之间,依靠会员缴纳的会费、民间捐款或政府财政拨款等非营利性收入,从事前两者无力、无法或无意作为的社会公益事业,从而实现服务社会公众、促进社会稳定与发展的宗旨的社会公共部门,其组织特征是组织性、民间性、非营利性、自治性和志愿性。随着第三部门的快速发育,其已经从传统的慈善、公益领域转向了现代公共领域以期获得更为广阔的发展空间,如环境保护、消除贫困、教育发展、政策咨询、专家智库等。在获得公民和政府认可的基础上,第三部门的部分功能作用发挥不单单依靠自身力量,也逐渐通过参与政府的决策来完成自身诉求的达成,例如专家智库、咨询机构、智囊等组织机构的发展。

第三部门参与行政决策,是指第三部门通过各种途径,向政府转达民众利益和要求,或者提出各种政策意见和建议,协助政府改进公共政策,以保证行政决策的公共利益取向,政策执行不偏离预定的轨道,实现国家、集体和个人利益的整合。

将第三部门参与行政决策的内容大致归纳为以下几个方面:

其一,利益表达。即充当民众与政府的中介,把民众的利益和要求集中起来,转达给政府,促使政府职能部门将相关问题尽快纳入政策议程,并使政策方案尽可能地容纳各种利益要求;或者就某个社会问题发表研究报告,对其中所蕴含的利害关系及其可能的演变趋势进行一种前瞻性的预测,以引起政府部门的注意。

其二,参与行政决策过程。它具体体现为:就某个社会问题向政府提交政策建议、意见;接受政府邀请,为政府收集或提供决策政策所需的经济、社会信息;担任行政决策部门的顾问;直接与政府部门合作拟制某项公共政策。

其三,参与对行政决策的评估。即接受政府委托或者与政府部门合作,根据一定的政策标准和程序,对公共政策的三个 E(economy,efficiency,effectiveness)价值等进行评判,为政策变化、创新或者终结提供依据。作为社会中间组织,第三部门的政策评估相对会比较客观、公正。

其四,参与对行政决策的监督。即第三部门对政策过程包括政策的决策、执行、评估和终结进行监督,将政策执行中的相关信息反馈给行政决策部门,以便及时发现和纠正政策在实施过程中出现的问题,防止政策失真,减少政策的负面效应。这种监督可以是独立的,也可以是接受政府的委托而进行的。

第三部门对行政决策过程的主要参与途径可分为制度化参与和非制度化参与。制度化参与是指通过合法程序参与行政决策过程或影响行政决策的参与途径。制度化参与包括直接参与途径和间接参与途径。在社会转型过程中,当现存体制没有能力实现自我更新的时候,它就成为现代化过程中的障碍,在这种情况下,第三部门参与采取某种非制度化的参与途径。非制度化参与途径是指第三部门通过非正式的方式影响行政决策的参与途径。非制度化参与途径包括合法性间接参与途径和非法性间接参与途径。合法性间接参与途径有合法性集会或示威、研讨会等。非法性间接参与途径有非法示威、暴动等。非法性间接参与途径容易导致社会混乱或动荡。具体梳理如表5-5所示。

表5-5 第三部门对政策过程的参与途径

参与方式		具体形式
制度化参与途径	直接参与	作为正式成员,参与政府会议和委员会
		参与行政决策过程,并且提供公共服务
	合法性间接参与	参加听证会
		提交法案
		法律诉讼
非制度化参与途径	合法性间接参与	通过大众媒体宣传
		召开研讨会
		合法性集会或示威
	非法性间接参与	非法示威
		暴动
		恐怖活动

二、行政决策与公民参与

在现代民主政治制度下,参与已经成为公民的一种普遍性和广泛性的行为,公民参与的广度和深度也成为衡量一个国家政治现代化进程的重要尺度。公共政策中的公民参与就是指当政府作出与公民具有利害关系的决定和政策时,公民个人或团体通过一定的方式、途径和程序直接进入政府的决策过程,了解相关的政策信息,并发表自己的意见和看法,以此来影响政策结果的行动过程。实现公民参与公共政策既是政府实现决策科学化、民主化、法制化的根本途径,也是公民直接或间接地影响政府决策的选择,实现自身利益的有效方式。

实现公共政策的民主化,就是要在公共决策与执行的过程中通过各种民主化措施,实现公民对公共决策的直接参与和间接参与,确保公共政策行为最大限度地反映民意和社会需求,更好地实现、维护和发展公共利益。

(一)公民参与行政决策的途径分类

近年来,我国各级政府逐渐意识到行政决策中公民参与的重要性,他们积极探索公民参与切实可行的途径,创造了诸如"公民列席旁听'两会'制度""政府发言人制度""市长接待日制度""关键公民接触制度""民主恳谈会制度""政府网络讨论制度""社区自治制度"等一系列公民参与公共决策的新形式。依据公民参与公共行政决策的程度及影响力的不同,可划分为三种不同类型:

一是信息交流类。即政府与公民之间实现有效的信息流动,包括单向和双向两种形式。单向的信息流动是指政府为满足公民的知情需要而进行的信息传递,如公示、新闻发布等。双向的信息流动是指政府与公民之间的信息互换,如民意调查等。在这里,公民能够为政府的正确决策提供咨询与参考,但政府仍是唯一的决策主体,公民无力真正左右公共决策的结果。

二是民主协商类。即政府通过多种方式与公民就政策问题的形成、备选方案的拟订、政策方案的选择等进行磋商和谈判,如召开公民听证会等。在这一层次的公民参与中,公民能够通过与政府的互动和磋商,对政府的决策形成相当的压力,但政府仍是最终决策主体,公民参与公共决策的作用仍然有限。

三是共同决策类。即政府与公民同为决策主体,共同决策公共政策和提供公共服务,如邻里委员会、社区自治等。在这一层次的公民参与中,公民对行政决策的影响是最大的。

具体的各类公民参与行政决策的方式列举如表 5-6 所示。

表 5-6 各类公民参与行政决策的方式

参与方式	常用的参与方法
信息交流	公示、社区简报、新闻发言人制度、政府工作报告、互联网咨询、民意调查、调查反馈结果的发布、公民论坛、市长热线
民主协商	公民听证会、申诉员制度、创建共同愿景、关键公民接触、情景模拟的开放性、公民活动
共同决策	邻里委员会、社区发展信托公司、社区自治、志愿者行动

(二)公民参与行政决策的途径选择

公共管理者在不同决策情况下,应该以怎样的标准选择不同范围、不同深度的公民参与形式这一核心问题,正是当今中国公共管理者在公民参与迅速发展背景下急待解决的紧迫问题。我国公共管理要有国际化的视野、本土化的思考和行动,在学习和借鉴发达国家先进经验的基础上,从我国的国情出发,在公共管理的实践中,特别是公共行政决策过程中,不断强化公开和透明,保障公民的知情权、参与权和监督权,从而推进我国社会主义民主政治的发展。

(1)对决策质量要求较高,而可接受性要求较低的公共行政决策,如国防政策、外交政策等,可选用信息交流类的公民参与方式,最常见的如公民旁听人大会议制度、信息公开制度、民意调查、召开座谈会等方式,其作用主要在于为决策者提供民意参考而不能以民意替代决策。

(2)对可接受性要求较高,而决策质量要求较低的行政决策,如关于基层公共事务管理的行政决策,可选用共同决策的参与方式,如社区自治、业主委员会等方式。这一类型的公民参与的优点是由此产生的公共政策具有非常高的可接受性,公民能自觉执行政策。但使用这类公民参与途径需要特别注意的是,它只适用于可接受性要求高而质量要求低的公共行政决策,不适宜用于那些需要较多专业技能的领域,否则不仅会降低决策质量,甚至可能会威胁社会稳定。

(3)对于质量要求和可接受性要求都较高的公共行政决策,如社会福利政策、税收政策、教育政策的决策等,可选用民主协商的参与方式,如召开公民听证会、专家咨询、民主恳谈会、公民请愿等方式。在该类型的行政决策中,公民能够通过与政府的互动和磋商,对政府的决策形成相当的压力,使政府在行政决策的过程中能够更充分地考虑民意。当然,政府仍是最终决策的主体,公民参与公共行政决策的作用仍然十分有限。

三、行政决策中的风险评估

越来越多的地方规范性文件在重大行政决策程序中规定了风险评估的环节。通过风险评估了解决策风险,拟定风险防控措施,进而提高决策质量,逐渐发展为决策者的共识。

(一)重大行政决策与风险评估的必要性

行政决策从字面划分为"决"定和献"策"两部分:"决"是指行政机关决定选用唯一方案控

制风险,以此行使公权力的风险管理行为;"策"是指专家、公众以及其他社会主体为行政机关的决定行为提供信息、参与交流、积极献策的行为。这也从根本上表明了决策的风险属性:任何决策都是有风险的,区别仅在于风险的大小。重大行政决策属于行政决策的一部分,是从重要性和影响力角度而言的。越是重大,其影响越大、社会关注程度越高,如果决策失误,将产生更严重的后果并导致强大的舆论压力,因此,对重大行政决策法律规制的严格程度就要高于一般行政决策。

1.社会稳定风险的概念及特征

从各地现行的有关社会稳定风险评估的规范性文件来看,并没有对其进行明确界定,大多简单表述为各级各部门制定的具有全局性、长远性、根本性,事关人民群众切身利益,容易引发社会矛盾的行政决定、改革举措、重点工程建设项目等事项。上述抽象的表述并不能完整地涵盖重大行政决策的内涵和外延,不能仅仅笼统地概括为事关人民群众切身利益,应对涉及何种领域进行说明。由此,可以认为,重大行政决策就是指各级各部门作出的全局性、长远性、根本性,有关食品药品、公共交通、公共卫生、社会治安、金融、生态环境和个人信息安全等民众生活基本领域的,事关人民群众切身利益的,容易引发社会不稳定的行政决定①。

对于社会稳定风险的界定,学者们见仁见智,殊难对其作圆满且周全的定义。一般是将其与技术性风险进行比较而论其特征:首先,社会稳定风险是次生风险。技术性风险主要是基于某一技术在科学领域的未知性及其在复杂情况下发生变化而产生的风险;社会稳定风险的产生通常不是基于决策本身的问题,而是基于其他既存要素的未知风险。其次,社会稳定风险是综合性风险。技术性风险主要是科学技术方面的不确定性,而社会稳定风险则包括技术性、社会性、自然性、财政性等多方面的不确定性。再次,社会稳定风险是一种社会性风险。技术性风险主要属于科学性问题,而社会稳定风险不但可能因科学性问题引发,还有可能因利害关系人、公众与行政机关之间的利益冲突而产生。由以上三个特征可以认定,社会稳定风险难以通过传统的防控机制加以解决。因此,行政机关在作出重大行政决策前,有必要对社会稳定风险进行评估。

2.社会稳定风险评估对于重大决策的重要性

重大行政决策程序的地方规范性文件在规定重大事项的同时,着重就其制定过程进行了详细规定以保证决策质量,风险评估就是其重要环节之一。2010年,《关于加强法治政府的意见》中明确指出:"要把风险评估结果作为决策的重要依据,未经风险评估的,一律不得作出决策。"②至此,全国范围内建立和完善行政决策风险评估机制的目标已确立。全国各地随之开始出台相关的政策以推动重大行政决策风险评估制度化的进程。2011年在我国的"十二五"规划纲要中正式提出"建立重大工程项目建设和重大政策制定的社会稳定风险评估机制";紧接着,国家发展与改革委员会于2012年8月制定出台了《重大固定资产投资项目社会稳定风险评估管理办法》,就建立和规范重大固定资产投资项目社会稳定风险评估机制提出了具体要求。

重大行政决策社会稳定风险评估机制的法制建构对于缓解社会矛盾,规制行政机关的决

---

① 管弦.重大行政决策社会稳定风险评估法律制度研究[J].湖北警官学院学报,2015,28(8):54-57.
② 杨丹,宋英华.转型期中国社会稳定风险评估的法治化:挑战与回应[J].国家行政学院学报,2016(5):76-80.

策方式,提高决策适用效益等有着重要的意义。社会稳定风险评估对于重大决策的重要性体现在以下四个方面:一是有助于提高政府重大决策的科学化、民主化。二是有助于提高政府重大决策出台的合法性、合理性。三是有助于完善决策制定过程中的公众参与机制、民主协商机制。四是有助于完善行政问责制,推进政府法制建设进程。通过在决策前运用问卷调查、入室访谈、听证会等多种形式,对公众利益预期进行评估,了解各方需求,对存在的风险点进行科学识别和测量,从而在源头上防范社会风险,有利于地方政府在舆情的传播和监控中掌握主动权。重大决策社会风险评估将公众纳入决策中来,使得公众利益在决策内容上得以表达,既有助于决策科学化,也有助于提高公众对最终决策的认同,为决策能够成功取得预期效果创造良好条件,同时还有助于培养公民参与社会管理的意识和能力,有利于发扬基层民主。通过强调落实社会稳定风险评估决策责任制,亦可以促使政府划清权责边界,有利于构建有限政府、责任政府①。

风险评估在重大行政决策中的功能作用主要从以下三点来考量:

首先,行政决策中,因为决策科学民主带来的积极收益是一方面,同时,最大限度地提高决策成功的可能性来降低风险,同样是外部利润。这正是风险评估制度的基点。

其次,就功能作用而言,风险评估是获取潜在信息的重要手段,这些信息在很大程度上能够修正我们对于行政决策影响的预期,并成为我们改良决策的依据和动力。一次充分、有效、合理的风险评估能够更好地把改革的力度、发展的速度和社会可承受的程度统一起来,保证决策的科学性、民主性,这对于处在社会转型期"摸石头过河"的中国社会具有重要意义。

最后,风险评估虽是重大行政决策领域的"舶来品",但因其独立、基础的决策地位也获得了制度保障的殊荣。风险评估的独立性,是保证评估工作顺利实施的前提,同时也是保证评估结果客观、公平、公正的前提;风险评估同时也是项基础性的工程,由此获得的信息是后续公众参与、决策拍板等环节的重要素材。

(二)重大行政决策风险评估的主体和内容

风险评估是对风险的标准予以初步认定的基础上进行的信息评价,是一个认识风险,并且决定风险能否被接受的过程②。置身于重大行政决策的背景下,风险评估也就是说要关注某一决策是否"不安全",是否因此必须要对其采取规制措施。

重大行政决策风险评估的研究应当包含评估的主体、评估的内容和方法、评估的程序和效果检验,以及相应配套的制度措施。加强重大行政决策风险评估的研究可以从源头上预防和减少不稳定因素,最大限度地提高决策的质量和效率,对依法决策、科学决策、促进社会和谐稳定发展具有重要意义。

1. **评估主体**

(1)参与主体。参与主体除政府部门外,公众、专家、第三方评估机构、权力机关、司法机关、NGO、媒体等任何利益相关者都可以作为风险评估的参与主体。在风险评估环节,评估主体应当听取群众的声音,及时向民众信息公开,体现民主价值。这里需要注意的是,依法决策机制中风险评估环节前的公众参与和专家参与主要是对决策的可行性进行论证,在风险评估

① 赵大鹏. 重大决策社会稳定风险评估机制存在的问题与对策研究[J]. 内蒙古科技与经济,2016(18):13-14.
② 李可. 关于地方政府风险评估的探索[D]. 北京:财政部财政科学研究所,2011.

环节内公众和专家的参与主要是对决策进行不可行性论证。

（2）评估主体。评估主体要与决策主体相分离。随着决策内容的日益复杂化,尤其在重大工程项目评估方面,政府应逐步把风险评估的工作委托给第三方专业评估机构承担。有些省市级政府如四川省人民政府、广州市人民政府等,为了决策风险评估的有效运行,还将决策起草时的第三方评估机构与决策后的第三方评估机构区分开来。为了确保重大行政决策风险评估的公共价值,第三方评估机构要制定约束机制,政府应引入市场竞争机制,选择与评估项目相匹配的评估机构。要单独建立政府第三方风险评估机构库,将招标申请后的机构进行筛选入库,筛选后要建立入库机构的基本信息情况、业务情况、评价反馈情况、信用记录等和相应业务跟踪及进退机制。对第三方评估机构服务收费要出台相应管理办法。例如,2012 年上海市财政局和发改委联合出台了《重点建设项目社会稳定风险评估收费标准的相关规定》,该规定要求第三方评估机构要与项目委托方签订咨询服务合同,明确服务内容、收费标准及付费方式,严格按照业务操作规程提供质价相符的服务[①]。社会稳定风险评估收费标准以总投资额为计费基数,预付款不得超过总费用的 30％。根据项目性质和内容采取按估算投资额分档定额计费方式,分档收费调整系数按行业调整系数、社会稳定风险敏感程度调整系数、区域范围调整系数进行调整。对于委托评价的费用列入项目审批部门预算。

（3）决策主体。决策主体要深入调查,广泛搜集民意,在综合考虑政治、社会、经济、文化等各方面因素后,按照法律法规的要求进行全面论证,深入审核,在完善不足后谨慎作出决定,并做好风险预防和风险化解工作,最后形成风险评估报告上报审批部门进行审批。

（4）执行主体。决策执行主体应当根据决策执行时限或者有效期,组织开展决策后评估工作,形成决策后评估报告,提出继续执行、停止执行、暂缓执行或者修改决策等建议提交相关机关。

（5）问责主体。按照"谁决策、谁负责"和"责任受追究"原则,建立重大行政决策风险评估责任倒查追究机制,凡未经风险评估相关要求和程序就进行决策的,未对风险报告审查就决定的,未按风险评估报告防范处置的,一旦出现大规模群体性事件或对社会产生严重影响的,需按要求对相关决策主体和评估主体进行行政问责。

2.评估内容

重大行政决策一般具有全局性、高成本性、不可逆性。风险评估要做到"应评尽评"。评估内容要全面合理,对于影响社会稳定、经济发展、生态环境三个领域的内容进行重点评估,加强研究决策的合法性、合理性、可行性和可控性。对于重大行政决策风险评估的内容,可以大致分为以下六类:

（1）城市规划和建设类:涉及国民经济社会发展规划项目、城市建设和改造项目(包括土地征收、房屋拆迁等)、重大工程建设项目、科创项目、"三农"建设项目等。

（2）财政支出和国有资产处置类:重大城市招商引资项目、国有资产变动、市控股企业变更重组等。

（3）市场监管和资源开发利用类:自然资源开发利用项目,易造成较大环境污染项目等。

---

① 关于转发《上海市发展改革委、财政局关于印发〈上海市重点建设项目社会稳定风险评估咨询服务收费暂行规定〉和〈上海市重点建设项目社会稳定风险评估咨询服务收费暂行标准〉的通知》的通知[EB/OL]. http://www.shac.gov.cn/xxgk/xxgkml/qtgz/201509/t20150917_1509514.html.

(4)社会管理和公共服务类:科技、教育、医疗、文化、就业、社保、交通管制等涉及民生事项。

(5)突发事件类:突发自然灾害、影响社会稳定的突发事件等。

(6)其他事项类:其他凡涉及群众切身利益,易引发重大风险的事项等。

在具体实践中,有政府已经根据本地实际情况,对重大行政决策范围的界定作出具体规定。例如,盐城市在2014年《盐城市重大项目社会稳定风险评估报告编制指南》中就对重大利益关联项目作出了界定:投资额5000万元及以上的工程项目,或投资额不足5000万元但涉及征地50亩及以上、拆迁达到20户及以上或者需要开展环境影响报告书的工程类项目[①]。

案例讨论与思考

政策失误政府不该如此"含蓄"

上海市政府发言人表示,上海市政府两个月前颁布的限期关闭面积在50平方米以下小店的决定"并不是强制性的",从而含蓄地收回了一项新政策。上海数万家小饭店也因此"死里逃生"(据9月29日《南方都市报》)。与上海数万家小饭店的命运差不多,2002年底郑州市物价局出台了一个文件,要求餐饮业经营者使用的菜谱中必须标明饭菜主辅料重量规格,此规定在2003年7月正式实施之后遭到质疑,同样未过多久,该局又出台了一个通知说,餐饮业经营者应采取适合自己特点的标价方式进行标价,从而也"含蓄地收回了"原规定。

资料来源:杨耕身.政府失误政府不该如此"含蓄"[N].南方都市报,2003-09-30.

思考:你认为政府失误后,是否应该免责?

---

① 关于印发《盐城市重大项目社会稳定风险评估报告编制指南》的通知[EB/OL]. http://www.yancheng.gov.cn/ycapp/nrglIndex.action? messageID=ff80808147c2d5b70147d8db00bc0eb5.

第六章　行政执行

在前面的章节中,我们已经学习了行政决策的相关概念和方法。我们知道,一项决策的成败,最终要靠执行的结果来决定,因此,行政执行是行政决策在行政管理中的延续。大量事实表明,一些很好的决策,在执行过程中往往会遇到各种阻碍,既可能出现由于执行者的资源不足而导致执行力度不够的现象,也可能出现由于执行者自我约束不力而导致执行行为过当的情况。作为行政管理中的重要一环,行政执行正越来越受到重视。

第一节　行政执行概述

一、行政执行的概念

整个公共行政领域的主题都是围绕执行展开的。行政学的创始人威尔逊认为,"执行宪法比制定宪法要困难得多"。他提出了"政治与行政二分"的概念,并在此基础上将行政领域限定为"国家意志的执行"。

对行政执行概念的理解有广义和狭义两种。广义的行政执行将行政组织作为一个整体,认为行政管理就是执行国家权力机关意志的活动,即行政管理就是一系列的行政执行。这是将行政机关、立法机关相比较而言的,认为行政机关是立法机关的执行机构。狭义的行政执行指的是为实现某种决策所做的具体工作。行政执行就是行政主体为实现决策目标,依法对行政事务进行具体的组织、指挥和控制的过程。简言之,行政执行就是行政执法活动。它是行政决策的承接环节,是将行政决策的内容变为客观现实的过程。

本书是从狭义的角度使用"执行"一词的,即执行是指相比于决策与监督的一个环节。决策方案一旦经合法化程序之后,便进入行政执行阶段。所谓行政执行,是国家行政机关及其公务人员在决策完成之后,将决策目标变为现实的过程,是为实现决策目标而重新调整行为模式的动态过程。行政执行开始于行政决策形成之时,终于行政决策目标的实现。具体而言,可以从四方面对行政执行进行理解:首先,行政执行的主体是行政机关及行政人员,他们日常的大部分时间和精力都在执行政策。在延伸意义上,行政执行主体还应当包括由行政机关授权的社会组织。其次,行政执行是一种具有目标导向的活动,一切行政行为都是对决策机关所做出决策的贯彻、落实,以实现决策目标。再次,行政执行是一种务实性的、付诸实际的行动,它需要通过一定的具体步骤或实际行动来落实政策。最后,行政执行是一种行政法律行为,只有具有特定行政权的行政机关或行政人员才能实施一定的行政行为。

行政执行在行政管理中具有以下意义:

1.行政执行是实现行政管理目标的重要环节

行政管理过程主要由三部分组成:行政决策、行政执行与行政监督。它们之间相互联系、相互作用、承前启后,共同构成行政管理完整的链条。行政决策决定行政管理的目标和行政方案;行政执行是对行政决策的具体实施行为;行政监督则是对整个行政活动过程的检查和督促。这三者在行为主体、行为内容以及行为方式上有着本质的不同,不能相互代替,它们都是行政管理活动中不可或缺的重要环节。特别地,行政管理任务的完成,行政决策目标的实现,都取决于准确果断、全面及时地开展行政执行活动。因此,行政执行是整个行政管理过程中非常重要的一个环节。

2. 行政执行是检验和修正行政决策的重要途径

行政决策是否正确,最终还是要通过实践来检验。现实是复杂多变的,决策活动过程涉及种种变量之间的关系,在实践中可能会出现特别大的变化。所以,不论是什么决策都要经过行政执行在实践中不断调整和完善。行政执行为决策的补充、修正和完善提供事实的依据,从而使政府的决策更科学、更合理,管理更有效。可以说,一个有效的行政执行活动过程,同时也是行政决策方案得以有效修正和完善的过程。实践中,重决策、轻执行的思想和行为对行政管理工作是极为不利的。

3. 行政执行是检验和评价行政管理工作的最主要依据

行政执行不仅能检验行政决策的正确性和合理性,也能检验行政机构设置是否合理、行政人员配备是否恰当、组织规章制度是否健全、信息反馈是否灵敏。除此之外,行政执行的效果还能反映领导干部作风好坏、工作人员积极性的高低、办事效率如何以及管理技术水平等。以行政执行的效果来衡量行政管理工作、扶正纠偏,有利于改进行政管理、提高行政效率。

二、行政执行的特征和作用

(一)行政执行活动的特征

1. 现实性

行政决策活动本质上是对未来行政活动做出的一种反应,它指出了解决问题的目标和大致的方向,具有一定的理想成分。行政执行则是要把这一理想变成现实的活动,行政执行的现实性也正体现在它是对政策、指令的具体实施,要求对决策的整体目标加以分解,使内容具体化,通过实践使决策目标变成现实。

2. 灵活性

行政管理活动是错综复杂和不断变化的,面对环境等条件的变化以及在行政执行中遇到的新问题,执行者要因时制宜、因地制宜,灵活变通地使决策目标得以实现。灵活性是指根据实际情况合理地变通执行,从而保证行政决策在各种不同的情境下都能得到有效的执行。

3. 强制性

行政执行以国家强制力为后盾,要求执行对象必须服从执行者所发出的执行指令、遵守执行有关制度和规定,否则,执行机关和执行人员就有权对其行使职权范围内的强制措施或处罚行为。

4. 综合性

行政执行是一项复杂的活动过程,往往需要把人、财、物、环境等因素加以系统与综合,需要各个执行机关和社会各部门协调配合,需要综合使用各种管理手段,如行政手段、法律手段、经济手段以及思想教育手段等,才能完成行政执行的任务。

5. 法定性

行政执行的主体只能在其特定的权力与职责范围内从事执行工作。虽然行政管理机构具有行政执行的权力,但并不是所有的行政管理机构对任何行政决策都具有行政执行的权力。由于行政管理机构存在着行政职能上的分工,因此,每一特定的行政管理机构的权力与职责都是有限的,都有其特定的范围,只能在这个特定的范围内行使政执行的权力。如果超出这个特定的范围,其行政执行行为也是一种越权行为。在行政管理过程中,任何行政越权行为都是一种违反法制的行为,是不允许的。

6. 目的性

行政执行的目的是实现行政决策目标,其全部工作内容是围绕着实施行政决策的方案进行的。因此,行政执行的全部活动必须在行政决策的指导下进行。行政执行的目标不能违背行政决策的目标,行政执行的具体措施也是行政决策方案内容的落实。行政执行必须严格服从决策目标的需要,是一种目的性很强的行政行为。

7. 经常性

在许多情况下,行政执行是对既定政策(包括指令与规章制度)的反复执行。因此,行政管理机构不仅要贯彻执行某种特定的决策,还要执行大量的日常性决策和程序性决策,而且大量的活动都是属于例行性和经常性的,各种行政机构日常所做的繁杂的具体工作都属于行政执行活动。

(二)行政执行在政府行政管理过程中的重要作用

首先,行政任务的最终完成,归根结底在于对政策具体贯彻实施得如何。任务是否完成得好,还要靠行政执行的效果来作出判断。行政决策目标的实现有赖于行政执行。一项行政决策如果不能付诸实施,则只能是一种设想,是纸上谈兵,没有任何意义。政府的任何决定、命令和法规只有通过执行才能得以发挥作用。行政执行是由此岸达到彼岸的唯一途径,是实现行政决策目标的根本保证。

其次,在全部行政管理工作中,最实际、最经常、最具体的活动就是行政执行。行政执行是政府的实际运作过程,政府日常工作的实质就是执行决策计划等的活动。因此,行政执行活动是否准确、迅捷,是否切合实际,是否遵循了决策目标,在一定程度上决定了行政整体活动的成与败。脱离实际、办事拖拉、偏离决策目标的执行活动必然导致整个行政活动的失败。

最后,行政执行效果是检验各项行政工作的重要尺度。政府工作的各个环节、各个方面是否正确、有效,都必须由行政执行的效果来检验。行政决策是否正确,只有在实际执行中才能获得检验,而且行政决策的缺陷,也只有在行政执行中才能得以修改和完善。行政机构设置是否科学,行政法规是否健全,行政程序是否完善,都需要通过行政执行加以检验,发现问题,不断改进。

三、行政执行的基本原则

1. 主体原则

行政执行的主体是行政人员,行政人员在行政执行中的主体地位,决定了行政执行必须坚持主体原则,这是保证行政执行顺利畅通的前提条件。行政主体原则要求行政人员增强自己的主体意识,摒弃推诿、拖拉的思想,克服各种阻力与困难,以创造性精神完成行政任务。同时,各级行政领导者必须尊重行政人员的主体地位,要想方设法创造条件以充分发挥他们的主观能动性,让行政人员在行政执行中发挥其聪明才智,提高行政执行的质量和效率。

2. 目标原则

行政执行是实现行政决策目标的过程,应该以决策目标的实现为指导思想,贯彻落实国家的政策、法律和法规,执行上级的行政命令和决定,有效地实现政府的决策目标。目标原则要求各级行政机关和行政人员准确地理解和把握政府决策的内容和基本要求,并在此基础上排除各种外界因素的干扰,将决策目标的要求落实到具体工作和行动中,不折不扣地完成政府决策目标。

3. 系统原则

行政管理是一个非常复杂的系统,作为其重要组成部分的行政执行也不例外,也是一个非常复杂的系统过程。行政执行的复杂性要求行政执行必须有全面而周密的系统安排,使各个环节都能有条不紊地进行。系统原则要求行政机关及其工作人员在计划安排时,全面分析各种影响因素,统筹安排。要使各项工作既有分工又有协作。在执行过程中要善于抓住主要矛盾,分清轻重缓急,安排好先后主次,使一切工作都围绕中心和重点展开。在任务完成后对行政执行的效果进行检验。系统地加强行政执行的事前控制、事中检查、事后评估是保证行政执行活动顺利进行的重要保障。

4. 迅速原则

任何一项行政决策都是在特定时机下作出的,所以行政决策目标一经确立,就要求抓住时机,及时迅速地付诸实施,以避免错过机遇。现代社会科技和经济发展加快,竞争日益激烈,更需行政执行雷厉风行。贯彻迅速原则要做到以下三点:第一,行政执行要按行政决策要求的时间和节奏进行。行政决策一经作出,行政执行应立即启动。第二,行政领导者和工作人员都必须迅速稳妥地临机处理各种事务。不得人为拖拉,阻碍具体工作的进展。因此必须坚决克服不负责任的官僚主义、自由主义的倾向,强化全体执行人员的管理效率意识。第三,要处理好效率与效果的关系。坚持行政执行的迅速原则,是以执行的及时、准确、高效为前提的迅速。不能因为追求迅速而放弃质量和效果,否则必然影响行政目标实现的程度。

四、行政执行的过程

行政执行的过程是把行政决策方案付诸实施的过程,为了有效地做好执行工作,必须制定行政执行的工作程序,并做到各个环节之间的有效协调。行政执行工作的基本过程由行政执行的准备阶段、实施阶段和总结阶段组成。

1. 行政执行的准备阶段

准备阶段是行政执行的第一个阶段,准备阶段的工作是多方面的,要求对不同决策的实施有不同的准备。一般而言,行政执行的准备阶段包括:

其一,制订执行计划活动。这实际上是行政执行过程中的决策,即在接到决策中心的指令后,担负执行任务的部门和单位需要学习和研究已经形成的政策,准确领会其实质,明确分析其目标,按照本地的实际情况制订出既符合决策要求又符合本地实际的执行计划。执行计划一般包括情况分析、指导思想、工作任务、工作要求、工作方法、步骤与措施等,涉及目标、人、财、物、机构、程序、时间、地点等要素。在制订执行计划的过程中要注意充分发扬民主,广泛听取意见,必要时可提出多个执行计划,经科学论证后选出最佳的执行计划,以保证实现预定目标。执行计划的制订要量力而行,即根据现有所能提供的人、财、物的数量条件,采取相应的行动。执行计划的制订还要尽可能全面地兼顾计划的各个构成部分及其相互关系,并按照它们之间的必然联系进行统一筹划,切忌顾此失彼。制订执行计划还要分清主次,抓住关键环节。为防止突发事件对计划执行的影响,执行计划的制订也要留有余地,富有弹性,以防患于未然。

其二,一般准备活动。具体包括思想准备、物质准备和人员准备三项内容。思想准备就是通过各种方式使执行者和执行对象都能够了解政策和法令的内容意义,从而在思想上达成共识并变为自觉的行动。执行部门在采取行动之前,必须先检查这项政策和命令是不是符合法律和有关法规的规定,是不是符合法定程序。只有政策、法令和规定合法化,执行者和执行对象才能在思想上接受,也才能够减少政策执行中的阻力。物质准备包括经费准备和物资准备两个方面。任何决策付诸实施都需要一定的经费作为保证,行政执行部门在接到决策指令后要根据当时当地的具体情况提出准确的预算。人员准备是指根据执行决策的具体内容和重要程度确定行政执行的具体承担机构并配备负责人和具体工作人员,确定职责和职权。

2.行政执行的实施阶段

实施阶段是决策目标的实现过程,是行政执行的主体阶段。实施阶段的工作内容主要包括:

其一,建立强有力的指挥中心。行政执行是执行者运用行政手段向既定目标推进的过程,这个过程具有一定的强制性。它必须以服从命令、顾全大局为原则。一个强有力的指挥中心,对行政决策的执行来说是至关重要的。它能正确理解和贯彻执行上级方针政策,对所领导的行政执行工作的意义有深刻的理解,对所辖部门和人员的情况了如指掌,对方案的实施步骤严格掌握,而且在预想不到的情况发生之时能迅速做出正确的决断。指挥中心要实现有效指挥,还必须坚持统一指挥的原则,不能政出多门,多头指挥,否则下级就会无所适从。另外,指挥也必须依照组织层级进行,不应越级指挥。行政执行中的越级指挥,只能降低指挥效果,打击、挫伤下级部门的积极性和负责精神。

其二,建立健全各项工作制度。行政执行的任何一个方面、一个环节的工作衔接不好都会使整个执行活动被动,要避免出现这种被动局面,就必须依靠科学的管理,依靠配套的工作制度作保证。因此,各级领导者应该明确规定自己直属下级的岗位责任,让每个执行部门和执行人员都明确自己"做什么""怎么做""做到什么程度""出了问题怎么办"等问题,以避免职责不清、相互推诿等问题的产生。另外,通过严格考核,并以考核结果作为奖惩依据,有功则奖,有过则罚,奖惩分明。唯其如此,才能令行禁止,提高行政执行的效能,实现行政决策的目标。在此过程中,要善于做好协调工作。协调活动的目的在于化解矛盾、解决分歧,使组织之间、人员之间达到行动上的和谐一致。此外,还应加强行政执行中的监控。

3.行政执行的总结阶段

行政执行完成后,要认真进行检查总结,目的是肯定成绩、找出不足、积累经验,这是提高认识、自我完善的必不可少的环节。总结工作的内容主要包括:第一,对执行情况的检查。主要检查决策目标的实现程度和执行方案的执行效果。对决策目标检查的重点是看其社会效益和经济效益。第二,对执行情况的评定。依据一定的要求和标准,在对执行目标的情况做出检查的基础上对执行部门和执行人员的工作做出评价并给予奖惩。评定要以事实为依据,而不是以领导人的意志为根据,也不能先入为主和存有偏见。第三,对经验教训的总结。执行中会有成功的经验也会有失败的教训,为此,要从理论的高度认真分析决策目标实现或未能完成的原因,得到肯定的答案后,要及时分别向执行指挥者或决策指挥者反馈信息,使他们能从宏观上权衡利弊,正确总结经验教训,不断改进工作。

五、行政执行的评估

行政执行的评估是指对行政执行活动的进展情况和效果进行评价和总结,包括行政执行过程评估和行政执行效果评估两个方面。行政执行过程评估是在贯彻执行某项政策或某种计划方案的过程中所进行的检查、核实各项工作的布置、落实、推进和完成情况,其基本内容包括政策或计划方案是否及时、准确地得到传达和理解,各种具体实施方案或措施是否符合政策或计划要求,预定的阶段性目标实现情况是否与布置、落实、推进和完成总目标的计划相符,是否遇到某些工作困难或未预料到的问题,各级行政机关的工作是否得力,整体进展情况是否顺利,能否比较圆满地完成预定计划、达到预定目标,等等。行政执行效果评估是在某项政策或计划方案已实行了一定时期或已部分完成时对政策效果或计划效果进行的检查和评价,其基本内容包括分析研究某项政策或计划方案实施后在政治、经济、文化等方面所产生的直接影响或间接影响,以及引起的舆论反应,并重新审查预定目标或计划是否充分、合理、全面等。一般意义上所说的行政执行评估主要是指行政执行效果评估。

行政执行过程评估主要由各级行政机关组织进行,而行政执行效果评估的范围则较为广泛,各级立法机关、各种党派、社会团体、新闻媒介或专门的评估机构都可以组织进行。行政执行评估有利于及时发现行政执行活动中出现的问题,以便采取适当的措施或补救方案,控制行政执行的进展过程,从而达到预期的社会效果。同时也可以为校正原定目标和计划的不足提供依据。行政执行不仅与评估本身的某些特性有关,还与某些人或组织的影响有关。为消除行政执行评估中存在的种种障碍,切实发挥行政执行评估的作用,就需要对行政执行评估的必要性和重要性有充分的认识,端正指导思想,确定合理的评估标准,采取适当的评估方法,尽可能促进行政执行评估的制度化,将行政执行评估作为一项制度列入有关政府部门的实际工作计划,甚至建立独立的行政执行评估机构。

第二节 行政指挥

一、行政指挥的概念

行政指挥是行政执行的主要环节之一,是领导作用在行政执行过程中的直接体现。具体说,它是行政领导在执行政策过程中,按照既定的目标和计划,发令、指导、调度和协调下属实施行政管理活动的过程。它是行政执行的主要环节之一,是领导作用在行政执行过程中的直接体现。

行政指挥具有重要的作用:

(1)现代社会当中的联合劳动、互相依赖的工作过程,正在取代个人的独立活动。工作协作日益复杂,唯有高度统一的指挥,才能使行政目标得以迅速实现。

在当代社会中,随着社会化大生产程度的日渐提高,政府管理职能不断拓展、分工日益精细、协作日益复杂、连续性不断增强,要实现行政目标,就必须依赖于高度统一的指挥,只有高度统一的指挥,才能使行政目标得以迅速有效地实现。

(2)在准备工作就绪的情况下,唯有行政指挥,才能把行政管理从静态推向动态,从观念变为行动。指挥可以被看作行政执行的"发动机",它可以使行政执行活动沿着既定的方向和轨道前进。

(3)有效的行政指挥可以使各种行政管理资源得以充分利用,尤其是人力资源。通过指挥可以激发人们的士气,发掘人们的潜能,调动人们的积极性、主动性和创造性。

二、行政指挥的方式

行政指挥的方式大致分为四种:

1.口头指挥

口头指挥简单、明了、及时、方便,是指挥者广为采用的且深受欢迎的指挥方式。随着科学的发展与管理手段的进步,口头指挥已不只局限于面对面的交谈,电话指挥也占有重要的位置。运用口头指挥还须注意语言艺术。口头指挥包含发布命令,而命令需要清楚、完整,并在下属有可能完成的范围内。

2.书面指挥

书面指挥就是利用各种行政公文形式进行指挥。在指挥层次较多,时间、地域等条件又受限制,不便口头指挥时适宜于采用书面指挥方式。书面指挥可以使责任明确、指挥信息准确并能保留较长时间,也便于以后核查。运用书面指挥要注意规范性和严肃性,防止滥发文件的文牍主义现象。

3.会议指挥

会议是保证指挥统一的有效手段,因而成为一种经常采用的指挥方式。行政实施前的动员工作,实施过程中的协调工作、调研工作,实施结束后的准备工作等,都可以采用会议指挥的方式进行。运用会议进行指挥,必须注意会议的类型、会议的准备、会议的组织技巧、会议效率及对会议主持人的要求等问题。运用会议进行指挥还要特别注意提高会议质量,防止会议过多、过长。

4.现代通信指挥

即运用现代信息网络系统传达上级意图,下达工作任务。指挥者要根据不同的情况,运用各种不同的指挥方式,不论采取何种方式,都要鼓励下属发挥创新精神,同时多作具体指导。

三、行政指挥的原则

1.指挥统一的原则

行政指挥的目的是为了达到统一。任何决策的实施,如果仅有完美的计划,没有强有力的、有权威的指挥系统,就必然会造成组织混乱,决策目标就不能得到很好实现。只有统一而有权威的指挥,才能把被领导者的思想统一起来,使整体的最佳功能更好地发挥,使行政机构更加灵活运转,上下同心,左右协力,保证行政决策目标的圆满完成。贯彻指挥统一原则的关键是:

(1)要努力树立和维护行政指挥的权威。在行政指挥过程中,所有组织和个人都必须自觉维护和树立指挥的权威,都必须努力维护行政主要负责人的威信,必须严格组织纪律,服从命令,听从指挥,做到令行禁止,不允许各自为政、上有政策下有对策。对不听从指挥的人要严肃地进行批评教育,必要时适当采取纪律的或组织的手段加以制裁,以保证指挥活动顺利进行。

(2)要努力发扬民主,善于集中。毛泽东同志讲过:"只有领导骨干的积极性,而无广大群众的积极性相结合,便将成为少数人的空忙。"要进行有效的指挥,各级行政领导者应该认真听取群众的意见,把群众的各种意见集中起来,形成正确的意见,最后作出决定,并指挥所属干部群众为之而奋斗。行政领导如果独断专横,眼中无群众,就不能得到群众拥护,就不能进行正确的指挥。

2. 指挥分层的原则

行政领导包括执政、行政和管理三个层次。执政属于高层,其任务主要是对国家大政方针的决策和领导。行政属于中层,其任务是在国家的大政方针决定之后,采取各种切实可行的措施和办法,使大政方针得到有效的贯彻和实施,并对管理层工作加以指导。管理属于基层,其任务是运用各种科学的方法和手段,妥善处理大量日常的行政事务。划分领导层次,其根本原因在于客观规律对行政指挥活动的内在要求。

(1)划分层次由领导幅度所决定。每一个行政指挥系统中直接指挥的幅度有多大,应该划分为几个层次,应依具体情况而定。

(2)划分层次与领导功能相适应。一个行政指挥系统,一般划分为执政层、行政层、管理层。一个企业的行政系统一般划分为四个层次:经营层,确定企业大政方针;管理层,运用各种管理技术来实现经营方针;执行层,直接调动和组织人、财、物;操作层,从事操作和完成各项具体任务。

(3)指挥分层的目的是为了保证领导工作的有效性。从各个层次的关系来看,各层次必须抓好本层次的工作。上层领导对下层不应包办代替、越级指挥,否则,必然顾此失彼,影响本层次工作的完成,同时还会限制下层积极性的发挥,阻碍下层工作的顺利进行。

3. 指挥果断的原则

"果断就是看准了就拍板,迅速作出决定。"行政领导在领导活动中,应养成多谋善断、雷厉风行的工作作风。行政领导工作由于是执行性的,需要解决的问题往往时间紧、任务急,因此,行政领导遇事要明确,动作要迅速,只有这样,才能提高工作效率。行政领导不能优柔寡断,但也要切忌鲁莽、盲目拍板定案。应该在周密地权衡利弊得失的基础上,不失时机地作出决断。坚持指挥果断的原则,对于行政领导来讲具有特别现实的意义。如何坚持这一原则呢?

(1)在实现决策目标的过程中,遇到困难或严重挫折要把握方向,果断指挥,坚决执行。行政领导要想办成几件事,没有排除干扰、坚持决心的毅力,是很难办成什么事情来的。行政领导特别是主要领导要真正发挥"帅才"的统帅作用,再配以智囊型人才、将才型人才组成人才集体,在这样一个智力结构优化的领导群体中,智囊型人才提出方案,帅才型人才多谋善断,然后由将才型人才组织实施,化虚为实,从而产生领导群体结构的智能效应。

(2)在实现决策目标的过程中,若发现有偏离决策目标的情况发生,就应果断地作出决定,及时地发出指令或指导,迅速纠正偏差。犹豫不决,势必使工作越来越偏离目标。

4. 指挥得当的原则

行政指挥的方式,概括起来有三种,即命令、说服、示范。实践证明,行政领导如何正确运用命令、说服、示范等方式,直接关系到领导活动的效果。但无论采用何种指挥方式,都应贯彻民主集中制的精神,体现民主、说服教育的精神,表现出示范作用。怎样贯彻这一指挥原则呢?

其主要要求是:

(1)行政领导要起好表率作用。孔子在《论语》中说:"政者,正也。子率以正,孰敢不正?""其身正,不令而行。其身不正,虽令不从。"领导者的模范行为就是无声的命令,身教重于言教。

(2)行政领导要正确使用命令方式。在我国社会主义条件下,各级行政领导都是人民的公仆,行政指挥建立在广大人民群众自觉接受指挥的基础上。但是,由于人们在思想上、认识上以及在物质、精神文化生活等各方面需求上存在着一定的差距,对行政指挥活动的态度各有不同,所以,社会主义国家的行政指挥仍然具有一定的强制性,特别是在处理事关全局、时间紧迫、情况危急的事情时,行政组织和领导者凭借法定职权,依靠法律、法令,强制人们依法行事。命令方式有严肃性和彻底性的特点,领导者采用命令方式进行指挥,必须经过深思熟虑,不能滥用命令方式,因此,一旦使用命令方式,发出指令,就要毫不动摇地执行,坚决贯彻到底。值得注意的是,采用命令方式,对下属人员或组织为完成任务发出指令,不能对每一个工作的细节都发出指令。该指挥的不指挥是领导的失职,对不该指挥的却乱加干涉,就会影响下属及群众的积极性、主动性和创造性。

(3)行政指挥要重视说服教育方式。毛泽东同志曾经指出:"人民为了有效地进行生产、进行学习和有秩序地过生活,要求自己的政府、生产的领导者、文化教育机关的领导者发布各种适当的强制性的行政命令。没有这种行政命令,社会秩序就无法维持,这是人们的常识所了解的。这同用说服教育的方法去解决人民内部的矛盾,是相辅相成的两个方面。单靠行政命令,在许多情况下就行不通。"由此可见,说服教育方式,是我们社会主义领导者实现领导活动的重要方式。指挥活动就是依靠群众、动员群众实现领导目标的过程,必须使群众明确认识他们工作的意义、目的,工作的方针、方法。在布置工作和实施行政指挥的整个过程中,要先做好下属组织或群众的思想发动工作,并认真听取他们的意见,通过说理教育,使下级或群众心悦诚服地接受指挥。用这种指挥方式,既反映了领导者的主观愿望,又能够比较充分地调动被领导者的积极性。在社会主义民主化进程中,这将是一种广泛采用的行政指挥方式①。

四、行政指挥的能力

领导者须依照实际来进行行政指挥,才能不断提高指挥能力。所谓指挥能力,就是领导者按照既定的决策要求,统筹安排,率领下属,实现其既定的目标任务,履行其基本职能的能力。俗话说:"强将手下无弱兵。"由此可见,领导者的指挥能力非常重要。如果指挥无方,即使执行人员能力很强,也无法充分发挥作用。衡量领导者能力强弱的主要标准是:

(1)看其能否最大限度地调动下属的积极性,发挥其积极作用;

(2)看其能否最有效地统一其下属的行动,充分发挥整体效能;

(3)看其是否能有效地利用一切条件,并充分发挥其在工作中的最大效率;

(4)看其是否能机动灵活地运用各种手段及方法,处理好各种内外关系,使既定总体目标得以顺利、圆满实现。

要提高领导者的指挥能力,应该做到如下几个方面:

(1)必须具有凝聚组合力,也就是善于凝聚组合各方面的力量,形成一股完成某项决策目

---

① 万莉莎. 试论行政指挥原则[J]. 中国水运,2001(11):26-27.

标的综合能力。要依靠自己熟悉的管理知识和经验,调节各种因素的相互关系;要根据决策的总目标,布置好工作任务并监督执行;要善于从下属的特长和前途出发,发挥得力干部在各个关键岗位上的作用。

(2)必须具有执法监察能力。能正确地评价下属的是非功过,做到奖罚分明,扶正压邪。

(3)必须具有统揽全局的能力。要善于从全局总目标出发,充分调动全体成员的积极性,把所有的人员力量集中投入到工作实践中去。

(4)必须具有随机决断能力,而高级指挥能力是随机决断能力和组织管理能力的高度统一。

(5)必须具有敢于指挥,善于指挥的能力。要刚毅、果断、大胆指挥,勇于负责。既要有战略眼光,又要有战术头脑,凡事要胸中有数,不打无准备之仗,不搞瞎指挥,要从实际情况出发。

要提高行政领导者的指挥能力,指挥者必须具备领导的"三力"。在现实的社会组织中,人们细心观察,便不难发现有这样一种号召力与职权不相适应的现象:有的领导者虽然有较高的职位和权力,但往往指挥不灵,号令无人听,做事无人帮。而有的领导者职位不高权力也不大,而工作的开展却得心应手,指挥自如,一呼百应。这是为什么呢?这就是领导者的"三力"所影响的,即领导者的权力、能力和影响力。权力,又称职权或领导权,是根据其所担任的领导职务需要而获得的权力;能力是由领导的知识、智慧等自身条件所决定的;影响力是领导者的威信,则是由领导的个人品德、才学、情感等素养和水平所决定,这是一种令下属敬佩和信服的无形的精神力量,能极其有效地帮助领导者增强凝聚力和号召力,使之有效地履行其领导职能。权力、能力和影响力这三者的关系是:权力来自职务,职务来自威信,威信来自能力和素养。但在已具备的"三力"之中,领导的影响力处在突出的中心位置。因为领导的影响力包括政治影响力、道德影响力、业务影响力、能力影响力、综合影响力等,所以它又称综合威信,即它不仅指某一方面,它要具备多种要素。

(1)品德。作为一名领导,首先必须具有高尚的个人品德,才能赢得部下发自内心的尊敬,听从你的号令,服从你的指挥。

(2)才学。要组织指挥下属开展工作,引导他们不断前进,自己理应比下属略高一筹才能服众,威信才能建立起来。

(3)业绩。指挥者要在事业的成功之中立威于众。任何时候,人们都渴望在一个理想的领导带领下,不断地取得事业上的成功。谁也不愿意跟一个无所作为的上司合作。

(4)资历。资历虽然不等于实际工作能力,但人们经历过的事情,无论是成功还是失败,对未来都是难得的宝贵财富。

(5)情感。情感是建立人际关系的基础。只有处理好人与人之间、部门与部门之间、上级与下级之间的关系,团结协作,通力配合,这样才能把各项工作顺利地开展下去[①]。

第三节　行政沟通

一、行政沟通及其作用

行政沟通,亦称行政信息沟通或行政意见沟通,是行政信息传递者和接受者之间通过一定

---

① 蓝瑞金.如何提高行政指挥能力[J].当代广西,2006(7):41.

的媒介传递推行政务所需的观念、情感、消息、情报、资料等信息,并借以增进相互了解、协调行动的过程和方法。它的最大特点是在沟通的各方中必有一方是行政机关或行政人员,且这种沟通有极明显的目的性、规范性、层次性和广泛性。行政沟通包括广义和狭义两层含义:广义的行政沟通是指行政组织内部机关之间和人员之间以及行政机关及其人员与外部机关、团体、人民群众之间的行政沟通;狭义的行政沟通仅指行政组织内部机关和人员之间的行政沟通。行政沟通贯穿于行政管理一切活动的全部过程中。换句话说,行政管理的过程就是一个信息接收、处理和传递的过程。人们曾形象地比喻,如果说行政信息是行政管理的"血液"和"粮食",那么,行政沟通就犹如行政组织的"血管"和"转换器",是行政管理的"神经系统"。

我国政府是构建社会主义和谐社会任务的主要承担者,是国家权力的主要执行者,是政治、经济、社会、文化活动的主要组织者,在当前发展机遇和矛盾凸现同时并存的关键时期,能否高度重视行政沟通的效用、正确认识和克服行政沟通的障碍、抓住要点努力提升行政沟通的水平,对于加强和提升我国政府行政管理的思想力、行动力、公信力和感召力,对于政府工作能否切实服务于民、取信于民,意义不容忽视[①]。

行政沟通是行政组织与行政环境之间以及行政机构内部的信息交流与传递过程。其基本要素包括沟通的主体(信息源)、内容、渠道、对象和效果。

在行政管理活动中,行政沟通起着重要的作用:第一,信息交流是行政决策的先决条件;第二,行政传递是行政指挥的必经之路,是行政实施的信号灯;第三,信息联系是协调行政组织内部、外部,以至各部门、各成员的重要工具;第四,信息反馈又是检查实施情况、评价政策后果的主要依据;第五,行政沟通也是行政人员参加行政的重要手段。所以,通过有效的行政沟通可以保证在行政实施过程中统一指挥、统一行动,并能增强行政组织对外部环境的应变能力,从而实现高效率的管理。

二、行政沟通的分类

1. 以沟通的确定性为依据,行政沟通可分为正式沟通和非正式沟通

正式沟通是指通过正式组织程序,按组织规定的线路和渠道所进行的信息传递与交流,如会议制度、汇报制度、文件下达与呈送等。正式沟通是行政沟通的主要形式,其特点是正式、严肃、约束力强。因此,一般重要的信息常采用这种形式,其缺点是沟通的速度慢、刻板。

非正式沟通指正式规定的渠道以外的信息交流和传递,它不受组织监控,自由选择沟通渠道。与正式沟通相比,它具有灵活、迅速、程序简便的特点,并且能够反映正式沟通不能提供的信息,也易反映人们真实的态度和思想。其缺点是不能控制信息失真、歪曲,小道消息和流言蜚语易于传播。

2. 以沟通的方向为依据,行政沟通可分为下行沟通、上行沟通和平行沟通

下行沟通指按组织层级制体系,自上而下的信息传递。其主要目的在于对下级传达政策、下达任务与指标,提供组织行动的信息,即一般所讲的"上情下达"。这是行政管理的一个重要手段。其缺点是在传递过程中可能发生信息搁置、误解,同时,它易形成"权力气氛",影响士气,养成下级依赖性的习惯和不良作风。

上行沟通是自下而上的信息交流,即一般称谓的"下情上报"和反馈交流。其优点是通过

---

① 卢汉桥,郑洁.行政沟通简论[J].中国行政管理,2006(9):94-96.

反馈,使决策者了解到实际情况,便于决策修正;同时,又使下级得到心理满足,增强参与意识。上行沟通存在的问题是管理层次太多,下级意见不能及时反映或者渠道不畅;下级投上级所好,报喜不报忧。

平行沟通指同级部门和人员之间进行的信息传递和交流。平行沟通最大的优点在于加强职能部门之间的相互联系和了解,消除相互之间的冲突、扯皮,增进协调和合作。

3. 以沟通的工具为依据,行政沟通可分为口头沟通、书面沟通、多媒体沟通等

口头沟通以口头形式出现,是最快、最便捷的沟通形式,在直接接触的方式之中,口头沟通是最理想的传递信息方式,它有助于提高人们的参与感,但有时容易夹杂个人的情感因素。

书面沟通以文字形式出现,有助于确定职责,是组织记录储存的一部分。书面沟通不像口头沟通那样快。这种沟通主要存在于众多的成员分布于广阔的地域而难以进行口头沟通的情况。

多媒体沟通的表现形式既非口头传递,亦非文字传递,而是数码符号传递。这种传递的工具包括电报、电话、广播、电视、网络等多种电子媒体。电子媒体沟通比以往各种媒体沟通的速度都大为提高,存储量也激增,现在多媒体沟通已经成为行政管理技术的重要组成部分,但是,这种沟通对于技术条件的要求比较高,同时也包括实现成本高等问题。

4. 以信息流动的渠道分,主要有五种模式:圈式、链式、量式、轮式和全通道式

圈式沟通是沟通活动主体与客体秘密交换信息的沟通网络,是一种原始沟通形式。它仅局限于信息互换的目的,也变成了联络感情的手段,形成一个封闭圈。

链式沟通是严格遵循正式的命令系统形成信息沟通网络,能保证信息的精确性。

量式沟通是以沟通活动主体为核心作放射状态,主客体之间保持单线联系,客体之间不发生联系,是一种集权式沟通形式。

轮式沟通是把沟通活动主体作为所有群体沟通的核心,是一种全方位的信息沟通,所有成员都有均享信息的权利。

全通道式沟通是指允许所有的群体成员相互之间进行积极沟通的网络形式。它是在圈式和量式沟通基础上发展而来的,实现了从直接沟通到间接沟通的发展,在这个网络中,沟通活动主体和客体各类的公众通过上传下达的方式进行直接或间接的信息交流。

五种沟通结构对传递效率、沟通正确性、适应工作变化、领导发挥作用和成员满意度的作用情况各有不同。研究表明,每种沟通网络结构各有长短,没有一种网络在所有情况下都是最好的,应根据具体情况,多种沟通形式相互结合,综合运用,扬长避短,充分发挥最佳的综合作用。

三、行政沟通的要素

(一)沟通主体:行政组织和组织化了的个人

1. 行政组织作为传播源的缺陷

狭义的行政组织是政府机构,其主要特征是:有相对明确的权责划分,有较严格的层级界限,存在权力运用、命令与服从关系。按沟通规律,从高层到低层因有从上至下的"压差",信息传递可保持连续不断,但从低层到高层间的反馈回路,由于层级差别,明显表现动力不足。这是行政沟通中不可回避的问题。

美国行政学家尼格罗指出:"由于传统的官僚制在观念上是等级制的、职位定向的和权力主义的,因此缺乏在以科学为基础的文明环境中追求效率所需要的参与气氛。"夏书章先生也指出:"反馈并非自然发生和自发作用的,反馈机制的形成与作用有赖于管理。"

从下至上的信息反馈渠道,是由管理者设计和建立并为管理服务的,像建立加压站一样,只有合理的反馈机制,才能使低层的行政信息有效地向高层流动。如高层管理者缺乏沟通意识,不在体制内建立完善的信息上行通道,或经常关闭这些通道,低层信息就无法有效回馈,或只能在体制外表达(如小道消息)。

从静态角度来观察行政组织,其实质"就是把组织的动态活动过程中有效合理的相互作用关系相对固定下来而形成的组织结构形式",行政组织的这种结构特征,对行政过程有深刻影响。管理学家巴纳德在对组织系统的分析中指出,为保证指令在传达过程中不走样,应减少层次。组织层次越少,指令下达越直接,差错也越少。可见,建立层级尽可能少的平板式而非金字塔式的组织结构,将有利于信息收集与扩散,有利于决策的制定、执行、控制与监督。

2.行政沟通把关人

在行政沟通中,真正的沟通行为者是行政机关的工作人员,他们在沟通过程中负责搜集、整理、选择、处理、加工和传递信息,是行政沟通的把关人。需要指出,行政沟通中的把关人有双重角色,他们既是行政信息的传播源,又是行政信息沟通的接受者。在沟通过程中,把关人不仅通过对文字、语言的加工处理对信息进行把关,更重要的是用行动进行把关。

行政管理要求领导带头执行、率先垂范,是这种把关作用的另一种体现。反之,若把关人口头上、表面上维护行政沟通的正常进行,实际行动又与行政沟通的目的相背,整个行政过程将会因此而受到影响。

把关是任何沟通必然发生的行为。施拉姆认为:"信息渠道越长,沿渠道就有越多的点,在这些点上,某个人有权声称某个信息将被接收和转发,是照原样转发还是修改了以后再转发。因此,在信息的流动中,操纵这些'门'的力量和操作规章或实施操纵的人员就成为至关重要的。"行政沟通的把关现象主要是因为:

(1)信息内容要求把关。行政沟通不同于平行或教育沟通,后两者主要以知识信息传播为主,有一个普及问题。而行政沟通涉及行政信息,对信息的控制和"把关"问题较突出,诚然,如没有"把关",不分轻重,事事都传递,行政沟通渠道无法负荷。反之,如行政信息的内容应公开,而行政沟通采取不适当的控制手段,则容易影响相互间的了解,影响群众对政府政策和行为的理解。

(2)沟通者自身因素影响把关。沟通者的行为都在一定的支配下进行,目的不同,对信息的理解就有差异,对信息的取舍也有差别。行政沟通由于其特殊性——沟通与职位相连的层级性,使把关人在行政信息的传递中带有较为明显的功利倾向。"报喜不报忧"正是功利性的表现。而"上有政策,下有对策"则是行政沟通把关人的另一种功利表现。此外,沟通者自身的社会经历、文化素质、工作能力等也影响沟通者的把关。

(二)沟通内容:行政信息

行政沟通内容的实质就是行政信息。通常,"行政信息涉及的范围,以行政机关管理国家事务、社会公共事务和机关内部事务的活动为其限定。但在一定条件下,自然的或行政事务之外的人类活动因其与行政管理活动的关联,在一定程度上会成为行政信息的反映对象。"行政信息包括"反映行政管理活动及其对象的状态发展与变化对行政主体有新意义的消息、情报"。

1. 沟通内容与行政活动

行政信息是整个行政活动的基本元素,也是重要的软资源。从整个行政活动过程看,行政信息对我们了解行政事务的过去、分析现状、预测未来有着重要作用。

行政信息是科学决策的依据。决策是否正确,关键在能否以有效、及时、真实、全面的行政信息为依据。如行政沟通内容空泛、非本质的,行政决策的结果就不能把握住事务的要害,从而造成浪费;如行政沟通的内容失效、失真,行政决策的结果将可能有缺陷,甚至完全错误。这不可避免地给行政管理造成损失,只有在行政信息沟通过程中及时发现问题,确立目标,选择最佳方案,才能确保决策的可靠性,为实现预期的行政效率提供保证。

行政信息是确保行政执行顺利推进的重要前提。行政执行是通过反馈不断与决策层保持联系的过程。行政信息内容连续和反馈,整个行政执行过程就能得到有效控制,始终与决策指令保持一致,达到预期目的。

2. 不同层次的沟通内容对行政过程的影响

行政沟通内容非常复杂,包罗万象,划分方法也多,按沟通层次可分为上层、中层和基层信息三个层次。

上层信息多是指令性的和指导性的,如命令、指示、决议、通报、通告等。因此,沟通内容应明白、清楚,用词、定性和目的明确。试想,如果一个决议写得晦涩难懂,或模棱两可,下级如何执行?上层信息对中层和基层来讲十分重要,最忌在沟通中人为地产生干扰,所以,沟通内容必须准确清楚,前后不矛盾。上层信息也应十分严肃,应减少非文字表达。巴纳德认为,要建立和维持信息交流畅通的系统,所有指令应见诸文字,内容简明扼要,避免任何误会。这样才有利于行政管理工作的开展。

中层信息指中层领导为贯彻上层指令制定的各种措施和实施办法。这类信息多属执行性质,内容应紧密联系实际,有较强的可操作性。

基层信息包含社会环境中的各种情况,如随时可能出现的问题、人民的呼声、各种批评和建议等。如果没有基层信息,行政传播不能连续进行,行政过程也将中断。由于基层信息多是反映情况和问题的,作为决策依据之一,其内容必须真实和全面,言之有据,言之有理,否则,不仅会影响决策质量,还会影响渠道传递信息的可信度,给今后的反馈造成障碍。

显然,在行政过程,处于不同层次的信息,其内容要求应有所侧重。

(三)沟通渠道:质量与选择

沟通渠道是沟通过程的基本组成部分,也是行政过程得以实现的物质手段之一。行政沟通渠道对行政过程的影响主要体现在渠道质量上——渠道容量和长度,当质量一定时,渠道形态的选择就比较重要。

1. 沟通渠道的容量与长度

沟通渠道容量指渠道能传递的信息量,或是渠道传递传播源发出信息的能力。据信息沟通基本原理,所有的渠道容量都有限度,当行政沟通信息接近容量限度时,沟通就会达到最佳状态。否则,信息渠道内由于空闲,易生噪音。如果行政信息沟通超出渠道容量限度,就会产生外溢。所以,行政沟通必须重视建立稳定性好、容量适当的沟通渠道,以确保信息传递的顺畅、无干扰。

　　渠道长度指从传播源到对象的距离,它是沟通所耗费的时间与速度的乘积。渠道长度对行政效率有直接影响,一般来说,"渠道越长,原始信息完全通过的越少"。渠道沿线的损失会因渠道长度增加而增大。此外,信息本身有时效,如沟通渠道太长,等信息到达,良机已失,时效已过。人们常批评的政府机关公文旅行现象,往往是由于沟通渠道过长而引起的。

2. 行政过程中的沟通渠道选择

　　根据传播学原理,不同沟通渠道沟通的节奏与频率、沟通内容与规模都不同。以人际沟通、组织沟通和大众传播渠道为例,人际沟通渠道带有一定的偶然性,最没有规律,随时随地都可能发生,如社交场合的寒暄、来访接待等。组织沟通渠道有一定的规律,如每隔多少时间开一次会、作次报告等。大众传播渠道最有规律,因媒体必须严守纪律,定期发送信息,如报纸有日刊、周刊,广播电视各栏目也有规定的播出时间。从沟通速度来讲,大众传播渠道的传递速度十分快捷,而且传播覆盖范围广。

　　由于行政沟通有些内容需要控制沟通范围,因此,行政沟通以组织沟通渠道为主,组织的结构与性质不仅决定内向沟通的方式与速度,也决定组织如何把握外向沟通方式。官僚制组织结构是金字塔式的,其内向沟通也只有依赖于金字塔式结构。其从上至下的传递速度,取决于金字塔的层级(高度)。当行政沟通内容不宜扩散时,政府必然会对大众传媒封锁消息。行政沟通这种有意识的控制,"不仅起到对信息的分界与限定作用,而且对信息传递方向、步骤及速度起着强制性的保障作用。

　　行政信息由于内容的特殊性,哪些可公开传播,哪些不能公开传播,哪些要在时机成熟时才公开传播,这是涉及国家主权和民族利益的重大问题,必须对传播渠道作出慎重选择。该保密的就不能泄漏,不该封锁的不要控制,这种选择也是行政管理的内在要求。

(四)沟通对象:受众心理与状态分析

　　行政沟通存在传播者和受众。从动态沟通过程看,传播者和受众的位置在一定的条件下可以互换;从静态传播原理看,受众是传播行为的接受者,是行政沟通活动产生的动因之一。离开受众对传播的反应,行政沟通只能是单向的,是被动的、消极的、缺乏持续性和生命力的。

1. 信任度与认同感:一般受众心理状态分析

　　一般受众指除政府内部工作人员外,与政府行政管理活动有关的组织和个人。从行政过程的角度考察和分析行政沟通过程中的受众,最关键的问题是要减少受众在接受行政信息时的心理障碍,让受众主动积极地参与执行并及时反馈。

　　影响受众接受行政信息的因素很多,如传播者宣传的方式方法、受众自身素质等。但从受众心理来看,首先有对传播者信任度的问题。换句话说,在行政沟通中,存在政府形象的问题。只有树立良好的政府形象,才能使政府的政策、措施在传播过程中得到广大受众的理解和支持。

　　其次是受众对传播内容的认同感。传播学认为,由于受众的选择性心理,"从传播内容来讲,受众一般选择能够支持其信念和价值观的信息,以减轻认知上的不和谐"。这实质上表明受众对传播内容有认同感时,传播就较易顺利进行。事实确实如此,中华人民共和国成立后,人民政权能迅速巩固和发展,正因新生政权的政策得到广泛认同,人民才积极踊跃地参加到政府组织和发动的各项工作中去。"在政策方面的认同,可以使政治过程获得更多人的参与和支持,使政治组织的方针、政策得到贯彻落实",政治过程如此,行政过程也不例外。

2.主动性和积极性：双向不对称沟通模式对工作人员的影响

行政机关工作人员是特殊受众。特殊性表现在，就行政沟通的传播源来讲，行政机关工作人员是一级受众，而作为行政组织的一员，相对于一般受众而言，他们又是传播者。行政机关工作人员的言行不仅关系到公民能从政府得到什么样的服务，而且也直接影响公众如何看待和评价政府。

曾任英国首相的撒切尔夫人认为"直接与市民打交道的人更知道怎样提高效率"[①]。所以，行政机关工作人员又是重要受众。他们作为政府机构的细胞，不仅与政府的利益目标息息相关，而且也是政府与一般受众联系的触角。然而，行政是国家意志的执行，它要求行政机关工作人员忠实贯彻国家意志。因此，沙莲香认为，行政信息在自上而下的沟通时，传者与受者间有明显的说服与被说服的关系，即"传播者试图通过一系列组织过的信息，影响接受者的态度与行为"，这是行政内向沟通受众角色非常显著的特点。

美国传播学者格鲁尼格教授将这种劝服性沟通，定义为双向不对称沟通。他认为，双向不对称沟通模式与双向对称模式一样都含有反馈。但双向不对称沟通中的反馈仅是为劝服人们接受目标和保证实现目标服务的。显然，行政在整个国家机器中的地位与作用，决定行政以执行为主的特征，也导致沟通以说服为主的不对称模式。

学者宋世明在总结西方改革动因时指出："传统公共行政强调统一规制（包括科层制的等级制和部门化）和监控，抑制了公职机构和文官的创造力，已陷于形式化和僵化，并导致人际关系的冷漠。"当然，用"冷漠"来形容沟通双方的关系，可能不恰当，但不对称沟通对工作人员工作状态，包括工作自觉性、主动性和积极性所产生的负面影响不可避免。

(五)沟通效果：对行政过程的影响

沟通效果既是沟通质量的体现，也是行政过程是否连续和达到预期目标的必不可少的标准。如果行政沟通效果好，表明行政信息的传递快捷而连续，行政部门与外界环境的交流具有持续性。行政部门内部的工作衔接有连贯性，工作协调有一致性。反之，若沟通效果不好，说明行政沟通存在障碍，行政沟通的执行、控制与监督将受到影响。行政沟通作为组织沟通的效果分析也离不开微观和宏观两方面。

从微观看，正如前面已分析的，行政沟通是一种组织沟通，行政组织特有的层级结构，决定行政沟通是多级沟通。"舆论领袖"的介入，虽然有利于增强沟通的效果，但由于沟通"节点"的增加，也使得沟通质量下降。行政沟通是劝服性沟通，传者与受者间的多级性以及各层级间的"级差"，在一定程度上影响沟通效果。换句话说，从微观角度分析，行政沟通效果有限。在行政过程中这种沟通效果的有限性可表现为：当政府的某个政策出台后，个人与组织在表面上没有很大反响，但在政策执行过程中，会出现很大偏差。

从宏观看，行政沟通的效果直接受制于思想观念、行政体制与传播手段。

首先是思想观念，组织沟通是以人际沟通为主的沟通，人们的思想意识、观念与态度对沟通效果有直接影响，就传播源——行政组织和组织化的个人而言，高度集权的等级制度强化人们头脑中以权力为中心的身份意识，难以建立以权利为中心的服务意识。

就受众而言，在儒家传统思想的影响下，中国人习惯"忍"，普遍较含蓄，缺乏积极参与精

---

① 龚禄根.英国社会服务承诺制提高了公共服务质量[J].中国行政管理,1998(11):26.

神,形成一种"臣民—参与者"的政治文化。

其次是行政体制。我国现有行政组织机构重叠、部门林立、层次过多、职能交叉,既容易因推诿扯皮造成时间延误,又容易因层次过多引起信息损失或失真,还可能因"政出多门"而使沟通受到干扰。

第三是传播手段。施拉姆曾说过:"传播的新发展影响着社会,而社会在别的方面的新发展也影响着传播。重要的是,在一般情况下,传播发展的某种水平与阶段也必须伴随着社会发展的某一水平和阶段。"

当中国人引以为自豪的四大发明之一——活字印刷术为人类的传播注入新的生命时,中国古代也创造了灿烂辉煌的文明史。

而当瓦特的蒸汽机引起了西方工业革命时,中国传播手段开始落伍,中国也变得更加封闭。

改革开放后,面对瞬息万变的社会和信息化浪潮,行政管理单靠经验和传统文书、通信技术已越来越不适应形势要求。当今各国非常重视运用现代科学技术加强行政管理,运用电子计算机信息系统、电子传真设备、复印机、录音录像设备等,来处理公文、传递和存贮信息,提高办公速度和质量。然而,我国经济落后的状况,严重制约传播手段的发展和行政效率。

通过对沟通要素的分析,可以动态地、全方位地剖析行政过程,有助于深刻把握行政沟通对行政决策的制定、执行和监督的影响,从而自觉地完善行政沟通行为,以提高行政质量和效率。

案例分析

姜委是某市卫生局人事科的科长,这几天,他一直为机关内部的一些事情感到闷闷不乐。前几天,人事科制定一项新的考核制度,得到了局领导的批准。但是,该项制度出台后,马上遭到了其他部门的不满和抵制。局长办公室的刘主任说:"这新制度太不合理了,不适合我们机关的实际情况。"组织科的孙科长则认为这项新制度在短时间内不会被全局机关干部迅速接受,不利于调动大家的工作积极性。由于大家对新制度有意见,因此,和新制度的制定者——姜委的隔阂越来越大。但是,姜委认为这项新制度是从提高行政效率出发,在制定期间,也咨询过许多专家,所以新制度不应该存在问题。为了使新制度能够顺利实施,姜委利用休息时间,不断地和各部门的领导及职工进行交流,把自己的想法,以及机关原来旧的考核制度存在的一系列问题耐心地和他们交换意见。这期间,姜委还利用"五一"假期,举办了一次全机关的家庭联欢会。机关内部的全体干部职工及其家属欢聚一堂,取得了满意的效果。大家对姜委的看法慢慢地消失了,新的制度也得到了实施。

请从行政沟通的五个要素对上述案例内容进行分析。

四、行政沟通的机制

行政沟通机制有刚性的一面,我们可称之为刚性机制,又有柔性的一面,可称之为柔性机制。

行政沟通的刚性机制,就是由制度明文规定的、必须遵循的行政沟通机制。行政沟通的制度安排是节约沟通成本的十分重要的途径,它要求做到:第一,理顺行政机关各部门之间的职能关系。关键是要避免各部门的职能交叉,减少部门之间推诿扯皮。第二,尽可能地变部门间的沟通为部门内的沟通。因为部门内的沟通可以经常化,并因此减少不必要的信息失真。第三,要使经常项目的沟通制度化。

行政沟通的柔性机制,就是在行政沟通中具有较大可变性的沟通机制。柔性机制主要包括两个方面:一是语言机制。行政沟通要求有一套规范化的、为大家都接受和掌握的信息表达语言系统,如公文的固定格式、规范用语以及特定语言包含的特定行政意义。只有行政系统内外的信息沟通参与者都能掌握这些约定的机制,沟通才能准确迅速地进行,否则容易造成误解和偏差。二是心理机制。人们对沟通的态度、期望和反应方式等心理机制也会大大影响沟通的效果,这种影响有时甚至是决定性的。如果一个单位的领导对下属反映的意见和建议不甚耐烦,缺乏民主作风,就会打击工作人员的积极性,以后出现问题,下属也不会及时向领导反映,从而造成信息沟通的障碍。

在实践中,刚性的沟通机制与柔性的沟通机制相辅相成,保证行政沟通的畅通、有效。

第四节　行政控制

一、行政控制的含义及其作用

行政控制是指行政领导者根据计划目标的要求,对计划的执行情况进行监督、检查,及时发现和纠正计划执行中的偏差,以保证计划目标实现的过程。行政控制的依据是行政决策目标和决策标准。行政控制要求必须掌握行政执行的准确、全面的信息,必须采取果断而且适当的行政措施。所以必须确定以决策标准为标准的执行标准,对行政执行的结果进行评估,然后进行纠正偏差。

行政控制与行政指挥是有区别的:行政指挥主要是通过明确目标来贯彻行政管理活动,是直接推行行政意志的过程。而行政控制主要是纠正行政活动中的偏差,使之不偏离行政决策目标,保证决策目标的实现。

行政控制的作用在于:行政控制是完成计划的重要手段;行政控制是行政工作方向正确的重要保障;行政控制是贯彻依法行政的重要体现;行政控制是保证行政目标实现的重要机制。

二、行政控制的分类

根据不同的标准,行政控制可以划分为不同的种类。以控制的范围为标准,可以划分为宏观控制和微观控制;以控制的组织机构为标准,可以划分为集中控制、分散控制和分级控制;以控制的方式为标准,可以划分为直接控制和间接控制;以控制的时序为标准,可以划分为事前控制、事中控制和事后控制。本书采用最后这种划分方式。

(1)事前控制即在计划实施的准备阶段就加以控制,以保证将来实际结果能达到计划要求,尽量减少偏差。事前控制的中心问题是使计划所需的人力、财力、物力都合乎标准,防止在行政实施过程中所使用的各种资源在质和量上产生偏差,力图避免未期待的事情发生,做到防患于未然。

(2)事中控制即在实施计划过程中,直接对计划执行进行观察、检查并纠正偏差。现场控制是事中控制最常见的一种形式。它一般都是由管理人员亲临现场,亲自进行观察、判断、检查,并督促各种操作,对下属所提出的问题作出指示。需要指出的是,现场控制并非要越俎代庖,代为管理,而是指导下属改进工作。管理者所有的控制指示都要与下属商量,并由下属去执行。

(3)事后控制即反馈控制,亦称结果控制,这种控制是针对最终成果的。它是在行为完成之后进行的控制,即检查工作是否按期待的方式完成的,衡量最终结果是否有偏差。虽然这类控制对于以往行为主要起评价作用,但是,它毕竟为评鉴、指导及修正将来的行为奠定了基础。因此,事后控制主要是为了有利于下一个环节的工作得以顺利开展。

三、行政控制的过程

1.建立绩效标准

首先是确定控制的标准。标准愈明确,控制就愈有效。如果没有标准,就无法衡量实际执行情况是否发生偏差,也不知道如何纠正偏差。一个可行的标准应包括六个因素:对象,即需要进行控制的内容和范围;目的,即标准的任务、各项具体要求以及需要解决的问题;地点,即执行该标准的空间范围;时间,即规定完成标准的时间期限和日程安排;执行者,即规定标准的执行单位和人员;方法,即实现标准的途径和措施。

2.衡量实际绩效

衡量绩效就是按照控制标准,衡量实际成效,检查执行情况是否与确定的标准相一致,找出执行中出现的偏差。为此,必须做好测量工作。测量工作要注意全面性、客观性和敏感性。测量既可以全面测量,也可以抽样测量。

管理者衡量的对象就是收集的信息,包括个人的观察、统计报告、口头汇报和书面报告。衡量的信息需要具有几个方面的特性:及时性、可靠性、有效性。

3.比较偏差

通过比较可以确定实际工作绩效与标准之间的偏差。偏差不是一个绝对的数值,而是一个可以接受的偏差范围,只要偏差显著地超过这个范围,就应该引起管理者的注意。

4.采取管理行动纠正偏差

纠正偏差就是根据测量的结果,采取切实的措施和步骤,纠正执行过程中出现的偏差。纠正偏差是控制工作的最后环节,也是控制工作是否有效的表现。因此,一旦找出已经出现的偏差,控制者应迅速采取纠正措施,如改变组织机构,重新委派人员,改善控制程序等。在必要的情况下,可以修改目标调整计划。在纠正偏差中,主要的调节手段是行政手段、法律手段、经济手段和思想教育手段。行政控制对于搞好行政工作,特别是搞好具体实施阶段的工作,是非常重要的。许多管理学家都把控制列为管理过程的一个重要环节,他们都强调控制对于决策计划实施的重大意义。

四、行政控制的方法

要真正实现有效的行政控制,就必须讲究控制的方式与方法。行政控制的方法主要有工作指导、工作考核、报告、汇报、视察、调查等。

(1)工作指导。工作指导的方式有三种:命令,处理紧急事件、执行纪律及需要立即行动时使用命令最为有效;要求,针对处理正常工作及对新进人员;指示或建议,针对鼓励下属,给予其发挥自己聪明才智和创造性的机会。

(2)工作考核。工作考核是指对比工作计划与工作的实际成果,以对执行者的行为作出评定,排出优劣等差。对工作成果较好的予以奖励,对成果较差的进行惩戒。通过检查,可促进被检查单位与个人改进工作,提高效率;同时通过奖惩,使工作绩效与个人的利益直接挂钩,提高其工作的积极性和主动性。

(3)报告、汇报。一是指下级定期向上级汇报自己的工作情况,如年终鉴定、述职报告等形式。二是政府向同级人民代表大会作政府工作报告,人大听取并审议政府的报告并对是否同意政府的工作作出决议。

(4)视察、调查。行政领导或特派员对一些专项工作深入到具体执行机构进行详细的检查;纪检监察部门对专门事项进行专项调查,如监察部门的专项执法检查,这项工作一般要定期开展;人大代表、政协委员组织的视察、调查团,这是较为正规的监控制度,也是确保人民当家作主的重要形式。

五、行政控制的原则

进行行政控制,领导者与管理者必须坚持两个原则:

1. 例外原则

例外原则是泰勒提出来的一种管理原则,它指的是领导者为避免陷入事务堆当中,应尽可能把权限委让给下级管理者或助理管理人员,自己只保留例外事项的决定权和控制权。这就是说,上级不必事无巨细地都掌握控制权。因为人的时间、精力、能力、知识等都是有限的,为了不被大量的详细而庞杂的文件和报告弄得心烦意乱,上级就需要下级主管递交经过比较和整理的报告。这样一来,上级很快就能搞清楚哪些事情属于例外事项,对整个工作的进展也就能够做到心中有数,从而就能有充分的时间去考虑基本政策,研究人事安排等重要事项。

2. 关键性原则

因为在偏离计划标准的诸多工作中,有的可能相当重要,有的可能不太重要,有些偏离计划标准较少的问题可能比偏离计划标准较大的问题更加带有根本性,所以,进行控制仅注意例外原则是不够的。领导者和主管人员在注意例外原则的同时,还必须把它与控制关键性问题的原则结合起来,把主要注意力集中于在绩效评估时起关键性作用的那些问题上。也有些人将这一原则概括为"着重于关键问题的例外情况原则"。哪些问题属于关键性问题呢?德鲁克以企业为例所提出的关键性成果领域颇具启发意义。这主要包括:市场信誉、革新、生产率、物质和财政资源、获利性、管理者业绩和发展、员工业绩和态度,以及社会责任。虽然行政管理作为公共管理,它和企业管理有本质的不同,但就管理过程意义而言,这八个关键性成果领域无疑具有参考价值。

总之,要有效地实现行政控制,首先必须统一认识、统一思想、统一标准。在行政控制的过程中,还应该做到组织机构健全、办事程序明确、信息传递畅通、考核标准完善,最后整个行政控制活动都必须坚持系统、客观、适时、灵活、经济的原则,具体控制手段的选择则需要适合每个领导与管理者的情况及其个性,才能达到迅速纠正错误的控制目的。

第五节　行政协调

一、行政协调的含义与作用

行政协调,即公共行政管理系统在系统内部的各要素之间、系统与外部环境之间进行改善关系、调整行为,以期协同一致地实现行政目标的管理活动。就行政系统内部而言,行政协调也是体现行政管理职能活动的一种具体行政行为。其目的在于将行政系统中分散、冲突、矛盾的行为协调整合为集体、合作、协同的行为,从而使行政管理运行有序化、高效化。美国著名管理学家丹尼尔·A.雷恩在谈到法约尔的"协调(coordinating)要素"观点时曾指出,协调是一种平衡行动,是行政主管采取主动行为促使组织内外各种要素保持协调一致。现代行政管理的实践也已证明,行政协调作为贯穿行政管理过程各个环节的重要活动与行为,是平衡行政系统内外各种关系的保证,也是行政管理系统功能与整体效应得以发挥的前提。因此,行政协调对现代行政管理活动具有重要的意义与作用①。

行政机关在行政活动中会遇到各种矛盾,需要协调解决,这些矛盾通常表现在:①社会上各个集团、阶层为了生存和发展,必然产生各种各样的要求,彼此之间就会出现这样那样的矛盾;②一些国家行政机关为了保障和扩展自己的职权与管辖范围,发展自己的利益,往往发生纠缠不清和互相扯皮的现象而形成相互矛盾;③行政机关聚集各种人才,常有人有意或无意地过分强调自己所学专业与所做工作的重要性,以至造成矛盾;④在行政机关中,领导与被领导,政务类与事务类的公务人员之间,有时在职权与责任、工作与待遇、地位与能力、荣誉与贡献等方面出现不协调的现象等。

按协调对象不同,行政协调可分为:行政组织与环境的协调、行政组织结构协调和行政组织人员协调。行政协调是行政执行的一个阶段,其目标是让行政系统内各机构之间、人员之间、行政运行各环节之间达到异中求同的效果。

(1)协调与外部环境的关系,增强行政系统的适应力、创新力。现代行政系统是一个与外部行政环境变化及信息要求相关的开放系统,它必须根据外部环境对自身的要求,调整政府职能体系与行政组织结构,以增强行政系统适应外部环境变化的能力。

(2)协调内部纵横向的关系,以增强行政系统的协作力、整合力。政府行政系统,为增强适应外部环境变化的能力,必须协调自身内部的各种纵横向关系,这种"纵横向关系",既包括中央政府与地方政府之间以及地方各级政府上下级之间的关系,又包括政府机关各部门之间的关系。

(3)协调内外部、纵横向的人际关系,增强行政系统的凝聚力、驱动力。由于行政人员所居职位、所持视角、所具有的价值取向等不同,必然造成人际关系的矛盾和冲突。因此,必须通过有效的行政协调,消除彼此之间的隔阂、分歧,增强相互之间的理解、信任、支持,实现行政运转协调。

行政协调的作用主要有四个方面:第一,行政协调可以使各行政部门和行政人员在工作上密切配合,避免内耗;第二,行政协调可以促进各行政部门合理配置和有效利用人力、物力、财力和时间等行政资源,精简和优化办事程序和环节,提高行政效率;第三,行政协调有助于各行政部门和行政人员树立整体观念和全局观念,从而有利于行政活动的有序进行;第四,行政协调有助于将分散的力量集中起来,产生整体的"合力"。

行政协调与行政控制是有区别的。行政控制是针对行政活动中计划的实施与计划的标准之间差异或背离现象而采取纠正或克服的行动;行政协调则是强调在各个行政组织或部门之间的和谐化、合理化,其目的是为了获得一致的关系,进而达成行政目的。就行政协调与行政沟通的关系来看,行政沟通可以说是行政协调的必要手段,而行政协调则可以看作是行政沟通的结果。可见,行政协调是有其内在的质的规定性的,不能与其他行政管理职能混为一谈。

---

① 李琪. 略论现代行政协调[J]. 北京行政学院学报,1999(2):19-21.

二、行政协调的分类

行政协调可以有多种分类的方法。

(1)按协调作用性质可分为主动协调和被动协调。主动协调,这是积极的协调,是指行政领导及时察觉情况的变化,在矛盾未暴露激化之前就主动出来协调,减少工作中的反复性和曲折性。被动协调,一般是指因各种矛盾已经暴露而不得不进行的调解,通过协调仍然可以减少工作的损失。

(2)按协调范围取向可分为内部协调和外部协调。内部协调主要指在机关内部,通过国家法律、法令和规章约束,思想教育,以及典型的影响等,对工作人员进行协调的一种方法。外部协调主要指因工作联系或隶属关系而进行协调,达到共同的工作目的的一种协调方法。

(3)按协调对象性质可分为工作关系协调和人际关系协调。工作关系协调,就是协调群体系统各种工作之间的关系,把各个阶段、各个方面的工作有机地结合起来。它又可分为目标计划的协调、部门任务的协调和政策措施的协调。领导者协调工作关系,重点是掌握系统方法和"弹钢琴"的艺术。掌握了系统方法就能以整体性观点、综合性观点和最佳性观点,协调好各种工作关系,使方方面面的工作联络处于最佳的协调状态。

(4)按协调的途径分可为会议协调与非会议协调。会议协调是经常使用的一种协调方式,可以具体通过座谈会、讨论会、汇报会等形式进行。协调会议应吸纳与行政行为有关的组织及其人员共同参加,顾及方方面面的权利和利益,具有防止独断专行的功能。会议性的协调都是正式的,而非会议性的协调既可以是正式的,也可以是非正式的。非会议性的协调方式很多,可以因人因事制宜进行。非会议性协调可以通过人员的个别交谈、广播电视等新闻媒介进行,也可以通过由有关人员在签呈文件上共同签字以表示了解的方式进行。

三、行政协调的主要模式

从方法论角度看,行政协调活动在实际运行中常表现为多样化具体行为模式的有机聚合。这些模式主要有:

1.内部协调模式

内部协调模式指在行政系统内两个或两个以上的行政个体、行政要素或行政单元间,根据一定的渠道、方式进行相互接触与影响,以求达成共识和默契,协同推进实现工作目标的进程。如前述搞好政府内部的协调,是落实好行政决策、行政计划、行政领导等环节工作的保证,也是搞好行政机关与外部各机关、单位间协调工作的基础。

2.外部协调模式

外部协调模式指行政机关与其他国家机关、社会团体和企业事业单位间的协调。现代行政管理系统担负统筹规划、掌握政策、宏观调控、组织协调、提供服务的职能,因此,行政系统将比以往任何时候更迫切需要进行大量的外部协调活动,以取得组织外部各机关的支持与协作,为行政系统的高效、优化运行创造良好的外在环境。

3.纵向协调模式

纵向协调模式一般指有隶属关系的上一级与下一级间的协调活动。具体包括中央和地方行政机关间的协调、地方上级与下级行政机关间的协调、上级行政领导者个人与下级工作人员个人间的协调。纵向协调的任务主要是理顺中央与地方、集权与分权的关系,明确划分各层级的事权范围,充分调动两个积极性。上级领导应对下级合理授权,下级也应经常与上级沟通,以此取得部署上、行动上的上下一致。

4.横向协调模式

横向协调模式即平行机关、部门或个人间的协调活动。横向协调由于没有纵向系统权威的前提,不存在层级节制的职权等关系,因此,在某种程度上其工作量、难度和广度均超过纵向协调。

横向协调主要通过会议、协商、共同参与等方式开展工作,其任务是调解部门或个人利益、需求、目标间的冲突,防止出现扯皮与内耗,在互助互谅的基础上谋求共同发展。

四、行政协调的基本原则

在行政协调的不同模式中,要遵循一些共同的基本原则:

1.坚持统筹全局

在行政组织系统的运行过程中,经常出现局部与全局的矛盾。面对行政系统中个体与群体、部门与整体、下级与上级之间错综复杂的关系,协调工作应始终遵循统筹全局原则,在全体行政管理人员中确立整体观念和"一盘棋"思想,使各行政单元的本职活动步调一致服务于总体目标的实现。当然也要注意在实现整体利益的前提下,各部门和行政人员的正当需求也能适当满足。

2.坚持分层运作

行政组织纵向结构的表现形式是层级节制体系,即组织系统自上而下分成若干等级,下级与上级间存在行政隶属关系。现代行政协调活动同样在层级节制体系范围内进行,因此在开展工作时,应注意处理和把握好整体与层次、层次与层次间既相互依存又相互制约的关系,根据不同层次之间或同一层次之间各职能部门间的不同特点,要求协调者明确纵向与横向协调的关系,分清协调的对象和范围。

3.坚持动态协调

现代行政是一个开放式的管理系统,来自行政外部环境的各种因素会随行政系统的开发而不断影响行政管理活动过程。同时,在行政系统内,各种因素也处于不间断的嬗变状态。为使这些问题能及时解决,应注意坚持动态协调原则。通过组织分析系统及时分析行政活动中的差异点,以实现差异整合。

这一原则所要强调的另一点是协调的权变性。即协调必须坚持从行政管理实践出发,具体问题具体分析,权衡变通,高度灵活地处理好现代行政活动中的各种差异和问题。

4.注意非平衡因素的影响

行政组织对自身内外各种关系协调,是为使组织降低内耗,保持平衡,增加整体功能,但不是使组织对矛盾采取回避或调和态度,也不是对错误行为一味妥协退让,不讲原则地搞一团和气或绝对均衡。事实上,各方面关系处理得四平八稳却呈现"一潭死水"状态的行政组织不能发挥良好整体功能。因此,行政协调不可避免地要兼顾两方面的工作:

(1)克服非平衡的恶性因素。对宣扬小集团、涣散人心的错误倾向,应进行抵制和斗争;对不合理的规章制度应组织有关人员研讨,加以修订。

(2)适当引入一些非平衡的良性因素。如介绍新鲜经验、扶持新生事物,必要的人员调动、设立有争议的管理形式或话题等。这些因素可能暂时会与组织当前的平衡状态不一致,但预示组织的发展方向。通过新旧因素交融,在协调者的正确引导下,促使有关各方展开讨论,产生共识,打破旧的平衡,在此基础上达到新的平衡。

对以上原则,在运用时应融会贯通,并注意与具体情况结合。

五、行政协调的主要方法

在实际操作中,行政协调的具体技术多种多样,在此主要介绍以下几种:

1. 主体合流法

在协调某些问题时,参与协调的各方往往各有主见,互不相让。这些主见反映着解决问题的思路和导向,协调者必须着力抓住。在此情形下,协调者可以以较正确的一方或几方的意见为主,以其他方的意见为从;并撇开各方意见的对立处,努力揭示它们内在的相同点或相似点,巧妙地把相同或相似点演变为联结点,通过沟通协商,使他方当事人程度不等地修改完善原有意见,扩大并突出共存于己方与对方意见中的相近成分,限制并压缩相左的成分,使一方意见基本统一到主导一方的意见上。

2. 中间数法

对非原则问题的协调,尤其是对利益分配上的协调,在不伤害有关各方积极性的前提下,协调者可折中处理,以"中间数"进行裁定,实现各方都能接受的权利再分配。

3. 冷处理与热处理法

在双方各抒己见、互不相让、争论激烈的情况下,如事情不是很急,可暂时搁置,等双方冷静下来,能更加理性地对待时再行沟通,争取事情的妥善解决。如事情比较急,就要站在全局高度,权衡利弊,吸取利大弊小的意见,以行政手段裁定。

4. 当面表态法

有的问题虽是局部性的,但工作难做,如碰到时间紧、任务重、领导忙不过来的场合,问题的解决显得更难。在这种情形下,不妨召集会议,让有关各方面对面磋商,明确目的,当面表态。运用此法应注意:

(1)请那些了解情况、掌握政策、有表态权的人参加会议。

(2)搞好会议纪要,以便检查督办。

(3)科学主持会议,让与会人员充分表达意见,通过审慎研究与讨论,主持人总结概括,求大同存小异,作出权威性结论。然后由各方代表轮流表态,最后个别问题再个别解决。

5. 谈心法

个别问题,除非特殊情况,一般只牵涉个别人或个别单位,因此既不便行文,也不需召开会议来"小题大做"。个别问题因涉及面小,往往被忽视,以至于形成协调难点。如采取个别谈心方式,融感情、原则、实惠一体,则可化解矛盾,收事半功倍之效。个别谈心有不同谈法,在没有其他复杂因素的条件下,可用直接面谈方式交心;否则要委托他人用间接方式谈心。

6. 跟踪处理法

扯皮常被视为典型的协调难题,需要有针对性地实施跟踪协调。协调人采取的对策大致有三类:

(1)因故变换责任人而扯皮的,要及时使责任衔接,向新的责任人重申一切要求,切实解决遗留问题；

（2）因政策变化而出现扯皮的，要把工作做在前头，做到治标与治本相结合，在采取有效的补救措施的同时，还要做好宣传教育；

（3）因有关人员违章、违纪、违法等使工作走样、变形而扯皮的，要按章、照纪、依法处理。

不管采取哪一类对策，都要区别不同情况，一次协调不好，再次协调，直到圆满解决问题。

第六节　行政行为

一、行政行为概述

行政行为一词，有广义和狭义之分。广义概念的行政行为是指国家行政机关及其行政人员实施行政管理活动的总称，包括决策行为、计划行为、指挥行为、领导行为、执行行为、监督行为等。狭义概念的行政行为仅仅是指国家机关及其行政人员，在行政管理活动中，基于行政权力所实施的能够发生法律效果的行为，如行政命令、行政处分、行政裁量等。本章所论述的行政行为是指狭义的行政行为。行政行为是国家行政机关及其行政人员执行公务、实施行政管理的行为。其有效性如何是国家行政机关及其行政人员工作成败的关键。

按照分类方式的不同，行政行为可以分为多种类型：法律行为与准法律行为；抽象行为与具体行为；要式行为与不要式行为；积极行为与消极行为。根据行政行为当事人之间的法律关系，可以分为：双方行为；合同行为；单方行为。

此外，按照行政行为对象的特定性，可以把行政行为划分为抽象行政行为和具体行政行为。具体行政行为与抽象行政行为虽然都属于行政行为。但二者也存在本质区别，表现在：

（1）实施行政行为的主体不同。实施具体行政行为的主体是各级行政机关及其委托的组织；而实施抽象行政行为的主体只能是国家最高行政机关及地方各级立法机关。

（2）具体行政行为可以引起行政诉讼；而抽象行政行为不能引起行政诉讼。

具体行政行为是指国家行政机关、法律法规授权的组织、行政机关委托的组织以及这些组织中的工作人员，在行政管理活动中行使行政职权，针对特定的公民、法人或者其他组织，就特定的具体事项，作出的有关该公民、法人或者其他组织权利义务的单方行为。具体行政行为可以分为：

①行政处罚。即特定的国家行政机关对有违法行为尚未构成犯罪的违法者所给予的一种法律制裁。如行政拘留、罚款、吊销营业执照、没收等。

②行政检查。即行政主体依法对行政管理相对人守法情况作单方面了解的行政行为。如海关检查、税务检查、卫生防疫检查等。

③行政许可。即行政机关根据相对人的申请，依法赋予相对人从事某种法律所一般性允许的活动的权利和资格。如颁发许可证或执照。

④行政强制执行。即行政机关依法强制行政管理相对人履行一定义务的行政行为。如查封、扣押、冻结等。

抽象行政行为是指行政主体制定发布普遍性行为规则的行为。行政主体实施抽象行政行为的结果，就是导致行政法规的出现。抽象行政行为分为：

①羁束行为，即法律、法规对实施行政行为的条件、程序和手续等作了详细具体的规定，行政主体只能严格按照这些规定实施行政行为。

②自由裁量行为,即法律法规对如何实施行政行为只作了原则性或留有余地的规定,行政主体在实施行政行为时除遵守这些规定外,还必须根据自己意见来决定的行政行为。

③要式行政行为,即符合法律特定方式才能成立的行政行为。

④不要式行政行为,即无须以特定的方式就可成立的行政行为。

通过对行政行为的概念和分类进行梳理,可以将行政行为的特征归纳为以下几点:

1.组织性

行政行为的主体主要是国家行政机关,国家行政机关是国家根据有关法律,按照法定程序组建的机关,具有高度的组织性、纪律性。其工作人员是这种具有高度组织性和纪律性机关的组成人员,其权利和义务也由法律授予。因此,他们所实施的行政行为不是某个具体行政机关或某个个人意志的反映,而是国家行政机关整体意志的反映。即行政行为不是个体的行为,而是组织的行为。行政行为的这个特点就要求行政行为主体必须要有强烈的大局意识,要自觉站在国家整体利益的高度实施行政管理活动。

2.关联性

行政行为虽然是由不同的行政行为主体具体实施的,但由于行政行为体现的是国家行政机关的整体意志,因此,行政行为之间存在着内在的关联性,即相互制约、相互影响。一个行政行为主体实施行政行为所产生的后果,也影响其他行政行为主体实施行政行为的后果,甚至对全部国家行政机关都产生一定的影响。行政行为的这个特点就要求每个行政行为主体要善于从全局考虑问题,深入了解相关情况,加强与其他行政行为主体的交流沟通、协调配合,保证行政行为的整体最优。

3.强制性

行政行为是行政行为主体代表国家实施的管理社会的行为,以国家的强制力为后盾,其发生法律效力无须经过行政行为客体的同意。除非经权力机关或上级行政机关裁决或者有管辖权的法院判决其违法予以撤销,否则,就要假定行政行为具有合法性,国家行政机关及其工作人员有权强制执行,行政行为的客体如果拒不执行,将会受到相应的制裁。行政行为的这个特点要求行政行为主体在实施行政行为时,既要考虑合法性,也要考虑可行性,尽量避免采取强制的方式执行行政行为。

4.妥协性

行政行为实施的对象是全社会,它所处理的是社会公共事务。从宏观上来看,行政行为能否取得实效,关键在于得到全社会多数人的认可或支持。这种认可或支持不仅仅是依靠权力和法律所能得到的,而是行政行为主体与其他有关方面沟通、协调的结果。因为不同的组织和个人所处的利害关系不同,对问题的认识程度和角度不同,所主张的解决问题的观点和途径也不同。有的主张维持现状,不同意进行任何变革;有的主张在基本格局不变的状态下,做一定的改进;有的主张进行重大变革,改变现状。而行政行为主体所采取的行政行为,往往不是完全采纳某一种主张,而是不同主张妥协的结果。行政行为的这个特点就要求行政行为主体要与社会各阶层的人员相互沟通协调,善于综合、归纳、平衡各种意见,依法采取最适当的行政行为。

5.适应性

行政行为是针对社会公共事务而实施的管理社会的行为,其目的在于促进国家的进步、社会的发展和人民生活水平的提高。而社会在不断发展变化,人们的要求在不断提高,因此,行政行为不能是一成不变的,必须适应不断发展的形势的要求。行政行为的这个特点就要求行政行为主体必须有高度的适应性,要善于审时度势,根据时代的发展特点,采取相应的管理行为,符合社会上大多数人的意愿并得到他们的支持,使行政行为有最广泛和坚实的社会基础。

二、行政行为生效

(一)生效要件

1. 主体合法

所谓主体合法是指作出行政行为的组织必须具有行政主体资格,能以自己的名义作出行政行为,并能独立承担法律责任。根据中国有关法律、法规规定,能够成为行政主体的是行政机关或法律、法规授权的组织。并且该行政主体应当是依法设置的行政机关或是依法被授予行政职权的组织。

由于行政行为通常是由行政主体的具体工作人员实施的,因此这些工作人员应具备法定条件,才能保证行政行为的合法有效性。另外,主体合法除了要求行为主体必须是行政主体以外,还要求其行为必须在权限范围内。若行政主体的行为超出其权限范围,则其行为不合法。

2. 内容合法

内容合法指行政行为的内容用要符合法律的规定,也要符合法律的目的,即符合社会公共利益。在羁束行政行为中,行为内容必须严格符合法定的具体标准;在自由裁量行为中,行为内容也必须在法定的裁量幅度内。具体来说,内容合法的要求包含:

①行为有确凿的证据证明,有充分的事实根据;

②行为有明确的依据,正确适用了法律、法规、规章和其他规范性文件;

③行为必须公正、合理,符合立法目的和立法精神。

3. 程序合法

程序是实施行政行为所经过的步骤、时限方式等。任何行政行为均须通过一定的程序表现出来,没有脱离程序的行政行为。行为的程序是否合法影响着行政行为实体的合法性。程序合法的要求包括:①行政行为符合行政程序法确定的基本原则和制度;②行政行为应当符合法定的步骤和顺序;③行为必须在行政机关的权限内,越权无效;④符合法定形式;⑤必须在法定期限内完成。

4. 职权合法

作出行政行为的行政主体必须享有法律法规规定的职权,行政行为必须在法定的权限范围内实施。行政机关的职权是法律明文规定的,不得自我授权,更不得越权行为。行政机关的立法权不仅要受到授权、职权限制,而且要受到法律保留、法律优先原则的限制。同时,行政主体不得滥用职权[①]。

5. 形式合法

行政行为的意思表示必须借助于一定的载体才能为相对人所知晓,这种载体就是行政行

---

① 肖金明,刘炳君.行政法学[M].北京:国家行政学院出版社,2010:133.

为的形式。法律从严格执法和保护相对人的角度出发,往往对行政行为的形式作出严格的规定,要求行政行为必须具备某种书面形式或必须是特定意义的符号。如果行政行为不具备法定形式,则构成违法。

(二)生效形式

1.告知生效

告知,指行政主体应履行告知义务,以便让行政相对人知道行政行为的内容。告知之时,并不是指告诉之时,而是指受告知人即相对人知悉、知道之时。在中国法律中的表述一般为"收到通知之日"。但是,收到通知之时,必须是相对人或相对人所委托的人收到通知之时。否则,不能视为已经告知,行政行为还不能发生法律效力。告知之时生效,意味着行政行为只有在告知相对人后才能发生法律效力,只能对所告知的人发生法律效力,只能以告知的内容为限度发生法律效力。并且,在没有告知时,行政行为以相对人真正知道之时起生效。

告知之时是以行政行为的成熟为前提的。也就是说,告知必须是在行政行为作出后的告知,是把行政行为告诉相对人,让相对人知道其内容。在行政行为作出之前,就没有可告知的内容,最多只能是对可能作出某种行政行为的非正式允诺或预测,或者是在程序中尚未最终确定的意志表达。

2.附款生效

在传统行政法上,附款是指为了限制行政行为的效果而在意思表示的主要内容上附加的从属性意思表示,包括条件、期限、负担和撤销权的保留。但是,近来日本学者认为,附款是行政主体对行政行为在法律既定事项之外的附加。在这里,为了表述上的方便性,我们采用传统学说。

行政行为的效力发生于告知之时,是一般原则。但这项一般原则无法适用于所有情况。有些行政行为具有特殊性,因而需要其他生效规则加以补充。这项补充规则就是附款。附款的主要任务之一就在于解决行政行为的效力时间问题。因此,除了告知之时外,行政行为的效力还可以发生于附款规定之时。

附款规定之时,即为行政行为附款中所定法律事实发生之时。法律事实的发生,有时是事先能够确定或预定的,有时则是事先无法完全预定的。

3.受领生效

受领生效是指行政行为须为相对方受领,才开始生效。所谓受领,是指行政机关将行政行为告知相对方,并为相对方所接受。受领生效一般适用于特定人为行为对象的行政行为。行政行为的对象明确、具体,一般采用送达的方式。

4.即时生效

即时生效指行政行为一经做出后即发生法律效力。这种情况一般来说做出行政行为和行政行为开始发生效力的时间是一致的。它一般适用于紧急情况下所需要立即实施的行为。

三、行政行为的功能

行政功能是指行政行为所发生的实际效果,通常可以分为四个方面:

(1)维持功能。这是行政行为的首要功能,即国家机关及其行政人员通过其行政行为,在社会中建立起合理的、能够为社会上大多数人所接受的生活规范以及道德标准,作为人民的生活准则。

（2）管制功能。在社会生活中,每个人、每个团体都具有双重性,即自我性和社会性。这种双重性之间必然会有所矛盾和冲突。为此,国家行政机关及其行政人员就必须以公正的态度,站在超然的立场上,采取必要的行政行为做适当的管制,使矛盾与冲突趋于和缓。

（3）裁判功能。在人们的社会生活中,必然会发生一些矛盾和冲突,能够解决这些问题的角色只能是国家。国家从社会中产生,又凌驾于社会之上,它总是以公正的面目出现,以国家强制力为后盾,对于争执的双方都有权威性。其中大部分的争执和纠纷由国家行政机关依据法律和有关规定进行裁判。

（4）发展功能。社会是不断发展变化的,作为国家行政机关,负有管理社会的重任。在实施行政行为、管理全社会的实际活动中,国家行政机关能够把握住社会的发展程度和发展趋势,也能够发现社会中存在的主要问题、工作方法上的优劣,以及行政人员的素质如何,从而调整工作体制,完善行政决策,改善行政行为和工作方法,提高行政人员的素质,促进行政机关及其行政人员自身的进步与完善,最终促进全社会的进步与发展。

四、行政行为的基本方式

(一)行政命令

1.行政命令的含义

行政命令是指国家行政机关在执行公务、行使权力的时候,所作的具有强制力的规定。它属于狭义的行政行为中的单方行为。

行政命令是行政主体依法要求相对人进行一定的作为或不作为的意思表示。行政命令具有强制力,它包括两类:一类是要求相对人进行一定作为的命令,如命令纳税、命令外国人出境。另一类是要求相对人履行一定的不作为的命令,称作为禁(止)令,如因修建马路禁止通行,禁止携带危险品的旅客上车等。

西方国家有的学者把行政命令分为四种,即执行命令、委托命令、独立命令和紧急命令。认为行政命令是指国家行政机关制定和发布行政法规的职权。

行政命令从形式上可以理解为,凡是带有"命令"或"令"的行为一律称为行政命令。如授权令、公告令、执行令、嘉奖令、任免令等。这种行政命令并不与行政检查、行政处置、行政决定和行政强制执行相并列,它可以成为后者的形式。例如,行政检查中可以有检查命令,行政执行中有行政命令。行政命令并不限于行政处理行为以内的行政行为,行政处理行为以外的行政行为也可以表现为行政命令,如准行政行为的行政授权表现为授权令。

从实质上理解,行政命令是行政主体的一种强制性行为,只存在于行政处理行为之中,与行政检查、行政决定和行政强制执行相联系,并且相互衔接。它的特征是:①行政命令由有权发布命令的行政主体作出;②行政命令属于行政主体的一种处理行为,表现为要相对人进行一定的作为或不作为;③行政命令是要相对人履行一定的义务,而不是赋予相对人一定的权利;④行政命令是为相对人设定的行为规则,属于具体规则,表现在特定时间内对特定事或特定人所作的特定规范;⑤相对人违反行政命令,可以引起行政主体对它的制裁;⑥行政命令是依法或依职权作出的。

2.行政命令的分类

行政命令种类繁多,依据不同标准可以作出不同分类:

第一，以作出行政命令的具体依据为标准，行政命令可以区分依据法律明文规定作出的行政命令和依宪法、组织法赋予的职权作出的行政命令。

对行政命令的权力基础进行分析，可以知道，行政命令有依据法律、法规作出的，也有在缺少法律明文规定的情况下，直接根据行政职权的要求作出的。行政命令是行政机关依法或者依职权作出，即行政机关可以根据具体的法律条文作出，也可以依据本身固有的行政管理职权作出。

依据法律明文规定作出的行政命令是行政主体直接根据规范性法律文件规定的内容向相对人作出的行政命令。规范性法律文件规定行政主体有权作出的行政命令，数量繁多，种类丰富。如《中华人民共和国海上交通安全法》第18条规定："主管机关认为船舶对港口安全具有威胁时，有权禁止其进港或令其离港。"

但是，实践中大量的行政命令不是依据具体的法律条文作出的，而是由行政主体依据其职权作出的。宪法、组织法赋予的职权作出的行政命令是指法律没有明文规定，由行政机关依据固有职权作出。这决定了行政命令是维护公共秩序、实现行政管理目标、直接实现行政目的的有效手段。

第二，以行政命令所规定的内容为标准，行政命令可以分为作为令、禁令和服从义务。

作为令是指行政主体向相对人发出的要求其必须为一定行为的行政命令，而禁令则是行政主体发出的，要求行为人不得为一定行为。履行不作为义务的行政命令，表现为相对人的某些行为受到限制或禁止。按照作为令和禁令的内容再详细划分，作为令包括要求相对人按照法律规定作为和按照命令者的要求作为，而要求相对人不作为的命令（即禁令）包括禁止相对人作为和限制相对人作为。而要求相对人忍受行政主体的行为而不得反抗、抵制的命令的性质较为特殊，这种义务既不是典型的作为义务，也不是典型的不作为义务，归为服从义务较为合适。

第三，以行为的指示方向为标准，行政命令可以区分为单向行政命令和双向行政命令。

单向行政命令是指行政主体向相对人发出的命令，其只为一定行为或只命令其不为一定行为的行政命令。即单向行政命令向同一相对人发出的要么是禁令要么是履行令，其只为相对人指明朝一个方向履行义务的行政命令。对于相对人来说，单向行政命令要求其履行的义务相对轻松，比较容易执行。《中华人民共和国渔业法》第45条规定，"未经批准在水产种质资源保护区内从事捕捞活动的，责令立即停止捕捞……"，只是对相对人作出了一个禁令。《中华人民共和国公司法》第203条规定，"公司不依照本法规定提取法定公积金的，由县级以上人民政府财政部门责令如数补足应当提取的金额……"，则只是对相对人作出了一个履行令。

双向行政命令是行政主体发出的，要求相对人既为一定行为又不为一定行为的行政命令行为。即双向行政命令既课以相对人不作为义务，同时又课以其作为义务的行政命令行为。双向行政命令行为具有告诫违法者，制止、纠正相对人行政违法行为同时补救行政违法造成的损害的功能。对相对人来说，双向行政行为要求其履行的义务更为繁重，执行难度更大。《中华人民共和国治安管理处罚法》第38条规定，"举办文化、体育等大型群众性活动，违反有关规定，有发生安全事故危险的，责令停止活动，立即疏散……"责令停止活动，是命令相对人不为一定行为；责令立即疏散，则是要求其为一定行为，因此，这就是一个双向行政命令。

第四，根据行政命令的履行时间来区分，可以分为即时履行行政命令与限期履行行政命令。

即时履行行政命令是指行政主体作出行政命令后,相对人应该立刻履行的行政命令。限期履行行政命令是指行政主体在行政命令中规定相对人履行义务的期限,相对人只需在该期限内履行义务即可,无须立即履行。

客观情况千差万别,有些轻微的违法行为可以在受到处罚后立即改正,这时,行政主体就应该作出即时履行行政命令。《中华人民共和国禁毒法》第20条第3款规定,"未经许可,擅自进入国家确定的麻醉药品药用原植物种植企业的提取加工场所或者国家设立的麻醉药品储存仓库等警戒区域的,由警戒人员责令其立即离开……"责令其立即离开,只需相对人立刻离开即可,没有赋予其他义务,相对人很容易就可履行。因此是一个可即时履行的行政命令。

而相当一部分违法行为的情况比较复杂,立即改正确实存在困难,这时其改正需要一定的时间,行政主体应发布限期履行行政命令。如拆除违法建筑物、治理已被污染的环境、补种毁坏的树木等。这时就应该限期改正,即作出限期履行行政命令。

3.行政命令与法律的关系

行政命令与法律有密切的关系,通常把法律和命令合称为"法令"。一方面,法律必须依据命令来颁发;另一方面,法律的执行也离不开命令,而命令还可补充法律的不足。所以,法律和命令是相互联系、相互依存、相互协调的相辅相成的关系。

行政命令与法律的联系。①从原则上看:法律优越,法律在命令之上,违反法律则无效。法律保留,某些事项,仅能以法律规定,不能以命令规定;法律主位,以法律为主,以命令为辅。②从细目看:行政命令是法律的补充规定;是对法律的解释规定;是对法律实施的程序性规定;是对法律原则规定的例外规定。

行政命令与法律的区别。①行政命令与法律区别的必要性:法律仅为原则性、大纲性的规定,立法程序烦琐,法律一旦制定,不便轻易改动,具有相当的固定性。由于社会现象复杂多变,在立法机关制定的法律之外,不得不承认行政机关所发布的命令具有法规性。将法律的抽象规定具体化,将法律的大纲性规定细目化,且可以因时制宜,通过简易的手续的修改,以补法律之不足。②法律与行政命令区别的标准:从政治哲学的观点看,法律是人民总意志的表现,命令则非人民总意志的表现,仅为行政机关因执行法律所制定的规章。从制定的机关看,法律是由立法机关制定,经国家元首公布的规章,而行政命令则是由行政机关制定、公布的规章。

(二)行政处分

行政处分的含义有两种:一种含义是指国家行政机关对所属的违法失职的行政机关工作人员给予惩处的一种方法和制度,另一种含义是指国家行政机关就具体事件依法所做的单方面的并且对该事件发生法律效果的行为。这里所说的行政处分是指后一种含义,亦称为"行政措施"。行政处分是行政机关的行为,私人和社会团体及其他国家机关的行为都不是行政处分;行政处分是就具体事件所做的行为,所以抽象的规定不是行政处分;行政处分是基于公法的行为,所以行政机关与私人之间的私法行为不是行政处分;行政处分是行政机关单方面的表示,所以共同行为、契约不是行政处分;行政处分是行政机关所做的发生法律效果的行为,所以没有法律效果的行为不是行政处分。

(1)行政处分的分类。①依职权的行政处分和依申请的行政处分。②要式的行政处分与不要式的行政处分。③受领的行政处分与不受领的行政处分。④简单的行政处分和有附款的行政处分。⑤积极的行政处分和消极的行政处分。⑥羁束的行政处分和自由裁量的行政处分。

(2)行政处分的内容。①独立的行政处分。即行政处分能够独立存在,发生法律上的效果的行政处分。大部分的行政处分都属于独立的行政处分。它又可分为命令的处分和形成的处分。命令的处分是指限制人的自由,命令其为某事或不为某事,或者免除其承担的义务为内容的处分。通常对命令当事人履行义务的行为称为下命,对免除其义务的处分称为许可或免除。形成的处分是指设定、变更或者消灭权利能力、行为能力、权利的法律关系等处分,这种处分以形成新的法律关系为内容。为特定当事人设定新的法律关系的处分,称为设权处分;对于已经形成的法律关系加以变更的处分,称为变更处分;对于已经存在的权利能力、权利的法律关系的全部或一部分,使其永久地或者暂时地消灭的处分,称为剥夺处分。②补充或代理的行政处分。凡行政处分用以补充其他行政处分,使其他行政处分发生完全的效力者,为补充分行政处分;凡行政处分代理其他行政处分做意思表示的,为代理的行政处分。补充及代理的行政处分的效力都属于其他行政处分,包括认可、修正认可及选择认可。

(3)行政处分的成立。行政处分的成立必须具备一定的条件,如果条件有缺,行政处分则为不存在或者为有瑕疵的行政处分,一旦出现这种情况,就会发生行政处分无效或者撤销的问题。行政处分的成立,通常应具备的条件有:①主观的条件,即实施处分的机关只能在其职权范围内行使处分权;②内容的要件,即处分的内容必须符合法律;③形式的要件,即处分必须具有从外部足以可以认识的表现形式;④手续的要件,即处分必须经过一定的手续。对于已经成立的处分开始实施,还必须具备其他要件,决定处分发生效力的时期:告知;受领。

(4)行政处分的效力及其附款。行政处分的效力,通常包括以下三种:①约束力,即行政处分对当事人有约束力;②确定力,行政处分一旦做出,表明某种行为已经确定,当事人不得争执或抗拒,做出处分的机关不得再行变更;③执行力,有的处分必须执行,有的处分不是必须执行,凡是必须执行的,有关机关必须强制执行其处分。行政处分的附款,通常包括以下五种:①附以条件者,凡是附以条件者,在条件未定之前,处分的效果处于不定状态。②附以期限者,即规定了处分生效的起止日期。③附以负担者,即规定使当事人负担特别义务。④保留撤销权者,指在何种情况下可以将处分撤销。⑤法律效果的一部分除外者。

(5)行政处分的无效。这是指有些行政处分的形式虽然还存在,但因为缺乏有效要件,使得处分根本不发生法律效力。如,由于没有相应的权限而无效,由于手续不全而无效,由于形式欠缺而无效,由于内容欠缺而无效,由于意思欠缺而无效。

(6)行政处分的撤销、废止、变更和消灭。①行政处分的撤销,指对于已经生效的处分,因为其成立时有违法理由,所以由有关机关将其撤销。撤销与无效不同,后者是根本没有发生效力。②行政处分的废止,指行政处分成立时并无瑕疵,只因为后来情况发生变化,以不让其发生效力为宜,而将其废止的行为。废止与撤销的区别在于,被撤销的行为原来是违法的,被废止的行为原来是合法的。不撤销和不废止的处分,只变更其内容的或效力的一部分时,称为行政处分变更。③行政处分的消灭,指由于下列原因而消灭:对象消灭,相对人死亡,期限已满、义务已履行和条件消失。

五、行政许可与行政审批

(一)行政许可

行政许可,是指行政机关根据公民、法人或者其他组织等行政相对人的申请,经依法审查,

准予其从事某种特定活动的行为。按照《中华人民共和国行政许可法》规定的行政许可的含义,行政许可的特征一般是:

(1)行政许可是一种依申请的行政行为。没有行政相对人的申请,行政机关不能主动予以许可。

(2)行政许可的存在意味着法律的一般禁止。行政许可的内容是国家一般禁止的活动,为适应社会生活和生产的需要,对符合一定条件者解除禁止,允许其从事某项特定活动,享有特定权利和资格;许可是对禁止的解除,没有法律的一般禁止,便不存在行政许可。例如,制作、运输、销售爆破物品是国家一般禁止的行为,但国家为了国防安全或社会需要,对符合条件的组织和个人准许实施这类行为。

(3)行政机关对行政相对人的申请要依法审查。这是行政机关必须依法履行的职责,对符合法定条件的申请人即应准予申请,对不符合法定条件的申请要坚决拒绝,否则就要追究行政机关及相关责任人的法律责任。

(4)行政许可是授益性行政行为。行政许可不同于行政处罚和行政征收,它不是对相对人课以义务或者惩罚,而是赋予相对人某种权利和资格的授益性行政行为。如开业、生产、经营许可,这类许可使相对人获得了某种权利;而律师证、会计师证的颁发,则使相对人获得了从事相应职业的资格。

(5)行政许可的目的在于抑止公益上的危险或影响秩序的因素。不得随意将许可制度与创收相联系,不得烂设许可、乱收费。

(6)行政许可是要式行政行为。行政许可应遵循一定的法定程序,并应以正规的文书、格式、日期印章等形式予以准予。许可证是行政许可行为的主要表现形式,书面许可是行政许可形式上的特点。

(二)行政审批

行政审批是指行政机关(包括有行政审批权的其他组织)根据自然人、法人或者其他组织提出的申请,经过依法审查,采取"批准"、"同意"、"年检"发放证照等方式,准予其从事特定活动、认可其资格资质、确认特定民事关系或者特定民事权利能力和行为能力的行为。行政审批的特点:

(1)行政审批的主体是行政机关、法律法规授权的组织、规章委托的组织,而不是其他自然人、法人和组织。

(2)行政审批是为实现行政管理目的服务的。

(3)行政审批主要是为了限制不利于公共利益的行为,防止公民和法人对权利和自由的滥用。

(4)行政审批是一项权力,更是一种职责和义务。

(5)行政审批属于事前管理。

(6)审批权具有时效性。

(7)行政审批具有一定的自由裁量权。

(三)行政审批与行政许可的关系

行政审批与行政许可,都是一种具体行政行为,它们之间有着十分密切的联系,但两者的概念不完全等同。

从逻辑学上分析,行政审批与行政许可之间是种属关系。行政审批是一个更为广泛的概念,不仅包含了行政许可,也包含了政府内部审批以及与审批相关的所有行政行为。比如在行政征收、行政确认、行政给付、行政奖励等行政行为的实施过程中,也都包含着审批环节,这些行政行为,也都在行政审批的范畴之内。目前各地开展的行政许可项目清理工作,只是行政审批制度改革的一部分,是前期基础性工作。

两者的区别主要表现在以下三个方面:

(1)适用范围不同:行政审批的适用范围较宽,可以归入行政审批的项目种类按照目前的统计不下于 50 种,甚至包括推荐、命名、备案、证明等。而根据《中华人民共和国行政许可法》的规定,行政许可大体上可以分为五类:

①普通许可:直接涉及国家安全、公共安全、经济宏观调控、生态环境保护以及直接关系人身健康、生命财产安全等特定活动,需要按法定条件予以批准的事项。例如,食品卫生许可、危险化学品的生产销售许可等。这类许可依法律规定的条件规定,并无数量上的限制。

②特许:有限自然资源的利用、公共资源的限量以及直接关系公共利益的特定行业的市场准入等,需要赋予特定权利的事项。例如:采矿许可,取水许可,海域使用许可,无线电频率许可(垄断行业)等。这类许可一般有数量限制,应当通过招标、拍卖的方式决定。

③认可:提供公众服务并且直接关系公共利益的职业、行业,需要确定具备特殊信誉、特殊条件或者特殊技能等资格、资质的事项。例如:医师、律师、会计师资格,建设企业的资质等。这类许可事项一般应通过考试、考核等方式决定。

④核准:直接关系公共安全、人身健康、生命财产安全的重要设备、设施、产品、物品,需要按照技术标准、技术规范,通过检验、检测、检疫等方式进行审定的事项。如电梯运行的核准,动物及动物产品的检疫等。

⑤登记:企业或者其他组织的设立等,需要确定主体资格的事项,这类许可主要是形式审查。

(2)设定的条件不同。行政许可是一项重要的行政权力。《中华人民共和国行政许可法》规定:只有法律、行政法规和国务院有普遍约束力的决定可以设定行政许可,地方性法规可以依据法定条件设定行政许可,地方政府规章可以依据法定条件设定临时性行政许可。其他规范性文件一律不得设定行政许可。

而行政审批事项的设定,法律并无严格限制,各级行政机关(也包括非行政机关)都可以设定审批事项。

(3)指向的对象不同。行政审批的对象十分宽泛,除了公民法人和其他组织外,还包括行政机关本身。它不仅涉及外部对象,也涉及行政机关内部事项;而按照《中华人民共和国行政许可法》的规定,行政许可的对象仅仅是公民、法人和其他组织,并不包括行政机关对其他机关或者其直接管理的事业单位的人事、财务、外事等事项的审批,当然也不包括行政机关的内部审批事项。

第七节　行政裁量

一、行政裁量的概念

行政裁量是指国家行政机关在其职权范围内,基于法理或事理就某些事件所做的酌量处理的行为。

在比较分析了英美国家不同学者在界定行政裁量的概念,同时强调研究对违法违规行政裁量实施司法审查,以确保其处于正确运作轨道之后,余凌云教授认为:"所谓行政裁量就是指在法律许可的情况下,对作为或不作为,以及怎样作为进行选择的权力。"[①]

在比较德国法与英美法中研究行政裁量所关注的侧重点不同,以及对我国当前有关行政裁量研究现状分析,并对行政裁量的外延、内涵和存在形态进行深入剖析之后,周佑勇教授指出:"所谓行政裁量是指在法律授权的情况下,行政机关对同一事实要件的处理根据具体的情况进行选择的权力,并不包括对该事实要件的评价判断。"[②]

分析上述两个概念,可以看到,行政裁量在本质上是指行政机关针对具体行政事务作出决定和处理的内容进行选择的权力,研究行政裁量实质上是对行政裁量权展开讨论,进而也强调行政裁量的范围、基准、幅度和追责机制。因而,行使行政裁量必须严格依照法律的规定;行政裁量要尊重具体案件事实,确保所作出的相关决定及结论符合具体行政实践目标;行政裁量的特性是自主决定并做出选择,并且要求行政主体对裁量行为承担法律责任。

行政裁量的必要性:①行政权的不断扩大是行政自由裁量权存在的前提。②行政管理的特殊性决定了行政自由裁量权必须存在。③法律规范的不全面使行政自由裁量权的存在成为必要。

二、行政裁量的种类

行政裁量通常分为两种,即羁束裁量和自由裁量。

(一)羁束裁量

羁束裁量,即对于行政事件的处理,法律已有硬性规定,行政裁量权的行政机关及其行政人员必须严格受法律约束,而没有其他考虑的余地,这种裁量就是羁束裁量。如果裁量错误,即构成违法行为。因为羁束裁量为依法执行的行为,除了法律规定的附款外,不能随意增加或减少条件。

(二)自由裁量

自由裁量,即关于行政事件的处理,法规并无明文规定,或者仅有原则上的规定,或者规定在多种形态的范围内,由行政机关抉择,其又称为便宜裁量。自由裁量权一般分为六种:

1. 在行政处罚幅度内的自由裁量权

即行政机关在对行政管理相对人作出行政处罚时,可在法定的处罚幅度内自由选择。它包括在同一处罚种类幅度的自由选择和不同处罚种类的自由选择。例如,《中华人民共和国治安管理处罚法》第 23 条规定了违反本条规定的"有下列行为之一的,处警告或者 200 元以下罚款;情节较重的,处 5 日以上 10 日以下拘留,可以并处 500 元以下罚款",也就是说,既可以在拘留、罚款、警告这三种处罚中选择一种,也可以就拘留或罚款选择天数或数额。

2. 选择行为方式的自由裁量权

即行政机关在选择具体行政行为的方式上,有自由裁量的权力,它包括作为与不作为。例

① 余凌云. 对行政自由裁量概念的再思考[J]. 法制与社会发展,2002(4).
② 周佑勇,邓小兵. 行政裁量概念的比较观察[J]. 环球法律评论,2006,28(4):431 - 439.

如,《中华人民共和国海关法》第 30 条第 3 款规定:"前两款所列货物不宜长期保存的,海关可以根据实际情况提前处理。"也就是说,海关在处理方式上(如变价、冰冻等)有选择的余地,"可以"的语义包涵了允许海关作为或不作为。

3.作出具体行政行为时限的自由裁量权

有相当数量的行政法律、法规均未规定作出具体行政行为的时限,这说明行政机关在何时作出具体行政行为上有自由选择的余地。

4.对事实性质认定的自由裁量权

即行政机关对行政管理相对人的行为性质或者被管理事项的性质的认定有自由裁量的权力。例如,《渔港水域交通安全管理条例》第 21 条第 3 项规定:"在渔港内的航道、港池、锚地和停泊区从事有碍海上交通安全的捕捞、养殖等生产活动的。"可给予警告式或罚款。这里的生产活动对海上交通安全是否"有碍",缺乏客观衡量标准,行政机关对"有碍"性质的认定有很大的自由裁量权。

5.对情节轻重认定的自由裁量权

我国的行政法律、法规不少都有"情节较轻的""情节较重的""情节严重的"这样语义模糊的词,又没有规定认定情节轻重的法定条件,这样行政机关对情节轻重的认定就有自由裁量权。

在工商行政管理法律中,有不少法条规定的是酌定情节。即在量罚时,需由工商行政管理部门酌定违法情节的范围、程度和轻重。法条中经常可见"根据不同情节""视情节严重""造成严重后果"等模糊语言来概括、规定,其本身没有明确的内涵和外延,又缺乏认定情节轻重的法定条件,具体理解和适用,只有听凭执法人员去判定。

如《中华人民共和国反不正当竞争法》第 22 条:"经营者采用财物或者其他手段进行贿赂以销售或者购买商品,构成犯罪的,依法追究刑事责任;不构成犯罪的,监督检查部门可以根据情节处以一万元以上二十万元以下的罚款,有违法所得的,予以没收。"

6.决定是否执行的自由裁量权

即对具体执行力的行政决定,法律、法规大都规定由行政机关决定是否执行。例如,《中华人民共和国行政诉讼法》第 97 条规定:"公民、法人或者其他组织对具体行政行为在法定期限内不提起诉讼又不履行的,行政机关可以申请人民法院强制执行,或者依法强制执行。"这里的"可以"就表明了行政机关可以自由裁量。

三、行政裁量的特点

行政裁量是法律规范之下的裁量,它具有法定性、主观性、客观性、选择性、不确定性、有限性等特征。

(1)行政裁量具有法定性。行政裁量的主体是由法律规范确定的,何种行政机关能够进行行政裁量是法律规定的结果。行政裁量的内容是由法律规范确定的,行政机关能够对何种事项进行何种行政权力的裁量要由法律规定。行政裁量的标准、程序是由法律规范确定的。行政裁量的界限也是由法律规范确定的,超越法定的界限构成违法,要承担相应的法律责任。

(2)行政裁量具有主观性。对行政裁量进行规定的行政法律规范本身就具有主观性,它是人类思想意识的产物。行政裁量制度本身是行政执法人员运用法定行政权力的制度,裁员决定是经过行政执法人员发挥主观能动性所反映的结果。行政裁量的价值目标的选择和行政裁量结果的评价具有主观性,同一行政管理事项如何选择行使行政权力,不同的人会从不同的角度出发作出不同的选择。

（3）行政裁量具有客观性。行政裁量所选择的行政权力是一种客观存在的国家权力,行政裁量的运行过程是一个客观的发展形成过程,行政裁量的结果是产生了客观存在的行政决定。

（4）行政裁量具有选择性。行政裁量的内容就是对行政权力行使的选择,包括对是否行使行政权力、如何行使行政权力进行选择。行政裁量的标准是对一定价值目标的选择,基于不同的价值认识,行政执法人员要选择自己认为最合适的价值目标作为标准。行政裁量的结果是对符合法定目的的行政决定的选择。

（5）行政裁量具有不确定性。行政裁量除受法律规范的制约外,还要受实施行政裁量的行政机关及其执法人员本身的状况、社会环境、时代背景、经济条件等,特别是社会普遍的价值观和法律文化的影响,因此行政裁量具有不确定性的特点,它要受制于上述因素,并且还可能受到各种偶然因素的影响。

（6）行政裁量具有有限性。行政裁量的法定性决定了行政裁量是在法定范围内的裁量活动,只能在有限的时空范围内运行,具体表现为行政裁量在运用行政权的条件、种类、幅度、范围、程度等方面均是以法定授权为界限的。在这里可以用一个圆来形象地表示这种有限性:法律规定就是这个圆的边界,圆内就是行政裁量所运用的行政权。从中可以看出,无论法律的授权有多宽泛,总是有限的。

第八节　行政执行的前提和手段

一、行政执行的前提

行政执行的前提是指行政决策目标实施前必备的主客观条件,主要包括:

（一）行政决策合法合理

这是行政执行的首要前提。行政执行是根据决策目标规定的各项工作要求,采取有效措施而开展的行政行为,这就要求行政决策目标和程序必须是合法合理的。决策目标和程序一旦发生失误,行政执行越坚决,所造成的损失也会越大。

首先,决策的制定必须严格以国家的法律、法规、政策为依据,必须符合国家经济和社会发展规划的要求。其次,决策必须由具有行政权的组织和个人,在法律规定的权限范围内进行,做到既不越权,也不滥用职权。同时,必须严格遵循决策程序进行决策,任何违反决策程序的决策不仅是违法的,也是不科学的。最后,决策必须符合事物发展的客观规律。合理的"理",强调的是按事物发展的客观规律办事。只有符合事物发展的客观规律的决策才是科学的决策。

（二）行政执行的物质条件充足

任何行政执行都必须以一定的物质作为前提,没有物质条件,所有的行政执行都将无从谈起。行政执行的物质条件主要包括物力、财力两个方面,即:行政执行过程中所需的各种物质资料如各种设备和办公用品必须具备;行政执行所需的资金已经落实;等等。

(三)行政执行的组织条件完备

行政执行的组织条件是指保证行政执行顺利开展的各种组织措施,如机构的建立、人员的配备、权限的划分、制度的健全、有效的指挥、思想的发动等。在行政执行过程中,建立起精简、统一、效能的组织结构,防止机构臃肿重叠;配备精干、优秀的行政人员,为行政执行正确、高效进行提供重要的人才条件;科学合理地划分行政权限,实现职、责、权、利的统一,有效地克服人浮于事、互相推诿现象的发生;健全各种工作制度,以保证执行行为的规范化;在统一指挥、统一意志的基础上,协调各种关系,以形成一种相互支持的合力;发挥思想政治工作的优势,充分调动人的积极性、主动性和创造性等,都是行政执行所必需的组织条件。行政执行的组织条件为行政执行提供了组织上的保证。

二、行政执行的手段及其方式

行政执行手段是指行政执行机关及其工作人员为完成行政任务,达到行政决策目标,而采取的各种措施和方法。行政执行的每一个环节都离不开一定的行政手段,行政手段运用得正确与否,直接影响着行政效果的好坏。行政执行活动的多样性,决定了行政手段的多样性。同时,各类行政手段在运用过程中,又分别以不同的形式表现出来。

(一)行政手段

1.行政手段的含义和特点

(1)行政手段的含义。行政手段又称行政指令性手段,是指依靠行政组织的权威,凭借行政权力,按照从上而下的行政隶属关系,向下级层层发指令,以控制和左右被管理者、影响管理对象的措施和方法。行政手段具有控制、制约、调整、协调社会各地区、各部门行政管理方向,保证行政执行集中统一地实现管理目标的功能。

(2)行政手段主要具有以下特点:

一是权威性。行政手段是以国家权力为基础的,它强调下级服从上级的权威性。行政手段要求下级机关必须严格按照上级领导的意图和指令办事,以此来保证国家的各项方针、政策准确无误地、坚决有力地得到贯彻执行。行政手段的权威性与权力的大小成正比关系,即权力越大,它的权威性一般越强。

二是强制性。由于行政手段的性质是指令性的,它要求令行禁止,因此具有强制性。行政手段的强制性表现为行政组织体系在思想上、纪律上的统一意志、统一行动,下级及管理对象对行政主体发出的命令、规定、条例必须无条件执行。当然,行政手段的强制性与法律的强制性相比,无论是力度和作用范围都要小一些,它允许在特别情况下采取灵活的行动。

三是垂直性。行政手段往往是通过行政指令的传达影响、左右下级,而这种传达是按行政系统的层级纵向垂直传达的。上级只能按隶属关系对自己的下级下指令,下级也只能按隶属关系服从自己的上级。因此,行政手段只能以垂直方向对下级使用,不能横向使用。

四是无偿性。行政手段的运用一般不考虑上下级之间利益的平衡及等价交换,只以强制性要求下级绝对服从上级的指令。

2.行政手段的方式和作用及其局限性

行政手段的方式是多种多样的,它可以表现为:在经济管理方面对企业的直接管理形式;在国际市场发生变动时,对汇率和外汇额度的强力控制形式;在国内出现通货膨胀时,对物价、利率和工资的冻结形式;在天灾人祸降临时,所采取的炸坝泄洪等形式;在国家面临战争或骚乱时,实行的颁布戒严令等形式。

行政手段是行政执行中的重要手段之一,它的运用能够使国家的政策法律和上级的意图迅速地向下贯彻,有利于行政管理活动的集中统一。事实表明,行政管理面广事杂,与之相适应的行政管理系统必然是多层次、多环节的。如果没有集中的统一意志、统一指挥和统一行动,一盘散沙,各自为政,是不可能完成行政任务,实现行政目标的。行政手段的运用正是通过在行政管理系统的层层直接控制,来达到统一意志、统一指挥和统一行动的目的的。

另外,行政手段的运用还能使上级针对下级的工作情况,及时、灵活地发出各种指令,从而使行政管理中出现的新情况、新问题得到及时处理,尤其是对一些突发事件的处理,更显示出行政手段的快捷、强制的优点。

但是,行政手段是有其局限性的。行政手段的局限性主要在于缺乏平等、协商的民主精神,它以强制性的指令命令下级的结果,必定使下级处于被动的状态,使下级的积极性和主动性受到压抑,对上级产生过分的依赖。同时,行政手段也容易导致个人专断、家长制、一言堂等不良作风的蔓延。由于行政手段是以垂直方向传达的,在指示、命令的下行传达过程中容易忽略横向的协调,形成条块之间的矛盾,造成条块分割,反过来制约系统的高度统一。

(二)经济手段

1.经济手段的含义和特点

(1)经济手段的含义。经济手段是指行政机关根据客观经济规律和物质利益原则,运用经济杠杆来调节政策执行过程中的各种不同经济利益之间的关系,以促进行政执行顺利实施的方法。所谓经济杠杆是指以价格、利润、税收、信贷、工资、奖金等经济范畴为支点,把某个单位或个人的物质利益与其劳动成果联系起来而形成的调节工具,运用这一工具可以挖掘人的潜能,激发人们的积极性和主动性。

(2)经济手段的主要特点。

一是利益性。经济手段的核心是物质利益,它以物质利益为基础,将人们对物质利益的要求转化为动力。强调组织和个人的物质利益与其劳动成果相联系,强调物质利益获得多寡取决于劳动成果的大小和劳动效率的高低。经济手段的利益性特点,集中表现为商品交换中的等价交换和以质论价,工资收入上的按劳分配,奖金分配上的奖勤罚懒。

二是有偿性。经济手段要求人们获取经济利益要以劳动的付出为代价,而经济利益的获得又是社会或国家通过管理者对人们付出劳动所作的补偿。因此,经济手段在运用上,无论是对管理者还是对被管理者来说,都是有偿的,都遵循"有价交换、互相计价"规律。运用经济手段的目标之一,是兼顾国家、集体、个人三者的利益,在保证国家利益和集体利益的前提下,重视满足人们正当的、合法的利益。

三是平等性。经济手段承认各社会组织之间和公民个人之间获得经济利益的权利是平等的,它鼓励各社会组织之间、公民个人之间在权利平等的基础上,就如何通过有效的劳动或工作去获得更多物质利益开展竞争。它不承认不劳而获的特权。运用经济手段对社会财富进行分配只有一个尺度,就是价值尺度,经济杠杆对情况相同的社会组织和个人具有相同的调节作用。

四是间接性。经济手段与行政手段不同,它对组织和个人行为的调节与影响,并不采取直接干预的方法,而是通过对物质利益的调节来间接发生影响,靠物质利益的变化来支配组织和个人的行为。组织和个人在物质利益的驱动下,采取怎样的行动,何时行动,行政机关是无法左右的,完全由组织和个人自己决定。

2.经济手段的方式和作用及其局限性

经济手段的方式主要表现为制定经济计划、财政政策、货币政策、产业政策、区域政策、收入分配政策等。由于经济手段是以经济杠杆为工具,以物质利益为核心的管理,行政机关向被管理者定期或不定期地发出的经济信息,使被管理者接受并据此调整自己的行为,因此,决定了经济手段具有收效快和充分发挥被管理者的自主性,使其产生内在推动力等优点。

但是,经济手段作用的范围仅集中在经济行政管理方面或与经济有连带关系的方面,对于行政管理其他方面的作用有限。同时,经济手段是强调以物质利益为核心的,如果掌握运用不当容易对意识形态和政治领域产生副作用。如容易诱发"一切向钱看"的思想倾向,使一些人置工作于不顾而为蝇头小利向集体和国家讨价还价,甚至为了个人或小团体利益而牺牲国家利益等。严重的还有可能引起经济生活的混乱,助长非法经济活动的蔓延,给犯罪分子以可乘之机。

(三)法律手段

1.法律手段的含义

法律手段是指国家行政机关依照法定职权和程序,把国家的各种法律、法令和法规贯彻到行政管理活动中的方法。法律手段的实质是通过法律法规的执行实施,把统治阶级的意志转化为社会公众的普遍行动,用法律法规去调整各种社会关系,调整人们的社会行为,使各种社会关系朝着有利于国家社会经济进步,有利于行政目标实现的方向发展,使社会公众的行为对社会进步与稳定起积极的作用。

2.法律手段的主要特点

行政管理是法制管理,法律手段是行政法制的基本内容之一,是行政法制建设的必然要求。法律手段的主要特点有:

一是权威性。法律手段是以法律法规为管理手段或工具的,法律作为统治阶级意志的集中表现,并通过法定程序上升为国家意志,因而,它比行政手段更具权威性。这种权威性是普遍的权威性,无论是国家机关、政党组织,还是社会团体、群众组织,直至公民个人,都必须服从这个权威。对于整个国家来说,法律的权威性甚至比执政党决议的权威性更广泛。

二是强制性。运用法律手段实施行政管理,是行政机关的行政立法行为和行政执法行为,这种行为以国家强制力为后盾。也就是说,运用法律手段实施行政管理,任何组织和个人都必须接受。凡不遵守或违反法律法规的行为,都将受到法律的严厉制裁。运用法律手段实施行政管理,实质就是运用法律法规的强制性力量,去规范人们的行为,支配人们的行动。

三是规范性。所谓规范性是指它对一般人普遍适用,对其效力范围内的所有组织和个人具有同等的约束力。同时,法律法规作为评价人们行为的共同标准,其用语必须是十分规范的,不允许出现模棱两可、含混不清,不能发生歧义。不同层次的法律法规不得互相冲突,坚持法规服从法律、法律服从宪法的原则。

四是稳定性。所谓稳定性是指法律、行政法规一经国家立法机关、行政机关颁布,就将在一定范围和一定时期内生效,具有相对的稳定性,任何机关、团体和个人都不能擅自修改和废除,也不因领导人的改变而改变,不因领导人看法和注意力的改变而改变。

3.法律手段的方式和作用及其局限性

法律手段的主要方式有行政决定、行政检查、行政强制执行和行政处置等。法律手段在行政管理中发挥着越来越重要的作用。一方面,它能够为行政管理活动提供规范和程序,使行政管理各环节、各部门都明确各自的职责、行动规范和工作程序,从而保证了行政管理的集中统一,保持了行政管理的连续性和稳定性,提高了行政效率。另一方面,法律手段的运用不仅能增强行政主体和行政相对人守法和用法的法律意识,还能加强对行政管理对象的制约和控制,使行政管理对象按法律法规采取行动或不采取行动,自我抑制不合法的社会行为,保证社会生活的有序性和条理性,促进社会和谐发展。

然而,法律手段也有其局限性,如对某些行政管理问题的处理缺乏弹性,对一些带有特殊性的具体问题难以作出灵活的处理决定。法律手段往往只规范人们可以做什么、不能做什么,而无法提供充分的为什么可以做或不可以做的理由与根据。因此,它所强调的是必须遵守的强制性、权威性,而不重视为什么要遵守的主动性和自觉性。

(四)思想教育手段

1.思想教育手段的含义

思想教育手段是指通过开展思想教育工作,来引导被管理者按其预定目标努力完成行政任务的方法。上述列举的行政手段、经济手段和法律手段在行政管理过程中都发挥着各自的重要作用,但对于解决人们的思想问题却表现出明显的局限性。思想教育手段的正确运用,正好弥补了上述行政执行手段的缺陷,并与行政手段、经济手段和法律手段相互配合、相互促进,共同推动行政执行工作的顺利开展。思想教育手段是以辩证唯物主义的基本原理为根据,在承认真理的可知性、人的可塑性和主观能动性的前提下,把行为科学、管理心理学等有关知识结合起来,通过思想教育改变人的思想、观念,达到启发和提高被管理者的觉悟,促进其奋发向上的目的。思想教育手段作为一种以人为中心的人本主义的管理方法,它的本质是运用非强制性的手段,诱导行政主体或被管理者自觉自愿地去贯彻执行行政决策,以充分调动人的积极性,发挥人的潜能。党的十七大报告明确提出了要巩固马克思主义指导地位,坚持不懈地用马克思主义中国化最新成果武装全党、教育人民,用中国特色社会主义共同理想凝聚力量,用以爱国主义为核心的民族精神和以改革创新为核心的时代精神鼓舞斗志,用社会主义荣辱观引领风尚,巩固全党全国各族人民团结奋斗的共同思想基础的基本要求,提出了加强和改进思想政治工作,注重人文关怀和心理疏导,用正确方式处理人际关系的具体任务,所有这些都成为我们进一步运用好思想教育手段的指导思想。

2.思想教育手段的特点

一是渗透性。由于思想教育手段不是通过行政命令和法律规范等强制手段去左右人们的行动,更不是以外在的暴力去钳制人们的行为,因此,其特点就在于通过耐心细致的思想教育,通过摆事实、讲道理,使管理者的意图、要求和行政管理的原则渗透到被管理者的思想中,再通过被管理者的思想支配其行动。思想教育手段的关键是使被管理者接受教育、明白道理,明白为什么要这样做,懂得应当做什么和怎样做。

二是应变性。思想教育手段的运用并没有固定的模式,也没有固定的程序,管理者可以而且应该根据不同的时间、地点和不同的对象、事件,随机应变地采取不同的思想教育方式。只有这样,才能收到积极的效果。

三是多样性。思想教育手段的方式是多种多样的,既有以正面灌输为主的说理,又有侧面启发式的提醒;既有热情的鼓励,又有严肃的告诫;既有公开的表扬,又有婉转的批评;既有整体的教育,又有个别的谈心。总之,思想教育手段具有丰富多彩的内容和生动活泼的形式,适应了行政管理内容的庞杂和被管理者素质参差不齐的需要。

四是潜缓性。思想教育手段是通过影响、改变人们的思想去支配人的行为,因此,它只能是通过"春风化雨润物无声"的方式潜移默化地发挥作用。认为通过一两次的思想教育就能收到立竿见影的效果的想法,是不切合实际的幻想。

3.思想教育手段的方式和作用及其局限性

思想教育手段常见的方式有制造舆论、说服教育、协商对话、奖功罚过等。思想教育手段通过循循诱导的方式,促使人们正确地进行行政执行行为,不仅可以节省大量的人力、物力,更重要的是这种行为是出自心悦诚服的自觉自愿,所以能够持久而牢固。目前,各国行政执行的发展趋势是越来越重视运用思想教育手段,尽量减少强制命令。

但是,思想教育手段也不是万能的,它对行政管理的作用是间接的、缓慢的,它仅限于解决人们的观念和认识问题,属于软管理的范畴。同时,思想教育对于那些拒不接受教育或素质低下、自觉性不强、自控能力差的少数人,所收到的效果就微乎其微。因此,必须要有严格的纪律和规章制度与其相配合。

第九节　行政执行偏差及纠正

一、行政执行中容易出现的问题

(一)滥用行政权力

滥用行政权力的形式是多样的,主要有权力人格化,即行政权力职位化程度低,职位的权力变成了个人的权力;权力部门化,即组织设计存在缺陷,权力整合能力不足;权力神秘化,即机构臃肿,且权力运行不规范、不公开。

(二)缺乏战略眼光和系统思维

主要表现在三个方面:第一,目光短浅,只顾眼前。有的领导者往往把主要精力集中在任期内要达到的短期目标上,很少对经济和社会发展中潜在的深层次问题作出预见性的判断,从而导致行政执行滞后于形势的发展。第二,简单复制。有些领导在行政执行中习惯照抄照搬上级文件,缺乏创造性。第三,缺乏全局意识。一些领导往往只从本部门的角度考虑问题,缺乏整体思维,导致力量相互抵消。

(三)行政执行透明度低

执行透明度低就是通常所谓"暗箱操作",不公开。这种"暗箱操作"可以包括:执行主体不公开、执行内容不公开、执行方法不公开、执行范围不公开、执行程序不公开、执行结果不公开等。造成这些现象的原因,可能是工作作风不民主、不规范,也可能是行政执行者为谋取私利有意"暗箱操作"。

(四)行政执行偏离政策目标

偏离政策目标就是不能达到预期的政策目标。造成这种问题的原因,主要是机构重叠、政出多门,具体的行政执行机关不明确;职责不清,行政执行机关之间互相推诿责任;执行机构间缺乏沟通协调;政策监督机制不够健全等。另外,行政执行中的本位主义、主观主义、利己主义等不良倾向也会造成偏离目标。

二、影响行政执行偏差的因素

公共政策执行的绩效并非是由单一因素决定的,而是诸多因素交互影响的产物。对于哪些因素影响着公共政策的执行与绩效,学者们建立了不同的模型予以分析。史密斯认为政策执行力是理想化政策、标的团体、执行组织、环境因素互动的结果;爱德华从沟通、资源、执行者意向及行政组织结构方面予以探讨;戈金则从信息沟通的观点探讨执行力。概括各家观点,影响政策执行力与绩效的因素很多,主要有以下几个大的方面。

(一)政策方案的因素

政策方案的制定与政策执行前后相继,相辅相成,相互制约。政策方案通过政策执行来实现其意义和价值,而政策执行以政策方案为基础和依据。政策方案在很大程度上决定了政策执行的过程,决定了政策所能获得的最终结果。不论政策执行过程的变化多大,政策执行活动基本上是根据政策方案所规定的内容进行的,否则就不是政策执行了。因此,政策执行必然受到政策方案中的多方面因素的影响。

一是政策问题的性质。政策问题的性质涉及问题的相依性、动态性、时空性及受影响之标的人口的特性。政策执行的成败,与欲解决问题的性质有着密切的关系。其中,标的人口的特性主要涉及以下方面:①标的人口行为的分殊性。分殊性的程度越高,则越难建构清晰、明确的统一管理标准,以作为评估绩效的标准,因此执行的成效将会大打折扣。②标的人口的数目多寡。政策所涉及的标的人口的数目越少,越肯定,将越可能动员支持、拥护或反对政策的执行。③标的人口行为需要调适的程度。一般人由于受传统习惯的影响,常养成某种固定的行为模式,不喜欢做太大的改变。因此,如果政策执行时需要大幅度地改变标的人口的行为方式,政策执行遭遇阻力或抗拒的可能性就较大。

二是政策方案目标的性质。政策执行活动是以政策目标为导向的。政策目标与政策执行如同路标与行车的关系。正确的政策目标能够促进社会的发展,给人民群众带来利益,因而在政策执行中遇到的障碍较少,政策的效果也可以得到充分的体现。如果政策目标本身是错误的,执行的效率越高,越会影响问题的解决,甚至导致问题的恶化。这如同驾车一样,方向正确,车辆行驶的速度越快,到达目的地的时间越短;反之,方向错误,行驶的速度越快,偏离目的地越远。

三是政策方案内容的性质。一项政策要能够顺利推行,必须具有明确的内容要求和可操作的措施和行动步骤。内容越具体、可操作性越强的政策就越能够迅速转化为实际行动。一些政策规定得过于原则和抽象,可操作性差,会使得执行者无所适从,无从下手。

四是政策方案的科学性。政策方案的科学性,除了要求在方案制订时,研究者和决策者必须根据科学程序,尽量采用各种科学的方法、手段,以及充分依靠专家的作用外,还要求政策制定者必须是理性地而不是主观、武断地凭情绪决定政策。政策方案具备的科学性越高,政策执行就越是通畅、方便。

五是政策方案的稳定性。政策的稳定性包含了政策的阶段性和政策的连续性两方面的含义。政策的阶段性要求在发展阶段没有结束之前,这些政策都是保持相对的稳定,不能轻易地改变。政策的连续性是指不同的政策或不同的政策措施,在政策的目标、手段和效果等各个方面要保持相互之间内在的连续和有机的联系,具有继承性、相关性和某种一致性。

六是政策方案的综合配套性。任何单项政策都是政策体系的一个子系统。政策体系是各项政策联系的总和,各项政策的功能只有在相互制约和相互联系中才能发挥出来。单项政策的执行只有在政策之间综合配套、政策整体功能优化的情况下,才能顺利进行。

(二)政策执行机构的因素

在一个国家中,绝大部分行政机构都属于执行机构。因此,优化行政组织结构对提高政策执行力有着十分重要的作用。合理的组织结构是政策执行的组织保证。精简、高效的执行机构可以节约政策执行成本,正确的组织目标能够保证政策执行的方向。政策执行机构下列因素对政策执行具有较大的影响:

一是组织机构的层级和幅度。合理的组织结构即表现为适当的管理层级与幅度。合理的层级是层次分工、目标和任务逐级分解落实的保证,有利于政策执行的统一领导、统一指挥,有利于信息的上传下达和建立监督控制。组织纵向结构不合理,将不利于政策的执行。层级过多会造成信息不畅,程序繁杂;层级过少则会造成分工不明、权责不清。合理的幅度,能使组织目标按性质和业务类型得以分解,管理职能得以综合或扩展,有利于政策执行的专业化、程序化,有利于事权一致、政令统一。组织横向结构不合理,同样对政策执行造成不利影响。幅度过宽,会造成穷于应付的局面;幅度过窄,势必增加管理层级,造成机构臃肿,人浮于事。

二是组织内部的权力结构和体制。行政组织内部的权力结构和体制一般有首长制与委员会制、层级制与职能制、集权制与分权制三种类型。根据执行系统讲究统一、速度和效率的特点,政策执行组织基本上选择的是以个人负责为主的首长负责制。我国各级行政组织实行的是首长负责制,同时吸收委员会制的一些优点,以克服首长制的不足。现代行政组织体制,大多数是把层级制和职能制有机结合起来,实行直线职能制。直线职能制综合了层级制和职能制的优点,扬弃了两者的缺点,它既保持了层级制度统一指挥的优点,又吸取了职能制发挥专业管理职能的长处,因而能提高效率;但是也有不足之处,主要表现在各职能部门的协调性差,条块分割,矛盾突出,影响效率。政策执行组织内部应把集权制、分权制有机结合起来,根据社会的环境、国家的历史传统和政策问题的性质等寻求集权和分权的平衡点,既防止权力过于集中,又防止权力过于分散。

三是组织内部的凝聚力。有效的政策执行机关也需要良好的凝聚力。没有凝聚力,也就没有战斗力、没有执行力。影响组织内部凝聚力的因素主要有组织成员对组织目标的认同和认识,以及分担目标的程度;群体成员对组织利益的认知,以及组织利益与个人利益的均衡程度;核心人物的影响;群体成员心理满足程度;组织内部的人际关系和谐程度;组织内部的冲突的解决、协调程度,即组织的调和程度。培养组织的协作精神,加强组织的凝聚力建设,有利于为实现组织的奋斗目标奠定基础。

(三)执行人员的因素

任何一项政策最终是由一定的执行人员去贯彻实施的,执行者对政策的认同、创新精神、高度的责任感、较高的政策水平和管理水平是政策得以有效执行的重要条件。如果政策执行人员缺乏必要的知识和能力,不能很好地把握政策精神实质,不能透彻地理解政策,就会在传达、宣传、执行政策时扭曲政策、曲解政策。政策执行人员对政策执行形成影响的因素大体有以下方面：

一是执行者的政策水平。政策执行人员政策水平的高低直接影响政策执行的好坏。政策执行人员要在对政策的性质、精神实质、含义、内容等充分理解的基础上才能认真执行政策。理解力决定政策水平，没有完全理解政策，或者曲解政策势必影响执行效果。此外，执行者对政策执行过程的驾驭和对具体问题的应变处理能力，也是他们政策水平的一种表现形式，也会影响执行效果。

二是执行者的政治素质与职业道德。政策执行活动需要执行者有较高的政治素质。政治素质决定行政工作人员的献身精神、创业精神和开拓精神；决定行政工作人员的组织性、纪律性、自觉性和主动性。政治素质对行政人员的工作态度、精神状态起主要的、决定性的作用。政治素质是行政人员必须具备的基本素质。执行者对职业道德的模范遵守，以及道德规范对执行者的约束力大小，也是影响政策执行的重要因素。良好的职业道德可以提高政策执行者忠实执行政策的自觉性。在政策执行中，道德约束起着法律制度所不可替代的作用。它主要依靠社会舆论和内在信念起作用。

三是政策执行人员的意向。由于政策执行人员通常具有相当的自由裁量权，因此，他们对政策所持有的态度直接影响着政策的执行，而各机关的"本位主义"，使得各机关执行人员对同一政策所持的态度可能存在着很大的差异。一般来说，执行人员对政策目标的同感越高，执行时的意愿及配合就越好；反之，如果执行人员对政策目标缺乏共识，或对政策执行工作抗拒，甚至于阳奉阴违、敷衍了事，则很难期望政策执行顺利有效。欲解决执行人员不利意向对政策执行的不良影响问题，除可采取雇佣支持该政策者为执行人员外，还可通过加薪、升迁、给予福利等奖励的诱因，以强化执行人员的执行行为。

四是执行者的知识结构和组织管理能力。一个合格的政策执行者必须具备多方面的知识，不仅应该熟练地掌握政策科学的基本理论和所从事的政策领域的专业知识，而且应该广泛地了解政治学、社会学、管理学、社会心理学及法学等各领域的相关知识。只有这样，才能在政策执行过程中取得较大的主动权。能力是知识的综合反映，合格的执行人员还必须具备较强的管理能力。从某种意义上说，执行政策实际上是一种组织管理活动。政策执行者不仅要有胆有识，能够审时度势，做好宣传工作，争取各方势力的支持，动员各种资源，健全和完善规章制度，维持组织的凝聚力，而且要机动灵活，随机应变，协调好各方面的关系，分清轻重缓急，有秩序、有步骤地推进政策实施。

（四）执行对象的因素

在许多情况下，公共政策的制定是为了影响、管制或改变政策对象即目标群体的行为，或是为了引导政策对象按照政府机关所规定的目标行事。政策效能是在政策执行者与政策对象的互动中产生的。政策在执行过程中，如果得到政策对象的支持和遵守，政策效能就高，反之效能低下。在政策执行中，虽然政策对象一般处于被动地位，但是他们也以自己的行为方式反作用于政策执行者。政策对象对政策执行的影响与下列方面有关：

一是政策对象的利益取向。公共政策是对全社会价值作有权威的分配，表现为对一部分政策对象利益的分配和落实，而对另一部分政策对象的部分利益予以调整与剥夺，其结果是一部分人因政策受益而另一部分人则受损。对于一项政策的推行，相关政策对象都会对其进行成本—受益分析，也就是利益预期。受益的公共政策对象可能会支持政策的执行，而受损的对象就可能反对和抵制公共政策执行。因此，目标群体的利益取向是影响公共政策执行的重要因素。

二是政策对象的受教育程度。政策对象的知识水平结构和受教育程度制约他们对新政策的认识、理解和支持程度。受过良好教育的政策目标群体,会更加理性地去认识一项新的政策,他们不但考虑政策的当期收益、直接收益,也会考虑政策的长远收益、间接收益,因而更能接受那些具有长远目标的政策,增强政策承受力,从而减少政策执行的阻力。另外,人们受教育的程度越高,越会主动与政策执行者沟通、协调,越会主动关心政策的执行,包括献计献策、监督控制等。

三是政策对象的群体力量。单个政策对象的力量是有限的,因而有共同社会背景和利益要求的政策对象会自发结成利益群体或者利益团体,以群体力量,如示威、游说等,来增大与行政决策者、执行者利益博弈的筹码。他们的组织化程度越高,凝聚力越强,对政策运行的制约能力也越强。市场经济条件下,大量利益集团的兴起,既是市场的产物,也是民主的产物。健康的利益集团的活动对于现实社会的公平和正义有着不可磨灭的贡献。

(五)政策资源的因素

张世贤认为,"政策执行要投入一定的资源,方能实现既定的政策目标。资源的投入对政策的执行有如赋予活力。"任何一项政策的执行,都需要相应的资源支持,没有充足的资源做后盾,再完美的政策也难以有效执行。政策执行所需要的资源主要包括:人员、信息、设备和权威。缺乏相应的资源支持,政策的执行就如同纸上谈兵一样,根本无法实施与最终实现。

影响政策执行的资源因素主要包括:

1.人员

人员是政策执行的主力。好的政策需要人来落实,没有必要的人力投入,政策执行活动无法开展。执行人员的管理技巧及行政技巧,是执行过程中不可或缺的要件之一。当前,由于政府面临问题的复杂化,就需要执行人员具有相应的管理技巧和行政技巧,就需要具备充足的专业知识和组织能力。

2.信息

信息是有效执行的前提,畅通的信息渠道和足够的信息来源是保证执行者正确地执行政策、顺利地推行政策以及对整个政策执行过程实施必要控制的前提条件。因此,执行人员必须熟知政策的内容,尤其是有关革新或高度技术性的政策,更应充分了解和掌握相关的信息,只有这样,才能正确地执行政策,也才能顺利地推行政策。一方面,执行者应该加大信息宣传力度,加强与目标群体的信息沟通,增进他们对政策的认识,减少对政策的抵触和反抗情绪。另一方面,政策执行者应当及时收集相关信息,一项政策在制定时和执行时所处的环境发生了很大变化,如果不及时获取信息,以便调整政策目标或者改变执行计划和执行手段措施,政策就难以执行。

3.设备

经费、设备、物料等是否充足,也直接影响着政策的执行效果。必要的物力、财力是政策执行的物质基础,充足的、按时提供的经费筹集、划拨和物质供给是公共政策执行的重要保证。

4.权威

权威资源是政策执行活动的一种特殊资源。负责执行政策的人员,应赋予其足够的权威,只有这样才可顺利地推动政策。政策本身就是权威性和规定性的统一,政策是以权力为基础的,人们对权力的服从是对政策服从的根本原因。政策执行者的特定地位、个人品行、技术专长、工作经验等综合各方面的优势而形成的权威,对于政策对象具有威慑力量和感召力量,从而有助于政策的执行。

5.制度

制度是政策执行程序化的基本保证,是对执行主体的权力依法予以保障和对其行为责任依法予以追究的基本依据。完善的制度体系,能够保障执行者的工作顺利进行。执行制度包括对执行者人格保障、身份保障、职位保障、行政裁量、自由申辩等,这些保障是与执行者的政治、行政责任相一致的。

三、改善行政执行的对策

(一)确立良好的执行理念

首先要树立"执行至上"的意识。"执行至上"就要对所作的决策坚决执行,重要的是不随意否定上届决策,不以创造政绩为目的。同时要充分发挥执行主体的主动性、创新性,以现代的管理和人性化的理念,开发潜能空间,做到决策与执行的完美结合。

(二)提高行政执行人员的素质

政策效果与行政执行水平、行政执行主体的素质密切正相关,所以要提高执行主体的行政执行水平和素质。首先,需要学习执行政策的专业知识及其相关知识;其次,要增强执行能力,这包括组织能力、协调能力、管理能力等;最后,还要提高行政执行者的思想政治素质,强化行政道德意识、自律精神,规范执行行为,自觉抵制各种腐朽思想的侵袭。

(三)推进政务公开,提高行政执行透明度

即通过政务公开,让群众及时了解各种他们所需要的政府工作信息和社会公共信息,同时更好地行使他们对政府工作的监督权利,这不但有利于政府工作本身,更是维护群众知情与监督民主权利的需要。

(四)建立有效的行政执行运行机制

有效的行政执行运行机制主要包括三个相互配套而又相对独立的基本环节:一是完善的决策程序;二是有效的行政执行制度;三是科学的行政执行评价监督办法。这三个基本环节构成一个封闭回路,促使政策运行走上良性运行的轨道。此外,还要实行有效的监控,防止行政执行失控,也有利于根据变化的客观情况调整、完善政策。

(五)加强行政执行资源的投入,改善行政环境

行政执行离不开相关的投入,行政执行投入的主要因素是资源,这些资源包括有形资源和无形资源,有形资源主要指人力、物力和财力资源,而无形资源主要指公众的政治心理倾向和政治行为习惯。这些资源的投入对地方政府行政执行有着重要的影响作用。为了提高行政执行的效果和效率,必须注意通过资源投入,尤其是通过无形资源投入来创造政策的文化社会环境,为行政决策的科学性与执行的有效性提供保障。

第七章　政府绩效管理

绩效是组织的使命、核心价值观、愿景和战略的重要表现形式,也是决定组织竞争成败和能否持续发展的关键因素。如何利用科学的理论、工具和方法对绩效进行计划、监控评价和反馈,不断提升绩效水平,从而实现组织既定的战略目标,始终是管理学界热衷的话题。20 世纪 80 年代,政府绩效管理兴起于西方公共管理领域,并迅速在世界各国蓬勃发展。政府绩效管理在提高政府行政效率、提升政府管理效能、完善政府服务质量和改善政府形象等方面发挥着至关重要的作用。政府绩效管理无论是对学术理论研究还是对政府管理实践,都是一个需要深入研究和不断实践的重要课题。为了更好地理解和探讨这一课题,本章将从绩效管理的实践历史以及相关基本概念入手,展开有关政府绩效管理的论述。

第一节　政府绩效管理概述

一、绩效与政府绩效

(一)绩效

随着管理实践的不断拓展和深入,人们对绩效概念的认识也在不断变化。在不同的学科领域、不同的组织以及不同的社会发展阶段,人们对绩效有着不同的理解。但是不论是组织还是个人,都应该以系统和发展的眼光来认识和理解绩效的概念。管理学大师彼得·德鲁克认为:"所有的组织都必须思考'绩效'为何物,这在以前简单明了,现在却不复如是。战略的制定越来越需要对绩效的新定义。"如果不能明确界定绩效,就不能有效地对其进行评价和管理。因此,作为绩效管理的逻辑起点,对绩效的概念进行确切定义和深入理解是至关重要的。

对应于英文的 performance,在中文文献中,除了"绩效"外,也有人采用"业绩""实绩""效绩"等相近或相似的词汇来表达。但这些概念,或使用领域比较狭窄,或意思表达不够完整,而"绩效"能够更完整、准确地反映 performance 的内涵,并被国内的学者广泛接受,故本书统一采用"绩效"的概念,并在此基础上讨论绩效管理问题。一般意义上,绩效(performance)指的是工作的效果和效率。组织通常由若干个群体组成,而群体是由员工组成。对应不同层面的活动主体,相应地也就产生了不同层面的绩效。简而言之,绩效是组织期望的为实现其目标而展现在不同层面上的能够被评价的行为及其结果。因此,需要明确的是,绩效是分层次的。根据被衡量行为主体的层次性,可以将绩效划分为组织绩效、群体绩效和个人绩效。

组织绩效,是组织的整体绩效,指的是组织目标在数量、质量及效率等方面完成的情况。群体绩效,是组织中以团队或部门为单位的绩效,是群体目标在数量、质量及效率等方面完成的情况。组织绩效、群体绩效和个人绩效有所区别,但又密切相关。组织绩效、群体绩效是通过个人绩效实现的,离开个人绩效,也就无所谓组织绩效和群体绩效。从绩效评价的角度看,脱离了组织绩效、群体绩效的个人绩效评价是毫无意义的,个人绩效需要通过组织绩效、群体绩效来体现。因此,组织绩效管理的最终落脚点在于对员工个人绩效的管理。对于员工个人绩效的内涵,学者们提出过各种不同的看法,概括起来主要有三种典型的观点:一种观点认为绩效是结果;另一种观点认为绩效是行为;还有一种观点则认为绩效是行为和结果的统一体(如表 7-1 所示)。

表 7-1 关于个人绩效的不同观点及划分

层面	划分	观点描述	评价内容
个人	结果观	• 《韦氏词典》(Merriam Webster's Dictionary)将绩效定义为完成某种任务或达到某个目标 • Bemardian 和 Beatty(1984)认为绩效是在特定时间范围内,在特定工作职能下活动或行为产出的结果记录 • Kane(1996)指出绩效是一个留下的东西,这种东西与目的相对独立存在	结果/产出
	行为观	• 《牛津辞典》(Oxford Dictionary)将绩效解释为执行或完成一项活动、任务或职能的行为或过程 • Katz 和 Kahn(1978)把绩效分为三个方面:加入组织并留在组织中;达到或超过组织对员工所规定的绩效标准;自发地组织对员工规定之外的活动,如其他成员合作,保护组织免受伤害,为组织的发展提供建议,自我发展等 • Campbell、Mccloy、Oppler 和 Sager(1990)提出的工作绩效理论则将工作绩效定义为:员工所控制的与组织目标有关的行为 • Murphy(1990)指出,"绩效是与一个人在其中工作的组织或组织目标有关的行为" • Borman 和 Motowidlo(1993)提出"关系绩效—任务绩效"二位模型。任务绩效指所规定的行为或与特定的工作数量有关的行为;关系绩效指自发的行为或与非特定的工作数量有关的行为	行为/态度等
	综合观	• Brumbrach(1988)认为绩效指行为和结果。行为由从事工作的人表现出来,将工作任务付诸实施。(行为)不仅仅是结果的工具,行为本身也是结果,是为完成工作任务所付出的脑力和体力的结果,并且能与结果分开进行判断 • Otley(1999)指出绩效是工作的过程以及其达到的结果 • Mwita(2000)认为绩效是一个综合的概念,它的应用包含三个因素:行为、产出和结果	行为/结果

无论是"绩效结果观"还是"绩效行为观",都有其局限性。如果把结果作为绩效,会导致行为过程缺乏有效监控和正确引导,不利于团队合作、组织协同及资源的合理配置;如果把行为作为绩效,则容易导致行为短期化,使员工拘泥于具体工作,缺乏长远规划,从而使预期结果难以实现。因此,"绩效结果观"和"绩效行为观"都无法全面、完整、准确地描述绩效的内涵。在绩效管理实践当中,绩效强调一个工作活动的过程及其结果,也就是说个人绩效包括了工作行为以及工作行为的结果。当我们对绩效进行评价时,不仅要考虑投入(行为),也要考虑产出(结果)。更多的学者提出,应当采用更为宽泛的概念来界定个人绩效,将个人绩效定义为"行

为与结果的统一"更为恰当。因此,本书将个人绩效定义为个体表现出来的能够被评价的与组织及群体目标相关的工作行为及其结果。该定义一方面强调了与组织目标相关的工作活动的结果,突出了结果导向;另一方面体现了个体所表现出来的促使结果达成的工作行为及过程。事实上,在管理实践当中的员工个人绩效是那些经过评价的工作行为及其结果,因此这一概念更加符合实际管理工作的需要。

关于绩效与能力、行为和态度的关系,阿瑟·S.雷伯(Arthur S. Reber)在其主编的《心理学词典》中强调,"绩效通常只包括外显行为,因而与能力有别。"对于员工个人绩效而言,员工的工作态度直接反映员工为实现绩效目标所付出的努力程度,这种努力程度能够在获取绩效结果的工作过程中得以体现,表现为员工的工作行为。而员工个人能力水平的高低仅是达成个人绩效结果的调节变量,不能作为绩效评价的内容,有能力而无意愿工作的员工在组织中大有人在。美国学者贝茨(Bates)和霍尔顿(Holton)指出,"绩效是一个多维构建,观察和测量的角度不同,其结果也会不同。"对于一个员工而言,评价内容、评价主体、评价周期、评价方法以及评价结果的应用尤为重要。本书认为除了工作结果之外,员工在工作活动过程中表现出来的行为以及行为所反映出来的员工的工作态度,是管理者进行绩效评价和监控的重要内容。此外,处于组织不同层级的员工个人绩效的评价内容也应有所不同。通常,中高层管理者的绩效评价内容主要以结果为主,而对于基层员工则要综合评价工作态度、工作行为及工作结果。

(二)政府绩效

1. 内涵

政府绩效(government performance)的内涵十分复杂、丰富,涉及经济、政治、社会的方方面面。虽然国内外学者对政府绩效进行了比较广泛的研究,但迄今为止,政府绩效并没有一个被普遍接受的内涵界定。目前,比较有代表性的观点主要有以下三类:

第一类观点从政府绩效管理产出的角度界定政府绩效,将政府绩效界定为政府在管理过程中所取得的成绩。美国学者理查德·C.科尔尼(Richard·C. Kearney)认为,政府绩效是为实现预期结果而管理公共项目所取得的成绩,它是由效益、效率和公正等多个同等重要的标准引导和评估的。臧乃康同样认为,政府绩效是评判政府治理水平和运作效率的重要依据,政府绩效是政府成本扣除后的透支或盈余状况的集中反映。政府绩效不单纯是一个政绩层面的概念,还包括政府成本、政府效率、政治稳定、社会进步、发展预期的含义在内。卓越也认为,政府绩效可以定义为政府在积极履行公共责任的过程中,在讲求内部管理与外部效应、数量与质量、经济因素与伦理政治因素、刚性规范与柔性机制相统一的基础上,获得公共产出最大化。彭和平则从产出的效率和效果角度出发,认为政府绩效指的是政府工作完成情况或政府工作的成绩、成效、功绩、政绩,包括行政效率和行政效果两个方面的内涵。政府绩效作为一个综合性概念,指的是政府管理社会公共事务的行政效率和行政效果之和,该定义包括以下几层意思:行政效率和行政效果分属于政府工作的质和量的两个方面,并非绝对割裂,而是相互包容的,因此用政府绩效的概念可以将这两个方面有机地统一起来;政府绩效是行政效率和行政效果的统一,不可偏废任何一方。

第二类观点从政府管理能力的角度出发来界定政府绩效的内涵。美国学者帕特莉·W.英格拉姆(Patricia·W. Ingralam)认为,政府绩效就是政府把资源或投入转化为产出或结果的管理能力。陈振明认为,政府绩效是指政府在社会经济管理活动中的结果、效益、效能,是政府在行使其功能、实现其意志过程中体现出的管理能力。

第三类观点则从一个综合性的视角去定义政府绩效的内涵。美国学者克里斯托夫·波利特(Christopher Pollitt)和吉尔特·波科特(Geert Bouckaert)详细界定了政府绩效的概念,他们认为政府绩效"是指政府活动或项目的运行结果;是指重塑政府过程中以使其具有更强的顾客导向、成本意识和结果导向;是指政治和行政制度的整体能力;以及一种特定或理想制度的更多特征"。我国行政管理学会课题组指出政府绩效在西方也被称为"公共生产力""国家生产力""公共组织绩效""政府业绩""政府作为"等,其字面意义是指政府所做出的成绩和所获得的效益,但其内涵非常丰富,既包括政府"产出"的绩效,即政府提供公共服务和进行社会管理的绩效表现,又包括政府"过程"的绩效,即政府在行使职能过程中的绩效表现。

2. 政府绩效的结构

(1)经济绩效、政治绩效、文化绩效和社会绩效。

政府绩效是运用政府能力施政的成果,而政府施政所及包括经济、政治、文化、社会四个方面,因此,政府绩效亦包括经济绩效、政治绩效、文化绩效、社会绩效四个方面。

政府的经济绩效主要体现为:政府对国民经济实施宏观调控的成效;政府对经济的增长和稳定方面的导向作用;政府对市场运行及市场主体的规范;政府为经济发展提供的软、硬环境和服务。其中生产力布局、产业结构是否合理,包括财政收支、收入与分配、积累与消费、需求与供给在内的经济发展各种比例关系是否平衡,市场经济秩序是否良好,以及各种经济指标的增长率、通货膨胀率、失业率等,是衡量政府经济绩效的重要参数。

政府的政治绩效主要体现为政府政治产品的生产和供给,包括制度供给和政治动员力。具体表现为:政府对行政法规、行政规章和公共政策的制定与贯彻;政府在国家各种管理体制建立、改革与完善过程中的组织和主导作用;政府对人民群众参政议政、参与国家管理和社会公共事务管理的组织和指导等。其中行政立法和公共政策制定的准确度与可行度、人民群众对国家事务和社会公共事务管理的参与度、民间组织发育的程度、各种管理体制运行的适应度等,是衡量政府政治绩效的重要参数。

政府的文化绩效主要体现为:政府在科学、文化、教育等事业发展中的导向和推进;政府对精神文明建设的规划、指导和组织;政府在高雅文化与大众文化的互补和渗透过程中的引导与促进作用等。其中政府对科学、文化、教育等事业的投入产出率,科学、文化、教育的普及率以及这些事业的发展程度,公民的道德水平、文化素质提高的程度,文化繁荣与整合的程度等,是衡量政府文化绩效的重要参数。

政府的社会绩效主要体现为政府对社会的稳定和发展所起的作用,具体表现为:政府对卫生、体育事业发展的推动;政府对社会秩序的维护和整顿;政府对社会治安的综合治理;政府在社会保障体系的建立和完善过程中的指导、组织和推进作用;政府对社会中介组织的引导和扶持;政府对民生问题的解决、对人口的控制和对自然生态环境的保护与治理等。其中公民的健康状况、公民身体素质提高的程度、社会生活的安全系数与稳定系数、犯罪率、社会公平与正义的普及率、社会福利水平、贫困率、大气与水的质量、污染物的排放量等,是衡量政府社会绩效的重要参数。

(2)政府组织绩效、管理绩效和执行绩效。

行政管理活动一般具有组织、管理和执行三个层次,因此,政府绩效也相应地分为组织绩效、管理绩效和执行绩效三个层次。

组织绩效是行政组织上层领导机关或决策层的工作绩效。这一层次的绩效通过领导者规划决策的科学、人事安排的合理、沟通协调的充分、组织指挥的正确等全局性工作业绩表现出来。其绩效的大小与行政领导者或行政首长的素质能力、领导方法和行政组织内部的团队意识等密切相关。组织绩效直接影响到国家的繁荣和社会的发展,在行政管理全局中处于关键地位。

管理绩效是行政组织的中层即管理层的工作绩效。这一层次的绩效通过人才的合理使用、良好的组织沟通和有效的控制、明确的责权划分、恰当的分工合作、有力的内外监督等体现出来。其绩效的大小与管理制度、管理方法和管理人员的才能、学识等密切相关。这一层次的绩效既受到组织绩效的影响,其本身又影响着执行绩效,在行政管理全局中处于承上启下的地位。

执行绩效是行政组织中基层工作人员的工作绩效。这一层次的绩效通过工作人员从事专业性、操作性工作的熟练程度和效果,非正式组织沟通的有效性,人际关系的和谐,对设备的利用和成效等体现出来。其绩效的大小与工作人员的士气、素质、技能、工作条件等密切相关。它强调以最低的消耗和最少的身体活动(机械活动),在最短的时间内取得最大的工作效果,在行政管理全局中处于基础性地位。

组织绩效、管理绩效和执行绩效是互相关联、互相影响的,形成完整的政府绩效。任何一个层次的绩效,都不能代表整个政府绩效;只有三个层次的绩效实现最大化,整个行政系统的绩效才能实现最大化。

(3)外部职能绩效与内部运营绩效。

从政府组织内外部的界限划分,政府绩效的内涵包括外部职能绩效和内部运营绩效两个部分。由于公共管理的复杂性和服务对象的多元化,政府组织的外部职能绩效也十分庞杂,涉及经济、政治、社会等诸多领域,具体又体现在社会稳定、教育科技、生活质量和生态环境等多个方面。因此,对政府外部职能绩效进行评价时,不仅要反映国民经济整体的运行状况,还要体现经济、政治、社会和环境发展的协调性。政府的外部职能绩效是政府行为的结果,而要取得良好的外部职能绩效,则需要一个有效率的行政过程。只有政府的内部管理是富于效率的,才能保证外部职能绩效的有效达成。政府组织的内部运营绩效可以从组织效率、管理效率和工作效率三方面进行理解。组织效率是政府高级决策层所表现出来的效率,集中体现为高层领导干部决策的正确性程度。管理效率是政府中层领导干部所表现出的效率。中层领导干部的管理水平是决定其贯彻执行高层决策和领导意图的关键,是组织有序运行的重要保证。工作效率就是政府基层工作人员所表现出的效率。工作人员的技能、士气、素质、人际关系、纪律性等都属于工作效率的范畴。

二、政府绩效评估

(一)含义

对于政府绩效评估的内涵,中外学者从不同的角度对其进行了界定。经过梳理和分类,可将政府绩效评估的定义分为以下几种类型:

1. 从评估目的的角度进行定义

一些学者从评估目的的角度对政府绩效评估进行了界定,认为政府绩效评估的目的是建立一种体系或机制,从而据此来评估政府绩效,改善政府管理水平,提高政府工作的效率和效果。詹姆斯·Q.威尔逊(James Q. Wilson)认为,政府绩效评估意味着这样一种制度设计:在该制度框架下以取得的结果而不是投入要素作为评判政府部门的标准。菲利普·J.库珀(Phillip J. Cooper)认为,政府绩效评估是一种责任机制,这种机制包括四个方面的含义:①经济学的效率假设;②采取成本—收益的分析方式;③按投入和产出的模式来确定绩效标准,注重对产出的评估;④以顾客满意为基础来定义市场责任机制。

戴维·奥斯本(David Osborne)和特德·盖布勒(Ted Gaebler)认为,政府绩效评估就是改变照章办事的政府组织,谋求有使命感的政府;改变以过程为导向的控制机制,谋求以结果为导向的控制机制。美国《国家绩效评论》(1993)认为,政府绩效评估的目的在于把公务员从繁文缛节和过度规则中解脱出来,发挥他们的积极性和主动性,以使他们对结果负责,而不再仅仅是对规则负责。因此,政府绩效评估就是以结果为本,建立一种新的公共责任机制:既要放松具体的规则,又要谋求结果的实现;既要增强公务员的自主性,又要保证公务员对民众(顾客)负责、对结果负责;既要提高效率,又要切实保证效能。哈利·哈特(Harry Hart)则给出了一个更为全面的定义,他认为政府绩效评估就是基于服务或者项目的结果和效率的常规评估。它至少有三个方面的目的:①为每个计划的绩效指标提供基准价值以及提供必要的行动;②为指标提供历史数据,使得每一个需要测量的指标有所比较;③为工作进展是否符合战略计划目标提供数据。

2.从评估内容的角度进行定义

一些学者从评估内容的角度对政府绩效评估进行了定义,认为政府绩效评估是检验政府效率、服务质量、公共责任和公众满意程度等内容的方法,通过这些方面的分析和比较对政府绩效进行评定。肯尼斯·普莱维特(Kenneth Prewitt)指出,政府绩效评估是根据管理的效率、能力、服务质量、公共责任和社会公众满意程度等方面的判断,对政府公共部门管理过程中投入、产出、中期成果和最终成果所反映的绩效进行评定和划分等级。桑助来等认为,政府绩效评估就是政府或社会其他组织通过多种方式对政府的决策和管理行为所产生的政治、经济、文化、环境等短期或长远的影响和效果进行的综合分析和科学测评。

3.从评估过程的角度进行定义

一些学者从评估过程的角度对政府绩效评估进行了定义,将政府绩效评估定义为包括收集绩效信息、评定绩效结果等管理过程。美国1993年《政府绩效与结果法案》对政府绩效评估作了说明,认为政府绩效评估是一种通过客观的测量和系统的分析,确定联邦政府的项目是否达到预定目标程度的评价方式。克莱格·福尔廷(Craig Foltin)认为:政府绩效评估是确定纳税人资源是否有效地用于服务和行政管理项目的过程。彭国甫认为,政府绩效评估是运用科学的标准、方法和程序,对政府绩效进行评定和划分等级。政府绩效评估以绩效为本,以服务质量和社会公众需求的满足为第一评估标准,蕴涵了公共责任和顾客至上的管理理念。范柏乃认为,政府绩效评估是根据统一的评价指标和标准,按照一定的程序,通过定量定性对比分析,对评价对象(政府或政府部门)一定时期内的业绩做出客观、公正和准确的综合评判的过程。中国行政管理学会联合课题组的研究成果指出,政府绩效评估就是运用科学的方法、标准和程序,对政府机关的业绩、成就和实际作出尽可能准确的评价,在此基础上对政府绩效进行改善和提高。

4.从综合性角度进行定义

除了上述定义外,还有一些学者采用了综合的定义方式,这些定义中包括了政府绩效评估的目的、内容以及过程等多方面的内容。加拿大审计署将政府绩效评估定义为:对政府活动进行系统的、有目的的、有组织的检查和评估,并将评估结果报告议会以促使政府活动透明性和公共服务质量的提高。政府绩效评估的内容包括政府活动的经济性、效率、效果、成本效益、对环境的影响、对公共财产的保护以及政府活动合规合法性等。张定安指出,政府绩效评估就是对政府部门的工作效率、能力、服务质量、公共责任和公众满意度等方面进行分析与评估,对其管理过程中投入和产出所反映的绩效进行评定和划分等级,由收集资料、确定评估目标、划分评价项目、绩效测定及其评估结果应用等组成的行为体系,也是公众表达利益和参与政府管理的重要途径与方法。

综合国内外学者的观点,本书认为政府绩效评估是指相关评估主体依据政府组织的既定使命和目标,遵循一定的程序,综合运用多种评估方法和技术,对一定时期内政府的管理和服务情况进行评定和判断的过程,其最终目标是通过绩效评估来提高政府的效率和效果,促使政府绩效的持续改进。与政府绩效可划分为组织、部门和个人三个层面相对应,政府绩效评估也可以从以下三个角度来界定:

(1)从宏观层面来看,政府组织绩效评估主要是对各级政府组织在管理公共事务和提供产品及服务过程中的效率、效果、经济及公平性等方面进行评估。

(2)从中观层面来看,政府部门绩效评估是对政府各部门职能履行情况和既定目标完成情况的评估。

(3)从微观层面来看,公务员个人绩效评估是对公务员对组织贡献的评估。

(二)绩效评估的意义

1.绩效评估与公共管理新理念

传统行政模式以政府垄断为基础,权力高度集中、严格的规章制度、过程取向的控制机制、官吏的非人格化等是其主要特征。公共管理新理念主张公共服务市场化、社会化,强调权力非集中化,公民为本和结果导向等。绩效评估为这些新理念的实施提供了有力的技术支持。

(1)绩效评估与公民为本。公民为本的理念是针对实践中公仆意识的缺乏和政府信任危机提出来的,其内涵包括回应公民需求、倾听公民呼声、给公民以选择权、公共服务设计和提高公民参与、以公民满意为部门绩效评估的主要标准等。显然,没有公民满意状况的持续调查,没有立足公民对管理活动效果的测定,那么公民为本只能流于空洞的口号。

(2)绩效评估与权力的非集中化。传统行政模式权力过分集中和死板的规章制度压抑人的积极性和首创精神,最终导致效率低下。公共管理的新模式要求分权,"从等级制到参与和协作"。作为组织绩效的测定和展示,绩效评估为上级提供了充分的信息和控制绩效的手段,从而为分权化改革提供了基础。

(3)绩效评估与"结果导向"的管理。结果导向的管理要求"按效果而不是按投入拨款",而按效果拨款的前提是对结果(即绩效)的科学测定。传统政府管理模式"由于不衡量效果,也就很少取得效果"。反过来说,现代管理要取得效果,就必须对结果进行科学的测定。

(4)绩效评估与市场机制。市场机制主要是竞争机制,包括公私组织之间、公共组织之间的竞争。绩效评估的意义主要体现在两个方面:在公共服务机构与公众的关系上,绩效评估能提供各个公共服务机构绩效方面的信息,引导公众做出正确的选择,从而对公共机构形成压力,迫使它们提高服务质量和效率;在公共部门内部,绩效评估和在此基础上的横向、纵向比较有助于形成一种竞争气氛,同样会起到提高服务质量和效率的效果。

2.绩效评估在管理中的功能

现代政府管理的核心问题是提高绩效。要改进绩效,必须首先了解目前的绩效水平是什么。绩效评估具有计划辅助、监控支持、报告、政策评估和激励等多项功能,对政府绩效的提高和改进具有重要的意义。

(1)绩效评估的计划辅助功能。政府绩效提高有赖于科学的管理计划。一个具体的管理目标或指标的制定至少要参照三个方面的信息:有关部门前一阶段的表现状况;部门内部工作条件、工作程序及环境方面的变化;社会需求与社会环境变化的预测。绩效评估的作用就在于它满足了第一方面的信息需求,某一阶段的评估结果是下一阶段计划的基础和出发点。

(2)绩效评估的监控支持功能。行政管理工作走出计划而进入实施阶段后,必须对执行情况进行严密的监测,如发现背离计划的情况,就要预测它的可能后果并采取相应的控制措施。绩效评估在这里的作用,主要表现在它为监控提供了信息支持。

(3)绩效评估的促进功能。实践表明,测量自己工作效果的组织,即使未把拨款或报酬同效果联系起来,也会发觉测量得到的信息会促使自己发生变化。美国马萨诸塞州福利部的工作差错率高且居高不下,有关部门公布每个办公室的差错率,继而公布每个工作人员的差错率,情况很快发生了变化,差错率由 23% 降到 8%。

(4)绩效评估的激励功能。美国学者曾对绩效评估的激励功能做了这样的说明:若不测定效果,就不能辨别成功还是失败;看不到成功,就不能给予奖励;不能奖励成功,就有可能是在奖励失败。奖励失败的结果是产生荒谬的刺激,导致组织绩效每况愈下。

(5)绩效评估的资源优化功能。在缺乏关于效果的客观资料的情况下,当政治领导人在决定加强某个领域的工作时,往往不知道把新增加的资金投向何处;当他们在削减预算时,又不知道削减的是"肌肉"还是"脂肪"。绩效评估有助于科学设定目标并根据效果来配置资源。

3.绩效评估与政府的政治合法性

绩效评估有助于提高政府的政治合法性,提高政府形象并最终形成政府与公民、国家与社会之间的良性互动关系。

(1)展示成果能赢得公众的支持和理解。绩效评估是向公众展示工作效果的机会,展示成果能赢得公众对政府的支持。如果把绩效与政策紧密挂钩,某些不受欢迎的措施(如增税)也可以得到公众的理解和支持。

(2)展示绩效状况能推动公众对政府的监督。许多政府部门的服务处于垄断地位,无法同其他地方或部门比较,公民不能体验其他部门的服务,甚至不能直接体验本地区的服务(如消防、急救等服务)。绩效评估的实质是一种信息活动,评估和公布绩效状况是公众体验服务的一种方式,有助于广大群众了解、监督和参与政府的工作。

(3)绩效评估能帮助提高政府的信誉。绩效评估并不只是展示成功,它也暴露不足和失败。暴露不足和失败并不一定损害政府部门的信誉。相反,它有助于提高政府的信誉,因为它向公众展示了政府为提高绩效而做出的不懈努力。

三、政府绩效管理

(一)绩效管理的内涵

所谓绩效管理,是指各级管理者和员工为了达到组织目标共同参与的绩效计划制订、绩效辅导沟通、绩效考核评价、绩效结果应用、绩效目标提升的持续循环过程,绩效管理的目的是持续提升个人、部门和组织的绩效。绩效管理强调组织目标和个人目标的一致性,强调组织和人的同步成长形成"多赢"局面;绩效管理体现着"以人为本"的思想,绩效管理过程中需要管理者与员工的共同参与,它既是一种管理思想,又是一系列管理方法。

(二)政府绩效管理的发展历程

西方公共部门绩效管理的实践始于 20 世纪初,但只有到了 20 世纪 70 年代,公共部门绩效管理与评估才开始全面推行。这一时期,传统官僚政治体制导致政府机构膨胀、效率低下、资源严重浪费,政府面临着严重的管理危机和公共信任危机。与此同时,理论界也出现了新右派体系,力主减少政府干预,采用管理私营部门的管理哲学及管理方法,用企业家精神重塑政府。公共部门绩效管理侧重点是经济和效率,追求投入产出比的最大化。到了 20 世纪 90 年代,绩效管理与评估达到鼎盛时期。其过程也更加规范化、系统化,绩效评估侧重点是公共服务的质量和效益。英国、美国是西方国家公共部门绩效管理历史演进的典型代表。

英国从 20 世纪 60 年代开始对公共部门生产力进行测定,到 20 世纪 80 年代,在中央各部门进行持续数年的大规模的"雷纳评审",在此基础上建立起较成熟完善的绩效评估与管理机制,广泛运用于中央、地方各层级的政府部门和其他诸如学校、国民保健等公共部门。

美国是世界上推行绩效评估最早的国家(虽然以"雷纳评审"起步的英国政府绩效评估实践具有后来者居上之势)。美国政府提高其生产力的努力可以追溯到 20 世纪初期,那时,美国地方政府开始了对"好政府"的追求并且以效率为核心对政府的运作进行了测量与评估。随着时间的推移,美国绩效管理的主题、内容和形式不断发生变化。我们可以将美国公共部门绩效管理的发展过程划分为五个主要阶段,依次强调效率、预算、管理、民营化和政府再造。

(1)效率阶段(1900—1940 年)。这一时期的动机是追求高效廉洁的政府。公共部门绩效管理运动始于市政及其研究。1906 年,纽约市成立了市政研究局,其目的是探索提高城市政府效率的途径。1928 年成立"全国市政标准委员会",可以认为是美国公共部门绩效管理的开端。美国联邦政府在 1912 年成立了"经济与效率委员会"。在这个时期,效率成为政府管理的万能钥匙。

(2)预算阶段(1940—1970 年)。这一时期的动机主要是控制成本。支出控制是政府生产力最基本的动因,因此这一时期公共行政人员关注的重点是公共预算。1965 年,《初级与中级教育法》(the Elementary and Secondary Education Act)对促进教育项目的评估发挥了很大的作用。

(3)管理阶段(1970—1980 年)。这一时期的动机是追求公共管理的效率与有效性。20 世纪 70 年代是美国政府进行测量、评估以及提高公共生产的重要时期。1970 年,尼克松政府成立"国家生产力委员会",后发展成为"国家生产力与工作质量中心"。1978 年,成立"生产力公共管理中心",后发展成为"国家公共生产力中心",主要研究各级政府生产力状况。1973 年,尼克松政府颁布了《联邦政府生产率测定方案》,使公共部门绩效评估系统化、规范化。1976 年,美国科罗拉多州通过了第一个《日落法》(Sunset Legislation),规定"除非立法机构另有特别立法或授权,否则公共项目或机构即应于一定期间(例如 5~10 年)之后终止或撤销",立法机关要定期审查各机构和方案,以消除或改造重叠的机构和效率低下的方案。到 1981 年,有 36 个州通过该法律。政府绩效评估步入法制化的轨道。

(4)民营化阶段(1981—1992 年)。这一时期的目标是减少财政赤字、减少赋税、削减政府支出,并减少联邦政府的规模与权力。这一时期的绩效管理和评估过程出现了新的内容,即私有化,将政府服务承包给私营部门。

(5)政府再造阶段(1992 年至今)。这一时期的目标是减少政府支出,提高公共责任、效率、有效性以及回应性,授权于公共行政人员。1993 年美国政府成立"国家绩效评估委员会",目标在于"使整个联邦政府花费更少,效率更高,更有进取心和更有能力,改掉自以为是的高高在上的官僚文化",并公布《从繁文缛节到以结果为本——创造一个少花钱多办事的政府》的报告。1998 年,该委员会更名为"政府再造全国伙伴关系联盟"。1993 年公布的《政府绩效与结果法》(the Government Performance and Results Act,GPRA),可以说是政府绩效评估达到高潮的标志。GPRA 要求将绩效评估制度在联邦政府层级制度化,要求联邦机构制定其如何为美国人民提供高质量产品和服务的战略规划和绩效评估制度,所有的联邦机构发展和使用绩效评估技术并向民众报告自己的绩效状况。GPRA 还要求 1999 年在政府广泛施行该法案前先进行项目试点以取得经验,国家审计总署和预算办公室要在 1994 年向议会报告这些试点项目的经验。

其后,在美国整个政府部门都实施各种以结果为导向的绩效管理战略,把管理制度与导向相结合,持续监控并向利益相关者公开报告结果。1993 年,管理预算办公室通知联邦各部门,预算要求必须伴有绩效评估。美国联邦政府 1998 财政年度要求所有机构都要作绩效报告。

根据经合组织的统计,20 世纪 90 年代以来,除了美国和英国外,公共部门绩效评估在加拿大、丹麦、芬兰、挪威、德国、法国、新西兰、荷兰、澳大利亚等国都得到了广泛应用。1990 年,荷兰政府把他们进行的改革命名为"大效率运作",荷兰学者瓦尔特·基克特在总结该国行政现代化进程时指出:"改革可以说具有管理主义的特点,改革的主要目标是提高政府组织和动作的绩效与效率。"因此,有西方学者认为"评估性国家"或"审计性国家"正在西方出现。

四、绩效管理的意义

从实践的角度看,政府绩效管理具有如下意义:

(1)绩效管理对公共管理新模式提供了支撑。新公共管理学派提出公共服务市场化、社会化、权力非集中化、以结果和顾客为导向等观点挑战传统的行政模式,主张从集权的等级制走向参与和协作的组织结构。而组织是否放权取决于很多因素,其中之一是绩效可以得到测定和控制的程度。作为组织绩效的系统测定和展示,绩效管理为上级提供了充分的信息和控制绩效的手段,从而为分权化改革提供了保障和基础。

(2)绩效管理有利于政府部门形成竞争机制。主要表现在两方面,一是通过测评政府部门绩效并公布结果,引导公民在公共服务机构的选择上"用脚投票",从而对政府部门形成压力,促使其提高服务质量和效率;二是在政府部门内,绩效考核和在此基础上的绩效改进有助于营造竞争氛围,形成诱因机制,将绩效与奖惩联系,以激发人的工作热情和动力。通过绩效评估,政府组织的激励约束机制有了依据,建立在绩效评估基础上的奖惩强化了政府组织的激励约束机制。

(3)绩效管理为公共行政提供了一种管理工具。绩效管理作为一种管理工具,其最重要的意义在于为政府运作和管理加入了成本—效益的考虑,有助于政府组织科学地设定目标并根据效果来配置资源,减少政府部门的浪费。从某种角度上说,它是政府部门进行有效资源配置的重要手段。

<h2 style="text-align:center">第二节　绩效评估的主体</h2>

政府绩效评估主体是政府绩效评估的核心要素,是影响政府绩效评估顺利实施的关键。政府绩效评估主体选择得合理与否,在很大程度上影响着政府绩效评估的结果和效果。由于政府组织的绩效具有复杂性和宽泛性的特点,任何一个单独的评估主体都无法对政府绩效进行全面准确的判断,政府绩效评估主体多元化成为保证政府绩效评估的准确性、客观性和公平性的迫切要求。

一、政府绩效评估主体的理论依据

政府绩效评估主体的选择既是政府绩效评估的重要研究视角,又是政府绩效评估实践过程中的关键问题。"由谁来评估"决定了政府绩效评估标准的选择和评估结果的有效性,引导了评估对象的工作活动和努力方向。以下理论基础为政府绩效评估主体提供了合理的依据和支撑。

1.科层制理论

科层制理论又称理性官僚制或官僚制,最早由马克斯·韦伯提出,科层制理论的基本精神与价值是理性,它主张建立以"合理—合法权威"和法理型统治为基础,以专门化、权力等级、规章制度以及非人格化为基本特征的组织体制和管理模式。正像沃伦· G. 本尼斯(Warren G. Bennis)所指出的:"科层制举起理性和逻辑的旗帜,批判和否定了产业革命初期个人专制、裙带关系、暴力威胁、主观武断和感情用事进行管理的做法。"从组织结构和管理层级的角度,科层制赋予了上级政府组织或领导对于下级政府部门公务员进行绩效评估的依据和标准,规范了基于理性和权力等级的自上而下的政府评批程序,奠定了上级政府组织及相关政府主管部门、职能部门作为政府绩效评估主体的主导地位。在科层制理论的影响下,上级政府组织、部门及主管领导对于下级政府绩效水平的高低、任务完成情况的好坏享有着重要的评估权,这同时也为政府组织的高效运转和管理者的有效管理提供了动力和保障。

2.利益相关者理论

利益相关者是指那些能够影响组织目标实现或被组织目标实现影响的个体或群体。政府作为公众利益的代表和不同利益的协调者,牵动着代表不同利益的相关个体和群体。因此,与政府公共管理行为息息相关的社会公众、社会中介、大众媒体、企业和非营利组织等都是政府组织的利益相关者。在选择政府绩效评估主体时,需要针对不同的政府绩效评估指标选择与其相对应的、真正熟悉和了解绩效评估指标完成情况的利益相关者作为政府绩效评估主体。这样既有利于体现政府绩效评估客观、公正、公开的原则,也有助于对政府进行全方位的监控,保证政府的行政行为和行政过程始终处在社会的有效监督之下,形成"鱼缸效应",使政府组织、部门和个人的工作活动就像鱼缸中的金鱼一样,时刻都受到各相关评估主体的审视和评判。

3.治理理论

全球治理委员会在题为"我们的全球伙伴关系"的研究报告中指出：治理是各种公共的或私人的个体和机构管理其共同事务的方式总和。它是使相互冲突的不同利益得以调和并采取联合行动的持续过程。治理理念的提出，使得人们以一种更为灵活的互动论的视角，从政府、市场、企业、公民、社会等多个角度观察和思考问题。同时，该理论突破了政府作为公共管理唯一主体的传统模式，致力于寻求政府与非政府组织、与公民等共同治理的多元主体模式，以最广泛地汲取公众智慧，最充分地调动社会资源，最大限度地凝聚公众力量，从而持续提高政府绩效、不断满足公众需要，最终达成善治的治理目标、实现公众福祉。因此，治理理论从治理的角度强调了引入多元评估主体对政府绩效实现多维度、多层次立体评估的重要性，并确立了公共权力组织、公共性社会中介组织、社会公众等在政府绩效评估中的主体地位。

二、政府绩效评估主体的内涵和类型

政府绩效评估主体即政府绩效的评估者，是对政府绩效进行价值判断的组织、部门和个体。与政府绩效的层次相对应，政府绩效评估主体在纵向上应分为组织、部门绩效评估主体以及公务员绩效评估主体。从评估主体与评估对象的相对位置又可以将政府绩效评估主体分为内部评估主体和外部评估主体。政府绩效评估主体类型及结构框架如图7-1所示。

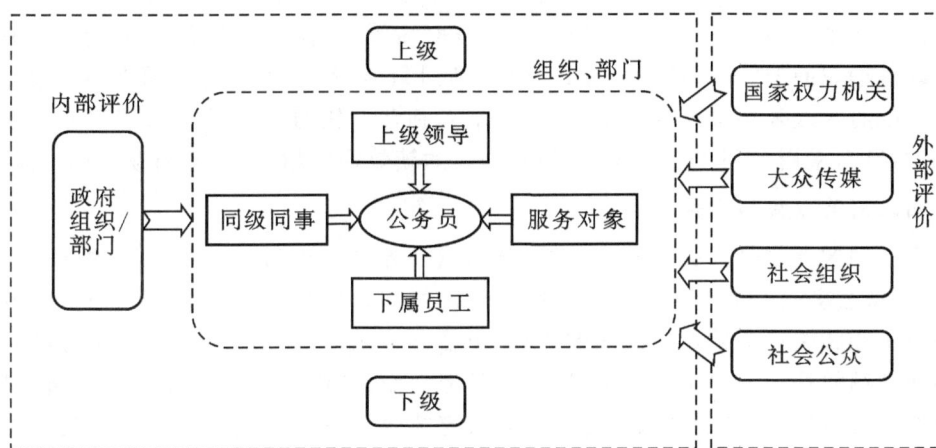

图7-1 政府绩效评估主体类型及结构关系图

对于公务员个体绩效而言，内部绩效评估主体类型分为上级领导、下属员工、同级同事、服务对象以及自身，外部绩效评估主体分为国家权力机关、大众传媒、社会组织以及社会公众；对于政府组织或部门绩效而言，内部绩效评估主体类型分为上级政府组织或主管部门、同级相关政府组织或部门、下级政府组织或部门以及自我评估；外部绩效评估主体分为国家权力机关、大众传媒、社会组织以及社会公众。下面将对主要政府绩效评估主体的类型及内涵进行介绍和阐述。

(一)内部政府绩效评估主体

内部政府绩效评估主体是指从评估对象的组织管理体系内部产生的政府绩效评估主体。同时，他们对评估对象的政府绩效所进行的评估也被称为内部政府绩效评估。在我国政府绩

效评估的实践中,根据政府绩效评估主体的相对位置及作用,可以将内部政府绩效评估主体分为四种:

1. 纵向政府绩效评估主体

纵向政府绩效评估是指政府组织、部门和公务员根据各自上下级隶属关系开展的政府绩效评估过程。纵向政府绩效评估分为上级评估和下级评估,对应的政府绩效评估主体有两类:一是上级政府组织、主管部门或上级主管领导;另一类是下级政府组织、隶属职能部门或下属公务员。纵向政府绩效评估主体在日常的工作活动中接触沟通的机会较多,对于彼此的工作职责、职能和绩效目标都相对熟悉,更容易了解双方政府绩效评估的目的、内容和目标完成情况,这构成纵向政府绩效评估主体在政府绩效评估中的独特优势,也成为它们广泛参与政府绩效评估的主要原因。

以广泛采用的上级政府绩效评估为例,上级政府组织、主管部门或领导作为对下级政府组织、部门或公务员的评估主体具有明显的优势:一方面,上级政府组织、主管部门和领导熟悉下级的工作职能和运作方式,了解下属的工作态度和工作业绩,有利于政府绩效评估的准确性和有效性;另一方面,政府绩效评估作为政府绩效管理的重要环节,为上级政府组织、主管部门或领导提供了一种引导、激励和监督下级行为和绩效的重要手段,有利于帮助他们促进和推动工作计划的有效实施和绩效目标的顺利实现。但是上级政府绩效评估的局限性也日益凸显,主要体现在以下两个方面:第一,上级对下级进行政府绩效评估时,带有明显的规范、控制、监督、检查等行政管理职能的倾向,这样会导致下级只唯上不唯下、上级满意而群众不满意的不利倾向;第二,当政府绩效评估结果与组织、部门和个人利益挂钩时,上级组织、部门或领导便可能出于利己的倾向,采用有利于其组织、部门和个人的绩效评估指标,使政府绩效评估流于形式。

2. 横向政府绩效评估主体

横向政府绩效评估是指相关政府组织、部门或公务员个体对与其相对应的同一层级的政府组织、部门或公务员个体的绩效情况进行评估的过程。此类政府绩效评估通常强调评估主体与评估对象在相关业务领域内的绩效表现,包括办事效率、办事态度、协作满意度及凝聚力等。横向政府绩效评估一般不会单独进行,而是经常作为纵向政府绩效评估的补充,从侧面了解政府组织、部门或公务员的绩效情况。横向政府绩效评估的主要优点在于评估主体熟悉评估对象的工作,通过对评估对象之间的比较、评估对象与评估主体之间的比较,在一定程度上保证政府绩效评估的客观性。但其缺点在于直接相关的同级评估主体和评估对象在绩效评估结果上会出现"友情分"的情况,评估主体不是对评估对象绩效评估指标完成情况的评估,而是对评估主体和评估对象之间关系好坏和紧密程度的判断。

3. 部门自我评估

自我评估是指政府组织、部门或公务员个体针对自身绩效而开展的评价过程。如果按照评估主体必须是能根据评估结果,为达到改善政府管理及其成果的目的而采取相应的措施的人这一要求,政府自身无疑是对自己工作评估的最直接、最现实的主体之一。因为政府具有根据服务对象和服务环境变化以及来自各方面的评估信息,自觉调控政府行为的能力。政府工作的创造性、复杂性特点,也决定了只有政府自身才能更具体地了解自己在每项工作中努力的程度。政府自我评估可能并不是行政管理最好的依据,但它仍不失为有用的、额外的资料。可以认为,自我评估的正式方法将会缓和存在于非正式、印象主义的自我评估中极大的主观性因素和选择性知觉过程。显然,政府的自我评估具有如下几方面的明显优势:一是自我评估了解运作机制,真正把握业绩,可以简化评估程序,节约评估成本,提高评估效率。二是有利于政府角色的内化,即通过自我评估的实践,加深对政府职责、任务的认识和理解,并自觉规范和约束自我行为。三是有利于激励公务员的内在动机。自我评估通过自我教育机制,在个体和集体的动态发展中,在自我评估得出的差距和由此产生的思变力量中,获得自我发展、自我完善的内在力量。四是有利于鼓励政府官员和公务员积极参与评估过程,增强主人翁意识和民主气氛,拓宽评估信息的搜集渠道,提高政府的自我评估能力,提升政府官员和公务员的专业水准。但是,自我评估的局限性体现在评估主体既是运动员又是裁判员,在评估结果上容易倾向于突出成绩而回避不足,不利于政府绩效评估的客观性和公正性。美国《政府绩效与结果法案》规定,美国所有的联邦机构都要制定一个至少未来5年工作目标的战略规划,并将战略规划分解成年度执行计划,同时每年都要对年度计划执行情况进行评价,形成年度计划执行情况报告。各机构的规划制定情况及工作绩效的评价结果将与来年的财政预算相联系。而对于公务员个体而言,自我评估一般通过述职报告的形式完成。

4.专职评估机构

专职机构评估是指由政府组织内部专门的政府绩效评估机构开展的绩效评估过程。专职评估主体具有专职的机构和人员,在进行政府绩效评估时具有一定的优势:第一,了解和熟悉政府绩效评估过程中的重点和难点;第二,熟练掌握政府绩效评估的方法和工具;第三,专职评估主体的立场相对客观和中立,能够在一定程度上保障政府绩效评估的公正性和有效性。但其局限性在于专职机构评估成本相对较高,需要较多的人力物力来组织、实施和配合政府绩效评估工作。在我国,政府绩效的专职评估分别由政府组织内部的审计部门、人力资源部门、监察部门和效能办来完成。其中,审计部门是对政府及其各职能部门、直属机构的行政行为、行政活动等的效率性、效果性和经济性具有独立审计权的政府绩效评估主体。在美国、英国、澳大利亚等国家,政府绩效审计是政府绩效评估的主要构成部分;而我国现阶段的政府审计尤其是中央一级的审计也开始由单纯的财务审计向绩效审计发展。

(二)外部政府绩效评估主体

外部政府绩效评估主体是指从政府体系外部对政府绩效进行评估的主体。外部绩效评估主体的情况比较复杂,大体可以划分为国家权力机关评估主体、社会公众评估主体、社会组织评估主体和大众传媒评估主体四类。

1.国家权力机关评估主体

我国国家权力机关是指各级人民代表大会及其常务委员会。国家权力机关评估是指作为国家和公民权力代表的国家权力机关为维护国家宪法、法律的尊严和统一,维护人民的根本利益和代表人民的意志,运用国家权力依照法定形式和程序对国家行政、审判、检察机关的工作所采取的监督、督促、纠正和处置的过程。政府是国家权力机关的执行机关,它由国家权力机关产生并向国家权力机关负责。因此,在我国,各级人民代表大会及其常务委员会是政府绩效评估的权威主体。全国和地方各级人民代表大会审查政府工作报告的工作,既是权力机关履行自身职责和权力的过程,也是对政府在过去一年中的工作绩效进行评估的过程。在美国,国会主要通过其所辖的政府问责办公室(Government Accountability Office,GAO)来实现自身的评估主体资格。政府问责办公室的工作集中表现为两个方面:一是调查、评估联邦政府政策制定、项目执行以及预算使用的效率和效果;二是汇总和发布政府绩效评估结果,并提供建设性的意见和改进措施。国家权力机关在政府绩效评估中发挥着非常重要的作用。首先,国家权力机关通过行使立法权,制定有关政府绩效评估的法律法规,确保政府绩效评估有法可依。其次,国家权力机关对政府行使监督权,通过听取工作报告和汇报、质询和询问、视察和调查等方式了解政府绩效的相关信息,公布针对政府绩效评估结果的改进意见和处理方法,以指导和监督政府。最后,通过对政府财政预算、决算进行审议监督,建立和推行以绩效为本的预算制度,提高政府工作的透明度和公共服务质量。

2.社会公众评估主体

社会公众评估主要是公民以个人或团体的名义对政府绩效进行直接评估。社会公众作为社会活动的主要参与者,在政府管理和社会自治方面起着重要的作用。政府绩效管理的好坏与政策执行情况的优劣,都与社会公众的合法权益有着密切的联系。因此,作为关键性的政府绩效评估主体,社会公众影响甚至决定着政府绩效评估的内容、标准及方式等。美国国家公共生产力中心主任马克·霍哲教授非常重视社会公众作为政府绩效评估主体的作用,他认为:"只有社会公众积极主动地参与到政府绩效评估活动中,即参与到让政府对其开支、行动和承诺负责的评估过程中,政府制定的多重目标才能够得以有效实现。"许多西方国家都通过法律、法规和相关的规范性文件的形式对社会公众政府绩效评估的主体资格予以界定。比如,英国通过《公民宪章》明确将社会公众纳入政府绩效评估的主体范畴之中。通常,社会公众主要通过两种途径来参与政府绩效的评估过程:首先,政府绩效及其评估指标的设计需要以"社会公众导向"为原则;其次,政府通过吸引社会公众参与满意度调查问卷以反映公众对政府服务的满意度及政府绩效水平的高低。作为政府行政相对人和服务对象的社会公众参与到政府绩效评估的过程中,可以体现政府绩效管理的核心准则,反映政府以公众满意为服务导向,强化社会公众的主人翁意识、平等意识和大局观念,确保社会公众民主政治权利和经济合法权益得到充分尊重和保障,促进政府绩效评估的价值取向由"政府本位"向"民众本位"转变。但是,社会公众评估的主要缺陷在于社会公众缺乏专业的评估技术,信息获取渠道有限。因此,在选择公众作为政府绩效评估主体时要注重选择的范围、数量及构成比例等问题。

3.社会组织评估主体

社会组织评估主体是指国家或政府之外的所有与政府绩效评估相关的民间组织,其组成要素是各种非国家或非政府所属的公民组织,包括各种行业性评估机构、部门性评估机构、各类专家委员会、高校研究评估机构以及由专家、学者和公民代表等共同组成的综合性委员会等。社会组织由于其公共性、公益性、非市场性、非公共权力性的基本特征,在从事政府绩效评估方面具有不可取代的独特优势。在欧美等国家,政府绩效评估一个很重要的经验就是社会组织积极、广泛的参与。例如,美国著名的民间政府绩效评估与研究机构——锡拉丘兹大学坎贝尔研究所,自1998年以来每年都对各州或市的政府绩效进行评估并发布评估报告,其报告的客观公正性引起了美国政府和社会公众的广泛关注和好评。从社会发展趋势看,代表不同利益群体的社会组织参与政府绩效评估是一个开放、分权和多中心治理社会的重要表现和内在要求。这些社会组织通过发挥自身的作用,来表达不同利益群体或公众的心声和诉求,监督和揭示政府管理过程中出现的问题和不足,提供合理化、专业化的改进意见和建议,为政府绩效水平的提高起到积极的促进作用。

4.大众传媒评估主体

大众传媒是指拥有读者、观众或听众的信息传播载体,即报纸、期刊、新闻、广播、电视和网站等。大众传媒的主要任务是发布信息,最大限度地满足公众和社会信息获取的需要;其主要目的在于传递国家和社会的有关信息,表达媒体自身及社会、公众的观点,期望引起公众对某一现象、某一事件的了解、关注和评论。大众传媒是政府与公众之间的桥梁和纽带,一方面它把有关政府绩效的信息传递给社会公众,另一方面它又通过民意调查等形式把公众的意见和建议反馈给政府。大众传媒引发的强大的社会舆论力量对政府行为形成了有力的监督和约束,促使其成为社会公众对政府行为进行监督和评估的主要形式之一,并在政府绩效评估中发挥着不可替代的作用。特别是随着信息时代的到来,大众传媒对于政府行为、政策制定、项目执行的监督和评估力度越来越大,其所提供的信息不仅影响或引导着政府部门的注意力,而且在某种程度上决定着政府决策的轻重缓急。

5.政党组织

我国实行中国共产党领导的多党合作和政治协商制度。共产党通过重大政策以及重要人事任免的建议权等方式对政府工作施加影响;民主党派通过政协组织提出自己的意见与建议,表达对政府的支持程度。我国政党评估主体不仅包括执政党——中国共产党,而且还包括各民主党派。首先,中国共产党是我国的执政党,是社会主义事业的领导核心,其监督评估具有权威性。其次,作为参政党的各民主党派是各自联系一部分爱国者和社会主义建设者的政治联盟,其成员以知识分子为主,带有专业性的特点。但是以执政党为主体的评估容易引发只对党委负责而不对人民负责的官僚主义作风以及党政不分现象;以各民主党派为主体的评估由于信息渠道不畅、体制不健全等因素的制约而往往流于形式。

三、多元化政府绩效评估主体的构建

在政府绩效评估中,任何一个业已确定的评估主体都有其自身独特的评估角度,有着不可替代的比较优势及自身难以克服的局限,因此构建多元化政府绩效评估主体是保证政府绩效评估效度和信度的一个重要原则。

1.积极制定相关法律确保政府绩效评估主体多元化

积极制定相关法律、法规确立政府绩效评估主体的多元化地位,形成科学合理的政府绩效评估主体多元结构,是构建多元化政府绩效评估主体的保障。大部分西方国家都通过法律、法规和相关规范性文件的形式将多元政府绩效评估主体及其评估范围、评估内容、评估方式和评估方法等进行了明确的界定。例如,美国通过《政府绩效与结果法案》规定了联邦政府管理与预算办公室专门审批各部的年度绩效计划;英国、澳大利亚、新西兰等国家也都通过议会或国会制定了政府绩效评估的法律和法规以保障政府绩效评估主体的地位,并通过议会下设专门的委员会来负责具体的政府绩效评估工作。我国的黑龙江省哈尔滨市于2009年率先出台了我国政府绩效管理地方规章《哈尔滨市政府绩效管理条例》,首次从法规的角度明确了自评、上级评和群众评"三位一体"的政府绩效评估主体地位,从法律上树立了多元政府绩效评估主体的权威性。因此,为了确保政府绩效评估主体的权利、规范政府绩效评估主体的利益表达及保护弱势群体的利益诉求,我国各级人民代表大会及相关政府部门应逐步建立和出台政府绩效评估的相关法律、法规,为政府绩效评估主体多元化参与提供坚实的法律和制度保障。

2.合理配置政府绩效评估主体

政府组织、部门和公务员有其独特的职能、职责和相应的利益相关者,不同政府组织、部门和公务员的绩效评估主体应有所选择和侧重。同时,不同的政府绩效评估主体由于所处的层面和角度不同,在政府绩效评估中发挥的作用也不同。即使是对同一评估对象进行评估,不同政府绩效评估主体的组合也会得出不同的绩效评估结果。同时,选择评估主体必须考虑评估成本,人人参与是不现实的。所谓的 360 度全方位评估技术指的也是从不同视角进行的评估,并非全员评估。如何组合评估主体,做到既经济又科学,这是架构绩效评估模式、建立评估指标体系的基础。因此,针对不同层级、不同职能的政府绩效评估对象,盲目、单一地采取"万人评议""一锅端"的绩效评估主体的方式是不可取的,在政府绩效评估过程中不仅需要引入多元政府绩效评估主体,而且各个评估主体之间还要进行有效的组合和搭配。通常,政府绩效评估主体的选择在很大程度上取决于评估对象、评估目的和评估内容。在政府绩效评估主体的配置上,需要从评估对象的职能、职责、服务对象、绩效目标等角度出发,在多元政府绩效评估主体的基础上,全面系统地筛选相应的政府绩效评估主体,选取对评估对象的工作职责、绩效目标、目标完成情况等比较熟悉和了解的评估主体,确保每一个政府绩效评估对象都能被其理想的评估主体进行科学合理的绩效评估。

3.科学设置政府绩效评估主体的比例

公共部门具有公共性与多元性特征,其价值选择是多元的。政府绩效评估主体的构成是一个多元结构,但这并不意味着各个相关评估主体可以等量齐观,它们之间是一种相互竞争、相互配合和相互整合的关系。在政府绩效评估主体已经确定的情况下,针对同一政府绩效评估对象,各个政府绩效评估主体之间的比例关系甚至会对政府绩效评估结果产生决定性的影响,这也成为政府绩效评估主体结构搭配是否科学的重要依据。通常,政府绩效评估主体的比例关系主要是通过各评估主体承担的指标在整个政府绩效评估指标体系中的构成和权重分配比率来体现的。从国内外的政府绩效评估实践来看,不同评估主体在政府绩效评估体系中的权重比例并没有固定的标准和模式,需要根据具体的评估目的、评估内容、评估对象来具体设置。长期以来,我国政府绩效评估都是政府主导、主体单一。但从长远来看,以公民、专家、专业社会组织为主的外部评估主体在政府绩效评估中的权重比例将逐渐加大,这是政府绩效评估发展的必然趋势。

4.政府信息公开法制化

公共部门绩效评估本来就是一项信息活动,信息的交流与沟通是进行评估的基础,多元评估主体介入的主要价值就是要解决评估中的信息不对称问题。多个主体参与公共部门绩效评估要求政府提供更多高质量的信息,同时评估的信息也需要加工和处理,这就需要有强大的信息化硬件作为基础。目前,我国的电子政务有了初步发展,但这对公共部门绩效评估主体多元化发展来说是远远不够的。为了使公共部门绩效评估有准确、完整的评估材料以及反馈、扩散机制,建立高效的信息评估系统是很必要的。我们应把开放公共部门绩效评估和建立全国性的公共部门评估信息系统结合起来。利用现代化信息技术,设计适合我国国情的公共部门绩效评估软件系统,并通过计算机网络将公共部门绩效评估实时的公共信息收集与分析结合起来,建立电子化的公共部门绩效管理网络和自动监控系统。

要发展多元主体共同参与的公共部门绩效评估,就应该大力推行政务公开,建立科学的绩效信息系统,消除公共部门绩效评估过程中的封闭性和神秘性。借助当前电子政务平台的构筑,在公共部门之间、公共部门与公众之间加强信息交流与沟通。对考核的结果,尤其是有否定意义的结果要向全社会公开,消除封闭性和神秘性,力争使整个评估过程贯穿实事求是、公开透明的原则。具体应从以下几个方面大力推进:一是建立有效的评估信息传递网络;二是要充分利用现代通信技术;三是要公开公共部绩效评估的程序和过程,使公众不仅参与评估,并且能对评估活动进行监督。

政府信息的透明与公开是多元主体参与绩效评估的前提和基础,因此,要制定相关政策和法律,建立政府信息公开的常规机制,为公民、社会组织和团体、第三方评估机构等主体提供信息支持。自 2008 年起,我国开始施《政府信息公开条例》,从法律和制度层面保障公众获得政府信息权利的实现,降低公众参与政府绩效评估的成本、增强评估的准确性和有效性。但是,由于政府信息在各政府机构之间的分割性,即便有相关法律规定,普通公民要获取其所需的全部信息依旧困难重重;此外,由于受传统体制的影响,我国政府行政长期以来形成了以内部信息沟通为主的特征,信息成为一种垄断资源。政府在信息管理上存在封闭性、信息供给的等级化、信息拥有的垄断性和信息披露的被动性等弊病,要改变这些弊病,光从立法上是解决不了问题的。所以信息公开立法只是政府信息公开的一小步,要真正使政府信息能够便捷有效地为政府绩效评估所用,从而为公众评估政府绩效提供有力的信息支持,关键还在于各级政府对信息公开的态度和行动。

5.第三方评估主体独立化

第三方主体的加入是加强政府绩效评估客观公正性的有效途径,而评估主体的独立性则是保持这种客观公正性的基本前提。加强政府绩效评估主体建设的重要内容之一就要充分重视并支持第三方主体的发展,尤其在科研机构市场化运作尚不成熟的社会阶段,政府应主动承担起培育和推动中介评估组织发展的责任,在从制度上对其合法地位予以确认,从经济上予以支持和扶持,同时进一步加快政府信息公开的步伐,为此类外部评估提供必要的资源和信息条件。此外,政府在规范中介评估组织行为的同时,更要本着开放的态度,赋予其在开展调研、组织评估、发布结果等方面更多的空间和自由。

第三节　政府绩效评估指标体系

一、政府绩效评估的标准与原则

在制订政府部门绩效计划前,首先应考虑计划的价值取向问题,这也涉及衡量政府绩效管理成效的价值标准。在绩效管理过程中,针对不同目标、标准应各有侧重,但总的来说,政府绩效管理的价值标准主要有以下几点:

(一)经济(economic)

在评估一个组织的绩效时,首要的一个问题便是"组织在既定的时间内,花费了多少钱,是否按照法定的程序花费钱"。这是经济指标首先要回答的问题。经济指标一般指组织投入到管理项目中的资源量。经济指标关心的是"投入",以及如何使"投入"以最经济的途径使用。也就是说,经济指标要求的是以尽可能低的投入或成本,提供与维持既定数量和质量的公共产品或服务。

(二)效率(efficiency)

效率要回答的问题是"机关或组织在既定时间内的预算投入,究竟产生了什么样的结果"。因此,效率可以简单地理解为投入与产出间的比例关系,效率关心的是手段问题,而这种手段经常以货币方式体现。

效率可以分两种类型:生产效率(productive efficiency),指生产或提供服务的平均成本;配置效率(allocation efficiency),指组织所提供的产品或服务是否能满足不同偏好。也就是说,在政府部门所提供的种种项目中,如国防、社会福利、教育、健康等,其预算配置比例是否符合民众的偏好顺序,资源的配置能否实现最大多数人的最大利益。

(三)效能(effectiveness)

效能关心的问题是"情况是否得到改善"。因此,效能指公共服务符合政策目标的程度,通常是将实际成果与原定的预期成果进行比较。效能可分为两种类型:①社会效能。它包括两方面,一是政府部门制定的目标和采用的手段是否体现国家意志,是否代表广大人民的利益;二是政府部门实现目标的能力,即目标完成的程度和速度。②群体效能。它着眼于集体功能的发挥是否符合组织的目的,组织内部的运行机制是否合理。如果行政组织内部结构不合理,或组织活动偏离组织目的,则群体效能低;反之,则群体效能高。

(四)公平(equity)

传统行政管理学重视效率、效果,而不大关心公平问题。自新公共行政学产生后,公平问题日益受到重视,并成为衡量以政府为代表的公共行政绩效的重要标准。公平作为衡量绩效的标准,关心的主要问题在于"接受服务的团体或个人是否都受到了公平的待遇,需要特别照顾的弱势群体是否得到更多的社会照顾"。但公平的价值标准在市场机制中难以界定,在现实中也较难测量。

(五)民主(democracy)

政府绩效管理要考虑公众对政府的效率是否满意,考察政府所做的工作在多大程度上满足了社会和公众的需要。民主作为衡量绩效的标准,关心的主要问题在于"公民参与的程度有多高,政府是否接受了民众的监督,使公众意志和利益能够及时体现在行政过程中"。公民参与意味着公民可以以社会的主人和服务对象的角色对政府绩效提出要求,协助和监督政府部门对其开支、行动和承诺负责;帮助政府机构界定重要问题议程,提出解决方案,判断目标是否达成。

(六)责任(accountability)

在目标管理和岗位责任制的基础上,对组织或员工的职责、完成情况作出详细记录,并尽量用工作记录、事件代替评价。考核的内容与其职责联系起来,职责以外的工作不能作为考核的内容。考核的结果应该与组织或员工的奖惩结合起来,充分发挥测评的激励作用。

(七)反馈(feedback)

绩效评估的结果应与后续相关管理环节"挂钩",使绩效评估持续地发挥作用。因此,要坚持绩效评估的反馈原则,包括评价结果的反馈及后续管理行动反馈。绩效评估结果作为对公职人员进行奖惩、培训、辞退以及调整职务、级别和工资的依据,一方面,应及时把评估结果反馈给被评估者本人,就评估结果对其进行说明解释,肯定其成绩与进步,并指出不足之处,提供今后改进的参考意见等;另一方面,还应依据评估结果奖优罚劣,从而充分体现其激励功能,激发公职人员的工作责任心和积极性。如果不能就评估结果进行相应反馈,则不仅会使评估工作失去了意义,而且也易挫伤公职人员的工作积极性,甚至严重影响组织整体绩效。

二、影响政府绩效指标设计的主要因素

由于政府绩效结构的多元性和绩效内容的复杂性,根据不同的评估导向和具体环境,政府绩效评估指标体系的内容也会有所不同。概括起来,影响政府绩效评估指标设计的因素主要包括以下几个方面:

(一)地方经济与社会发展水平

经济与社会发展水平不同,将直接影响社会各类主体对政府管理和服务的不同需求。例如,对于经济欠发达地区,社会各界可能更倾向于要求政府着重搞好经济建设,将提高 GDP 作为政府工作的重心,因而相应的政府绩效评估指标多是以经济类指标为主,同时兼顾一些其他类型的指标;而对于经济发达地区来说,社会各类主体对公共服务的需求趋于多元化,而不仅仅满足于经济水平的提高,同时,政府也因具有较强的财力而能够提供多样化的公共服务。这在政府绩效评估指标设计上则表现为评价重点可能不再是经济类指标,而是公民的满意度、环境生态状况等指标。

(二)政府发展战略

随着战略管理在政府组织中的逐渐兴起,实行政府绩效管理就成为落实政府组织战略的有力工具。不少国家的政府绩效管理都借鉴和采用了企业的目标管理、关键绩效指标和平衡计分卡等绩效管理工具,以实现对政府战略规划和目标的层层分解和支撑,进而推动政府战略的有效实施。政府的发展战略和规划对政府绩效评价指标体系的构建起到了导向性的重要作用。例如,一个城市的战略目标如果是"争创文明旅游城市",那么该城市的绩效评价指标的设计就应重点突出"旅游景点创优争先""社会治安""风景园林建设和保护""城市合理布局和规划""娱乐文化设施建设"等;而如果是"创建最适合投资的经济开发区",则其绩效评价指标就应突出"税收和投资政策""公正执法""政府办事效率"等。

(三)利益相关者的诉求

要使政府绩效评价指标能够切实体现公共利益和公共价值,健全的民主制度和公民诉求机制是不可缺少的前提条件。社会公众参与到各级政府组织和部门绩效评价指标和标准的设计,参与绩效评价和对绩效评价过程的监督过程,可以有效强化"以民为本"的价值。但是,究竟哪些政府工作是最符合长期和整体的公共利益的,则需要经过多元主体之间的博弈、协调和整合。一种可行的路径就是建立政府、专家、公众和其他社会组织的沟通与协商机制,通过多种形式的博弈与磨合,找到真正的公共利益。

(四)政府绩效管理的价值取向

政府绩效管理的价值取向,是指政府在绩效管理过程中对其利益和导向所做的一种理性选择。价值取向作为政府绩效管理的灵魂,影响着政府绩效管理的各个方面,从战略定位到指标的设计,再到评价主体的选择和评价结果的运用等,无不受到价值取向的影响。比如英国政府在 20 世纪 70 年代末到 80 年代中期奉行以经济效率为导向的绩效评价,这一时期采取的雷纳评审、部长信息管理系统、财务管理新方案和下一步行动方案等一系列改革措施和绩效评价

方案,都是围绕节约政府开支、提高行政效率等进行的。进入 20 世纪 80 年代后期,英国政府的绩效管理由以经济效率为主的阶段进入了以质量为导向的阶段。追求高质量的服务和高水平的公众满意度成为这一时期的主导思想。英国政府先后发起了"公民宪章运动""竞争求质量运动""政府现代化运动",希望通过在公共服务供给中引入竞争机制、对公共服务品质的公开承诺以及将政府管理与现代化手段相结合的方式来改善和提升公共服务的质量。

三、政府绩效评价指标体系设计的基本思路

从国内外政府绩效评价的研究与实践出发,政府绩效评价指标体系设计的基本思路主要包括以下几种类型:

(一)以政府内部管理为视角设计政府绩效评价指标

美国希拉丘斯大学马克斯韦尔学院的帕特丽夏·英格拉姆教授等学者,推崇从管理能力的视角设计政府绩效评价指标体系,这一观点主要反映在美国联邦政府绩效项目(government performance project,GPP)中。在该项目中,研究者提出了"管理黑箱理论",认为人们对于公共部门内部输入与输出之间相互转化的过程知之甚少,政府绩效就像是经过暗箱里的一系列操作而产生的。在 GPP I 中,他们将绩效评价指标体系分为财政管理、信息技术管理、人力资源管理、资本管理和面向结果的管理,对每个体系相应地设计了一系列评价指标,并根据被评价政府部门的反馈意见加以完善。在 GPP II 中,研究者们对前阶段的指标体系进行了修正和调整,将 GPP II 中所关注的绩效项目由原来的 5 个减少到 4 个,并加入了信息和基础设施的绩效评价内容。

(二)以绩效审计为视角设计政府绩效评价指标

在现代政府中,政府绩效审计为各国政府提高公共管理的效果、明确公共管理责任、加强公众对政府的监督、提高政府行为透明度等提供了一个有效的手段和途径。经过半个多世纪的发展,政府绩效审计已形成了包括经济性、效率性和效果性三个方面的评价要素体系。经济性、效率性和效果性三个要素是相互区别而又相互联系的,经济性审计主要局限于资源方面,即"投入"方面,而效率性审计主要涉及对资源使用情况的审查,即"投入"与"产出"的关系。如果以较少的投入取得一定数量的产出,或以一定数量的投入获得更多的产出,都可以说效率是高的。而效果性审计则是对经济活动后产出情况的审查。目前,随着社会的不断发展和政府职能的进一步转变,一些学者还提出了政府绩效审计应该增加两个新的要素:公平性以及环保性。

(三)以项目逻辑为视角设计政府绩效评价指标

根据政府绩效产出的逻辑关系,政府绩效的产生过程可简单划分为投入、过程、产出和结果四个环节,这四个环节构成了政府组织绩效产出的价值链。投入类指标通常是对支持所有政府工作的资源的衡量,例如工作人员数量、工作场所、信息化程度等。过程类指标即来源于开展政府各项工作的基本过程,包括具体的工作量、工作时间投入、工作实施的具体状况等。需要特别区分的是产出类和结果类两种指标,二者在政府绩效评价的过程中常常被混淆或被忽略,有效区别二者之间的逻辑关系,对全面有效地衡量政府绩效具有非常重要的意义。具体而言,产出表示的是一个项目操作过程的表现及阶段性成功,而结果是项目最终的成果或者效果。根据项目逻辑,产出几乎没有内在的价值,因为它并不直接构成收益,但产出是必要的,因为它会影响未来的收益或者引发改变而达到理想的期望值。产出类指标应该被看作是成功的

必要条件而非充分条件,产出是一个项目工作的直接产品和服务,如果没有高质量的数量适宜的产出,一个项目工作就不能产生预期的结果。通常来说,产出的产生在很大程度上受项目的管理者所控制,而结果则更多受项目外所不能控制的因素影响。因此,产出的产生并不能保证会得出预想的结果。产出类指标和结果类指标的区别示例如表7-2所示。为了监控项目工作的绩效,对产出和结果进行评价是非常必要的。

表7-2 产出类指标与结果类指标的区别

项目工作	产出类指标	结果类指标
犯罪控制项目工作	对求助电话的应答 犯罪调查成效 进行拘捕 破案	减少犯罪行为 减少犯罪导致的死亡 减少犯罪导致的财产破坏和损失
公路建设项目工作	项目设计 建成公路的里程 重建公路的里程	公路容量增加 减少车流量 减少旅程耗时
艾滋病预防项目工作	应答热线电话 测试艾滋病抗体研讨会 治疗艾滋病患者 接待患者的咨询并指导	增加与艾滋病相关的知识和疗法 减少危险的行为 减少HIV携带者

资料来源:西奥多·H.波依斯特.公共与非营利组织绩效考评:方法与应用[M].北京:中国人民大学出版社,2005:39.

(四)以战略管理导向为视角设计政府绩效评价指标

20世纪80年代以来,随着政府组织战略思维的逐渐兴起及其对科学化绩效管理的迫切需求,战略性绩效管理进入了政府组织的视野,并在管理实践和理论研究方面取得了迅速的发展,逐渐成为帮助政府组织落实组织战略、强化绩效管理的有效途径。

美国行政学会(American Society for Public Administration,ASPA)的"绩效和责任中心"(Center for Accountability and Performance,CAP)通过五年的研究探索,于2000年开发出了一个实施绩效管理的战略框架,如图7-2所示。这一模型的特点主要包括以下几个方面:一是系统性强,层次清晰,有较强的可操作性。由环境分析、明晰使命和愿景、设置目标体系、制订整合各种资源的行动方案、评价和测量结果、实施跟踪和监控这一逐级递进的过程所组成。二是这一模型的目的在于建立"以结果为导向"的公共服务提供体系。三是该模型强调绩效测量的目的在于落实责任和持续改进。四是通过这一模型可以整合并且提高组织各层面以及各领域的绩效水平,并使其保持相互之间的协调一致。每个部门和人员都可以通过这一框架提供的逻辑思路,清楚地了解自己未来工作的路线图:我们现在身处什么位置;我们将要到哪里;我们如何才能到达那里;为了到达那里,我们如何测定我们的进程;以及判别我们最终是否达到目标。在所有的管理模型中,对核心概念的界定是非常重要的一步。在"责任和绩效中心"的战略管理模型中,这些重要概念包括:使命、愿景、目的、目标、产出和结果等。

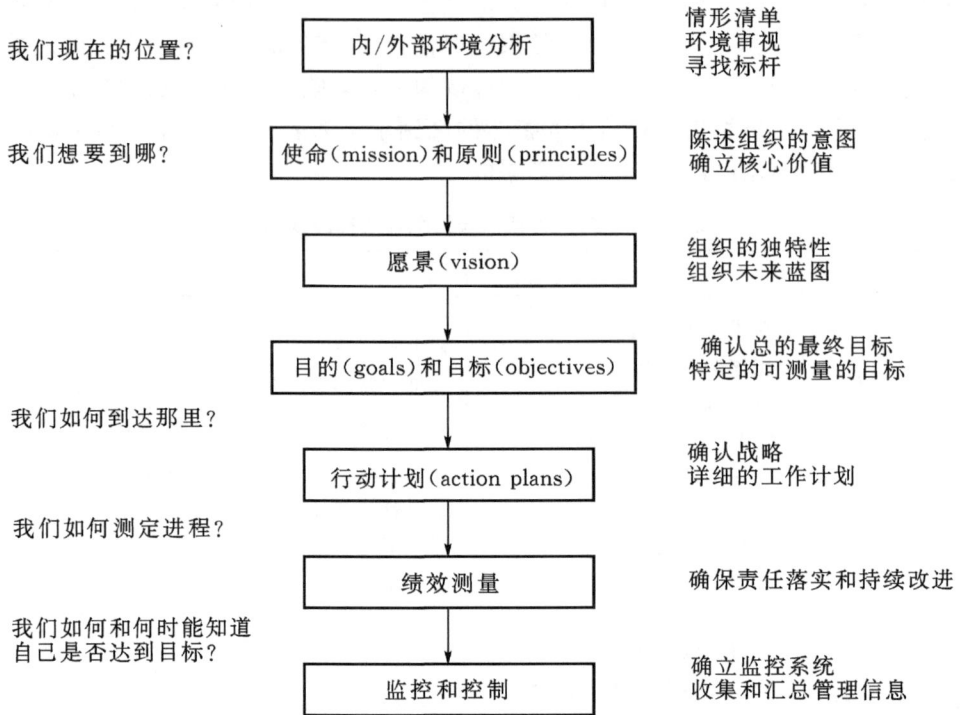

图 7-2　融入目的、目标和绩效测量的战略管理模型

资料来源：CAP. Performance Measurement：Concepts and Techniques［R］. Washington D. C.：ASPA，2000.

四、绩效指标的设计程序

绩效指标设计的基本程序如图 7-3 所示。

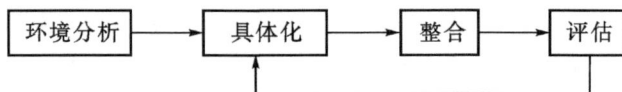

图 7-3　绩效指标设计的基本程序

(一)操作环境分析

操作环境分析一般包括四方面的内容：一是评估体系特征，即组织所运用的评估体系的特点，如管理者为主的评估还是专家或同行为主的评估，不同评估方法之间的矛盾和冲突；二是组织权威特征，即评估主持者及其权威来源，这会影响到评估的目的和评估结果的运用；三是评估内容特征，即评估内容上的着重点（经济、效率还是效益），评估要素的组合应充分反映组织面临的问题和工作的优先次序；四是政治环境特征，即评估机制和介入评估过程的公众或公共组织之间的相互关系或相互影响。

(二)绩效指标的具体化

即根据环境需要和绩效指标的一般要求，来设计和选择绩效指标体系，用以衡量组织的工作。

(三)整合过程

整合过程包括绩效指标体系的内部整合和外部整合两方面。内部整合即消除不同绩效指标之间的矛盾和冲突,确保绩效指标体系的逻辑一致性;外部整合就是绩效指标体系与组织管理实践,组织的责任层级、组织的奖励和分配制度之间的整合,使绩效指标和评估体系符合组织特征和组织的优良传统。

(四)评价与修正

要以绩效指标对组织的绩效状况进行科学的测定和评价,首先要求对绩效指标体系本身进行科学的评价。绩效指标体系评价一般围绕营经济性、有用性、可能带来的扭曲程度、对组织目标的动态适应性等方面进行,如果存在问题,就应该对绩效指标进行修正。

良好的绩效指标应该具有以下特性:

(1)相关性:反映并适应组织的运作环境。

(2)简便性:使用者易于掌握、了解和使用这些指标。

(3)内在一致性:不同绩效指标之间较少矛盾或冲突。

(4)明确性:能明确显示绩效水平而不是模棱两可。

(5)经济性:信息搜集和分析所需要的支出比较低。

(6)防操纵性:比较客观,能防止对数值的人为操纵。

(7)灵活性:既能整合测定总体绩效,又能分开以测定不同方面的绩效状况。

(8)权值要求:由政府评价主体、专家学者根据排序法、层次分析法、权值因子判断法等对不同重要性的指标赋予不同的权重。

五、政府绩效评价指标体系示例

美国和欧洲政府绩效管理开展得比较早,不仅通过立法的形式对政府绩效管理进行了规范,而且很多政府组织和研究机构都对政府绩效管理进行了深入研究,以下是几个比较有代表性的政府绩效评价指标体系和框架。

(一)美国政府绩效评价指标体系

美国在政府绩效评价方面的探索具有代表性和示范性。在构建政府绩效评价指标体系方面,美国形成了较为成熟的理论和方法,构建了许多具有特色的政府绩效评价模型和绩效评价指标体系。这些政府绩效评价模型和绩效评价指标体系对各国建立和完善政府绩效评价体系提供了有益的经验和启示。

1.美国国家绩效审查委员会的绩效评价指标体系

20世纪90年代初,重塑政府成为美国公共绩效管理发展的最新目标。1993年3月,克林顿政府专门成立了由副总统戈尔领导的国家绩效审查委员会(National Performance Review, NPR),负责统筹联邦政府绩效改革计划的实施,同年通过的《政府绩效与结果法案》要求所有的联邦机构采用和实施绩效评价技术并向公民报告绩效状况。

1997年2月,美国国家绩效审查委员会召开首次政府间基准比较研讨会,会议颁布了《顾客需求战略规划最佳实践的基准比较研究报告》,并希望借此引发一场政府绩效评价的新高潮。

在《政府绩效与结果法案》指导下,美国国家绩效审查委员会建立了一整套较为完善的衡量政府部门和个人工作绩效的绩效评价指标体系,该体系包括以下六大类指标:

（1）投入指标：衡量某一项目或服务消耗的资源，如提供某一项服务所花费的资金数量和雇员小时数。

（2）能力指标：度量一个机构提供服务的能力，可以帮助部门主管评价本部门雇员培训的程度、物质设施状况及系统准备就绪的程度。

（3）产出指标：衡量是为服务对象提供的产品数量或服务单位，同时也包括"工作量"指标，如警察逮捕罪犯的人数等。

（4）结果指标：衡量项目和服务的结果和效果，如社会公众满意度等。

（5）效率和成本效益指标：集中于一个项目是如何实现的，效率指标反映服务的程度与提供服务所需资金与人力资源的成本之比，用来衡量单位产出或结果的成本，如收集每吨垃圾所花费的成本。

（6）生产力指标：根据戴维德·N.阿曼斯的理解，生产力指标将效率与效益结合为一个单一指标，如"每个劳动时间修补路程数"反映效率，"正确修补路程数的百分比"（如6个月内不需要重新修补）反映效益，"有效修补每千米路所需的单位成本（或劳动小时）"则反映生产力。

2.美国管理与预算办公室的通用绩效评价指标

2002年，美国管理与预算办公室（Office of Management and Budget，OMB）为五个跨部门的政府职能开发出统一的评价指标，或称"通用衡量标准"。

（1）低收入住房援助。联邦政府有好几个项目是关于帮助低收入家庭得到住房的，美国管理与预算办公室开发出了具有对比性的评价标准，即计算每资助一个家庭的长期成本。该指标可以根据家庭规模、家庭收入、占用住房的时间和其他相关因素进行调整，涉及了住房和城市发展部、农业部和内务部等多个政府部门。同时，该评价指标还引出另一个重要的绩效评价指标，即用一定的预算资源帮助的家庭数量，在成本方面可以考虑对私人投资的替代效应，在受益方面则可以考虑住房单元的估价和它们的位置。

（2）职业培训与就业。职业培训项目的共同目标是改善参加者的就业和收入情况。美国管理与预算办公室提出了四个项目成果衡量指标：找到工作、项目参加者得到证书或学位、得到的收入以及每一个工作岗位的项目总成本。其中前三个是衡量项目成果的，最后一个是衡量效益的。这些评价指标涉及了劳工部、住房和城市发展部、教育部、老兵事务部和内务部等政府部门。

（3）荒地火情管理。荒地火情管理是指对人们居住地附近的城市周边荒地火灾的防范和灾后的应急处理等活动。关于荒地火情管理的评价指标包括：通过机构的行动或帮助使本来属于高风险的社区脱离高风险名单的比例，完成火情管理计划，每场火情的成本和每英亩火情面积的成本等，这些评价指标涉及了内务部和农业部等政府部门。

（4）减轻水灾损失。衡量水灾损失的主要指标是成本效益比，该指标把避免水灾损失的价值与完成工程的价值进行对比，涉及了联邦应急管理局、工兵团和农业部等政府部门。

（5）灾害保险。对于灾害保险的衡量主要采用投保人数作为通用的评价指标。

（6）卫生。在对卫生的衡量方面，主要从成本、效益和质量这三个方面进行评价。成本指标采用人均享有联邦资助、直接用于医疗卫生项目的支出来评价；效益指标采用每个医生、每个护士、每个医生助理每天看病的人数来评价；质量指标采用同一疾病再次就医的病人数占收治住院的病人总数之比来评价。

（7）环境。对环境保护的评价重点是对农村水工程、饮用水的基础设施贷款项目和非定点水污染源这三个项目评价指标的设计。如农村水工程的绩效评价指标有：每百万美元提供的供水管线、饮用水数量以及按环保署饮用水质量标准处理的水质量。非定点水污染源项目的绩效评价指标有：每百万美元减少的沉积物吨数以及有机物磅数等。

3.美国人事管理局的人力资本评价与职责框架

美国人事管理局的人力资本评价与职责框架（human capital assessment and accountability framework，HCAAF）可以说是美国最重要的人力资本管理的指导文件，它由三个层次构成。

第一层次是人力资本管理的五条成功标准，分别为：战略联盟（strategic alignment）、领导与知识管理（leadership and knowledge management）、成果导向的绩效文化（results-oriented performance culture）、才能管理（talent management）和责任（accountability），它们共同构成了人力资本管理的期望成果。

第二层次是五条成功标准分解出来的十六项关键成功因素，它们可以被看作是达成这五方面期望成果的有效路径。

第三层次由问题、状况描述和建议的绩效评价指标三部分构成。以"成果导向的绩效文化"为例，其第三个层次涉及了四个问题：

第一个问题是"各个部门的战略是否被员工认知并与员工共享"。该问题的建议绩效评价标准为：适合组织需要的沟通制度产生了支持变革举措的作用；沟通制度能够提供有利于不断改进管理措施的反馈渠道。

第二个问题是"员工的绩效期望和评价制度是否与组织的使命之间有直接联系，这种联系能否通过沟通而被员工认知"。该问题的建议绩效评价标准为：所有员工的绩效规划都与机构的战略规划相链接；各个部门有明确的绩效目标和绩效评价标准；各个部门能够通过定期的成果报告追踪绩效进展情况；问卷调查显示员工能够理解组织对自己的绩效期望，并理解自己的努力能促进组织使命的实现；领导与管理的培训课程中包括绩效管理和绩效指导技术等内容；绩效奖励按照对组织使命贡献的大小来决定等。

第三个问题是"该组织是否形成一种能够吸引、留住和激励员工的'奖赏环境'"。对于这个问题的建议绩效评价标准是：组织的奖赏政策应提倡非货币形式；通过实行员工发展政策来鼓励员工努力工作和追求成就；通过问卷调查的方式证明员工感到自己的价值得到了肯定。

第四个问题是"通过绩效管理是否能够对绩效水平的高低进行有效的区分"。该问题的建议绩效评价标准为：各个部门有与绩效评价结果相联系的奖赏与激励项目；有明确的绩效评价标准及规范来指导管理者对员工进行绩效评价；高级公务员、管理者及员工的绩效评价等能够按实际情况均衡分布；能够合理运用各种奖赏措施来激励员工。

4.美国政府会计标准委员会的绩效评价模型

1994年，美国政府会计标准委员会（The Government Accounting Standards Board）开发和设计出一个评价"投入、产出、后果、效率与成本效益"的评价模型。它对当前美国州与地方政府的绩效评价提供了非常具体的技术指导。这一评价模型包括三类指标：

第一类指标是服务提供指标，即投入指标，主要考查用于一个项目或服务过程所需的资源。

第二类指标是服务成就指标，包括产出指标与结果指标。其中产出指标可以评价所提供服务的数量。结果指标用于评价由于服务的提供而获得的成就或产生的结果。结果可以划分为中期结果与最终结果。

第三类指标是服务提供与服务成就相关联的指标，包括效率指标与成本效益指标。效率指标是将服务提供与服务产出相关联得到的,即成本/产出。成本效益指标是将服务提供与服务产出相关联得到的。

根据这个模型,政府会计标准委员会设计了警察服务绩效评价指标体系。其中,投入类指标包括:预算支出,设施、设备与交通工具,人员数目以及所花费的小时数等。产出类指标包括:巡逻的小时数,对提供警察服务要求的反应情况,调查过的犯罪案件数量,搜捕的人数,参与到预防犯罪活动中的人员数等。结果类指标包括:因犯罪而导致的死亡与伤残数,因犯罪而失去的财产价值,每100000人口中实施犯罪行为的人数,消灭犯罪行为的比率,反应时间及市民满意度等。效率类指标包括:受理一个案件的成本,消灭一次犯罪的成本,消灭一次犯罪所耗费的人员与时间等。

(二)欧盟通用评价框架的指标体系

20世纪80年代之后,在席卷西方的公共管理改革运动的影响下,许多公共部门开始尝试引入私营部门的一些管理方法和工具,以推进政府管理的现代化,提高政府管理水平。1998年,欧洲质量管理基金会将其开发的"卓越模型"(Excellence Model)引入公共部门,并专门设立了公共部门质量奖,对公共机构的绩效进行评价和管理。1998年和1999年,欧盟成员国公共管理局局长会议下属的一个非正式的工作小组——公共服务创新小组的专家们,在欧洲质量管理基金会"卓越模型"的基础上,初步开发设计了通用评价框架(common assessment framework,CAF)。经过一些公共部门试用之后,在2000年第一届欧洲公共管理质量大会期间,欧盟发布了通用评价框架的正式版本。根据随后两年在多个欧洲国家公共部门的应用经验,专家们对该模型进行了修改与完善,并于2002年在第二届欧洲公共管理质量大会期间发布了通用评价框架的修订版本。通用评价框架中指标体系的结构设计及内涵表述等对政府组织绩效评价指标体系的设计和在2002年5月通过的新版通用评价框架中,指标体系仍然分为促进(enables)要素和结果(results)要素两部分,共九大指标。其中,有五个指标属于促进要素,四个指标属于结果要素,具体如图7-4所示。并且,这九大指标下的次级指标数目,由旧版通用评价框架的43个减少到27个,具体如表7-3所示。

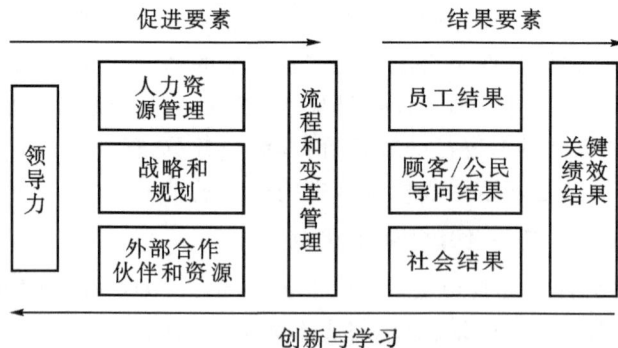

图7-4 通用评价框架的结构

资料来源:孙迎春,周至忍.欧盟通用绩效评估框架及其对我国的启示[J].兰州大学学报(社会科学版),2008(1).

表 7 - 3　通用评价框架体系

要素	指标	次级指标
促进	1.领导力	1.1 在开发和传递组织愿景、使命和价值观方面给予的指导
		1.2 开发和实施组织管理系统
		1.3 激励和支持员工并担当起恰当角色
		1.4 协调政治家和相关利益人之间的关系
	2.战略和规划	2.1 收集与相关利益人当前和未来需求有关的信息
		2.2 开发、评估和修正组织的战略和规划
		2.3 在整个组织内实施战略和规划
	3.人力资源管理	3.1 规划、管理和改进与战略和规划密切相关的人力资源
		3.2 围绕个人、团队和组织的目标,确认、开发和运用雇员能力
		3.3 围绕雇员开展对话和授权
	4.外部合作伙伴和资源	4.1 开展和实施关键的合作伙伴关系
		4.2 与公民/顾客开展和实施合作伙伴关系
		4.3 知识管理
		4.4 财务管理
		4.5 技术管理
		4.6 房屋和资产管理
	5.流程和变革管理	5.1 确认、设计、管理和改善过程
		5.2 面向公民/顾客开发和提供服务和产品
		5.3 对现代化和创新的规划和管理
结果	6.顾客/公民导向的结果	6.1 顾客/公民满意度测量的结果
		6.2 顾客/公民导向的测量指标
	7.员工结果	7.1 员工满意度和激励度测量的结果
		7.2 员工结果的指标
	8.社会结果	8.1 社会绩效结果
		8.2 环境绩效结果
	9.关键绩效结果	9.1 目标的取得
		9.2 财务绩效

第四节　绩效评估的方法与技术

目前被广泛谈论和应用的绩效考核的理论方法主要有两种:关键绩效指标法(key performance indicator,KPI)和平衡记分卡法(balance score card,BSC)。它们是基于组织战略的系统考核方法。这两种方法的系统采用,使组织将未来远景通过战略的连接,落实在每个经营单位或战略单位、每个部门乃至每个人,使整个组织在这个系统的引导和管理下,成功实现组织的战略目标。

一、关键绩效指标法

关键绩效指标是用于考核和管理被评估者绩效的可量化的标准体系。它的含义有三方面：首先，关键绩效指标是一个标准化的体系，它必须是可量化的；其次，关键绩效指标体现对组织战略目标有增值作用的绩效指标，基于关键绩效指标对绩效进行管理，就可以保证真正对组织有贡献的行为受到鼓励；最后，关键绩效指标是进行绩效沟通的基石，它是连接个体绩效与组织战略目标的一个桥梁，通过在关键绩效指标上达成的承诺，员工与管理人员就可以进行工作期望、工作表现和未来发展等方面的沟通。

关键绩效指标法是运用关键绩效指标进行绩效考核，这一办法的关键是建立合理的关键绩效指标。建立关键绩效指标体系时，应遵循以下几项原则：

(1)目标导向原则。关键绩效指标必须依工作目标确定，其中包括组织、部门、岗位目标。把个人和部门的目标同组织的战略联系起来，以全局的观点思考问题。

(2)注重工作质量原则。工作质量是任何组织想要在市场经济中拥有强大竞争力的核心要素，而往往又难以衡量。因此，对工作质量设立指标进行控制尤为重要。

(3)可操作性原则。从技术上保证指标的可操作性，对每个指标都给予明确的定义，建立完善的信息收集渠道。

(4)强调输入和输出过程的控制。在设立关键绩效指标时，要优先考虑流程的输入和输出状况，将两者之间的过程视为一个整体，进行端点控制。

(5)指标一般应当比较稳定，即如果工作流程基本不变，则关键指标的项目也不应有较大的变动。

(6)关键指标应简单明了，容易被执行者理解和接受。

关键绩效指标用于政府部门的绩效管理中，如图 7 - 5 所示，可以从以下几个步骤来设计基于关键绩效指标体系的绩效考核体系。

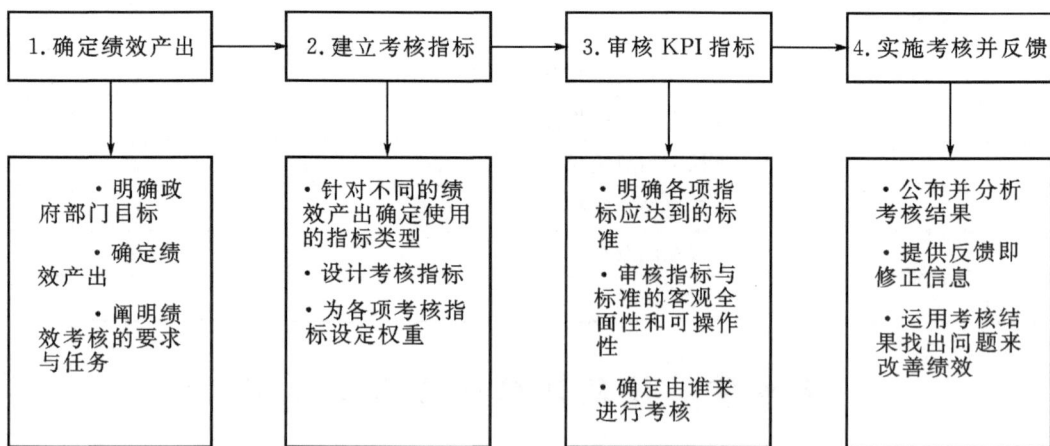

图 7 - 5　关键业绩指标考核体系

基于关键业绩指标的绩效管理是结果导向的。关键业绩指标法的主要注意力在绩效指标的设置必须与组织的战略目标挂钩，"关键"的含义是指在某一阶段某个组织战略上要解决的

最主要问题。这种方法的运用很有针对性,但在政府部门的实际操作中还存在一些弱点:

(1)它虽然正确地强调了战略的成功实施必须有一套与战略实施紧密相关的关键业绩指标来保证,但没有进一步将绩效目标分解到组织的基层管理及操作人员。

(2)关键业绩指标没能提供一套完整的对操作具有具体指导意义的指标框架体系。

(3)政府部门的产出难以量化,在进入市场的交易体系后难以形成一个反映其生产机会成本的货币价格,要精确算出投入产出比并不容易,这就带来对相关指标进行准确量化的技术上的难度。

因此,在现代政府部门管理中,绩效考核中更具有操作性的是平衡记分卡。

二、平衡记分卡法

平衡记分卡法由哈佛大学商学院教授罗勃特·卡普兰创立。它的主要功能在实现内部过程和外部产出间的反馈循环,使组织发展战略落实为行为,从而能持续改善战略绩效,实现组织目标。作为一种系统考核方法,用于企业中的平衡记分卡同时设置了四个关键管理层面,反映了四方面的绩效。

(1)财务层面:由营业收入成长与组合、成本下降、生产力提高、资产利用投资策略等指标构成。

(2)顾客层面:由市场占有率、顾客延续率、顾客争取率、顾客满意度及顾客获利率等五大核心指标构成。

(3)企业内部流程层面:可以分解为创新、营运、售后服务等三大流程。企业通过界定一个完整的内部流程以发展新的解决方案,满足顾客与股东的需求。

(4)学习与成长层面:包括企业通过增强员工潜力、信息处理能力、明确权责和目标来提升员工满意度、员工留职率及员工生产力。

平衡记分卡也强调绩效管理与组织战略目标间的紧密关系,并提出一套具体的指标框架体系,具有很强的操作指导意义。同时,它还阐明了以上四个层面之间的内在关系:学习与成长解决企业长期生命力的问题,是提高企业内部战略管理的素质与能力的基础;企业通过管理能力的提高为客户提供更大的价值;客户的满意导致企业良好的财务效益。以此为基础,从这四个层面出发设计的各项考核指标在逻辑上紧密相承,保持了组织管理所需要的动态平衡。平衡的过程也就是通过关键因素的理性整合,不断提升系统有效性的过程。

由于平衡记分卡所具有的强有力的理论基础和便于操作的特点,自20世纪90年代初一经卡普兰教授提出,便迅速被美国等国家的企业所采用。今天当人们谈及系统绩效管理时,基本都是以 BSC 为主的体系。虽然平衡记分卡最初的焦点和运用是改善私营企业的管理,但是它在改善政府部门的管理上也能取得很好的效果,发挥了集中重点、激发潜能和提高责任感的作用。在这里,我们设计了政府部门平衡记分卡的基本框架,如图 7-6 所示。

平衡记分卡为政府部门提供了其存在的基本原理,即服务于公民(顾客),而非仅仅控制预算开支。财务层面为企业营利提供了一个清晰的长期目标值,可是对于政府部门来说,财务层面提供的是一个约束而不是一个目标值。政府部门必须把开支控制在预算之内,但是不能以能否维持开支和预算的平衡来衡量它们是否成功。如果政府部门严重违背了它的使命和利益相关者的期待,即使能够减少开支,也不能证明它有效益和效率。因此,财务因素在政府绩效管理中可以发挥促进和约束作用,但是很少成为政府部门的主要目标。

政府部门平衡记分卡应该把对顾客层面的考核置于最上层,将满足顾客或利益相关者的

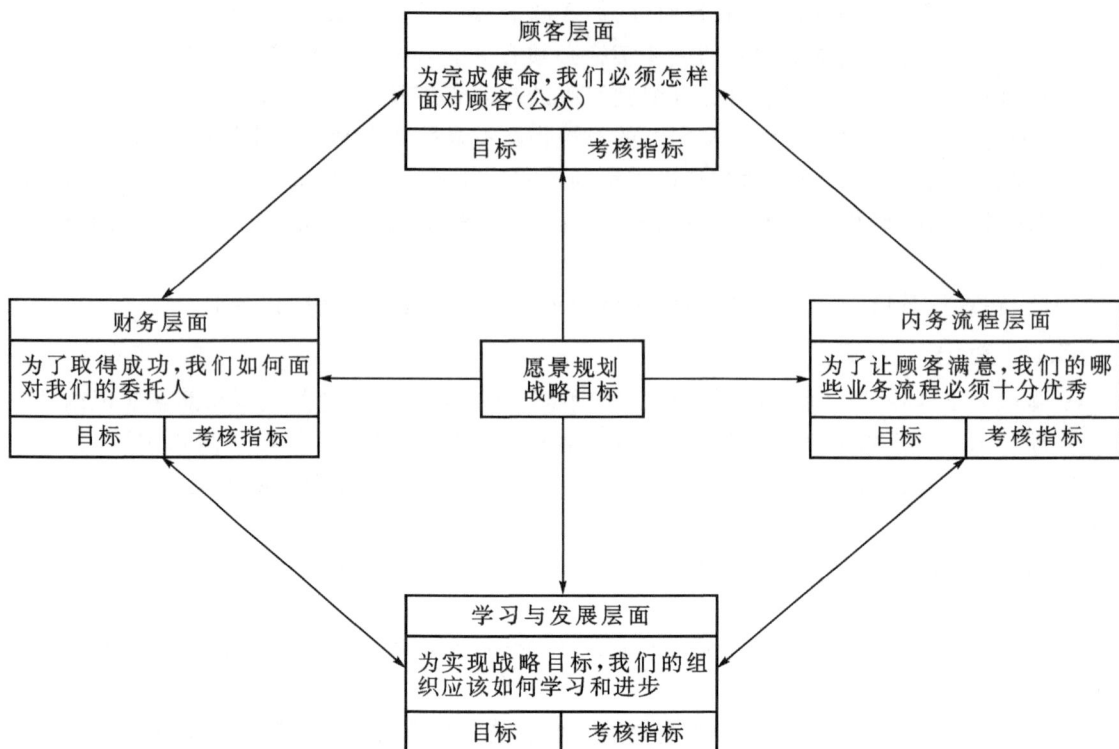

图 7-6　政府部门的平衡记分卡基本框架

要求作为主要目标,其他各个方面的改善只是实现这个目标的手段,而不是目标本身。政府部门平衡记分卡将顾客层面作为所有目标考核的焦点,不仅突出了政府部门的特殊使命,而且为内部的员工传达了影响顾客满意度的业绩驱动指标,兼顾了政府绩效管理的其他关键层面,在完成其使命和战略目标的同时保证了行政过程的有效性。

利用平衡记分卡能将政府部门的行为过程与战略目标很好地结合起来,直接提升政府管理的有效性。政府部门平衡记分卡作为一种有效的战略执行工具,它的四个层面作为一个整体,是协同增进绩效的关系。具体说来,政府在确立使命或目标的同时,需要确立相应的预算指标和预算执行方式,确立相应的组织结构和组织流程,确立相应的绩效考核体系,并通过确立相应的学习机制,使公务员能够不断提高自身的素质并不断推动组织发展。

三、标杆管理法

标杆管理法经美国生产力与质量中心对其进行系统化和规范化,定义为:标杆管理法是一个系统的、持续性的评估过程,通过不断地将企业流程与世界上居于领先地位的企业相比较,以获得帮助企业改善经营绩效的信息。具体来说,标杆管理法是企业将自己的产品、服务、生产流程与管理模式等同行业内或行业外的领袖型企业作比较,借鉴与学习他人的先进经验,改善自身不足,从而提高竞争力,追赶或超越标杆企业的一种良性循环的管理方法。通过学习标杆企业,企业重新思考和改进经营管理实践,创造自己的最佳实践模式,这实际上是模仿、学习和创新的过程。标杆管理法的基本原理就是将自身的关键业绩行为与最强竞争对手或那些在行业中领先的、最有名望的企业的关键业绩行为进行比较与评估,分析这些基准企业绩效的形成原因,在此基础上建立企业可持续发展的关键业绩标准及绩效改进的最优策略。

标杆管理法的本质是一种面向实践与过程的管理方式,基本思想就是系统优化、不断完善和持续改进。标杆管理法可以突破企业的职能分工界限和企业性质与行业局限,它重视实际经验,强调具体的环节、界面和流程,因而更具有特色。同时,标杆管理法也是一种直接的、中断式的渐进管理方法,其思想就是企业的业务、流程、环节都可以解剖、分解和细化。企业可以根据需要去寻找整体最佳实践或者优秀部分来进行标杆比较,或者先学习部分再学习整体,或者先从整体把握方向再从部分具体分步实施。

作为一种技术方法,标杆管理在不同的组织及其实践中,并没有一个统一的过程和步骤。经典的标杆管理法的实施步骤由施乐公司的罗伯特·开普首创,他是标杆管理法的先驱和最著名的倡导者。他将标杆管理活动划分为五个阶段,每阶段又由两到三个步骤组成:

(1)计划:确认对哪个流程进行标杆管理;确定用于作比较的公司;决定收集资料的方法并收集资料。

(2)分析:确定自己目前的做法与最好的做法之间的绩效差异;拟定未来的绩效水准。

(3)整合:就标杆管理过程中的发现进行交流并获得认同;确立部门目标。

(4)行动:制订行动计划;实施明确的行动并监测进展情况。

(5)完成:处于领先地位;全面整合各种活动;重新调整标杆。

由于不同行业、不同企业有不同的衡量标准,因此标杆管理的具体实施内容要因行业与企业而异。

第五节　绩效反馈与改进

一、绩效反馈

(一)绩效反馈的意义

政府绩效反馈是由上级领导或绩效主管单位的人员就评价对象在评价周期内的绩效情况进行反馈,在肯定成绩的同时,找出工作中的不足并加以改进,因此有效的绩效反馈对绩效管理起着至更重要的作用。绩效反馈应是经常性的。管理者一旦意识到在员工绩效中存在缺陷,就有责任立即纠正,这种经常性的绩效反馈使员工在正式的绩效考核前对自己的表现有大体的认识,对绩效考核结果更容易接受。绩效反馈着重于管理者与员工间的沟通,因此,应鼓励员工积极参与绩效反馈过程,管理者与员工在相互尊重和鼓励的氛围中讨论如何解决员工绩效中存在的问题。

1.有利于管理者与员工就绩效评价结果达成共识

政府绩效反馈在政府绩效评价结束后,为评价双方提供了一个良好的交流平台,使员工了解自己在本绩效周期内的业绩是否达到所定目标、行为态度是否合格,与管理者达成对考核结果一致的看法。绩效考核以后,如果评估结果没有反馈给员工,那么问题就会仍然存在。一方面,相关管理人员应该将下级单位或人员的绩效进行充分反馈,不仅仅是告知其评价结果,而且应该就导致评价结果出现的原因进行深入的分析,使评价对象能够充分地接受和理解绩效结果;另一方面,评价对象也可以就一些具体问题或自己的想法与上级领导进行交流,指出绩效管理体系或评价过程中存在的问题,解释自己超越或没有达到预期目标的主要原因,并对今后的工作进行计划与展望。政府绩效反馈为绩效评价双方建立起一座沟通的桥梁,不仅让评价对象成为主动因素,更赋予了其一定的权利,使评价对象拥有知情权和发言权,有效降低了评价结果不公正所带来的负面效应,确保了政府绩效评价结果的公平和公正。

2.有利于评价对象了解自身的成绩与不足

绩效反馈还是一个对绩效水平进行全面分析的过程。通常,政府绩效表现为正反两个方面,既有好的、值得鼓励的地方,也有需加以改进之处。因此,政府绩效反馈也应该从正反两方面着手,当被评价的单位或人员取得成绩时,上级领导给予的认可和肯定,可以对下属人员起到积极的正向激励作用;与此同时,上级领导也要让评价对象认识到自身存在的缺点与不足,并提出改进绩效的相应建议。通过政府绩效反馈,使得评价对象既获得了鼓励,又发现了不足,从而可以为进一步提升政府绩效水平奠定重要的基础。

3.有利于增强政府的核心竞争力

任何一个组织的组织目标和个体目标都在一定程度上存在着矛盾和冲突,政府绩效反馈可以减少组织目标与个体目标之间的冲突。个体目标与组织目标若能够协调一致,可以有力推动组织不断发展和进步,反之则会产生负面影响。组织的战略是要层层分解到具体的工作岗位上的,在管理者与员工讨论工作目标的过程中,就可以将组织的战略目标贯穿其中,让员工把握具体的目标并将其落实到实处。管理者可以在绩效反馈中向员工传递组织的期望。有效的政府绩效反馈,可以通过对政府绩效评价过程及结果进行检视与讨论,发现个体目标中的不和谐因素,借助组织中的激励手段,促使个体目标朝着组织目标方向发展,进而有效提升组织目标和个人目标的一致性和协同性。

4.有利于绩效改进计划的制订与实施

政府绩效反馈的一个重要目的是实施绩效改进,即针对评价对象当前绩效存在的不足提出改进计划,为下一周期绩效管理的有效开展提供帮助和指导。政府绩效改进计划对于绩效不佳的单位或个人尤为重要,如果相关管理部门对此不能给予充分重视,评价对象本人也缺少绩效改进的动力,不去分析导致绩效偏差的原因,那么绩效不佳者很难发现改进绩效的有效途径和方式,也就无法达到提高绩效水平这一重要目的。另外,评价对象参与到政府绩效改进计划的制订过程,则会更容易接受绩效改进计划,增强对绩效改进的承诺,有利于绩效改进计划的贯彻落实。

5.能够对下一周期绩效目标的制定起到参考作用

绩效管理是一个往复不断的循环过程,一个绩效周期的结束恰好是下个周期的开始,在政府绩效反馈阶段,还可以征询评价对象对政府绩效评价体系、方法、流程的看法及建议,有利于促进政府绩效管理系统的不断完善。与此同时,通过政府绩效反馈可以了解各级人员对本期绩效目标量标准的想法,以及下一期绩效目标及标准的具体意见,以便制定出更为科学合理的绩效评价目标、指标和指标值。管理者和员工双方对下一个绩效周期的目标进行协商,形成个人绩效合约。绩效合约是一种正式的书面约定,它将管理者和员工双方讨论的结果列为具体的条目记录下来,既有助于员工清楚自己要完成的任务有哪些,又有助于管理者在绩效周期结束时来对员工绩效进行评估。

(二)政府绩效反馈的方法

政府绩效反馈方法的类型和数量较多,在此主要介绍以下四种:

1. 对错误行为的反馈方法

管理者针对下属的错误行为进行反馈的目的,是让下属了解自身存在的问题,以便有效引导其纠正错误。对错误行为的反馈就是人们通常所说的批评。在大多数人的印象中,批评往往是消极的,但实际上批评应该是积极的和建设性的。在下属表示接受某种批评之后,管理者还应该通过一些认同的表示,加强反馈的效果。可见,这种积极的和建设性的反馈方式明显优于负面反馈。现在越来越多的管理者已经认识到中立反馈的重要性,许多学者也试图找到一些方法使越来越多的管理者学会这种方法。我们相信,只要管理者在针对错误行为进行绩效反馈时注意反馈的方式,就能够避免无效的负面反馈,将中立反馈变成积极的建设性反馈,从而达到绩效管理的目的。

2. 对正确行为的反馈方法

通常人们更加倾向于关注对错误行为的训导,而对正确行为的反馈往往被管理人员忽视。事实上,对正确行为的反馈与对错误行为的反馈同等重要,两者的最终目的都是提高下属的绩效。下面是管理者在进行正面反馈时应遵循的四个原则:

(1)用正面的肯定来认同下属的进步,例如"成功率的提高"比"失败率的降低"更具有激励效果。

(2)明确地指出受称赞的行为。

(3)当下属的行为有所进步时,应给予及时的反馈。

(4)正面的反馈中应包含这种行为对本人、部门乃至整个组织的贡献。

3. 自我反馈机制

自我反馈是一种特殊的绩效反馈方式。通常绩效反馈是通过管理者与下属之间的沟通进行的,而自我反馈是指在建立一套严格、明确的绩效标准的基础上,使下属自觉地将自己的行为与标准相对照的机制。这种机制能够帮助下属对自己的绩效表现有一个正确的认识。自我反馈是管理者进行绩效反馈的必要补充,在实际工作中自我反馈机制发挥着十分重要的作用。自我反馈机制的首要前提就是制定一套反馈时需使用的绩效标准,然后建立相应的机制或办法,使下属能够自觉地根据这一标准对自己的工作情况进行反省与检视。这种自我反馈的方法在高重复性或例行的常规工作上比较容易实施。同时,对于创新性工作而言,这种机制也十分重要,因为管理者不可能每时每刻都关注到下属的工作行为和工作进展。对于那些制定绩效标准相对困难的工作,可以通过设置较为宽泛或灵活的绩效标准来解决这个问题。

4. 360 度反馈计划

360 度反馈计划,就是指帮助一个组织成员(主要是管理人员)从与自己发生工作关系的所有主体(管理者、同事、组织内外部的顾客及其他人)那里获得关于本人绩效信息反馈的过程。相比传统的单一式绩效反馈,360 度反馈计划具有以下优点:

第一,360 度反馈计划强调组织关心人们付出的行动基于所获取的结果。360 度反馈计划能帮助人们通过各种"软性"的尺度对绩效做出全方位的评价。采用这种形式的反馈,一方面可以避免对"硬性"(量化的)绩效目标的过分依赖;另一方面也避免了只重视评价双方意见的危险做法。

第二,如果 360 度反馈出自熟悉和了解评价对象工作的评价主体,则能够向评价对象提供更为全面和有价值的绩效信息,从而为评价对象的绩效改进起到积极的促进作用。这种绩效反馈方式与只有上级和下属两人介入的反馈方法相比,在全方位、多视角地发现下属的优点和不足方面优势明显。

第三,360度反馈计划有利于提高下属对绩效反馈信息的认同程度。在传统的反馈方法中,只有上级管理者的反馈,下属有可能对反馈的绩效信息持怀疑的态度,认为它可能带有个人的主观偏见。但是,在360度反馈计划中,如果评价对象从上级、同事、下级和服务对象等多个渠道都得到了类似的绩效反馈信息,那么评价对象对演绩效信息的认可程度就会较小,一般不会对其产生怀疑,这对于评价对象深入反思和综合考虑绩效改进的方法和途径十分有利。

当然,这种反馈方式还存在一些缺点。如果过分地依赖360度反馈计划,将会削弱绩效目标的意义,使人们会更加习惯于"不是你做了什么,而是你做的方式"的说法。实际上,360度反馈计划只有与其他反馈方法一起使用时,才能最大限度地发挥作用。另外,360度反馈计划涉及的信息比单渠道反馈要多得多,这个优点同时也意味着收集和处理信息的成本也相对较高。360度反馈计划最重要的价值在于开发,而不是评价。任何方法的成败都是由人而不是由技术来决定的,从这种方法得到的并不是各方所填写的那些表格,而是通过这些信息所发现的评价对象的长处与不足,以帮助评价对象不断提高和改进绩效。因此,大多数专家认为采用360度反馈计划的结论来决定职务升降或薪酬发放是一种冒险的做法,谨慎的做法是将它作为一种为评价对象提供全面的绩效信息的有效方式,而不是据此作出最后管理决策。

二、绩效问责

绩效问责是在考察政府绩效水平的基础上启动问责程序的一种行政问责形式,体现了社会对政府绩效水平的一种基本期待以及政府对其行为效果所承担的责任。行政问责通常关注的是官员的过错或过失,而绩效问责关注于官员的政绩和贡献。在绩效问责制下,"无过"并不能成为逃避责任的借口,政府官员还会因为未达到应有的绩效水平而被追究责任。从这个意义上来看,绩效问责对官员提出了更高的要求,是行政问责制的进一步深化和发展。政府绩效水平可以通过成本、效益、操作效率、服务质量和客户满意度等绩效指标来测量。因此,绩效问责是政府绩效评估活动与行政问责活动的有机结合,它通过政府绩效评估活动来考察政府绩效水平,并依据政府绩效目标对政府组织及其公务人员进行问责。

绩效问责作为追究政府组织及其公务人员绩效责任的一种活动,对于政府工作人员来说,既有激励功能,也有约束功能[①]。它为政府组织及公务人员设定了一个基本的绩效目标,有助于促使政府工作人员积极工作,认真履行职责。作为追究公共责任的一种方式,绩效问责更主要地体现为一种约束功能,它为政府及其公务人员应该达到的绩效目标规定了一个底线。

第一,绩效问责限定了政府的基本行为领域。依据绩效指标对政府绩效水平进行考察是开展绩效问责的前提,而绩效指标的设定主要是依据政府组织的特定职能和具体工作人员所承担的职责,因此,绩效问责关注的焦点就是政府及其工作人员的职能和职责的履行情况。这样,借助于绩效指标,绩效问责实际上明确了政府组织及其公务人员对社会施加影响的领域及努力方向,从而能够给政府组织及其公务人员提供清晰的行为指导,使其在职责范围内做正确的事,不越权,不懈怠。

第二,绩效问责为政府行为设定了一个底线目标。政府绩效指标的每一项所确定的具体

① 徐元善,楚德江. 绩效问责:行政问责制的新发展[J]. 中国行政管理,2007(11):29-31.

目标值往往都不是一个点,而是一个目标区域,这个区域位于政府绩效的激励指标和底线指标之间。政府绩效的激励指标是政府期望实现的理想状态,而政府绩效的底线指标是政府活动应该达到的基本要求。政府活动的实际结果通常处于政府绩效的底线指标与绩效指标之间的某一点上,上级政府通常根据这一点的位置来确定给予该组织及其公务人员相应的奖惩。如果政府活动的实际结果未达到政府绩效的底线指标,就意味着政府组织未能实现组织目标或者公务人员未能达到履行职责的基本要求,也就意味着政府组织及其公务人员可能会因此承担相应的责任。

第三,绩效问责对政府组织和公务人员的行为提出了更高的要求。绩效问责反映了公众对政府应该承担的一种新的责任的关注。以前,公众只是要求政府要合法地行动,依法行政而不得滥用职权。后来人们发现仅仅要求政府依法行政是远远不够的,难以有效避免因行政机关及其行政人员的官僚作风、隐性失职、决策失误、用人失察、领导不力或疏忽所导致的事故和灾难,难以对负有直接或间接责任的相关组织和人员追究相应的责任。这便是行政问责制建立的直接起因。在此基础上,绩效问责对政府部门及其公务人员提出了更高的要求和期望。它要求政府组织及其公务人员不仅要合法地行动并避免不良后果的产生,还要求其活动要有良好的效果,以实现政府的绩效目标。同时,绩效问责以明晰的政府绩效指标为依据,也便于社会和公众对政府组织及其公务人员进行监督。

第四,绩效问责是政府绩效管理的一种手段。政府绩效管理通过绩效目标设定、绩效监控和绩效结果奖惩等手段来激励和约束政府组织及其公务人员为实现政府绩效目标而努力。绩效问责作为强制性的约束手段,是政府开展绩效管理的一种有效工具。

三、绩效改进

政府绩效改进是指采取一系列行动以提高政府绩效的过程。具体步骤是,首先分析政府绩效的评价结果,找出政府绩效不佳的原因,然后再针对存在的问题制订绩效改进计划。政府绩效改进计划是根据政府绩效评价结果,着眼于改进绩效而制订的一系列具体行动方案,是绩效计划的有力补充,体现了绩效管理注重组织发展的核心思想。

(一)政府绩效改进计划的内容

政府绩效改进计划是经过充分讨论后,在管理人员的指导下,由评价对象自己制订的,包括改进项目、原因、目前水平和期望水平、改进方式和期限等内容。在制订政府绩效改进计划时要注意确保实际性、时效性和明确性。政府绩效改进计划通常包括以下几方面内容:

(1)有待发展的项目。通常是指在工作的能力、方法、途径等方面有待提高的方面。这些有待发展的项目可能是现有水平不足的项目,也可能是现有水平尚可但存在更高要求的项目,需要改善和提高的项目可能有很多,但不可能在短短的半年或一年时间内全面得到改善和提高。所以在政府绩效改进计划中应选择那些迫切需要改进且易于改进的项目。

(2)发展这些项目的原因。选择某些有待发展的项目列入政府绩效改进计划中一定是有原因的,这种原因通常是实际绩效水平比较低,而完成工作任务或未来发展需要达到较高水平的绩效。

(3)目前的水平和期望达到的水平。绩效的改进计划应该有明确清晰的目标,因此在制订政府绩效改进计划时应当指出有待发展的项目的目前绩效水平,以及期望达到的绩效水平。

(4)发展这些项目的方式。将某种有待发展的项目从目前水平提高到期望水平可能有多种方式,如自我学习、理论培训、研讨会等。对一个项目进行发展可以采用一种方式,也可同时运用多种方式。

(5)设定达到目标的期限。任何目标的确定都必须有时限的要求,否则这一目标就没有实际意义,同样在政府绩效改进计划中,要确定经过多长时间才能将有待发展项目的绩效从目前水平提升到期望水平。

(二)政府绩效改进计划的制订步骤

在对政府绩效存在的问题进行诊断和分析之后,就进入制订绩效改进计划阶段,参照企业应用绩效改进计划的情况,政府绩效改进计划的制订通常有以下几个步骤:

1.选择绩效改进要点

通过绩效评价结果分析环节,发现政府绩效需要改进的地方可能有很多,但最好能选取一些重要且易做的工作率先开始进行。如果同时进行,很可能由于压力和难度过大而导致失败。这种情况下就存在挑选绩效改进点的问题。就这一问题,国内外有许多研究,比如塞莫·勒维就提出了一种两维的选择方法(见表7-4)。实际上,选择绩效改进点就是综合考虑每个拟选定项目所需的时间、资源和成本等因素,通常选择用时较短、资源花费少及成本低的项目。

表7-4 选择绩效改进要点的方法

绩效	不易改变	容易改变
急需改进	将其列入长期改进计划,或者与绩效薪酬一同进行	最先做
不急需改进	暂时不列入改进计划	第二选择(有助于其他困难的绩效改进)

2.考虑解决问题的途径

经过对政府绩效的诊断和分析环节,选取了适当的绩效改进点,并对影响绩效的因素有了比较清晰的认识后,就要考虑解决问题的途径。政府需要选择一个合适的路径去解决政府绩效存在的问题,这需要进行系统的分析。因为政府组织跟企业组织不同,它的每一项政策都将影响到相应利益相关群体,因此需要综合和全面考虑其相关政策的后续影响。

3.制订绩效改进计划

绩效改进计划是关于改善现有绩效进展的计划。制订绩效改进计划实际上就是具体规划应该改进什么、应该做什么、由谁来做、何时做以及如何做的过程。对存在的问题提出有针对性的改进措施,措施应当尽量具体,除了确定每个改进项目的内容和实现手段外,还需要确定每个改进项目的具体责任部门和所需时间,有时还可以说明需要的支持和资源。对特殊的问题还应提出分阶段的改进意见,使政府组织、职能部门和公务员实现逐步改进绩效的目的。

(三)制订和实施政府绩效改进计划需注意的问题

(1)政府绩效改进一定要有实际操作性,要有"行动步骤"。如果停留在理论上,绩效改进计划根本没有存在的必要。绩效改进方案一定要具有较强的指导作用,最好能具体到每一个详细的步骤。

(2)政府绩效改进计划要符合"SMART"原则。政府绩效改进计划是指导绩效改进实施的标准,因此要符合"SMART"原则,做到具体、可衡量、可达到、相关联和有时限,使其具备可操作性。这是制订任何一个方案都必须考虑的原则。

（3）政府绩效改进计划可以与绩效目标制订相结合，也可以独立制订，目的都是为了绩效水平的切实提高。绩效目标的范围较广，既包括以前做得好的日常工作内容，也包括需要提高的改进内容。与之相比，绩效改进计划虽然也是根据上一阶段绩效评价结果来制订的，但其更具针对性，主要是着重针对低水平的绩效状况来制订的。在实际工作中，由于时间等因素的限制，可以将制订绩效改进计划与绩效目标设置相结合，通过同一份计划反映绩效改进方案。

（4）政府绩效改进计划的形式可以多样，但关键是要控制过程，给评价对象以指导。任何方案都需要付诸实施，绩效改进工作可以有各种各样的计划，但是改进的过程只有一个。绩效改进能否成功，关键就在于是否能有效控制改进的过程。只有主管领导在绩效改进的过程中给予评价对象以合理的指导和帮助，及时跟踪和修正改进方案，才能确保绩效改进效果的真正实现。

第六节　中国政府绩效管理的实践

相对于西方国家而言，我国政府绩效管理研究起步较晚，但是在并不长的时间里，通过借鉴国外先进的理念和经验，结合自身的特点和实践，政府绩效管理研究与实践在我国有了较快的发展，一些地方政府探索创立了可供借鉴的管理模式，并开展了一系列卓有成效的绩效管理工作。本节重点介绍我国政府绩效管理的发展历程、成功的绩效评价与管理模式以及公务员绩效评价办法等内容。

一、我国政府绩效管理的发展历程

为建立"办事高效、运转协调、行为规范"的行政管理体系，我国正持续推进行政管理体制改革，在变革观念、转变职能、调整组织结构的同时，也通过借鉴和引进国际主流的新机制、新技术和新工具来提高政府的效率和效能。作为人力资源管理的一个重要职能，绩效管理在帮助政府部门提高行政效率、改善服务水平和促进工作落实等方面具有显著功效，于20世纪80年代起逐渐走上中国政府管理的舞台。在各级政府的持续努力和社会各界的共同关注下，我国的政府绩效管理无论是在理论研究还是在实际应用中，都取得了较为丰硕的成果，在政府管理中发挥着日益重要的作用。纵观这些年的探索与实践历程，我国政府绩效管理走过了一条持续的自我发展和自我完善之路，并在各个阶段摸索并创立了一系列特色鲜明、行之有效的管理模式。

（一）以行政效率为核心的政府绩效管理实践

一直以来，尤其是改革开放以来，我国各级政府对政府行政效率和治理水平都给予了高度关注。1980年，邓小平在"党和国家领导制度的改革"等一系列讲话中指出了官僚主义所留下的"机构臃肿，人浮于事，办事拖拉，不讲效率"等弊病，强调通过开展机构改革和行政管理体制改革解决活力、效率、积极性等问题。为此，我国于1982年进行了改革开放以后的第一次政府机构改革，试图通过大幅度精简政府机构和人员编制来提高政府部门的工作效率。此时，政府绩效管理刚刚起步，受当时社会背景和宏观政策的影响，主要以提高行政效率为导向。

为了配合机构改革并巩固改革成果，劳动人事部于1982年下发了《关于建立国家行政机关工作人员岗位责任制的通知》，1984年中共中央组织部与劳动人事部联合下发了《关于逐步推行机关工作岗位责任制的通知》。这两个通知的出台与贯彻实施,促使岗位责任制在政府机关中逐步建立。随后,在"目标管理"思想的影响下,我国政府部门的岗位责任制逐渐发展为目标责任制,并迅速在全国范围内推广开来。1988 年中国城市目标管理研究会成立,当时共有13 个大中城市参加。据不完全统计,截至 1998 年,全国已有 23 个省的省级机关推行目标管理,90%以上的地市级机关推行目标责任制,100 多个城市采用城市目标管理。

除了目标责任制,效能监察是这一时期另一种具有代表性的绩效管理方式。1989 年 12 月举行的第二次全国监察工作会议明确提出:行政监察机关的基本职能"既包括效能监察,又包括廉政监察"。效能监察是我国首次通过外部主体对政府内部管理效能进行监督检查的方式,从效能监察入手,目的在于把监督的关口前移,加强事前、事中监督,做到防范在先,使纪检监察工作紧贴改革和经济建设中心,更好地为经济建设服务。到 1999 年,全国已有 23 个省(自治区、直辖市)不同程度地开展了效能监察工作。

以提高行政效率为导向的政府绩效管理模式,促使政府部门关注自身的管理方式和行政效率,对于政府更新观念、转变职能等方面具有深远的意义。但是这种绩效管理方式实际上是一种组织内部的管理模式,忽视了政府行为的结果和社会影响,难以兼顾政府的"公共性"这一根本属性。

(二)以服务质量为核心的政府绩效管理实践

20 世纪 90 年代是我国行政管理体制改革的深入阶段,各级政府在不断提高行政效率的同时,也开始注重服务质量的提升。这一时期,许多政府组织和部门的管理者逐步形成绩效管理的意识,将绩效管理作为改善内部管理水平、提高外部服务质量的重要手段。同时,受西方管理理念的影响,我国政府绩效管理的关注点也逐渐从内部转向外部、从效率转向结果,并将服务质量作为衡量自身绩效的重要内容。

在 1991 年英国公民宪章运动的启发下,我国一些地方政府组织和部门于 20 世纪 90 年代初期开始了对社会服务承诺制的探索。1994 年 6 月,山东省烟台市政府借鉴英国公民宪章运动和我国香港地区公共服务承诺制的经验,率先在烟台市建委系统试行社会服务承诺制。1996 年 7 月,基于烟台市社会服务承诺制度的成功经验,中宣部和国务院纠风办决定,把宣传和推广社会服务承诺制度作为加强行业作风和职业道德建设、推进社会主义精神文明建设的一项重要举措。随后,建设部、电力部等八个部委相继实行了社会服务承诺制度。随着社会服务承诺制在全国范围普遍推开,我国的政府绩效管理水平又迈上了一个新台阶。

20 世纪 90 年代末期,伴随着公民参与观念的日益成熟,我国政府更加重视服务意识与服务质量,"公民评议政府"作为一种新的政府绩效管理形式广泛应用于我国各级政府组织。1998 年沈阳市的"市民评议政府",1999 年珠海市的"万人评议政府",2000 年邯郸市的"市民评议政府及政府部门问卷调查活动"、广州市的"市民评政府形象",2001 年南京市的"万人评议政府"、辽源市的"万名市民评议政府活动"、杭州市"满意不满意评选活动",2002 年温州市市民对"48 个市级机关部门满意度测评调查"、邵阳市的"优化经济环境综合测评",2003 年北京市的"市民评议政府"、锦州市的"市民评议政府机关"和"评选人民满意公务员",等等,都是"公民评议政府"的生动实践。

20 世纪 90 年代以服务质量为导向的政府绩效管理模式,不仅有助于政府改善与公民的关系,树立良好的形象,还能增加政府行为的透明度,强化行政监督,并且对于政府提高工作绩效、建立责任意识以及改善服务水平等都具有重要意义。但是,这种方式也存在着评价内容片面、评价主体单一、定量评价缺失等不足,需要加以不断改进和完善。

(三)以科学方法为核心的政府绩效管理实践

进入 21 世纪,我国政府的施政理念出现了新的变化,科学发展观、正确政绩观等全新理念成为政府绩效管理研究与实践的指导思想,"构建科学的政府绩效评价体系"成为新时期政府绩效管理的迫切要求。这一时期政府绩效管理的最大特征是理论研究与实际应用相结合,一些先进的绩效管理理念、工具和方法的引进使我国政府的绩效管理工作逐渐进入科学化、规范化的轨道。

为了增强绩效管理的客观性和公正性,一些地方政府尝试使用第三方评价政府绩效的形式。2004 年,甘肃省将全省 14 个市、州级政府及省政府 39 个职能部门的绩效评价工作,委托给兰州大学中国地方政府绩效评价中心组织实施;2006 年 4 月,武汉市政府宣布邀请全球最大的管理咨询机构麦肯锡公司为第三方机构对政府绩效进行评价;2006 年 11 月,厦门市思明区政府引入专业的第三方机构——福州博智市场研究有限公司进行群众满意度评价。由此,第三方作为一种新的评价主体进入了人们的视野,利用其客观地位和独特视角参与政府绩效管理,对丰富和完善我国政府绩效管理实践具有积极意义。

这一时期,我国一些学者开始借鉴国外先进的模式和方法,探索适用于中国政府的绩效评价通用指标体系。例如国家行政学院以欧盟成员国使用的通用绩效评价模型为基础,结合我国国情,创造性地构建了中国特色的通用绩效评价框架(CAF);人事部"中国政府绩效评价研究"课题组在总结国内外指标体系的设计思想和方法技术的基础上,经过深入的调查和广泛的论证,提出了一套由 3 个一级指标、11 个二级指标及 33 个三级指标构成的"地方政府绩效评价指标体系"。对通用绩效评价指标体系的探索表明我国政府绩效评价体系正逐步走向成熟。

此外,随着国外先进绩效管理理念的引入,平衡计分卡、全面质量管理、关键绩效指标等绩效管理工具不断为我国政府的绩效管理注入新鲜血液,使我国政府绩效管理研究呈现出百花齐放的局面。值得一提的是,从 2006 年初开始,由中共中央组织部领导干部考试与测评中心牵头,以黑龙江省海林市、广西壮族自治区贵港市平南县平山镇、四川省乐山市五通桥区等地区为试点,开始了平衡计分卡在中国政府绩效管理中的本土化实践与探索。

随着新时期各级政府对绩效管理的高度重视和迫切需要以及理论研究的不断深入,我国政府绩效管理水平进入了一个新的阶段,在评价模式、实施机制、关注重点和覆盖范围等诸多方面较以往都取得了重大进步,形成了各具特色的绩效管理模式。尽管这些模式与方法还存在不少问题,但在很大程度上为我国政府今后的绩效管理工作的科学化和规范化奠定了更为坚实的基础。

二、我国政府绩效评价指标体系探索

随着我国政府绩效管理实践的逐步展开,政府绩效管理理论研究也在不断深入,特别是一些学术机构和专家学者的参与,使得我国政府绩效管理研究水平有了大幅度的提高,对具体的政府绩效管理实践也起到了重要的指导作用。作为一个重要的研究难点,政府绩效评价指标体系的建构受到很多专家学者的关注。在现有研究成果中,由人事部"中国政府绩效评价研究"课题组开发的"中国地方政府绩效评价指标体系"以及范柏乃等人利用专家调查和统计分析技术开发的"地方政府绩效评价体系"颇具代表性。

（一）"中国政府绩效评价研究"课题组的"中国地方政府绩效评价指标体系"

人事部"中国政府绩效评价研究"课题组在总结国内外相关指标体系设计思想和技术方法的基础上，在经过深入调查，并组织有关专家论证分析的基础上，提出了一套适用于中国地方政府绩效评价的指标体系，如表 7-5 所示。

表 7-5　中国地方政府评价指标体系

一级指标	二级指标	三级指标
职能指标 （60%）	经济调节（30%）	GDP 增长率（40%） 城镇登记失业率（30%） 财政收支状况（30%）
	市场监管（20%）	法规的完善程度（40%） 执法状况（40%） 企业满意度（20%）
	社会管理（20%）	贫困人口占总人口的比例（40%） 刑事案件发案率（35%） 生产和交通事故死亡率（25%）
	公共服务（20%）	基础设施建设（40%） 信息公开度（30%） 公民满意度（30%）
	国有资产管理（10%）	国有企业资产保值增值增长率（40%） 国有企业实现利润增长率（35%） 其他国有资产占 GDP 的比重（25%）
影响指标 （20%）	经济（40%）	人均 GDP（30%） 劳动生产率（40%） 外来投资占 GDP 的比重（30%）
	社会（30%）	人均寿命（30%） 恩格尔系数（30%） 平均受教育程度（40%）
	人口与环境（30%）	环境与生态（30%） 非农业人口比重（50%） 人口自然增长率（20%）
潜力指标 （20%）	人力资源状况（35%）	行政人员中本科以上学历所占比例（25%） 领导班子团队建设（40%） 人力资源开发战略规划（35%）

一级指标	二级指标	三级指标
潜力指标 （20%）	廉洁状况（35%）	腐败案件涉案人数所占行政人员比例（30%） 机关工作作风（40%） 公民评议状况（30%）
	行政效率（30%）	行政经费占财政支出的比重（35%） 行政人员占总人口的比重（35%） 信息管理水平（30%）

1. 绩效评价指标体系

该绩效评价指标体系共分三层,由职能指标、影响指标和潜力指标 3 个一级指标,11 个二级指标以及 33 个三级指标构成。

(1)职能指标。职能指标是政府在职能范围内所表现出的绩效水平,它具有直接性和主体性,如社会保障问题、社会稳定问题等政府应解决的基本问题。

在市场经济体制下,政府的管理职能主要是经济调节、市场监管、社会管理和公共服务等。另外,由于我国经济结构中以国有经济为主体,确保国有资产的保值增值是各级政府的一项重要职责,因此职能指标包括了经济调节、市场监管、社会管理、公共服务以及国有资产管理等 5 个二级指标。根据现代经济学理论和我国具体实际,经济调节的成败主要体现在经济增长、社会就业和政府财政收支状况等方面,故在经济调节这一指标下,确定了"GDP 增长率""城镇登记失业率""财政收支状况"等三级指标。市场监管是一项维持市场经济秩序的执法活动,其绩效水平首先表现在法规的完善程度上,其次是执法的规范和效率问题,最终要体现在执法和服务对象的满意程度上,因此在这一指标下选择了"法规的完善程度""执法状况""企业满意度"等三级指标。社会管理的内容很多,但解决贫困问题、维护社会稳定和避免非安全生产及交通事故的发生应是各级政府的基本职责,故而在此确定了"贫困人口占总人口比例""刑事案件发案率""生产和交通事故死亡率"等三级指标。公共服务是现代政府要着力加强的职能,"基础设施建设"是硬件,"信息公开程度"是建设服务型政府的标志,"公民满意度"是检测公共服务质量的最终标准,由这三个三级指标反映公共服务水平是比较恰当的。在国有资产管理上,一方面是国有企业实现的利润和国有资产的保值增值,另一方面也要评价非经营性国有资产所占用和消耗的比重,因此要着重衡量"国有企业资产保值增值率""国有企业实现利润增长率""其他国有资产占 GDP 的比重"等三级指标。

(2)影响指标。影响指标是用来测量政府管理活动对整个经济社会发展成效的影响和贡献,它具有间接性和根本性,这一指标直接考察的是政府作为反映在人民生活中的实实在在的效果,主要表现在经济的增长、社会的进步和人民生活水平的提高上。影响指标反映的是社会经济发展的最终成果,按照全面发展的思路,应包括经济、社会、人口与环境等内容。在经济方面,"人均 GDP"是人们物质生活水平高低的标志,"劳动生产率"是衡量社会技术发达的程度,"外来投资占 GDP 的比重"是一个地区活力的表现。社会方面,"人均寿命"是社会进步的综合反映,同时健康长寿也是人类自身发展的目标追求,"恩格尔系数"通常用来测量社会发展的不同阶段,"平均受教育程度"是社会文明的尺度。而在人口与环境方面,选择了"环境与生态""非农业人口比重""人口自然增长率"等三级指标,强调以人为本、人与自然的协调发展,突出农村城镇化的迫切要求。

(3)潜力指标。潜力指标反映的是政府内部管理水平,它是履行职能的基础,也是政府绩效持续发展的保证,同时也体现了人民政府在廉洁、公正、高效上的政治要求。潜力指标实际上衡量了政府如何才能更有效率、更好地实现其基本职能,它关注的不仅仅是现在,还有其发展潜力,这有利于引导政府制定长期的战略规划和部署。因此,潜力指标具有相当重要的作用,与影响指标一样是职能指标的必要补充。

潜力指标包括人力资源状况、廉洁状况和行政效率三个方面。人力资源状况主要反映公务员的素质和领导班子的团队建设,据此选取了“行政人员中本科以上学历所占比例”“领导班子团队建设”“人力资源开发战略规划”等三级指标。廉洁是对公务员的基本要求,同时也是政府绩效的一个重要方面,特别是在我国现阶段,反腐倡廉是衡量政府管理工作的重要标准。因此,在这一指标下确定了“腐败案件涉案人数所占行政人员比例”“机关工作作风”“公民评议状况”等三级指标。另外,提高行政效率是政府管理的追求,为此选取了“行政经费占财政支出的比重”“行政人员占总人口的比重”“信息管理水平”三个指标。

2.指标权重、评价标准及计分方式

为了使绩效评价指标体系能够在地方政府绩效评价中真正发挥效力,人事部课题组还针对绩效评价指标体系设置了指标权重,划分了评价标准,并确定了计分方式。

(1)指标权重。为了区分指标的重要程度,人事部课题组采用专家意见法(德尔菲法)对指标权重进行了设定。主要做法是由课题组设计问卷,然后由课题组成员与有关方面的专家学者、有丰富实践经验的政府领导干部共同填写完成,经过对专家意见的归类整理及统计分析,最终确定该指标体系的权重。

(2)评价标准。评价标准即是指标的评价尺度,也就是说如何对指标进行绩效分级的问题。在该指标体系中,指标可以大致分为定量和定性两类。针对不同类别的指标,课题组为其设置了不同的评价标准,比如城镇登记失业率、人口自然增长率等用定量标准进行评价,而领导班子团队建设、人力资源开发战略规划等指标则采取定性的方式划分不同的等级。

(3)计分方式。三级指标得分则是对该指标所达成的实际绩效与评价标准进行比较后计算得出的。不同性质的指标计算方式略有不同,比如有的指标得分可以根据实际数据与预期标准等级的比较结果进行计算;有的指标需要将多个评价主体的数据加总平均后计算最后得分;还有些指标则根据不同评价主体的重要程度将权重考虑进来。二级指标得分确定后,再依据以下公式依次计算出总分:

$$二级指标得分 = \sum(三级指标得分 \times 权重)$$
$$一级指标得分 = \sum(二级指标得分 \times 权重)$$
$$总分 = \sum(一级指标得分 \times 权重)$$

(二)通过实证分析筛选的“地方政府绩效评价体系”

范柏乃等人在对国内外政府绩效评价研究与实践述评的基础上,从行政管理、经济发展、社会稳定、教育科技、生活质量和生态环境6个领域,遴选了37个指标构成了地方政府绩效评价体系,采用隶属度分析、相关分析和鉴别力分析等方法对评价指标进行实证筛选,构建了我国地方政府绩效评价体系,如表7-6所示。

表 7-6 通过实证分析筛选的"地方政府绩效评价体系"

目标层	领域层	指标层	单位
中国地方政府绩效评价	行政管理	1.政府开支占 GDP 比重*	％
		2.公务员占总人口比重*	％
		3.本科以上学历人员占公务员比重	％
		4.政策的稳定性	等级
		5.政务的公开性	等级
		6.执法的公正性	等级
		7.对假冒伪劣产品打击力度	等级
	经济发展	8.GDP 增长率	％
		9.原材料消耗强度	％
		10.人均 GDP	万元
		11.单位能耗产出 GDP	员/吨标准煤
		12.全员劳动生产率	元/人·年
	社会稳定	13.城镇失业登记率*	％
		14.人口自然增长率*	％
		15.居民消费价格指数*	—
		16.生产事故死亡人数*	人
		17.社会保险覆盖率	％
	教育科技	18.教育经费占 GDP 比重	％
		19.大专以上学历人员占总人数比重	％
		20.科技经费占 GDP 比重	％
		21.万人专利授权量	件
		22.科技进步贡献率	％
	生活质量	23.城镇居民人均可支配收入	元
		24.农村居民人均纯收入	元
		25.人均居住面积	平方米
		26.人均道路面积	平方米
		27.万人公交车拥有量	辆
		28.百人固定电话拥有量	门
		29.人均年生活用电量	度
	生态环境	30.环保资金投入占 GDP 比重	％
		31.工业废水处理率	％
		32.工业废气净化率	％
		33.工业固体废物处理率	％
		34.人均二氧化硫排放量	立方米
		35.人均绿地面积	公顷
		36.人均耕地面积	公顷
		37.森林覆盖率	％

该体系共有 37 个评价指标,其中关于行政管理方面的有 7 个指标、经济发展方面的有 5 个指标、社会稳定方面的有 5 个指标、教育科技方面的有 5 个指标、生活质量方面的有 7 个指标、生态环境方面的有 8 个指标。在 37 个评价指标当中,31 个指标属于正向指标,即指标值越高,政府绩效越高;6 个指标属于逆向指标(指标后边注有" * ",即指标值越高,政府绩效越低)。从总体上看,此评价体系的指标涵盖面广,繁简适中,较好地体现了中国政府提出的"科学发展观"和"执政为民"的指导原则,且具有较强的可操作性。

三、我国政府绩效管理存在的问题及原因分析

(一)存在的主要问题

从当前绩效管理的实践来看,主要存在着这样几个方面的问题:

其一,存在着绩效评估结果的主观性问题。公共部门绩效管理本质上是对政府机构及其人员业绩的考核和监督,必然要触及或影响被评估者的利益,因而,被管理者就可能会想方设法隐瞒真实信息。这样一来,绩效评估结果的准确性就会大打折扣。除此之外,在我国政府部门的绩效评估中,无论是部门评估还是个人评估,领导的意见在评估中都可能发挥关键作用。即便领导能较好地控制私人情感对评估的影响,不同领导对原则性指标的理解也会呈现相当大的差异,这就可能使绩效管理的结果带有很大的主观性,导致对相同的成员及其相同的行为做出完全不同的评价,即得出不同甚至是完全相反的结论。

其二,存在着政府部门绩效管理信息系统尚不健全的问题。政府部门绩效管理需要大量的信息作为支持。信息的筛选、输入、加工、输出和反馈的动态循环直接关系到绩效管理能否达到其预期目标。从目前我国政府绩效管理的现状看,相对缺乏健全的绩效管理信息系统,这无疑给绩效管理工作造成严重障碍。政府绩效管理中的困难主要体现为绩效管理所需信息难以收集以及需要花费大量的人力、财力和物力。在管理过程中,由于信息系统的不完善,管理中常常出现政府与公众的沟通阻碍现象,从而导致评估质量的降低。因此,建立包括审核制度和应用机制在内的快速有效的绩效管理信息系统,对于我国政府绩效管理的发展十分必要。

其三,绩效评估指标体系有待完善。绩效评估指标的确立对于政府部门的工作来说是一个引导,建立全面、公平、公正的指标体系不可或缺。但是,在我国政府的绩效管理中,普遍存在着这样两个方面的评估指标确定的问题:一是绩效评估指标体系的权重设置问题。很多地方政府绩效管理都过多地以数量化的经济指标为主,过分强调经济总量的增长要求,只关心国内生产总值、财政收入、税收等经济指标的增长,而对一些与国计民生紧密相关的指标,如居民的实际收入、人均住房面积、医疗水平等并不十分关注。在这种只侧重经济指标增长的指标体系下,会使一些部门及其工作人员为了完成任务指标而积极干预经济活动,往往忽视了对公共服务状况的改善。长期如此,则会使那些密切关系到执政基础的国计民生指标无法得到发展,最终也会影响经济指标的发展,从而对政府的合法性产生威胁。二是公共部门绩效评估指标体系的统一化问题。由于地区的差异性,即使同一级地方政府,也不能采取完全一致的绩效评估指标体系来加以衡量。如果用同一指标体系来引导各地政府,极有可能导致国家的所有地方政府都朝着一个模式发展,而不能做到因地制宜。"一刀切"的做法是不可能给各地带来一致的积极效果的,也无法反映各地政府的真实绩效。因此,不同地方在发展战略方面应当有所区别,而不能用同一绩效指标体系去衡量所有地方政府。

(二)原因分析

1.政府产出难以量化

绩效评估的一个重要前提就是必须将所有绩效都以量化的方式呈现,再据此进行绩效评估。此项做法在私人部门基本不构成问题,因为私人部门的服务是可以出售的,并且可以以金钱价值衡量。政府部门的绩效评估远比私人部门复杂,因为它要面临如何将公共服务量化的问题。首先,由于行政组织是一种特殊的公共权力组织,所生产出来的产品或服务是一些"非商品性"的产出,它们进入市场的交易体系不可能形成一个反映其生产机会成本的货币价格,这就带来对其数量进行正确测量的技术上的难度。其次,公共部门缺乏提供同样服务的竞争单位,因此就无法取得可比较的成本与收益数据。最后,即使绩效可以量化,以量化形式表现绩效是否适宜,如美国警察部门曾以警车行程里数作为一个指标去评估警察业绩,结果便导致被评估者驾车高速巡行于高速公路,根本不去理会车窗外是否正有犯罪行为发生。

2.目标缺乏准确性

政府目标缺乏准确性是我国政府绩效评估实践中的一大难题。一是政府部门在绝大多数体制中存在着多重的甚至相互冲突的目标。对于这些多重目标的选择和权重排序往往受到权力因素的干扰而难以取得共识。随着领导人的更迭,绩效的侧重点随之转移,原定的目标可能就要重新排序。并且其稳定性较差,易于影响绩效评估的效果。二是我国政府部门所设定的目标经常具有抽象性和笼统性。公共部门的管理者出于政治上的需要,或是不愿受明确目标的限制,或是希望获取更多的支持,往往故意把目标表述得模糊不清。比如提高公民素质、促进社会合作、改善居住环境等公共目标就不甚明确,这就给评估标准的选择带来混乱,造成衡量和评估公共部门目标实现程度的难度。三是有限公共服务的目标过大过高,不仅难以达到意欲实现的绩效目标,也使评估人员的实际操作更加困难。

3.公共部门绩效标准指标的难以确定

绩效评估是依据一定的标准进行的价值判断的活动,评估指标的选择是绩效评估的基本前提。在实际操作中,绩效标准的难以确定和不可度量性正是制约我国政府绩效评估发展的一大瓶颈。第一,如何制定与品质有关的指标仍是绩效评估的主要限制。政府的服务绩效有三个基本面:经济、效率、效果,而服务产出的品质也是一个关键之处。服务不仅要关注效率、效果,也要关注服务的品质。问题是大多数公共服务的品质好坏很难用客观具体的标准来衡量。第二,功能相同的公共组织有地区性的差异,其规模、大小亦不一样,以同样的绩效指标来衡量它们之间的绩效,并不公平。第三,评估标准指标难以摆脱主观判断的片面性。由于公共服务产生的效果与影响既有长期的,又有短期的,有些是有形的,有些是无形的,甚至有些可能是相互矛盾和冲突的,很难找到一种社会全体成员都认同的、准确的计算方法。选择和采用何种评估指标来衡量这些效果与影响不可避免地受评估者的主观判断倾向,特别是那些明确以价值为取向的社会发展指标和政治性指标的影响。

4.评估信息系统的不健全

绩效评估活动的过程,从信息论的角度来看,是个信息的筛选、加工、输出、反馈的过程,评估的有效性在很大程度上取决于信息本身及其传输的质量。目前,我国政府尚未建立健全评估信息系统,严重影响了评估活动的开展,这集中体现在两个方面:一是信息收集的困难。由于全面、系统地收集评估材料是一项相当麻烦而琐碎的工作,需要花费大量的人力、物力、财力和时间,这就为信息的获取带来一定的难度,进而影响了绩效信息资料的真实性、客观性、全面性。由此得出的评估结论也就不能准确、客观、全面地反映我国政府的管理绩效、社会效果和公共管理过程中所存在的问题。二是信息沟通的障碍。信息交流与沟通是公共部门绩效评估特征的重要体现,因为社会公众只有充分了解政府及其活动,才能做出客观的评定;政府只有充分了解社会公众,才能提供他们所需要的服务。然而,公众要表达自己的意愿常常受制于信息传递渠道,而得不到及时、准确、畅通地表达,这显然不利于公众与政府之间的沟通和了解,大大地降低了绩效评估的质量。

5. 管理者与评估者的对立

由于绩效评估者常常扮演社会和政治的角色,这可能使得评估者同承担一线指挥职能的管理者之间存在着紧张的关系。因为管理者将评估者看成自以为是的预言家,对管理者解决长期存在的实际社会问题的努力妄加评判。在某种程度上,评估者确实有不同于一线管理者的眼光、意图和价值观,这往往使管理者感到受到了一种威胁,冲突肯定会发生。如:学术知识与实践经验的对立、维持现状与进行变革的对立。尽管评估者对研究极为看重,但毕竟只是建议者,决策者不一定要接受评估者的建议,往往导致评估研究的结果不能及时运用到近期的决策中。此外,本来就缺乏的工作人员被重新分配去从事收集绩效评估数据等工作,而这可能并不是高层行政官员最需要的,因而易于引起对评估的抱怨,无疑加大了绩效评估的难度。

四、我国政府绩效管理的优化

(一)建立完整的政府绩效管理体系

政府部门在制定明确的长远战略规划后,实施过程中的绩效目标应有阶段性,在一个发展阶段内相对稳定几年,然后再根据前几年的实际业绩平均值确定下一阶段的绩效目标,才能对下级部门和员工产生真正的激励作用,在重视最终结果的同时也注重绩效过程的实施。

建立政府绩效管理过程中的内外沟通协调机制。在对政府部门实施绩效管理过程中,各个利益相关主体的意见和建议相当重要,只有很好地平衡各利益相关主体的利益,才能真正进行绩效管理。可通过草案的协商、公示等途径保证绩效管理的内外沟通协调机制。

绩效考核的主体多元化,尤其重视公众满意度的测量。政府部门提交的绩效计划应通过人大、上级政府的审批,接受公众的监督和建议。考核主体应多元化,不但要由政府部门自己提供绩效计划和结果报告,还要由上级主管部门、同级人大以及公众来参与评价。要重视公众满意度的测评,赋予公众参与评价的权利,保证公众参与评价的途径畅通。

通过奖惩机制督促部门领导重视本部门绩效。部门领导的重视程度对绩效评价的实施非常重要,如绩效考核结果与部门、领导利益不相关,领导很难提高对部门绩效的重视程度。可通过公布绩效排名,将部门绩效与下年度预算和领导政绩考核相挂钩,并规定部门领导对本部门绩效负有直接责任。

(二)加强绩效管理立法工作

从立法上确立绩效管理的地位和权威性,保证绩效管理成为管理政府的基本方法,促使政府开展绩效考核以提高公共管理水平。绩效管理机构在政府中应有相对独立的地位,享有调查、考核评估有关政府活动的权利,不受其他行政组织或个人的干扰;评估结果能得到有效传递和反馈,切实用于提高行政效率;评估活动能引起公众的关注,有充分的可信度和透明度。

颁布绩效管理工作的制度和规范,对公共行政过程哪些项目应进行评估、开展什么形式的评估、评估应注意的事项等问题作出详细规定,使评估工作有法可依、有规可循,把绩效管理纳入正常发展的轨道。

制度化是各国绩效考核的趋势,立法保障是开展政府绩效管理的前提和基础,我国政府应借鉴先进国家的经验和做法,通过完善政策和立法使政府绩效管理走上制度化和规范化的道路。绩效管理立法过程可由中央和地方分工负责,中央立法主要解决特定部门共性问题,地方立法侧重特定区域绩效实践的有关问题。

(三)完善公民参与机制

重新定位公民的作用。公民不再仅是传统意义上的投票人、纳税人、服务的接受者,而是政府的问题架构者。充当问题架构者的公民能积极参与公共事务,帮助政府机构界定重要问题,提出解决方案,判断目的是否达成。

由公民选择、界定绩效考核对象。在公共服务设计中引入"顾客介入"机制,通过公民的参与将事实(资料数据)与价值取向(公民偏好)结合,增加绩效考核指标体系的社会相关性,选择那些最需要监控又最能体现对公民负责的重要项目纳入绩效考核指标体系,以保证公共服务的提供符合公民的偏好。

公民参与意味着公民可以社会的主人和服务对象的角色对政府绩效提出要求,协助和监督政府机构对他们的开支和行为负责。这样的绩效管理不但能帮助政府以民众的需求为导向,还能使政府的运作随时受到公众的监督。

(四)建立健全合理的评估体制

建立健全合理的绩效评估体制是推进我国政府绩效管理发展的关键。需要借鉴发达国家的成功经验,在各级政府内部建立完善的绩效管理机构,负责协调公共项目的管理,通过对公共项目实施的检查、回顾和总结,发现问题,吸取经验和教训,为改进未来决策提供依据和建议,提高政府公共管理水平。

政府外部的评估机构,如立法、司法机关的相应部门主要负责进行公共项目实施的审计和监察,向立法机关、政府以及公众公布绩效评估的结果,全国各级人大可建立必要的评估机构,评价和监督政府公共政策、规划、方案、计划等项目的实施过程及其效果,把评估作为监督政府公共行政的有效手段,促进公共行政的民主化。

此外,还可以借鉴国外思想库发展的经验,鼓励发展民间中介评估组织。政府部门、立法机关的评估工作可委托民间中介评估组织来完成,以节省大量公共资源。

(五)完善绩效数据收集系统和建设信息公开的电子政府

绩效数据和信息的收集是绩效管理的必要条件。政府绩效管理所需要的信息量大,涉及的部门多,信息来源渠道广泛,因此要充分利用网络和现代通信技术,把政府各项公共管理项目的实施结果、实施过程的监测数据、已开展的绩效考核资料、有关各地方和各部门乃至全国的统计指标和数据等,汇集形成全国性的绩效管理数据库,建立有效的信息传递网络。

在收集、整理信息的同时,把绩效考核的结果尽快反馈和扩散给有关各方,以便于及时发现和修正正在实施的公共管理项目的缺陷,增强公共管理项目的准确性和有效性。

电子政府建设,可作为改善政府绩效管理的新载体。电子政府的开放性大大加强公共行政的透明度和民主化程度,为政府绩效管理朝科学化、标准化、制度化的方向发展提供多方面支持。电子政府的信息网络使行政信息的传递更为迅速及时,反馈渠道更为畅通。

对政府内部而言,电子政府打破传统的政府金字塔式的管理层级结构,使政府组织结构出现扁平化趋势,加强操作执行层与高层决策层的直接沟通,有利于绩效管理的开展;对社会公众而言,电子政府为公民广泛、深入、普遍的行政参与创造条件,为每个公众提供直接表达意愿、传递信息、咨询、监督、建议和表决的机会,保证信息来源的真实、客观。

第八章　新公共管理理论

20 世纪 70 年代末以来,在资本主义国家实行的政府改革,引起了极大的社会反响。"重塑政府运动""企业型政府""政府新模式""市场化政府"等,只是对这场改革的不同称谓。人们普遍认为,区别于传统公共行政典范的、新的公共管理模式正在出现。公共管理改革浪潮在西方国家的普遍展开,已经在相当程度上改善了西方国家的公共管理水平。新公共管理认为,"那些已经和正在为私营部门所成功地运用着的管理方法,如绩效管理、目标管理、组织发展、人力资源开发等并非为私营部门所独有,它们完全可以运用到公有部门的管理中"。

第一节　新公共管理运动

一、新公共管理运动的背景

新公共管理运动的兴起是时代发展的产物,它有着深刻的社会根源,主要表现在以下几个方面:

1. 经济的发展和生活水平的提高,促使公众的追求发生了重大转变

经过战后 20 多年的发展,资本主义国家的经济取得了巨大的发展。以美国为例,在整个 20 世纪 80 年代,工业投资增长了 133.8%,工资收入增长了 99.5%,服务业占国民经济的比重达 70% 以上,居支配地位。其他的资本主义国家在经济上也取得了巨大的发展。工人生活水平有了明显的提高,中产阶级占社会的绝大多数。经济的发展、公众的普遍富裕,使得公众的追求发生了变化:由单纯生理意义的追求,变为追求尊重人的个性及多元价值。而传统的行政官僚体制已越来越不能满足这种要求:对于官僚模式内部的行政人员来说,他们已经厌倦了这种剥夺人性的理性模式,厌倦了"螺丝钉"式的工作方式,他们自身也感觉到官僚主义的害处,因此需要变革;就社会公众而言,他们对政府的无能越来越感到不满,"政府死了吗"是他们的普遍疑问。因此,一场建立"无缝隙组织"的时代开始了,逐渐形成了以"顾客为导向、竞争为导向和结果为导向"的新公共管理运动。新公共管理运动所积极倡导的市场模式、参与模式、弹性模式、解制模式,不仅是"多元价值"追求在公众层面的体现,更是在政府行政人员层面的体现。作为"内部顾客"的行政人员同样需要自身价值的实现,需要调动他们在行政过程中的参与积极性;作为"外部顾客"的公众,新公共管理运动极大地满足了他们多样化的需求,大幅度提升了公众的满意度。

2. 财政压力和经济问题是新公共管理运动兴起的重要社会背景

首先,20 世纪七八十年代的一大特点是人口结构的变化,主要表现在人口老龄化,几乎所有的工业化民主国家都出现了这种趋势。盖伊·彼得斯在《政府未来的治理模式》一书中提出"政府津贴计划,如老人退休金和老人医疗保健等的开支额都可能快速增加,而这些开支不得不由数量日益减少的工作人员来负担"。财政开支增长的巨大压力迫使政府不得不寻求变革。

其次,20 世纪 70 年代暴发了石油危机,西方国家出现了经济停滞、高失业和高通货膨胀相互交织并存的现象,即进入了所谓的"滞涨"时期。因而,一系列的经济问题相继而生,如财政赤字、福利制度陷入困境等。因此,随着政府规模的不断膨胀和社会事务的日益增多,公共开支不断增长,从而增加了政府的负担,政府不可能有足够的经济实力来解决所有问题。西方国家的政府为保证统治的合法性和治理的有效性,必须推行以压缩政府开支、削减政府规模、提高政府能力为主要目的的行政改革。

3. 政府规模扩大,导致政府角色膨胀

第二次世界大战以后,在福利国家观念的推动下,政府的权力不断扩张,政府的职能范围扩大,政府的角色多样化,尤其是为保障公民的福利,政府大量透过立法管制干预人民的生活,包括经济性的管制和保护性的管制,其结果是:一方面政府必须投入大量的资源以提供公共服务,另一方面为支付大量公共开支所采取的重税政策也导致经济竞争力的下降和民众的不满。在此情况下,政府遭受到越来越多的抨击,例如:政府的规模太大,消耗了过多的稀有资源;政府活动的范围太广,导致行政效率低下;政府行事的方法(透过官僚体制提供服务)必然导致平庸和无效率。

4. 经济全球化推动了新公共管理运动的兴起

经济全球化极大地促进了原有公共行政功能的转化以及政府管理的国际化,主要表现在:各国在经济全球化的推动下,对一些国家性问题的解决达成共识。随着全球化进程的加快,人口膨胀、环境污染、种族歧视、贫富分化、城市化及人权等各种问题日益严重,单靠一国的力量无法完全解决,需要加强国际领域的合作。

经济全球化的趋势越来越强,各国之间的联系也越来越密切,相互之间的依赖程度更大。而且,各国之间的竞争也日趋激烈,经济全球化趋势的加强引起了西方各国对本国经济竞争力的高度重视。政府如何能够在全球竞争中占据优势地位,如何才能更好地发挥服务经济发展的职能,就需要政府不断地调整自身的管理和执政的方式,转变政府职能,采用积极有效的措施来促进经济的不断增长。"政府能力也是一个国家综合国力和竞争力的重要因素。经合组织把政府改革当作其成员国在国际市场上进行竞争的一个重要途径,认为顺应经济发展的全球化和保持国际竞争力的内在需求,为公共部门改革提供了新的强大动力。"[①]因此,在经济全球化的影响下,各国都逐步认识到了改革政府的必要性和紧迫性,把提高政府能力作为一项重要任务来看待,它为新公共管理运动提供了适宜的环境。

5. 信息化推动新公共管理运动的发展

20 世纪 70 年代以来,随着微电子、光电子技术和电子学的进步,以及卫星通信、遥感和全球定位系统、宽频带高速数字综合网络、信息压缩与高速传输、人工智能和多媒体技术等信息科技的迅猛发展,人类步入一个以信息化为特征的新时代[②]。信息化改变了人们的思维方式和思维习惯,也不可避免地对公共管理的各个层面产生深刻影响。

一方面,信息技术的发展向公共管理提出了新的要求。信息技术的发展,使政府长期以来所拥有的收集和管理信息的专利权被剥夺,打破了知识和信息被传统官僚机构垄断的局面。

①　张长立. 论"新公共管理模式"及其当代价值[J]. 理论导刊,2003(10):35-37.
②　徐增辉. 新公共管理研究[D]. 长春:吉林大学,2005.

普通百姓取得信息的速度几乎和政府领导者一样迅速①。从此,政府不再是公众行为的单向控制者,公众也不再是政府信息的被动接受者,双方通过技术获取信息的接近性使得政府与公众将建立新型的合作协同关系。信息技术的发展导致公众能够超越政府控制的信息渠道,轻而易举地获悉世界上正在发生的一切。公众对其他国家行政改革的努力有相当的了解,他们不希望自己的政府在其他国家政府推进行政改革的时候无动于衷。其结果是:"借鉴其他国家行之有效的改革措施的压力无疑是巨大的,即使这些措施与本国的政治行政体制和传统不完全适应。"②这就是说,信息技术的发展不仅形成了各国行政改革的内部动力,而且产生了改革的外部压力,即学习其他国家有效改革措施的压力。政治家和政府官员不希望给公众一个因循守旧、不创新的形象,因而都举起了行政改革的旗帜。

另一方面,信息技术的快速发展为公共管理趋向灵活、高效提供了技术支持。信息技术的发展对公务员系统严密的等级制组织结构产生冲击。借助于信息技术,政府办公趋向于自动化、电子化、网络化,使信息共享更为便捷,为在信息处理和传递过程中减少中间环节提供了可能。因此,压缩层级、扩大管理幅度,使组织结构扁平化成为改革趋势,传统的金字塔式等级制结构势必被打破,被更科学合理、灵活高效而民主的扁平式、一体化组织结构代替。此外,信息技术的运用大大提高收集与处理信息的效率,相应地提高了决策速度,为快速了解掌握公众的需求并及时作出回应提供了条件。

二、新公共管理运动的主要内容

(一)新公共管理的内涵

"新公共管理"范式有不同的名称,如"新公共管理(NPM)"(Christopher Hood 等,1991年)、"管理主义"(Pollitt,1993 年)、"以市场为基础的公共行政学"(Lan Zhiyon and Rosenbloom,1992 年)、"后官僚制模式"(Barzelay,1992 年)、"企业化政府"理论(Osborne and Gaebler,1992 年)等。尽管这些名称不同,但基本上都表示同一种现象,即由传统公共行政理论及实践向新公共管理理论及实践的转变,并被人们描述为公共管理尤其是政府管理研究领域的范式转移③。

新公共管理最早由胡德(Christopher Hood)提出④,他在一篇名为《一种普适性的公共管理》的文章中指出,20 世纪 70 年代中期以后,英国以及其他经合组织成员国纷纷掀起了政府改革运动。胡德将这些改革运动称作新公共管理运动。虽然具体措施不同,但是这些改革运动所遵循的规则是相似的。具体来说,新公共管理的规则主要包括:

(1)放手给专业管理:让高层管理者对结果的达成担负责任。

(2)明确的绩效标准和衡量:界定公共服务目标、目的,确定成功的数量化指标。

(3)更加重视产出控制:将资源分配和奖励与绩效测评挂钩,打破官僚体制范围内的集权式人事管理。

(4)将公共部门分解成更小的单元:打破以前的庞大的单元,将其变成以产品为中心的企业化小单元。

---

① 戴维·奥斯本,特德·盖布勒. 改革政府:企业精神如何改革着公营部门[M]. 上海:上海译文出版社,1996.

② 周志忍. 当代国外行政改革比较研究[M]. 北京:国家行政学院出版社,1999.

③ 陈振明. 评西方的"新公共管理"范式[J]. 中国社会科学,2000(06):73 - 82,207.

④ Christopher Hood. A Public Management for All Seasons[J]. Public Administration,1991(69):3 - 19.

（5）强化公共部门的内部竞争：实行任期合同和公共招标程序。

（6）重视企业式的管理风格：扬弃强调公共服务伦理的军队式管理风格，增加人员雇佣和奖惩制度的弹性。

（7）强调资源运用上的节制与节约。

经合组织 1995 年度的公共管理发展报告《转变中的治理：OECD 国家的公共管理改革》声称：经合组织国家的公共管理改革具有一个已经发展起来的共同的议事工程，这就是"新公共管理"或"管理主义"模式。彼得斯在《欧洲的行政现代化》一文中也指出：北美各国目前继续沿着"管理主义"（而不是严格的公共行政）的思路去考虑公共组织的管理；而欧洲各国或多或少地介入了不同维度的管理主义改革之中。

波立特（C. Pollitt）在《管理主义和公共服务：盎格鲁和美国的经验》一书中认为，"新公共管理主义"主要由古典泰勒主义的管理原则所构成，即它强调商业管理的理论、方法、技术及模式在公共部门管理中的应用。

特里夏·格里尔也从管理学的视角概括新公共管理的内涵：公共服务组织的分散化；对公共管理人员实行任期与激励；公共服务的供给与生产相分离；强调降低成本；从重政策转向重管理，注重绩效评估；从程序转向产出的控制和责任机制[①]。

瓦尔特·基克特（Walter J. M. Kiekert）在《荷兰的行政改革与公共部门管理》一文中将"新公共管理"界定为一种强调商业管理风格，顾客至上和市场竞争的改革取向。

罗德斯（W. Rhodes）指出，"新公共管理"有如下几个中心学说：以管理而非政策为焦点；以业绩评估和效率为焦点；将公共官僚机构分解成各种建立在使用者付费基础上的处理事务的机构；准市场的使用和合同承包以培育竞争；一种强调产出目标、限制性项目合同、金钱诱因和自由裁员的新管理风格。

我国学者陈振明从管理角度分析，他在一篇论文中曾将"新公共管理"的内容归纳为八个方面：①"让管理者进行管理"（强调职业化管理）；②衡量业绩（明确的绩效标准与绩效评估）；③产出控制（项目预算与战略管理）；④顾客至上（提供回应性服务）；⑤分散化（公共服务机构的分散化和小型化）；⑥引入竞争机制；⑦采用私人部门的管理方式；⑧改变管理者与政治家、公众的关系[②]。

我国学者周志忍把西方行政改革的基本内容归纳为三个方面：①社会、市场管理与政府职能的优化（包括非国有化、自由化、压缩式管理等）；②社会力量的利用和公共服务社会化（包括政府业务合同出租、以私补公，打破政府垄断，建立政府部门与私营企业的伙伴关系，公共服务社会化）；③政府部门内部的管理体制改革（包括建立与完善信息系统，分权与权力下放，部门内部的组织结构改革，公共人事制度改革，提高服务质量以及改善公共机构形象，公共行政传统规范与工商企业管理方法的融洽等内容）。

（二）新公共管理的模式及特征

"新公共管理"有时被当作单一模式概念，有时则被当作包含不同模式的概念。奥斯本和盖布勒在《改革政府》（或译《重塑政府》）一书提出的"企业化政府"模式（即"新公共管理"模式）是一种单一模式。

①　周晓丽.新公共管理：反思、批判与超越——兼评新公共服务理论[J].公共管理学报，2005，2(1).
②　陈振明.走向一种"新公共管理"的实践模式[J].公共行政，2000(5).

在了解什么是"企业化政府"之前,我们先来看一下什么是企业家精神。张成福在《企业型政府再造:西方国家政府行政改革的理念和实践》中是这样论述的:企业家一词,最早是由19世纪初法国经济学家萨伊提出的。按萨伊所言,企业家并非专指私营部门的从业者,而是指能够转移低产值的经济资源至较高生产力的领域,并获得较大的收获。换言之,企业精神就是应用创新方法使用资源,以使生产力及效用最大化。现代企业精神思想之父熊彼特也强调企业精神就是创新。

所谓企业化政府,是与官僚政府(bureaucratic government)相对应的,指政府部门由一群富有企业精神的公职人员(被称为公共企业家)组成,他们能够运用各种创新的策略,使原本僵化的官僚体制恢复活力,使绩效不佳的政府更有效地运作。简言之,企业化政府是那种非官僚化的、具有创新精神的、富于活力与生气的、以公众需求(或称消费者需求)为导向的、具有高效率和高效能的政府。企业化政府的理念并非要求政府的运作完全与私人企业一样,而是认为政府必须在市场导向的观念下,引进竞争的刺激力量,使政府更具活力。具体包含以下基本原则:①起催化作用的政府:掌舵而不是划桨。②社区拥有的政府:授权而不是服务。③竞争性政府:把竞争机制注入提供服务中去。④有使命感的政府:改变照章办事的组织。⑤讲究效果的政府:按效果而不是按投入拨款。⑥受顾客驱使的政府:满足顾客的需要,而不是官僚政治需要。⑦有事业心的政府:有收益而不浪费。⑧有预见的政府:预防而不是治疗。⑨分权的政府:从等级制到参与和协作。⑩以市场为导向的政府:通过市场力量进行变革。

另一些学者则认为并不存在统一的"新公共管理"模式,如英国学者费利耶(Ewan Felie)等人在《行动中的新公共管理》一书中认为,在当代西方政府管理改革运动中,至少有过四种不同于传统的公共行政模式的新公共管理模式,它们都包含着重要的差别和明确的特征,代表了建立新公共管理理想类型的初步尝试。依费利耶的论述,这四种模式及其特征分别是:

①效率驱动模式。这是当代西方政府改革运动中最早出现的模式,往往被称为撒切尔主义的政治经济学。它在20世纪80年代初、中期居于支配地位。这种模式主张将私人部门管理(工商管理)的方法和技术引入公共部门管理中,强调公共部门与私人部门一样都要以提高效率为核心。

②小型化与分权模式。作为当代公共部门组织结构变迁趋势反映的小型化和分权模式的要点是:主张组织的分散化和分权,强调组织的灵活性;强化战略和预算责任的非中心化,实行合同承包等。

③追求卓越模式。这种模式显然与20世纪80年代兴起的企业文化(公司文化)的管理新潮相关——特别是受《公司文化》(Deal和Kennedy著)和《追求卓越》(Petters和Watterman著)两本畅销书的影响,也部分反映了那种强调组织文化重要性的人际关系管理学派对公共部门管理的影响。该模式拒绝了理性化的新公共管理模式,强调价值、文化、习俗和符号等在形成人们的实际行动中的重要性,它对组织及管理的变迁与革新具有强烈的兴趣。

④公共服务取向模式。它代表了一种将私人部门管理观念和公共部门管理观念的新融合,强调公共部门的公共服务使命,但又采用私人部门的"良好的实践"中的质量管理思想。它赋予了新型的公共部门新的内涵。

而美国学者盖伊·彼得斯在《政府未来的治理模式》一书中认为,公共管理实践中正在出现四种治理模式,这些治理模式都探讨了可供选择的发展公共服务的途径。

①市场模式。强调政府管理市场化,将市场竞争机制引入公共部门,通过交换与激励提升

政府绩效。

②参与模式。主张对政府管理有更多的参与,把公共部门中常见的层级化、规则化组织看作是有效管理和治理的严重障碍,因而强调关注较低阶层的员工和组织的服务对象。

③弹性化模式。突出提高政府的应变能力,要求政府及其机构有能力根据环境的变化制定相应的政策,而不是用固定的方式回应新的挑战。

④解制模式。主要是解除政府内部管制。他认为,如果取消一些限制和制约,政府机构就可将目前工作处理得更加有效率,而且还可能从事新的创造性工作,以促进社会的整体利益。

彼得斯认为,这四种模式是工业化社会和体制转换过程中正在出现的管理形式,也是对20世纪有关政府治理模式的基本问题进行的思考,并指出对这些新模式进行探讨和实践,并不意味着任何一个新模式都优越于传统的治理模式。

我国学者金太军[①]指出,如果说传统的公共行政以威尔逊、古德诺的政治行政二分论和韦伯的科层制论为其理论支撑点的话,新公共管理则以现代经济学和私营企业管理理论和方法作为自己的理论基础。新公共管理是个非常松散的概念,它既指一种试图取代传统公共行政学的管理理论,又指一种新的公共行动模式,还指在当代西方公共行政领域持续进行的改革运动。虽然其名称在各国不尽相同,但它们都具有大体相同特征。

①新公共管理重新对政府职能及其与社会的关系进行定位。

②重视政府活动的效率和质量。

③主张放松规制(即主要通过法规、制度控制),实现绩效目标控制。

④强调政府广泛采用私营部门成功的管理方法、手段,以及竞争机制,取消公共服务供给的垄断性。

⑤正视行政所具有的浓厚的政治色彩,强调文官与政务官之间存在着密切的互动和渗透关系。

⑥主张对某些公营部门实行私有化,让更多的私营部门参与公共服务的供给。

⑦重视人力资源管理。

总之,新公共管理是基于对传统公共行政模式的考量,对行政与管理概念的再认识,对公共部门的抨击的回应,对经济理论的变革,对私营部门变革和技术变革的再审视,以国家和社会之间关系的调整和政府自身管理手段、过程、模式的重塑为主线,以解决新时代政府管理社会和管理自身事务问题为宗旨,以经济、效率和效益为基本价值的管理理论。

(三)新公共管理的基本内容

关于新公共管理的基本内容,学术界至今没有达成一致的意见,下面列举具有代表性的几种观点。

哈伯德(M. Hubbard)将新公共管理的内容归纳为如下十大趋势:①主管的战略角色和战略管理实践的强化。②从行政到管理的重点转移,即从执行规则到实现既定目标的转移。③人事权由中央人事部门向部门主管的转移,限制工会的权力,打破统一的工资结构。④政策制定和执行的分离,即核心部门集中于战略管理和计划,设立独立执行机构来执行政策。⑤绩效工资制。⑥改善财务管理,强化财务控制。⑦以组织规划和评估的形式,把执行机构的运作

① 金太军. 新公共管理:当代西方公共行政的新趋势[J]. 国外社会科学,1997(5).

与其目标更密切地联系起来。⑧加强对运作状况的评估。⑨追求高质量高标准的顾客服务。⑩改变传统的组织文化,建立新的"心理契约"。

经合组织将新公共管理归结为以下几个方面:①转移权威;②保证绩效、控制和责任制;③发展竞争和选择;④提供灵活性;⑤改善人力资源管理的风格;⑥优化信息技术;⑦改善管制质量;⑧加强中央指导职能。

西方行政学者格里尔、奥斯本和盖布勒等人将新公共管理的基本内容归结为以下八个方面。

1."掌舵"而不是"划桨"

长期以来,人们一直信奉传统的政府管理理念,认为政府的主要职能是向社会征税和提供服务;而新公共管理的倡导者则认为,政府应该摆脱这种落后的公共行政管理模式,将主要精力集中于"掌舵",而不是"划桨"。换句话说,政府应该将制定政策和执行政策分开,把管理和具体操作分开。实践证明,政府并不擅长向社会提供服务,可以将其通过承包等方式放手,让一些私营企业和非营利机构去解决,而不是再抱着传统的理念不放。这样做的好处是,政府可以从一些琐碎的事务中解放出来,缩小规模,减少开支,可以更好地做好政策的制定工作,做到在不断变化的环境中灵活应对,与时俱进,扮演好自己的角色,提高工作效率。"掌舵的人应该看到一切问题和可能性的全貌,并且能对资源的竞争性需求加以平衡。划桨的人聚精会神于一项使命并且把这件事做好。掌舵型组织机构需要发现达到目标的最佳途径。划桨型组织机构倾向于不顾任何代价来保住'他们的'行事之道。"因此,有效的政府并不是一个"实干"的政府,不是一个"执行"的政府,而是一个能够"治理"并且善于实行治理的政府。

2.借鉴私营部门管理理念和方法

我们知道,每个成功的企业都有一套科学管理方式和模式,比如目标管理、绩效评估、成本核算、全面质量管理等。传统的公共行政排斥私营部门的管理方式,认为两者在管理目的、管理对象和管理宗旨上存在种种差异,完全照搬私营部门的管理方法来应用于公共部门的做法有失妥当。新公共管理认为,企业管理的科学性、重视市场需求和顾客反馈这些方面可以被公共部门所采纳。政府应根据服务内容和性质的不同,采取相应的供给方式。新公共管理认为,政府的主要职能固然是向社会提供服务,但这并不意味着所有公共服务都应由政府直接提供。政府应根据服务内容和性质的不同,采取相应的供给方式,如图8-1所示。

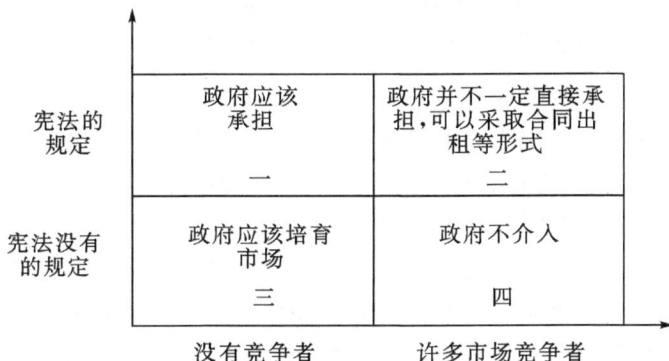

	没有竞争者	许多市场竞争者
宪法的规定	政府应该承担 一	政府并不一定直接承担,可以采取合同出租等形式 二
宪法没有的规定	政府应该培育市场 三	政府不介入 四

图8-1 市场状况/宪法职责模型

图中一表示此项服务活动是由宪法明文规定的属政府职责范围,同时也没有其他竞争者,如国防,应由政府承担。二是指虽属宪法规定的政府职责,但同时有其他竞争者的存在,即其他非政府部门也在从事此项活动,如医院。在这种情况下,政府并非一定要亲自提供此项服务,而可以通过招标、合同出租等形式,将其出租给其他公营或私营部门,政府只要对其绩效目标进行测定和评估,并提供相应的报酬,便不失为一种提高服务质量和效率的有效途径。这也就是奥斯本和盖布勒所说的政府应该"掌舵而不是划桨"。三意味着宪法既没有规定是政府的职责,同时又没有或缺乏从事此项活动的竞争者,如高等院校。这时政府就应积极培育市场,鼓励人们参与此项活动,以提高此项服务的效率、质量和有效性。四指宪法没有规定必须是由政府履行的职责,同时又存在着市场竞争,如影视业。这时政府就完全可以不从事此项活动,而完全由私营部门承担。

需要说明的是,上述只是四种典型的公共服务类型,在现实中,更多是介于这四种之间的混合型服务领域。因此,政府应根据具体情况,而决定自己是否直接介入以及介入的程度、范围、方式和力度。

3. 以顾客为导向

在传统的政府中,几乎没有人使用"顾客"一词,政府官员们根本不知道谁是他们的顾客,在官僚体制下,他们只知道听从上级的命令,遵循上级的指示。政府的主要任务是提供公共物品,对服务对象提出的要求并不敏感,政府在公共物品的生产方面拥有优势。因而,很容易造成公共物品生产与供给的高成本、低效率和资源的浪费。

根据公共选择理论,新公共管理认为政府应以顾客或市场为导向,从而改变传统公共行政模式下的政府与社会之间的关系,对政府职能及其与社会的关系重新进行了定位。新公共管理认为,政府的社会职责是根据顾客的需求向其提供服务。"市场不仅在私营部门存在,也在公共部门内部存在。当市场在公共部门出现时,我们通常称之为系统,如教育系统、职业训练系统、心理卫生系统。但它们都是市场,如同金融系统、银行和保健系统一样都是市场。如果我们把市场导向的思想应用到我们的公用系统上去,我们就能取得伟大的成就。"

于是,在新公共管理中,政府不再是凌驾于社会之上的、封闭的官僚机构,而是负有责任的"企业家",公民则是其"顾客"或"客户"。新公共管理认为,企业家式的政府应该是能够提供较高服务效率的政府。政府是为公民服务的,但在大多数公共组织中甚至弄不清谁是它们的顾客或服务对象,而且服务水平低下。所以,给公民以更多的选择权,让公民有机会来评价政府工作效果的"顾客驱动"机制将是一个推动政府改善工作的良好机制①。

4. 将竞争机制引入政府公共管理中

传统公共行政力图建立等级森严的强势政府,强调扩张政府的行政干预。在旧的行政管理模式中,政府用垄断的方式进行管理活动。新公共管理认为,政府低效率的主要原因是缺乏竞争,因而主张取消政府管理的垄断性,在政府管理中广泛引入市场竞争机制,通过市场测试,让更多的私营部门参与公共服务的提供,提高服务供给的质量和效率,实现成本的节省。以竞争求生存,以竞争求质量,以竞争求效率。竞争性环境能够迫使垄断部门对顾客的需要变化作出迅速反应。竞争这种机制有很多优势:竞争投入少产出多,提高效率;竞争可以使垄断组织对顾客的需要作出及时反应;垄断扼杀革新,竞争则奖励革新;竞争可以提高公共组织人员的

---

① 柴生秦. 新公共管理对中国行政管理改革的借鉴意义[J]. 西北大学学报(哲学社会科学版),2000,30(2):8.

自尊心和士气。因此,政府为更有效地实现公共服务的职能,应该为不同的行业和部门加入到服务供给的行列中提供机会。

5.重视效率追求

传统政府只一味地注重投入,却在很大程度上忽视了提供公共服务的效率、效果和质量。根据交易成本理论,新公共管理认为政府应重视管理活动的产出和结果,应关心公共部门直接提供服务的效率和质量,应能够主动、灵活、低成本地对外界情况的变化以及不同的利益需求作出富有成效的反应。因此,新公共管理主张政府在资源配置时应该与管理人员的业绩和效果联系起来。在管理和付酬上强调按业绩而不是按目标进行管理,按业绩而不是按任务付酬。在对财力和物力的控制上强调采用根据效果而不是根据投入来拨款的预算制度,即按使命作预算,按产出作预算,按顾客需求作预算。

6.实行明确的绩效评估

新公共管理反对传统公共行政只是一味地遵循既有的法律法规、轻绩效测定和评估的做法。它注重个人和机构的业绩,实施明确的绩效评估体系,即确定个人、组织的具体目标,并根据绩效标准对完成情况进行测量和评估,评价的结果将是个人晋升、工资福利待遇等的主要依据。新公共管理的倡导者认为,虽然任何组织都必须有规章才能运行,但是过于烦琐和刻板的规章往往会绑住组织成员的手脚,降低政府办事的效率。"我们接受规章和繁文缛节以防止发生坏事,但是同样这些规章会妨碍出现好事。它们会使政府的办事效率慢得像蜗牛爬行。它们对正在迅速变化中的环境不可能作出反应。它们使得时间和精力的浪费成为组织结构的固有组成部分。"奥斯本和盖布勒认为,企业家式的政府是具有使命感的政府。它们规定自己的基本使命,然后制定能让自己的雇员放手去实现使命的预算制度和规章,放手让雇员以他们所能找到的最有效的方法去实现组织的使命。有使命感的组织比照章办事的组织士气更高,也更具有灵活性和创新精神,从而更有效率。

7.政府应广泛采用授权或分权的方式进行管理

授权分三种形式:一是组织授权,即通过政策、规制方式等向提供服务的组织授权。"让管理者管理"是新公共管理的著名口号。二是雇员授权,即公共机构向机构内的工作人员个人授权,使他们在工作中有一定的灵活处置的权力。三是社区授权,即对于某些社区社群需要的服务,政府部门不再直接提供,而是在给予一定财力支持的前提下,授权给社区或社群,让他们自己解决问题、自我服务。

政府组织是典型的等级分明的集权结构,这种结构将政府组织划分为许多层级条块。人们认同自己所属的基层组织,跨组织层次之间的交流极其困难,使得政府机构不能对新情况及时作出反应。由于信息技术的发展,加快决策的压力猛烈地冲击着政府的决策系统,政府组织需要对不断变化的社会作出迅速的反应。企业界采取分权,通过减少层级、授权和分散决策权的办法迅速作出反应,从而有效地解决问题。因此,政府也应该通过授权或分权的办法来对外界变化迅速作出反应。政府应将社会服务与管理的权限通过参与或民主的方式下放给社会的基本单元:社区、家庭、志愿者组织等,让他们自我服务、自我管理。奥斯本和盖布勒说:"当家庭、居民点、学校、志愿组织和企业公司健全时,整个社区也会健康发展,而政府最基本的作用就是引导这些社会机构和组织健康发展。那些集中精力积极掌舵的政府决定其社区、州和国家的发展前途。它们进行更多的决策,使更多的社会和经济机构行动起来。"新公共管理认为,与集权的机构相比,授权或分权的机构有许多优点:比集权的机构有更多的灵活性,对于新情况和顾客需求的变化能迅速作出反应;比集权的机构更有效率;比集权的机构更具创新精神;比集权的机构产生更高的士气,更强的责任感,更高的生产率;等等。

8.改造公务员制度

传统公共行政强调政治与行政的分离,强调公务员保持政治中立,不参与党派斗争,不得以党派偏见影响决策等。新公共管理则认为,鉴于行政所具有的浓厚的政治色彩,公务员与政务官员之间的相互影响是不可避免的。因此,与其回避,倒不如正视这种关系的存在。基于这种看法,新公共管理主张对部分高级公务员实行政治任命,让他们参与政策的制定过程并承担相应的责任,以保持他们的政治敏锐性。在新公共管理者看来,政策制定与政策执行不应截然分开。正视行政机构和公务员的政治功能,不仅能使公务员尽职尽责执行政策,还能使他们以主动的精神设计公共政策,使政策能更加发挥其社会功能。这体现了新公共管理者重视激励、鼓励公民参与的价值取向。

三、新公共管理运动的基本特征

关于新公共管理的特征,理论界对此存在争议,并没有形成统一的观点。围绕着如何处理政府与企业、政府与社会、政府与市场的关系,学者们纷纷发表了自己的观点。

胡德认为新公共管理包括七个方面的特征:①实行专业化管理:高层管理者能够对公共政策的实施结果承担责任。②明确绩效的标准和测量:制定一套有效的绩效指挥体系对机构实现目标的过程进行衡量,确定成功的数量化指标。③更加重视产出控制:将资源分配与奖励和绩效测量挂钩,打破官僚制范围内的集权式人事管理。④将公共部门分解成更小的单元:打破以前庞大的单元,解散 U 形管理系统,将其变成以产品为中心的企业化小单元。⑤强化公共部门的内部竞争:实行任期合同和公共招标程序。⑥重视企业式的管理风格:扬弃强调公共服务伦理的军队式管理风格,增加人员雇用和奖惩制度的弹性,更多地运用 PR 管理技术。⑦强调资源运用上的克制与节约。

拉森(Ranson)和斯蒂亚特(Stewart)认为新公共管理有以下特征:视人民如顾客,并强调顾客的价值;创造市场或准市场的竞争机制;扩大个人以及私人部门的治理范围;把购买者的角色从供给者的角色中分离出来;契约或契约配置的增加;由市场来测定绩效目标;弹性工资。本质上,新公共管理鼓励政府具有市场倾向,强调市场导向的管理,如市场竞争、注重结果和绩效、重视消费者选择和强调效率。

美国行政学者欧文(Hugh Owen)在《公共管理和行政:一个介绍》一书中认为,尽管关于新公共管理的名称有着不同的观点,但是在某些方面,它们存在共同之处:①这种模式反映了传统公共行政发生的重大转变,即更多地转向了关注结果的取得和管理者的个人责任。②实现了从严格的官僚制到组织、人力资源和雇佣期限更具灵活性的转变。③组织以及个人的目标被清晰地设置,这样通过描述情况就可以衡量他们的贡献,比如"3Es"。④高级官员比以前更加效忠于当前的政府,而不是政党化或中立化。⑤政府在功能上更加乐于接受市场的检验。政府可以参与合同承包等事宜,但是这并不意味着通过官僚化的方式提供服务。⑥在某些事务中可以通过私有化和其他合同的方式来减少政府职能。正如有些学者所说的那样,每一成功的步骤好像都是必需的,关注的焦点从程序变成结果。

霍姆斯(Holmes)和尚德(Shand)对新公共管理的特点作了如下概括:①这是一种更加具

有战略性或结构导向型的决策方式(强调效率、结果和服务质量)。②分权式管理环境取代了高度集中的等级组织结构。这使得资源分配和服务派送更加接近供应本身,由此可以得到更多相关的信息和来自客户及其他利益团体的反馈。③可以更为灵活地探索代替直接供应公共产品的方法,从而提供成本节约的政治结果。④关注权威与责任的对应,以此作为提高绩效的关键环节,这包括强调明确的绩效合同的机制。⑤在公共部门之间和内部创造一个竞争性的环境。⑥加强中央战略决策能力,使政府能够迅速、灵活和低成本地对外部变化和多元利益作出反应。⑦通过要求提供有关结果和全部成本的报告来提高责任度和透明度。⑧宽泛的服务预算和管理制度支持和鼓励着这些变化的发生。

国内学者赵景来将新公共管理的特征概括为八个方面:①强调职业化管理;②明确的绩效标准与绩效评估;③项目预算与战略管理;④提供回应性服务;⑤公共服务机构的分散化和小型化;⑥竞争机制的引入;⑦采用私人部门管理方式;⑧管理者与政治家、公众关系的改变。

张成福教授从理论和实践两个方面对其作了独到的概括:①研究的焦点在于结果而不是运作的过程。②为了实际结果,公共行政应该妥善运用各种市场竞争机制,以提供更佳的产品或服务。同时在市场机制下,政府各机关一方面应如同企业般从供给者与需求者的互动中取得经费,另一方面也要与其他组织进行竞争。③配合市场导向和市场机制的作用,公共行政应该更加强调顾客导向的概念。④政府应该扮演导航者的角色,政府的主要职能应该定位于确保公共服务和公共产品能被顺利地提供,而不需要自己动手处理。⑤政府应该推动法规松绑的工作,公共管理应该改变过去唯法则是的观念,要更加重视市场竞争、顾客需求以及成果的达成。⑥公共部门的工作人员应该被授予权能,充分发挥创意并投入工作。⑦公共行政的文化尽可能朝着弹性、创新、问题解决、具有企业家精神的方向发展。

周志忍在《当代政府管理的新理念》一文中将新公共管理的特征概括为三种新的理念:公民为本的理念、市场理念、结果导向的理念[①]。

新公共管理正在超越公共部门和私人部门的界限,成为普遍适用于公私领域的管理哲学。本书认为,新公共管理主要有以下几方面的特征:

第一,新公共管理是公共管理理念上的创新。新公共管理者认为,管理是社会发展和经济增长的关键因素。运用现代信息技术、组织技术和物质形态的商品生产技术来有效地管理劳动力要素,是管理的一项重要的组织职能。"让管理者来管理",管理者必须拥有合理的权限,这是实现良好管理的基本原则。这样,可以消除繁文缛节,高度激励管理人员,促使机构有效运作,发现和消除浪费,将资源集中到关键领域,为国家的繁荣和复兴提供基础。公共部门可以通过引进私营部门的成功经验提高自身的工作效率和工作业绩。

第二,强调公共管理的政治属性。传统公共行政理论认为,政治过多地介入管理事务,是政府腐败和行政无能的根源,因而主张政治与行政相分离,将政治从管理事务中剥离出去。新公共管理主张,应当摒弃传统政府管理模式下政治与行政严格分离的教条,正视政府管理中存在的政策性行为及其特定的政治环境。一方面要加强政府的内部管理,另一方面管理者要积极参与政策的制定,处理好不同部门、组织、大众媒体和公众之间的关系,树立顾客意识,以政治的眼光看待公共管理与外部环境的交互作用。因此,公共管理者既要能够参政和行政,还要有能力在政治环境下从事公共事务。

---

① 周志忍. 当代政府管理的新理念[J]. 北京大学学报(哲学社会科学版),2005,42(3):103-110.

第三，主张实行自由化管理。这是新公共管理的一个非常显著的特点。我们知道，政府绩效的低下，不是因为管理者缺乏能力和不履行职能，而是过多的程序和规则严重束缚了管理者个人的权威和灵活性。因此，管理者应该有充分的合理的权限，在管理中实现自由化。当然，这里的自由也是有限度的，是相对于传统的教条和束缚而言的，并不是绝对的自由。

第四，推崇市场化。在市场机制下，竞争和私人部门管理是两个普遍性的问题。原来的公共管理部门缺乏活力和动力，将竞争引入其中，可以在很大程度上打破种种僵局，实现管理上的低成本和高效率，从而可以有效地提高政府绩效。此外，借鉴私营部门的成功管理经验和方法，也是一个很大的突破。市场化实际上是在政府公共服务处于困境的时候，利用社会力量和民间资源提高公共服务供给水平的有益尝试。

第五，倡导公共管理部门领导者向企业家学习。企业家是将资源运用到利益最大化的创新人士。公共管理人员与市场中的理性经济人一样，具有自我利益最大化、逃避责任、机会主义、自我服务、欺诈以及导致道德风险的内在倾向。我们知道，公共部门的管理人员和私营部门的管理人员在管理的绩效上存在着优劣之分，究其原因，不在于有没有自利倾向，而是管理环境的不同。在冗繁的程序和规则组成的管理环境中，管理者的积极性会受到压制，导致政府绩效低下。相反地，私营部门中，管理人员的自利性、机会和风险意识能够得到比较好的利用，从而能够适应激烈变化的外部环境，容易创造良好的政府绩效。如何设计恰当的制度环境，保证公共管理人员拥有充分合理的权威，并且赋予他们领导者的角色，在当前形势下就显得尤为重要。

第二节　新公共管理的主要工具

在新制度主义经济学、公共选择理论、成本交易理论、代理人理论的指导下，新公共管理采用了同传统公共行政截然不同的管理手段，民营化、市场化、全面质量管理、绩效评估等方法广泛运用于公共管理，特别是公共服务领域，为新公共管理实现经济、效率、效益、公正的目标探索出了一条新的路径。

一、竞争性工具

(一)竞争性投标

竞争性投标即迫使组织为提供由公共部门承担费用的产品和服务而进行竞争。有三种基本情形：私对公竞争（称为"签约外包"或"外购"）；公对私竞争；公对公竞争，即只允许公共组织参加投标。

在运用竞争性投标的三种方式中，政府官员最为熟悉并广泛运用的是"签约外包"（contracting out）。这种方式也称"外购"（outsourcing），即允许私人组织为争取向政府提供产品和服务而竞争。这些服务可能是政府自身所使用的，如复印和印刷等；也可能是政府的顾客所使用的，如路面维修和学校午餐服务等。政府机构不雇用人员来完成这些活动，而是邀请私人组织为争取合同进行投标，合同具体规定了其工作范围和其他条件。合同签订以后，政府雇员对合同的执行情况进行监督，以实施合同条款。

公对私的竞争运用的同样是签约外包等竞争性投标机制，但它改变了投标者的组合。它允许公共提供者（如政府部门单位、管理者团队、雇员团队）与私人提供者竞争，以争取履行这些事务的权利。在公对公的竞争中,竞争性投标只限于公共组织。

(二)竞争性标杆

绩效标杆在英文中表述为绩效基准(performance benchmark),即确定绩效的底线。标杆是一种业绩标准,这种标准可能是组织为达到某个目的期望的业绩水准,或出于其他各种各样的原因订立的。

标杆管理法由美国施乐公司于 1979 年首创,是现代西方发达国家企业管理活动中支持企业不断改进和获得竞争优势的最重要的管理方式之一,西方管理学界将其与企业再造、战略联盟一起并称为 20 世纪 90 年代三大管理方法。

竞争性标杆的标杆伙伴是行业内部直接竞争对手。由于同行业竞争者之间的产品结构和产业流程相似,面临的市场机会相当,竞争对手的作业方式会直接影响企业的目标市场,因此竞争对手的信息对于企业在进行策略分析及市场定位有很大的帮助,收集的资料具有高度相关性和可比性。但正因为标杆伙伴是直接竞争对手,信息具有高度商业敏感性,难以取得竞争对手的积极配合,获得真正有用或是准确的资料,从而极有可能使标杆管理流于形式或者失败。

标杆管理流程具有多样性,帕特里夏·基利等在《公共部门标杆管理》一书中向我们展示了这样的结果。

(1)布鲁德和格雷提出七个步骤:①在一个组织中,确定哪些职能范围是最有必要实施标杆管理的;②确定几个衡量绩效的主要指标,来检查所选职能的成本、工作质量和效率;③为每项职能选取一个一流水平的组织;④对一流水平的公司的每一项实施过标杆管理的职能的绩效状况进行评估;⑤对本组织内要实行标杆管理的每项职能的绩效进行评估,并确定与最佳绩效之间的差距;⑥为弥补差距而准备采取的具体行动方案和实施的具体计划;⑦实行议程并监察结果(每年重新校一次)。

(2)卫森丹杰进一步简化了标杆管理的程序,将其缩减为四个步骤:①了解并分析自己所在组织的工作程序和在既定领域中的步骤和绩效。②看看自己所在公司内部的其他部门或其他公司有谁在这些程序上表现出色。③通过观察、现场参观和咨询顾问等方式来收集和分享信息。④分析数据,以观察别人的方法中的哪些部分可以为自己所用。

(3)美国公共管理协会提出十个步骤:①确定标杆。②确定比较对象。③收集数据。④确定绩效差距。⑤就结果进行沟通。⑥确定制定改善的目标。⑦制订行动计划。⑧实施计划。⑨对实施结果进行监督。⑩重新校订目标。

上述三种流程虽然各有特点,但基本思路是一致的。归纳起来,可以分为五个步骤:第一步,确认标杆管理的目标;第二步,确定比较目标;第三步,收集与分析数据,确定标杆;第四步,系统学习和改进;第五步,评价与提高。

(三)使用者付费

使用者付费是一种对公共服务接受方收取一定费用的办法。使用者付费实质上是将价格机制引入到公共服务中来。付费制的优点是:能够克服免费提供公共服务所导致的对资源的不合理配置和浪费;有助于增进社会公平;有利于发挥价格调节作用;可以增加政府的财政收入,缓和政府的财政危机。一般认为,对于使用者可以自由选择服务项目的服务领域可以采用付费制,但对于某些不能进行自由选择的项目就不宜推行使用者付费制度。

(四)凭单制度

为了使对顾客和绩效后果承担的责任最大化,西方国家推行向顾客发放凭单,即代金券或背书政府补偿的信用卡,以用来购买物品或服务。美国在食品补助和学校教育中较早推行凭单制度,并取得了很好的结果。凭单制度将选择权还给消费者,有利于服务提供方提高服务质量和水平,有利于政府将顾客和结果战略有机结合起来。

(五)特许经营

项目需要私人参与部分或全部投资,并通过一定的合作机制与公共部门分担项目风险、共享项目收益。根据项目的实际收益情况,公共部门可能会向特许经营公司收取一定的特许经营费或给予一定的补偿,这就需要公共部门协调好私人部门的利润和项目的公益性两者之间的平衡关系,因而特许经营类项目能否成功在很大程度上取决于政府相关部门的管理水平。通过建立有效的监管机制,特许经营类项目能充分发挥双方各自的优势,节约整个项目的建设和经营成本,同时还能提高公共服务的质量。项目的资产最终归公共部门保留,因此一般存在使用权和所有权的移交过程,即合同结束后要求私人部门将项目的使用权或所有权移交给公共部门。

二、绩效管理工具

运用绩效管理,组织可以测量结果、建立标准或目标、奖励绩优者并惩罚绩差者。

(一)绩效合同与协议

绩效合同与协议,即要求管理者和组织承担绩效风险。建立奖励和惩罚,并且授予公共领导者兼顾没有提供预期结果的高层管理者的自主权(或整个组织)。

组织绩效合同最普遍的形式是与服务提供者签订合同,无论提供者是公共机构、私人公司还是非营利组织。

(二)绩效奖励

绩效奖励具有双重效果:它既说明了雇员已经受到重视,也传达了何种行为与成绩最为重要的信号。即使数额很小也让人们记忆犹新。"名誉奖章、聚会和合影是没有限制的。"公共管理学者罗伯特·本恩(Robert Behn)说。

奖励也可以由外面的机构提供。例如,得克萨斯州审计员办公室在1992年就开始给那些成功再造的州机构颁发"突破模式"奖。自从1985年来,福特基金会每年都要给10个政府项目授予价值100000美元的创新奖,还有更多的声望和广告效用。

以下是使用绩效奖励的一些技巧:

①使庆祝成功成为组织文化的一部分。

②对团队和个人表示认可。

③举办激动人心的颁奖仪式。

④运用对等奖励,它唤起一位雇员对另一位雇员的卓越的绩效的即时关注。

⑤不要认为必须在奖励上花很多钱。有意义的奖励比贵重的奖励更重要。

⑥运用部门与部门之间的奖励。尊敬与你共同承担责任或获得支持的那些机构的绩效。

⑦如果组织与系统的成功取决于顾客的努力(如在学校里、培训项目、经济发展项目等),那么,也要奖励那些优秀的顾客。

(三)精神补偿

精神补偿,即为雇员、团队或组织提供具有实际价值的准财政性福利,如休假或新设备,以奖励其优秀绩效。

如果政府管理者不能提供额外收入作为奖励,就可以使用其他具有经济价值的合适的替代品。例如,ACC 就为超越绩效目标的单位提供带薪休假,"这是一种非常重要的激励因素。"ACC 前任司令官迈克尔·洛将军说。

其他准财政激励因素包括举行聚会、买新办公装备、刷新设备、为员工上大学、参加研究生班、出席会议或参观工厂支付费用等。

(四)增益分享

增益分享,即为雇员提供组织所取得财政节余的保证部分,条件是持续达到所规定的服务水准和质量。

增益分享可以在鼓励雇员根除体制性浪费上发挥作用;增益分享可以促进形成合作型、结果导向型文化。增益分享是一种团队活动:由于人人都能分享收益,它就促进了雇员之间的合作;增益分享可用来缓和因精简所带来的紧张,并鼓励工会与管理层合作。由于增益分享依赖积极的团体激励和客观的绩效标准,所以它通常对工会有吸引力。他们不必担心工人为了争取管理者所拿出的奖金而相互竞争。有时,因为不希望一个团体的奖金高于其他团体,他们也会反对增益分享。但面对成员的自身利益,反对很快消失,因此保持这种立场很难。

增益分享可以避免绩效的主观评估问题。运用增益分享,奖励雇员的绩效是以非常客观的标准为基础的,即以他们节约了多少钱为基础。

最后,增益分享可以节省资金。

三、顾客质量管理工具

这里质量管理是指对顾客的质量保证,即创设顾客服务的保障和标准以及组织在无法满足这些标准时的申诉体制和救济手段,并创设顾客委员会、理事会和服务协议来对满足这些标准负责。具体来说:

(一)服务标准

服务标准是顾客质量保证的核心。调查表明,通过电话难以获得信息或服务是公共部门顾客所遇到的最普遍的问题,许多公共组织(如社会保障局)都已制定电话服务的标准。但同样这份调查也表明,人们也关注其他更重要的一些方面,如所体验的结果。因而其他服务标准关注一些重大的方面:每年级学生就读的比例;社区评价"良好"或"优秀"服务的比例;公民评价警察"有礼貌"、"尊重人"或"诚实"的比例。

制定服务标准的步骤包括:①制订计划和时间表;②确定关键的成功因素——在顾客看来,服务最为重要的那些方面;③向顾客请教;④分析调查数据;⑤草拟三到五项可测量标准——最好还有赔偿政策;⑥与雇员一道对草拟标准进行评审,接受其意见;⑦如果需要任何政策变革以达到目标,努力争取;⑧从顾客或服务者那里得到反馈;⑨最后将标准定案(最理想的,还有赔偿政策),并给雇员和顾客提供反馈;⑩依据标准测量绩效,并制订改进计划;⑪公布标准并进行宣传;⑫定期测量绩效,并给雇员提供迅速的反馈;⑬做出进一步的服务改进,以达到服务标准;⑭每两年对标准进行一次评审,因为顾客需求和其他条件都在变化。

（二）质量保证

质量保证，即在组织无法达到服务标准或顾客或服从者不满意时，承诺退款或重新提供免费服务。与服务标准相似，质量保证的具体指南也可参考服务标准。此外，还应注意：

（1）公布保证提供服务水准的声明。与服务标准一样，保证应该具体、中肯并明确界定。

（2）不要使顾客很难得到保证。人们一般都对保证持怀疑态度。如果他们感觉必须经受严峻考验才能得到保证，那么这样做只是增加了人们对政府的怀疑。在公布保证时，必须明确描述顾客如何才能得到保证。

（3）确保保证是合理的、可行的。

（三）赔偿

赔偿，即在组织无法达到服务标准时，为顾客或服从者提供某种形式的补偿（财政形式或其他形式）。

赔偿政策与保证非常类似，但它可以为顾客提供更广泛的补偿。保证可以提供退款或免费服务，而赔偿政策则提供几乎所有的东西，如补偿（财政或非财政的）。一般而言，它们都会在组织达不到服务标准时自动生效，而保证可以以某种方式或只是因为顾客不满意而被引发出来。

（四）投诉制度

投诉制度，即对投诉进行跟踪与分析，确保迅速回应，帮助组织从投诉中学习以改进服务，并要求其对此负责。

有些投诉制度只是获得顾客信息的一种手段。但完善的投诉制度也包括采取行动来对问题进行补救并实施奖励。再造者可以为如何处理投诉创造绩效目标：顾客的满意程度，根本问题是否得到处理以及确认，调查与解决投诉问题需要多长时间等。

有效的投诉制度应该包括：①顾客容易得到。②宣传到位。③易于操作。④迅速解决投诉。⑤信息丰富，即向人们汇报关于投诉的进展。⑥公正，即提供完整和公平的调查。⑦尊重顾客与服从者保密的愿望。⑧有效解决问题。⑨能提供恰当的赔偿。⑩用于向管理层提供信息以改进服务。

四、授权工具

（一）组织授权

组织授权，即简化中央行政机构、立法机构、执行机构以及高层政府用以控制政府组织的规则、程序和其他措施，以帮助其改善组织绩效[①]。它用对成果和输出的控制代替了对输入和过程的控制。

组织授权工具：

（1）改革行政体制：它赋予行业机构在受命于中央机构并受其监督的最低限度的框架内管理自身资源的权力。对预算和财政、人事、审计和审核制度进行改革，并使其对产生的结果负责（而不是仅仅循规蹈矩）。

（2）现场管理：将对资源的控制权和日常决策权从中央机构（如学区或全国就业服务中心）

---

① 戴维·奥斯本，彼得·普拉斯特里克. 政府改革手册：战略与工具[M].谭功荣，译.北京：中国人民大学出版社，2004.

转移至系统中众多的一线组织(如学校或地方就业办公室)。

(3)豁免政策:中央机构和总部基于具体情况暂时或永久地使组织免于规章制度管束的一种机制。

(4)选择退出或特许制度:允许现有的或新成立的公共组织(如特许学校)在多数政府控制系统的管辖范围之外运作。

(5)再造实验室:允许暂时打破行政规则、行政程序的公共组织,它们可以对改进绩效的新方法进行试验。一般说来,它们享有豁免权,并不受外界干扰。

(6)大规模解除组织管制:废除由立法机关、中央机构和各部门制定、用以支配公共组织行为的其他许多规章制度。

(二)雇员授权

雇员授权,即将决策制定权下放至政府一线雇员,他们不再等待命令,而是对使用组织资源完成使命承担责任。

雇员授权的工具:

(1)减少管理层级:削减管理职位,甚至是涉及监督、检查或控制雇员的整个管理职位分类。

(2)打破职能仓:撤销基于职能专业化的单位、工作流程、职位分类,代之以包含更多角色的团队。

(3)劳资伙伴关系:将管理层和工会之间的权力分享制度化,以针对更广泛的工作场所问题和工作流程。

(4)工作团队:具有共同目标的雇员小组。如果没有协调,就无法达成目标。他们共同担负责任。

(5)雇员建议项目:鼓励雇员为改进绩效、节省资金、削减不必要的规则和业务提供建议。

(三)社区授权

社区授权,即通过在政府与社区之间创建权力共享制度,将政府决策与责任权力转移至以社区为基础的实体,如社区组织、公共住房租赁者或企业协会。

社区授权的工具:

(1)授权协议:在政府机构和被授权社区团体之间达成权力共享的协议,明确规定双方的责任。

(2)社区治理机构:以社区为基础,拥有决策权和在受到政府操纵时担负责任掌舵组织。

(3)合作规划:给予社区实体在制定社区规划、公共项目与规制上的决策权。

(4)以社区为基础的基金:为被授权社区团体提供财源,或直接通过政府税收,或通过权力建立自己的基金。

第三节 西方新公共管理对我国改革的启示

一、府际关系调整:适度分权

(一)我国府际关系的现状

府际关系,就是政府之间的关系。学者谢庆奎认为,府际关系是政府之间在垂直和水平上的纵横交错的关系,以及不同地区政府之间的关系。它所关注的是管理幅度、管理权力、管理收益的问题。因此,府际关系实际上是政府之间权力分配和利益分配的关系。正因为如此,府际关系对各国来说,都是一个至关重要的问题,在中国尤为如此。这里的政府,是狭义的政府,即国家各级行政机关。府际关系的表现形式多种多样,其实际内涵也十分丰富。在权力关系、财政关系和公共行政关系的背后,还有一个利益关系,这是不容回避的理论问题。我国府际关系的现状可以从以下几个方面进行分析:

1. 中央政府与地方政府之间的府际关系

中央政府与地方政府之间的关系,主要是中央政府与省级政府之间的关系。在中央与地方的关系上,中国一直实行中央集权制。中央集权,并不意味着地方的一切社会生活领域的一切活动,都要由中央政府管起来,也并不意味着否定地方的特殊性和相对独立性。应该根据我国宪法的规定,遵循在中央的统一领导下,充分发挥地方的主动性、积极性的原则。改革开放之前,在处理中央和地方的关系上,形成了权力"上收—下放—再上收—再下放"的循环圈,长期处理不好中央与地方的关系。改革开放以后,地方拥有了一定的自主权,特别是东南沿海地区享有了较大的自主权,分权成为趋势。在中央政府向地方政府放权的过程中,形成了三种带有普遍意义的倾向:一是倾斜分权。近30年来,我国已形成东重西轻的倾斜格局,出现了经济特区—沿海开放城市—内地经济技术开放区—内陆省区4个不同阶梯的倾斜分权,东重西轻,渐次分权。二是纵向分权。这种分权方式,首先由中央政府向省级政府放权,其次由省级政府向市级放权,然后再逐级下放权力。三是经济分权。中央权力的下放,最主要的是经济权力的下放,也就是经济管理权力的下放,包括计划权、管理权、信贷权、投资权、外汇管理权、进出口权等。改革开放政策以及这种分权趋势,促进了中国社会经济的发展,初步改变了中国贫穷落后的面貌,提高了中国的经济实力和国际地位。但是,这种分权趋势也存在一些问题,比如倾斜分权,导致了地方政府之间不平等和不公平竞争,扩大了中西部差距,出现了资源配置和流向不合理的现象;纵向分权也引发了地方保护主义、个人专断等问题;经济权力的下放,掩盖了政治权力的下放,形成了政治体制改革滞后的局面。对这些问题我们必须有清醒的认识,并在今后的改革中着力加以解决。

2. 地方政府之间的府际关系

中国地方政府之间的府际关系,是中央和地方政府之间府际关系的延伸。这种关系同样也经历了曲折的发展历程。改革开放后,一方面省级政府也向下级政府分权,进行倾斜分权、纵向分权、经济分权,向那些沿海地区、交通便利地区、知识密集地区分权,以带动全省、全市、全自治区的发展。下级政府因而也获得一定的自主权,促进了社会经济的发展。同时也产生了地方保护主义和地区之间发展的不平衡,增加了地区之间的矛盾和冲突。另一方面,上级政府领导下级政府,通过人事、财政、行政等手段控制下级政府,下级服从上级,这种状况没有从根本上改变。地方政府之间的府际关系虽然发生了很大变化,但充其量只是量变,没有质变,就是说,地方政府之间的府际关系依然没有理顺。

3. 政府部门之间的府际关系

政府部门之间的府际关系,就是我们通常所说的"条条",即相对应的部门之间形成的上下级关系,上下一条线。在我国这种关系主要有三类:第一类为业务指导关系,上级部门向下级部门下达规划、指标,检查、监督下级部门的执行情况,请求帮助、协调,上级部门称对口的下级部门为"腿",下级部门称对口的上级部门为"主管",两者关系密切也比较好处理关系。第二类为垂直领导关系。下级部门是上级部门的派出或分支机构,它和同级政府的关系十分淡薄,与同级政府的人、财、物都没有直接关系。第三类是对国有企业单位的"主管"和"协办"。这里存在的问题是,效益好的单位都抢着管,以便分利;效益不好或亏损的单位,唯恐避之不及,谁也不愿意管,产生了许多矛盾和纠纷。

4. 各地区政府之间的府际关系

各地区政府之间的府际关系,是指在省、市、自治区范围内,互不隶属、互不相邻的地市、县市、乡镇之间的关系;在不同的省、市、自治区范围内,邻近的地市、县市、乡镇之间的关系;成片的、不同的省市自治区,如东西部、南北方之间的关系。这种府际关系应该是协商合作、互相援助、互通有无、互惠互利的关系。

(二)我国府际间关系的调整

1. 新公共管理对我国府际关系调整的启示

在传统的公共行政模式中,并没有把外部关系看作很重要的事情,公共组织注意的焦点是组织的内部结构和过程,外部关系被认为由政治官员处理和承担。与新闻媒体、公众、利益集团或其他组织协调关系的任何任务都在公务员的责任之外。公务员对政治官员唯命是从。这种行政模式的权力趋向必然是"集权"。而新公共管理有两条核心原则:一是通过放宽对工作资源使用的管制来"让管理者可以管";二是通过说明对管理者的期望,并对照这些期望来衡量他们的成绩,从而"使管理者愿意管"。新公共管理强调"竞争""顾客至上""个性化"等理念需要政府反应灵敏,不能提供"一刀切"的服务等。要做到这些,必须对传统的集权体制进行"分权",包括对"公务员"的松绑和府际间关系的调整,只有这样政府才能反应灵敏,满足顾客的多样化需求。

"分权化"已成为一种世界性的现象,关于"分权化"的含义众说纷纭。一般认为"分权化"存在着四种类型:①权力非集中化——将一定的行政权力或责任交给机构内部的较低层次;②委托——将特定职能的职责转交给特定组织,这些组织存在与正式的官僚结构之外并受中央政府直接控制;③放权——建立和增强次国家级政府组织,其活动真实地独立于中央政府的直接控制之外;④私有化——将职能的全部责任推向非政府组织或独立于政府的私人公司(但在多数情况下,政府仍继续行使某些监督和支持职能)。我们在这里谈的分权的概念主要指的是第三种类型,即中央和地方权责的合理划分,特别指地方自主权的扩大问题。目前我国进行的"省管县"试点正是所有改革措施中的一个强有力部分。

2. 我国的"省管县"试点

"省直管县"体制是指:省、市、县行政管理关系由"省—市—县"三级管理转变为"省—市、省—县"二级管理,对县的管理由现在的"省管市—市领导县"模式变为由省替代市,实行"省直管县"。实行省直管县改革的主要目的就是激发县域经济发展活力,进一步加快县域经济的发展步伐。

(1)省直管县改革的基本情况。

目前省直管县改革主要包括:一是"强县扩权"改革;二是实行省直管县的财政体制。

关于"强县扩权"改革。我国从 1992 年始,在中央政府的支持下,浙江、河北、江苏、河南、安徽、广东、湖北、江西、吉林等省份陆续推行了以"强县扩权"为主要内容的改革试点,对经济发展较快的县市进行了扩权,把地级市的经济管理权限直接下放给一些重点县。海南省出于土地面积和人口较少的因素,已经实行了"县市分治",市只管理城市本身,县则由省直接管理。

关于实行省直管县的财政体制。2005 年 6 月,温家宝在全国农村税费改革试点工作会议上指出:"要改革县乡财政的管理方式,具备条件的地方,可以推进'省管县'的改革试点。"党的十六届五中全会提出要优化组织结构、减少行政层级,条件成熟的地区可以实行省直管县的财政体制。《国民经济和社会发展第十一个五年规划纲要》提出要"理顺省级以下财政管理体制,有条件的地方可实行省级直接对县的管理体制"。

(2)对目前省直管县体制的几点思考。

第一,应当客观评价"市管县"体制。

目前,各种媒体对市管县体制几乎出现了一边倒的指责之声,主要集中在以下几个方面:

一是"市管县"体制缺少法律依据。宪法规定,我国地方政府管理层次为"三级",即"省、自治区、直辖市;自治州、县、自治县、市;乡、民族乡、镇",在省与县之间没有"中间层次"。

二是"市管县"体制增加了层次,加大了行政管理成本,降低了行政效率。

三是"市管县"体制下城市的经济辐射作用普遍存在"小马拉大车"的现象。"市管县"的主要目的是以中心城市的优势地位拉动所辖县的经济发展,但是,并非所有的市都能起到这一作用。

四是城市虚化现象严重。"市管县"体制虽然推动了城市化的发展,但也造成了城市化进程中的另一个后果,那就是广域型城市的大量出现。

五是"市管县"体制虽然表面上解决了原来的地市矛盾,但实际却出现了更为尖锐的市县、区县之间的矛盾。市侵害"县"及农村地区的利益,形成所谓"市压县""市卡县""市挤县""市吃县""市刮县",甚至还有市管市这种违反宪法的现象,严重影响束缚了县域经济社会的发展。

因此,有必要对"市管县"体制进行一次全面认真的分析研究,既要客观评价这一体制对经济社会发展的促进作用,也要找出新形势下它的不足之处,以避免今后出现"一刀切"式的改革。

第二,要从大的制度环境和地区差别方面来重新审视目前的强县扩权改革。

强县扩权改革试点虽然得到各方的肯定,试点县的经济发展也明显加快,但试点过程中也遇到了一些具体问题和困难,主要为:

一是省辖市对扩权县市的支持力度减弱。一些地方在地级市权力下放后将市级财政的财力更多地投向市区,帮扶县(市)发展的积极性有所降低,项目要求的配套资金迟迟不能到位或划拨给了另外地方,一些地级市不愿意再承担配套责任。有媒体形象地描述为扩权强县"有了对省府的话语权失了市府的支持度",使强县扩权受惠的县(市)遭遇一连串的尴尬。

二是一些地级市为了保住既得利益不愿放弃权力,甚至出现市与扩权县争权的现象。有些省的部分扩权县市反映,强县扩权难关重重,下放的权力"虚"多"实"少,也没有形成完善顺畅的运行机制,致使扩权县(市)心存顾虑,扩权后既高兴有些权限直接对省,又怕得罪所在设区市,进退两难。

三是垂直部门在扩权政策中定位模糊。土地、金融、工商、税务等垂直部门对当地经济发展具有举足轻重的影响,但他们各自都有自上而下的一套行政体制和管理体制,扩权政策在这种既成的事实面前显得无能为力。一些垂直管理部门扩权前是"一个婆家",扩权后变成"两个婆家",工作程序重叠,难度加大。

四是省管县体制会出现省一级政府管理幅度过宽、管理难度加大的问题。省直部门由原来的直管十几个设区市变成几十个甚至上百个设区市和扩权县(市),工作量明显加大,人手不足矛盾加剧,有些工作的督促检查鞭长莫及。

五是扩权县(市)直接对省后,普遍感到工作机构、人员数量、人员素质跟不上,难以适应业务衔接,影响了部分职权的有效运行。"扩权强县"对县级领导和具体工作人员的权力掌控、政策把握等都提出新的考验,如果缺乏有效的约束或监督,极易产生政府的行为短期化或扭曲,存在"由放而乱"的可能性。

现在很多试点省已经发现了上面这些问题,并且正在力图找到解决问题的方法。但是,这些努力在目前看来还是有限的,主要因为:

①"强县扩权"改革只是整个行政管理体制改革的一个侧面,它不能完全解决市场化改革已进入攻坚阶段背景下政府与市场的关系问题,扩权带来的只是政府体系内部权力配置的变化,而对于如何处理政府过多规制和过分干预经济这一政府体系乃至宏观经济政治体制的共性问题无能为力。如果不从政府与市场关系这一更高层次上致力改革,则传统体制下的种种弊病就无法根除。

②"强县扩权"改革难以防止形成新的"诸侯经济"和市场分割。在中央地方分税制的大框架下,各级地方政府均有足够的投资冲动,相互独立的利益往往使其不顾资源配置的整体效率,特别是改革后县级政府的经济社会管理权得到扩大,政府定位模糊不清加上倘若约束不力,则极可能出现趋利化短期行为,导致为追逐政绩而侵蚀市场机制,从而加剧市场分割和地区封锁,危害区域经济的整合和发展。如果没有有效的监管机制和体制,很难保证不陷入"放放收收"的怪圈。因此,"强县扩权"对省级政府管理提出了更高的要求,但"强县扩权"本身并未提供有效的约束机制。

③各省的省情和实施条件不同,处于不同发展阶段的市县关系不同,省市财政水平和县域经济自身发展能力各异,都影响对改革的看法和推进。再加之扩权主要面向的是强县,对广大的"弱县"怎么办? 是简单放权还是继续依托有较强实力的地区中心城市带动发展,如何定位地级市的功能、强化其发展等仍是值得研究的问题。因此,对"强县扩权"改革的意义和价值,既不能低估,也不能高估,更不能寄希望于毕其功于一役。

第三,要从国家发展的长远战略来思考省直管县和市管县的问题。

省直管县还是市管县,无论从理论上,还是实践过程中,都是一个非常有争议的问题。有一种观点认为,省直管县还是市管县,实质上是市县发展的优先地位问题。优先发展城市还是优先发展县域,实质上又是区域发展中的公平与效率问题。城市是社会发展效率的载体,坚持效率导向,就要优先发展城市。县域发展是社会公平的保障,我国县政府管辖下的人口占据总人口的70%左右,中西部省份县域人口比例更高,没有县域的发展,就不能保障我国多数群众的利益。改革开放以来,我国在"效率优先、兼顾公平"的政策下,优先推进了城市的发展,县域发展相对滞后。但是,在当前我国"三农"问题比较突出、城乡差距比较显著的背景下,加强县域社会经济的发展具有迫切性。省直管县体制的探索与实践表明这种体制有利于县域社会经济的发展,但必须处理好与中心城市的协调发展,只有这样才能处理好我国区域发展中的公平与效率问题。另外,从世界发展的趋势来看,全世界人口的30%以上集中在离海岸线100公里的城市里,60%以上的人口集中在离海岸400公里的城市里,发展城市能够最大限度地保证有效利用资源和减少环境污染,从中国目前的国情来看,优先发展城市仍然是一条正确的战略选择。因此，不能只考虑眼前的需要，要从国家发展的长远战略和顺应世界发展潮流这个高度，来认真思考和研究这个问题。我们的结论是，在选择省直管县还是市管县体制时，关键是看是否有利于区域内城市总量的发展。

第四，要研究省直管县涉及的相关法律问题。

目前国家的法律、法规规定了一些必须由市这一级管理的事权。尽管我国宪法上没有地级市和副省级市，但其长期以来，我国是按照中央—省—市—县—乡五级行政体制来建立各种相关制度的，在许多的法律、法规和政策性文件中，地级市的管理权限得到了明确的承认和体现。尤其是行政许可法实施以来，地级市政府部门的一些管理权限进一步得到了相关法律的明确，权力下放反而与现行法律、法规不符合。当前，在强县扩权改革过程中的许多管理权限下放事实上是缺乏法律、法规方面的支持。

第五，要着重研究省直管县应该具备的条件。

目前中央发布的各种文件和中央领导的讲话精神强调的是：在具备条件的地方，可以推进省直管县的改革试点。到底应该具备什么样的条件？还是以湖北和浙江为例：

湖北是 2004 年推动的，20 个县市，下放 239 个事项权，其中包括发展计划、经济贸易、旅游交通、劳动人事、市场监督、国土资源、水利环保、税务财政等方面，涉及 23 个政府部门。浙江是 2002 年推动的，17 个县市，下放 313 项审批权，涵盖了计划、经贸、外经贸、国土资源、交通、建设等 12 大类扩权事项，几乎囊括了省市两级政府经济管理权限的所有方面。

浙江的成效非常明显，县域经济得到了很大的发展，有 30 个县进入全国百强县。为什么呢？浙江的客观条件比较有利于实施省直管县体制。一是所辖的县较少。1980 年，浙江有 11 个地级市，66 个县，大致只有一些省份的 1/2 至 1/3。二是面积较小。全省 10.18 万平方公里，80% 的县位于以杭州为中心 200 余公里的半径内，即使在交通条件较差的 20 多年前，多数县在半天路程之内。三是地级市实力较弱。当时浙江仅 7 个地级市，国民收入仅占全省的 23.5%，所以浙江经济的主体是县。可以说，县域经济的发达是"省直管县"的一个根本原因。

县级区域经济发达到一定程度才需要扩大其权力，提高其自主力，权力大小要与经济发展程度相匹配，否则浪费权力资源，并且容易造成权力的滥用。并不是每一个省区都像浙江一样有发达的县域经济、县域经济独成单元。有些地区县域经济比较落后并不是县级政府权力过小的原因，还有其他诸如地理、观念等因素的制约，不能只靠扩大县的权力就能解决的；有些市域已经形成了良好的经济发展结构，例如苏州，如果由省直管县会影响原有的良性结构。

从试点情况看，省直管县改革要取得实效，以下几个方面的因素非常重要：一是省级财政的宏观调控能力。即省级财政有一定的财力来解决县级财政困难或支持县域经济的发展，否则，只是管理形式上的"换汤不换药"，且将付出"管理失效"成本。二是县级经济的自身发展能力。省管县后，县作为一个相对独立的经济区域被赋予了更大的发展自主权，但自主权并不代表发展能力。自主权的扩大并不意味着发展能力的增强。如果一个县（市）在扩权之后经济仍然不能得以发展，省管县的改革成效难以显现，那就失去了省直管县的意义。三是市级财政实力。如果市级财力较弱，县级财力较强，省直管县，对县的发展成效就会较好；如果市级财力较强，有能力帮扶县级，则市管县对县的发展效果更好。四是市和所管理的县是两个独立平行发展的经济实体，彼此除行政上的隶属关系外，经济等其他方面的关系不大。五是有相应配套的行政区划改革。六是同一区域内的市和县、县和县之间能够建立相应的发展协调机制。

二、信息时代的政府管理

在信息时代,公民要求得到高质量、多样化、快速高效的公共服务,要求将官僚组织变为更富灵活性与参与性的学习型组织。可围绕某一具体任务组成跨部门、跨系统的协作型组织;可用竞争型的合同管理部分代替官僚制管理;可用绩效预算体制代替传统的预算体制,提高公共项目的质量;可引入公务员管理的灵活机制,提倡公务员为公共利益而奋斗的企业家行为。信息时代要求政府以科学技术及教育职能为中心来进行职能的有机配置。政府职能一般分为政治与行政管理职能、经济职能、社会职能、科学技术职能、地方行政职能。

在政治与行政管理职能上,政府的政治与行政管理机构应该为经济的发展服务。其机构设置应该适应经济发展的需要,运转成本应该尽可能低廉;来自社会的政府提取应服务于社会,服务于公共利益,而不是由政府官员消耗殆尽。一个政府的政治与行政机构运作所付出的成本越低,国家就越有实力投资于科技与教育的发展。

在政府经济职能上,中国经济新常态意味着中国经济高速增长阶段已经结束,中低速增长成为一种显著趋势。通过改革释放红利,激发经济领域的活力,是确保经济健康发展的必然选择。当前,要通过行政体制改革实现政府职能转变,提高行政体系的运行效率,从而降低社会交易成本与优化社会资源的配置,增强中国经济发展的内生动力;政府应缩减在微观经济领域的作用,增强宏观调控和市场监管作用,塑造新型的政府与市场之间的关系;应强化政府的市场监督、社会服务与社会治理职能,实现从管控型政府向服务型政府的转变[①]。

在政府社会职能上,社会福利职能是社会职能的核心。政府社会福利职能的有效实施是建立社会安全网的一个必要条件,是市场健康发展的基本条件,是现代人权发展的必然要求。但社会福利是要进入商品成本的,是需要相应的支出的。所以,政府社会福利职能的配置有个度的问题,否则也会阻碍生产力的发展。不过,我国目前的当务之急还是大力完善社会保障体系,福利过度,还远远不是我们政府考虑的问题;而欧美则是在摆脱社会福利的过度负荷,集中精力推动高新技术的发展。

三、决策与执行的分开

这里决策与执行的分开主要是指行政过程中决策与执行的二次分离,在工业化国家政府管理的发展史上,立法部门的决策职能与行政部门的执行职能的分离,可谓决策与执行的第一次分离;随着这些国家现代化进程的推进,行政过程中又出现了决策与执行的第二次分离。

从目前看,行政过程中决策与执行的第二次分离主要有两条路径:美国的公私合作模式与英国的建立执行局(法定机构)模式。美国的公私合作模式指的是政府决策、私营部门参与执行决策的模式;英国建立执行局(法定机构)模式指的是政府核心部门制定政策,执行性机构执行政策的模式。公共部门建立以绩效为基础的执行机构并同它们签订正式的合同,允许它们在人力和财务管理上有较大管理灵活性,但要求它们对后果负有较大的责任。瑞典和其他一些北欧国家长期以来都把内阁各部同具有特殊目标的机构(可称为执行性机构或法定机构)区别开来。20世纪90年代的英国近三分之二的公务员已经转到100多个法定机构——执行局。澳大利亚、丹麦、爱尔兰、瑞典、新加坡、牙买加等国在20世纪80—90年代有类似英国的实践。

---

① 熊光清. 中国经济新常态下的政府职能转变[J]. 哈尔滨工业大学学报(社会科学版),2016,18(2):2-6.

中国的国情决定了我们不可能大规模地利用私营部门的力量来参与执行政府决策。从未来的发展着眼,国外成立法定机构的做法对我们的行政改革选择有一定的借鉴意义。

法定机构的组织性质决定了它有着特定功能优势。法定机构是指一种类型的机构,目前还没有统一的定义,大体上可以把其内涵概括为:按照一定的程序设立的,不属于政府职能部门序列内(但可以归口政府部门管理),又承担具体的执行性职能的行政机构,属于中介组织的一种。法定机构的三个基本要素是:依法设立、承担具体执行性职能、业务相对独立。

传统意义上的行政机构在政府正式序列内,属政府部门,而法定机构一般不在政府序列。传统意义上的行政机构由政府拨款,法定机构则可采取政府拨款、补贴、收费等形式。

无主管部门的法定机构的首席官员只对政府首脑负责,有主管部门的法定机构的首席官员与法定机构没有领导和指导关系。法定机构不具备决策权。法定机构的设立、变更都需经严格的法律程序,传统意义上的行政机构则不一定。在内部管理等方面,法定机构具有较大的独立性、自主性。

法定机构有其功能优势。法定机构的组织性质与组织特点决定了它有自己的若干职能特点与职能优势。

首先,它可以在满足社会需要的前提下压缩政府规模。在现代社会之中,一方面,公民要求政府越小越好;另一方面,公民对政府功用输出的需求丝毫没有减少(例如,要求政府保护环境、维护公共卫生、保证产品质量安全等),但政府又不能无限制地扩大规模。组建集技术性、专业性、监管性、服务性于一体的法定机构,是解决这对矛盾的一种有效办法。法定机构不属于政府职能部门序列,工作人员不全是公务员,有多渠道的经费来源,政府对其依法管理,因而是一种不可替代的组织形式。法定机构执行的是政府职能,执行核心部门制定的政策。另外,法定机构具有依法成立与废止的特点,有利于政府对其发展的规模与方向进行规范,从而避免出现由于政府部门不断发展,而形成的"尾大不掉"的现象。

其次,与决策机构之间可以形成有效的内在的监督机制。法定机构承担着大量的行政性事务,掌握着相当一批财政资源,掌握大量的处理公共事务的信息资源。根据干多少事就有多少权的原则,法定机构实际拥有较大的权力。这就引起法定机构与决策机构之间权力的一种很微妙的互动作用。决策机构规模较小,权力相对弱化,这驱动了决策机构有内在的动力去监督约束法定机构。

当然,这种决策机构对法定机构的制约不排除其他监督机制的作用,相反,它的这种监督可以起到催化剂一样的作用,可以强化其他监督机制的力量。这种效果已经被海南省洋浦管理局建立法定机构的实践所证明。法定机构可能成为政府职能转移、人员分流的一个重要组成依托。我国的政府职能要转移到社会中去,但我国的中介组织不发达,素质不高是一个不争的事实,与其转移到一般的社会中介组织,不如转移到法定机构这一特殊的中介组织。

法定机构正成为我国公共部门改革的重要参照乃至目标模式之一,已经或正在探讨在政府机构、事业单位、国有企业等多领域进行法定机构改革。法定机构是改革开放之后从新加坡、我国香港地区等地引入我国的,但与法定机构相同或相近的机构存在于英美、欧洲及日本等诸多国家和地区。机构法定、多种功能、运行灵活三大特点使法定机构在我国政府机构、国有企业(公共企业)特别是事业单位等公共部门改革中都具有广泛的适用性[①]。

---

① 赵立波. 法定机构与我国公共部门改革初探[J]. 中共青岛市委党校青岛行政学院学报,2016(5):47-51.

目前,除广东省,特别是深圳市的事业单位改革引起社会广泛关注外,我国其他一些地方也开始或准备进行法定机构改革试点,如上海浦东进行的法定机构试点改革。"在陆家嘴金融城区域探索建立市场化、国际化的'业界共治＋法定机构'新型公共治理机制,积极推动新机构投入试运行。"①学术界对法定机构给予更大期待,如有人认为大部分事业单位都应改革成为法定机构,也有人建议设立专门为农民工服务的法定机构②,更有学者提出我国供销社改革发展目标是走向法定机构、公法社团③。

法定机构是舶来品。为何引入？简要概括法定机构的特点或优点及其对我国事业单位等公共机构改革发展的借鉴、参考之处,有以下三点。

1.机构法定

机构依据法律或者行政法规、行政规章成立,能够独立依据章程开展活动,政府部门对其具体运作不能直接、随意干涉,这有利于解决政事不分这一老大难问题。如果公立科研机构不能彻底理顺政事关系、依法获得独立性和自治性,像管理政府机关、政府公务员一样管理科技人员的现象无法避免。比如日本在特殊行政法人改革中将原来没有独立法人地位的国立大学、医院,特别是众多研究机构从直接隶属政府各省厅中独立出来,依据特定立法赋予其独立法人地位,使其能够独立开展业务运营。

2.多种功能

法定机构适用多类型职能,包括管理性、协调性、服务性乃至经营性工作均可交由法定机构承担。虽然在我国的改革中将法定机构作为事业单位进行登记,实际上其所承担的任务、机构的属性是极其多样化的。如需要独立依据专业知识、创新能力进行的科研活动,其工作链条包括管理、研发、中试、推广、产权保护、中介服务、园区建设等众多复杂多样的运行环节,法定机构这种能够适应多类型职能、多样化运行的组织设计,因而对其具有特殊的适用性。从各地改革探索看,各类园区型功能区、科技研究与服务机构、公立医院等是承担法定机构改革试点最多的机构(有关国企改革中可借鉴新加坡法定机构淡马锡控股公司做法,其观点主要集中在学界、实务界探讨领域,尚未实施),其中科技园区、科研机构等特别需要各地通过进行法定机构改革以更好发挥其功能作用。

3.运行灵活

运行灵活是法定机构的重要特点。法定机构的组织章程、战略规划、重大决策等需要立法机构、行政机关的批准、决定,其内部具体运行可根据自身需要采取多样化方式进行。其人事制度尤为灵活多样,招录、薪酬、晋升等具有高度自主性、灵活性,有助于调动、激发管理特别是专业技术人才的积极性。如"是企业化的政府,但不是政府的企业"的前海管理局,除了极少数政府的主要领导使用行政编制外,其他人员均要求取消行政乃至事业编制,依据合同用人,按照绩效定酬④。上述特点或优点,可以极大程度摆脱行政干预,实现去行政化要求。

虽然在我国目前的改革中法定机构主要是作为传统事业单位替代组织出现的(如广东省

① 沈则瑾.浦东新区今年重点推进八项改革[N].经济日报,2016－04－19.
② 丘勋锐,黄明健.设立为农民工服务法定机构[N].人民公安报,2009－03－13.
③ 杨团.供销社应走向法定机构、公法社团[J].农村工作通讯,2015(9):28－29.
④ 熊哲文,华夏民.深圳前海管理局法律地位研究[J].特区理论与实践,2013(1):61－65.

明确要求法定机构登记为事业单位),但法定机构本身却具有相当广泛的适用范围,可以在行政管制、服务提供、资产经营等多种功能中发挥作用,它与我国当下理解的行政管理与非行政管理、营利性与非营利性并无直接对应关系。因此,法定机构在我国政府机构、事业单位、国有企业(公共企业)等公共部门改革中都具有广泛的适用性。当然,就改革有序推进、优化公共治理而言,法定机构的引入从事业单位改革角度切入是恰当的选择,先从事业单位改革进行试点、探索,立足我国国情,结合改革事业推进与经济社会发展需要,更广泛地将其引入我国公共部门各领域改革,进而以此推进公共治理现代化与公共服务体系创新。

四、公共服务市场化

公共服务市场化是指通过政府与社会之间的合作,利用竞争机制、价格机制、供求机制与约束机制,调动社会资源参与政府公共服务的供给过程,从而实现政府以较少的资源与较低的成本来实现提供数量更多、质量更高的公共服务之目的。它主要包括三个方面的内容:①政府对公共服务决策与公共服务具体的供给执行过程分开;②在公共服务的具体供给过程中引入竞争机制;③消费者具有选择的权力与选择的机会。公共服务的市场化使政府在观念上实现了一次大突破,它打破了过去将公共事业与私营经济相对立的成见,使人们认识到公共物品也是一种商品,它们在生产和输出过程中也需要讲究效率和质量。这不仅有助于政府部门吸取最成功的管理思想和经验,从而在公共服务输出的过程中降低供给成本,提高效率和质量,而且使政府的公共服务更贴近公众。

在传统政府模式下,政府是提供公共产品的唯一组织,不仅制定政策,而且亲自提供服务。政府为了维持社会福利必须拥有庞大的组织机构和大量雇员,必须将大量的财政资金用于社会服务的提供。公共服务市场化要充分发挥市场与竞争的作用,用企业家精神改革公共部门,强调政府减少干预,政府角色由"划桨"转向"掌舵"。政府的主要职责是制定公共政策并实施监督与评估,许多具体的公共服务则由私人部门、第三部门和下级政府组织通过竞争来提供。凡公共事务能够以公开、公平、自由竞争的方式,达成较大效益者,便适合市场机制。为促使市场机制的发挥,政府可以通过开放市场、促进市场和刺激市场等政策工具或手段,从而达到资源的最佳配置,向社会及公众提供更好的服务,同时也能减轻政府财政压力。

公共服务市场化的基本理念是引入竞争机制,其主要集中在三个层面上:一是公与公之间的竞争,二是公与私之间的竞争,三是私与私之间的竞争。公与公之间的竞争是指在政府内部引入竞争机制,或者可以称之为强化内部市场。传统的公共服务提供方式是将服务对象按地域或其他标准进行分割,给他们提供垄断性的集中配置服务。政府内部引入竞争机制是指改变传统的集中配置做法,缩小服务供给机构的规模使其更加专业化,给客户自由选择服务机构权利,迫使服务部门不得不为赢得"顾客"而展开竞争。公与私之间的竞争是指政府与企业之间的竞争。通过将政府垄断的服务部门如交通、电信、邮政、水电等推向市场,打破政府垄断格局,形成多家市场主体竞争的局面。政府的主要职能是扶持行业协会,制定市场准入规则、竞争规则,维护市场竞争环境。这样做不仅避免了国家对企业经营活动的直接干预,同时还可以引导企业,使之与国家政策计划协调统一。私与私之间的竞争指企业之间的竞争。政府通过招标的方式将一些后勤业务,如环卫清扫、医疗卫生、消防救护、职业培训等出租或承包给不同的企业,形成不同企业之间的竞争,以提高公共服务的供给质量和供给效率。

公共服务市场化是对传统政府管理模式的一场挑战,其顺利实施有赖于各方面条件的保证。

(一)成熟的市场机制

市场经济对于资源的有效配置有着天然的优越性,但是这种优越性的发挥却是建立在市场经济发育成熟的基础之上的。实践表明,西方国家公共服务市场化所取得的成效与其社会成熟的市场机制是分不开的。只有社会上存在着大量的运作成熟而规范的私营企业或组织,才能与政府进行公共服务的公私合作,而这有赖于产权明晰、市场法律法规健全而有效的市场经济。只有这样的市场经济才能有能力成为政府进行资源配置的有效补充。

(二)民主化的公共决策

公共决策是对社会公共利益的权威性分配,公共服务市场化作为优化社会资源配置方式的措施,必然要求民主化的公共决策。况且,公共服务市场化作为政府治道变革的一部分,必然要同治道变革的其他环节相配合来进行。其中民主化的公共决策是公共服务市场化顺利实施的重要保证。公共服务市场化归根到底是由政府倡导的,它的主要特点是公共领域与私人领域的合作和互补。其实质是公共部门的权力下放,以社会能力补充政府能力。这一过程本身就是民主化的一种体现。公共服务市场化的实施是具体而复杂的。内容涉及社会生活的各个领域,只有充分发挥民众的力量,通过对话、协商、公开辩论等方式在公共决策过程中实现民主化,才能实现国家与社会、政府与市场的良性互动。

(三)法治化的政府行为

法治化的政府行为是公共服务市场化的重要保障,在公共服务市场化的过程中,政府部门和私营部门广泛接触,政府部门的强制性和私营部门的赢利性导致在这个过程中极容易发生权力与利益交易的"寻租"行为发生,这不仅会损害公共利益,还会使社会真实需求得不到正确显示,造成市场经济资源配置的优化功能失效。公私合作也为腐败提供了滋生的温床,对政府的可信任度构成了威胁。只有建立健全的公共行政法律法规对政府行为进行法治化的制约和监督,才能保证公共服务市场化沿着预想的正确的轨道发展,实现有效配置社会资源的目的。

(四)成熟且有效的技术支持

实践过程总要比理论论证复杂得多,如何度量每一种公共服务的共用性程度,是公共服务市场化的重要问题。只有对每一项公共服务的共用性程度进行准确的测量,才能决定这项公共服务究竟在多大程度上实行市场化,采取何种方式进行市场化才能达到较为良好的效果。另外,市场化的最大特点就是等价交换,在公共服务市场化的过程中如何对公共服务进行收费也是一个十分重要的问题。公益物品的特性决定了其成本—收益的计算要比私益物品复杂得多,因而如何达到资源优化配置和维护社会公平的最佳结合点也是一个亟待解决的问题。况且,公共服务涉及众多产业,每一个产业都有其独特的生产技术和所提供的服务类型,这就存在着如何对这些不同类型的公共服务进行细分等问题。这些问题的解决都有赖于一种成熟而有效的技术支持。只有这样才能对社会的各种信息进行有效的汇总和测算,发挥市场经济中的价格调节和激励机制作用,实现公共服务质量的提高和费用的降低。

公共服务市场化是我国转变政府职能以及转变公共服供给方式的必由之路。我国公共服务的市场化已初露端倪,但远远不能满足社会发展的需要,与发达国家的公共服务市场化的发展相比,有相当一段距离。那么,公共服务的市场化的路径到底有哪些? 由垄断局面到非垄断的竞争局面有几种制度可选择? 这由不同国情决定,包括三重含义:私营部门的能力,政府管理私营供应者的行政能力,对公私合作的认同态度。

其一是商业化的制度设计。具体步骤是政企分开,将原有部门进行公司化改造,公司化改造后,主体受私法而非公法制约。中国电力部向电力工业总公司的演变基本上体现了这个过程。还有就是合同化,政府与提供某一具体公共服务的公共部门签订绩效合同,约束改革服务的成本与质量。必要时,可与多个部门签订合同,以引发部门之间的竞争。

其二是市场化的制度设计。市场化竞争制度设计有四条途径:

(1)替代品竞争。如高速公路与铁路之间的竞争。

(2)放开基础设施市场上的企业竞争。如放松对电信业、铁路、航空、汽车、天然气的行业准入。南京市公交业率先打破行业垄断,将公交业推向市场,取得了很好的效果。政府不是追加投资,而是借助市场的力量优先发展了公交。

(3)为市场进行竞争。不是为了直接争取市场上个体消费者而竞争,而是为了向整个市场提供服务的权力而竞争。租赁或政府特许就是创造这种制度设计的具体办法。为了支持高速公路,政府往往特许投资主体通过一定的收费体制来实现自己的收益权。投资主体在政府的规制下,一般是按照成本最低、收益最大的原则来进行道路的建设、维护和管理。

(4)垄断企业的民营化。这是一种普遍的做法。民营化意味着私有化。

由于中国的民间力量比较薄弱,政府管理私营部门的行政能力较低、公私合作的共识还不强,我国的国家公共服务市场化的范围比美国等西方国家要窄一些。但我国应该在指导思想上把公共服务的市场化纳入行政改革的规划,将公共服务的市场化与政府职能转变、政府机构的改革协调统一起来。

五、公务员制度的创新

(一)新公共管理视角下的公务员制度

1.新公共管理给公务员制度带来的冲击

公务员制度始于19世纪中后期的英、美两国,第二次世界大战后在西方各国普遍建立和发展起来。公务员制度在100多年的发展过程中,逐步形成了一套基本制度及其相应的核心价值。而新公共管理这一新范式作用于公务员制度,则像一把双刃剑。一方面,给政府公务员制度带来了积极的活力,为当代公务员制度提供了变革、发展的机遇,为公务员制度提供了新的方法和动力支持,有利于提高公务员的主动性、积极性和创造性,有利于提高行政效率;另一方面,也给政府公务员和人事管理制度带来一系列冲击和考验。

首先,新公共管理加快了传统政府行政文化的解体和重建。新公共管理使政府及其公务员的行政意识、行政价值观、行政信仰、行政系统、行政习惯及行政准则等行政文化要素面临巨大的冲击,使其日益显示出局限性,引起了世界各国"重塑政府"运动的盛行。主要表现在:第一,新公共管理加快了传统政府从"官僚政府"向"经济政府""责任政府"的转变;第二,新公共管理加快了传统政府由"管制政府"向"服务政府"的转变;第三,新公共管理加快了传统政府从"投入政府"向"产出政府"的转变。

其次,新公共管理加速了政府公务员制度体系的健全和完善。新公共管理崇尚市场力量、市场作用和市场机制,认为公共部门与私人部门之间在管理上并无本质区别,应借用私营部门优越的管理理论模式、方法和技术"重塑政府"。这就要求:在干部的使用上,变革干部能上不能下的终身制,实行任期制;在录用工作中,以公开、公平、竞争的考试制度代替传统定性的政治考察;在干部的调配上,以流动灵活的机制代替计划机制;在工资制度上,改革传统的同级同酬的等级工资制,实行以绩效工资为主的灵活工作制度;在官员的管理方式上,要求放松对政府人员的规制与约束,改革"规则优越"战略,建立以结果为本的公务员制度。

最后,新公共管理导致公务员制度的核心价值受到影响。新公共管理强调大规模裁员,实行合同制,甚至聘用大量临时人员;主张授权给公务员,放松对公务员内部的管制和约束等,都对传统公务员制度的核心价值产生影响。

2.公务员制度改革趋势

第一,市场化。随着政府职能向市场的转移,政府组织机构和运行机制中引入了市场竞争,公务员的管理也同时出现了市场化的特征。首先,公务员队伍的规模要讲究交易成本,应当设法控制使其内部协调管理成本不要过于远离市场交易的成本。所以,世界各国改革所做的一件很重要的事情就是向公民证明,改革后的政府管理效率不低于按市场交易原则运行的私营组织。这个证明也是改革后的政府组织获得合法性的重要途径。其次,市场化的特点表现在一些公共服务为了更加适应不同部门分工的要求,采取了按"使用者付费"的原则进行的改革。一方面,政府按这一原则向专门进行公共服务提供的部分公共机构付酬,从他们手中"购买"公共服务;另一方面,这些公共机构按这一原则向享受特定服务的公众收取服务费用。这两种方式可以分别向政府和公民显示行政执行的真实成本和公共服务的真实成本,以便做到对投入的全部成本进行监督,有利于更加合理地利用资源。再次,市场化特点表现在政府运行方式上引入了竞争机制,建立了内部市场。这种做法能够在一定程度上打破原来的公共服务提供的垄断,在竞争中提高公共服务的生产效率和质量。

第二,放松规制。效率成为中心目标之后,放松规制就成为一个必然要求。由于官僚制讲究以规章制度约束国家公职人员,防止以权谋私,所以规制严格烦琐是各国公务员制度的一个典型特点。因此,改革必然针对规制本身进行。臃肿的机构和复杂的管理被认为减少了个人的自由创造性发挥的机会,因而于效率不利。绩效合同使政府对公务员的要求从重过程和程序转向重结果,规章制度便有所放松。

第三,绩效评估。传统官僚体制下的公务员制度以职位分类、等级制和统一标准作为考核、评价和激励公务员的主要手段。考核的标准是统一和事先确定的,主要内容是满足政府提出的以责任心为核心的一系列要求,这些要求基本没有成本收益观念的痕迹。改革后的公务员制度,"评估"应成为重要的行政管理环节和必须广泛运用的行政管理技术。评估的目的是在公共服务提供中追求经济效率和效益。为此所有政府工作人员都应该具备一定的基础能力,即口头交流能力、书面交流能力、领导能力、解决问题的能力、自我导向的能力、技术能力、人际关系能力、灵活性和果断性等九项能力。基层管理人员的能力共有五项,包括管理同类工作人员的能力、冲突管理的能力等。中层管理人员的能力共有六项,包括创造性思维、计划和评估、顾客导向、内部管理、财务管理、技术管理等。高层管理人员的能力共有两项,包括洞察力、认识外部环境的能力等。这些能力也应成为评估公务员的重要依据。

第四,自主化。执行机构的相对独立性和它们之间的竞争性,决定了它们应当拥有比传统公务员制度下更大的自主管理权力,包括人员录用和辞退权、工资标准确定权等。自主化管理使执行机构与决策机构人员的管理标准与不同执行机构间的管理标准都出现了差异。执行机构在取得与政府的合同或任命后,可以根据工作人员的不同成绩,确定不同的工资和奖金标准。通常这种企业化的管理方式都会导致公职人员工资超出原有水平,且有较大的差别。澳大利亚政府于1992年10月,宣布了一项决定,开始对公务员工资实行分散管理,放弃原来的集中统一管理模式。联邦公务员不再依据全国工资状况提升薪金,而是依据一项定期企业协议决定其薪金,协议期限为 2 年。在这个协议之外,各机构还可以依其劳动生产率情况就工资的提升和变化的条件进行谈判,达成协议。这种情况充分表明了执行机构自主权的扩大。

第五,界限趋于模糊化。代理市场、合同制和执行机构自主权的扩大,使公务员概念的严格界限趋于模糊化。决策机构中的公务员更多地保留了传统公务员制度中的特征,而许多执行机构中的公职人员则减少了这一特征,他们的公务员身份没有过去那么确定和鲜明。甚至在美国的有些地方要放弃传统公务员制度。例如奥斯本和盖布勒在《改革政府》一书中说,"在佛罗里达州,州长劳顿·奇尔思已经说服立法机关限期取消文官制度,同时放手让两个部门去创造一种替代制度。"这样的改革至少要求人们在某种意义上修改原来的公务员制度观念,以适应变化了的形势。

(二)新公共管理对我国公务员制度创新的启示

一国政府采用何种管理模式,由其社会发展的整体水平及其政治文化背景所决定。中国正处于从农业社会向工业社会的转变阶段,正处于市场化和工业化、法治化、民主化的发展阶段。在这样的阶段,我们最缺乏的是适应工业化过程的政府管理制度,而官僚制恰恰是与工业社会相适应的一种管理模式。官僚制所倡导的专门化、专业化、职业化、法治等理性价值恰恰是我国政府管理体制所缺乏的。因此官僚制在现阶段的中国有其适用性。与此同时,我们也应看到,我们正面临着全球化和信息化的严峻挑战。现代通信和信息技术革命以及全球化对政府自身的组织结构、运行方式、工作行为都产生了深刻的影响。政府唯有创新自己的组织结构、运行方式、工作行为才能有效回应这种挑战。

我国政府官僚制本身还处于建设阶段,廉洁、忠诚、责任等价值观念仍有很大的发展空间,有学者甚至认为中国不是"官僚制太多而是太少",因此我国在改革和建设公务员制度时应充分考虑到这一特点。但我国作为后发现代化的国家完全可以在完善官僚制的同时,吸收新公共管理的"竞争、服务、效率"等理念以克服官僚制的弊端,从而建构起既立足于现实,又能适应社会发展趋势的新型公务员制度。

第一,制度创新:应始终坚持党管干部原则。在西方国家,对公务员的管理往往是独立于党派之外的。在我国,公务员制度是党的干部制度的一个组成部分。因此,我国公务员制度必须坚持党管干部原则。具来说包括以下几个方面:首先,我国公务员制度的基本原则、方针、政策以及重要决策必须由执政党中央统一制定,不能政出多门,各行其是。其次,在公务员的管理上要强调坚持党的组织领导,贯彻党的组织路线,保证党对各政府重要领导人选的推荐权。再次,坚持党管干部原则还体现在党对公务员负有监督的职责。各级党组织要对各级政府的党员公务员的工作进行必要监督,从思想上、作风上加强对党员公务员的管理。

第二,理念创新:从控制导向到服务导向。充分回应民众的要求是政府存在和理性的依据。全心全意为人民服务是我国政府及其工作人员行动的根本宗旨。由于长期的封建专制和高度集权的计划体制影响,我国政府及其工作人员权力本位、官本位的观念浓厚,习惯于控制而不是服务。政府改革应重新检讨政府存在的目的,彻底转变观念,树立"服务导向"的新理念,应以"人民高兴不高兴、人民答应不答应、人民满意不满意"作为政府的施政目标和考量标准,建立公共服务型政府。它意味着政府应该"把公民的需要和价值放在决策和行动的首要的位置上",而不是把国家放在首要的位置上,"必须更加关注公民的需要和利益,并对这些需要和利益作出回应"。

第三,制度创新:从集权人治到民主法治。①从强化公务员服务意识出发,借鉴英国公民宪章的有效经验,在政府部门推行"公共服务持续改善运动",以法令的形式,明确确立服务的内容和工作目标、服务标准、服务程序和时限,以及违诺责任。更为关键的是建立践诺机制以确保承诺能得以落实。为此,需要加强对外部监督机制、内部管理机制和内部保障的一系列制度安排。②加强法治建设,实现公务员管理的法治化、规范化,并对现有的单项法规在实践检验基础上,依据形势的发展进行修改、补充。要大力推进依法行政,强化执法监督。③加强制度建设,实现公务员管理的科学化、民主化,完善公务员制度运行机制。首先,健全竞争激励机制。A.完善考试录用制度。实行分类、分等、分级的考试办法,加强对应试者能力的测评。B.改进任用制度,大力推行合同聘任制。推进和规范竞争上岗制度,实行全员竞争上岗,为优秀人才的成长铺设"快车道"。C.改进考核制度,推行绩效评估。D.改进工资制度,建立个性化的绩效工资制。其次,完善新陈代谢机制。A.实行任期制。B.建立引咎辞职制度。C.推行年阶退休制。按不同职级划分不同退职年龄,一个人如果达到了本职级的退休年龄而未晋升到上一级,便须退职。最后,建立和完善监督约束机制。A.建立和健全公务员监督法规,制定公务员行为规范和道德标准。B.完善监督体系,强化执法监督。C.建设电子化政府,实现公务员管理的公开性和透明度。D.建立公民满意度评价制度,以公民满意度作为行政组织和行政人员的最终评价尺度。

第四,管理方式创新:从以事为中心的管理模式转到以人为本的人力资源管理模式。21世纪是全球化和信息化社会,人力资源的地位和作用日益显现,人力资源取代工业资本成为21世纪最重要的战略资源。对政府而言,拥有一支积极主动、尽职尽责、精明强干的公共人力资源是实现政府治理目标的根本保证。传统公务员管理模式主张以事为中心而忽视人,把人视为"执行指令"的机器或工具,管理过程强调的是严格监督控制。这种管理模式有其优点,但却扼杀了人的积极性和创造性,从而影响了组织绩效。因此,西方各国无不将公共人力资源再造作为一个重点,从以事为中心的管家式管理模式,转向以人为中心的民主人道的公共人力资源管理模式。该模式将人视为组织的第一资源或说是最重要的资源,重视营造良好的有利于人成长的工作环境,来激发公务员的潜能和创造力,使公务员有良好的绩效表现,以及较高的服务品质,进而促使政府目标的达成和效能的实现,同时也促进人的充分发展。具体可加强如下方面的工作:①授予权能,重视营造令人愉快的工作环境,并给成员更多参与组织决策的机会。②重视对公务员的培训,倡导学习,不断提升公务员的素质。③实现公务员管理的电子化。④实行绩效管理,建立结果导向的机制。

第五,组织结构创新:从机械封闭式到弹性开放式。人的行为受组织结构的制约,新型公务员制度的有效运行有赖于其组织机构的创新。原有公务员组织结构是高度集权的金字塔式结构,这样的结构必然会导致组织的封闭、开放性差,无法快速应对环境变化;会漠视民众的需求,会抑制人的活力和创造力。因此必须创新组织结构,构建一个弹性化组织结构。其主要特点是:①对环境具有开放性和回应性,以公民的满意为导向。②政策制定与执行相分离,强调战略管理。③组织的扁平化,减少中间管理层级。④倡导分权或授权而非集权。⑤重视组织员工和公民的参与。⑥网状型的沟通与联系。⑦以团队精神而不是以命令与服从来达到整合与控制。⑧建立跨部门的功能组织或"虚拟组织"。这种组织结构能充分发挥公务员的能力和潜能,使民众在任何时候、任何地点都能得到良好的服务。

参考文献

[1]王乐夫,倪星.公共行政学[M].北京:高等教育出版社,2012.

[2]曾维涛,许才明.行政管理学[M].北京:北京交通大学出版社,2009.

[3]夏书章.行政管理学[M].5版.广州:中山大学出版社,2013.

[4]张国庆.公共行政学[M].3版.北京:北京大学出版社,2007.

[5]张国庆.行政管理学概论[M].北京:北京大学出版社,2000.

[6]梁仲明.公共管理导论[M].北京:清华大学出版社,2012.

[7]宋光周.行政管理学.[M].4版.上海:东华大学出版社,2015

[8]张康之,张乾友.公共行政学[M].北京:中国人民大学出版社,2016.

[9]张康之.公共行政学[M].北京:北京大学出版社,2007.

[10]张康之,李传军,程倩.公共行政学[M].3版.北京:经济科学出版社,2017.

[11]彭和平.公共行政学[M].5版.北京:中国人民大学出版社,2015.

[12]彭和平.国外公共行政理论精选[M].北京:中共中央党校出版社,1997.

[13]蒋国宏,宋超.公共行政学新编[M].南京:东南大学出版社,2012.

[14]薛澜,梁正,杨列勋.公共管理学科发展战略[M].北京:科学出版社,2017.

[15]亚当·斯密.国民财富的行政和原因的研究[M].北京:商务印书馆,1994.

[16]詹姆斯·M.布坎南.自由、市场和国家——80年代的政治经济学[M].上海:上海三联书店,1989.

[17]张金鑑.行政学典范[M].中国行政学会,1979.

[18]曼昆.经济学原理[M].北京:北京大学出版社,1999.

[19]曾昭宁.公平与效率[M].青岛:中国石油大学出版社,1994.

[20]约翰·罗尔斯.正义论[M].北京:中国社会科学出版社,1998.

[21]崔朝栋.社会主义市场经济理论与实践(第五卷)[M].郑州:河南大学出版社,2008.

[22]薛冰,等.行政管理学[M].北京:清华大学出版社,2012.

[23]倪星.行政组织学[M].北京:北京师范大学出版社,2011.

[24]郭圣莉,应艺青.行政组织学[M].上海:华东理工大学出版社,2012.

[25]严强.公共行政学[M].北京:高等教育出版社,2009.

[26]严强.公共政策学[M].北京:社会科学文献出版社,2002.

[27]邹东升.公共行政学[M].北京:北京大学出版社,2014.

[28]娄成武,杜宝贵.行政管理学[M].北京:高等教育出版社,2015.

[29]杨福禄.公共行政学[M].济南:山东人民出版社,2011.

[30]孔凡河.行政学基础[M].上海:复旦大学出版社,2012.

[31]郭小聪.行政管理学[M].4版.北京:中国人民大学出版社,2016.

[32]教军章,韩兆坤,高红.行政组织学通论[M].北京:高等教育出版社,2015.

[33]朱新林,陈素慧.公共行政学[M].杨凌:西北农林科技大学出版社,2010.

[34]尹钢.行政组织学[M].北京:北京大学出版社,2005.

[35]里格斯.行政生态学[M].台北:台湾商务印书馆,1978.

[36]丁煌.西方行政学说史[M].2版.武汉:武汉大学出版社,2004.

[37]丁煌.行政学原理[M].武汉:武汉大学出版社,2007.

[38]吴琼恩,等.公共行政学[M].北京:北京大学出版社,2006.

[39]徐双敏,李明强.行政管理学[M].北京:科学出版社,2013.

[40]王学栋.公共行政学[M].北京:清华大学出版社,2011.

[41]许法根.公共行政学[M].杭州:浙江大学出版社,2008.

[42]王沪宁.行政生态分析[M].上海:复旦大学出版社,1989.

[43]王沪宁,竺乾威.行政学导论[M].上海:上海三联书店,1988.

[44]彭文贤.行政生态学[M].台北:三民书局,1988.

[45]张永桃.行政管理学[M].北京:高等教育出版社,2003.

[46]曹现强,王佃利.行政管理学[M].北京:清华大学出版社,2011.

[47]张成福,党秀云.公共管理学[M].修订版.北京:中国人民大学出版社,2007.

[48]王伟.中国韩国行政伦理与廉政建设研究[M].北京:国家行政学院出版社,1998.

[49]马建川,翟校义,赵宝煦.公共行政原理[M].郑州:河南人民出版社,2003.

[50]陈瑞莲,刘亚平.行政管理学导论[M].北京:高等教育出版社,2011.

[51]谢斌.行政管理学[M].2版.北京:中国政法大学出版社,2014.

[52]奥斯特罗姆.美国行政管理危机[M].江峰,等,译.北京:北京工业大学出版社,1994.

[53]道格拉斯·C.诺斯.制度、制度变迁与经济绩效[M].刘守英,译.上海:上海三联书店,1994.

[54]罗德里克·马丁.权力社会学[M].丰子义,张宁,译.北京:生活·读书·新知三联书店,1992.

[55]罗豪才.行政法学[M].北京:北京大学出版社,2001.

[56]罗豪才.现代行政法的平衡理论[M].北京:北京大学出版社,1997.

[57]杰弗里·普费弗.用权之道[M].隋丽君,译.北京:新华出版社,1998.

[58]约翰·肯尼思·加尔布雷思.权力的分析[M].陶远华,苏世军,译.石家庄:河北人民出版社,1988.

[59]格尔哈斯·论斯基.权力与特权:社会分层和理论[M].陈宗显,译.杭州:浙江人民出版社,1988.

[60]马克斯·H.布瓦索.信息空间:认识组织、制度和文化的一种框架[M].王寅通,译.上海:上海译文出版社,2000.

[61]中共中央马克思恩格斯列宁斯大林著作编译局.马克思恩格斯选集:第三卷[M].北京:人民出版社,1995.

[62]许文惠,张成福,孙柏瑛.行政决策学[M].北京:中国人民大学出版社,1993.

[63]皮纯协.行政程序法比较研究[M].北京:中国人民公安大学出版社,2000.

[64]刘莘.法治政府与行政决策、行政立法[M].北京:北京大学出版社,2006.

[65]翁岳生.行政法[M].北京:中国法制出版社,2009.

[66]金东熙.行政法[M].北京:中国人民大学出版社,2008.

[67]栗燕杰.行政决策法治化探究[M].北京:中国法制出版社,2011.

[68]颜明健.管理学原理[M].厦门:厦门大学出版社,2014.

[69]吴祈宗,侯福均.运筹学与最优化方法[M].北京:机械工业出版社,2013.

[70]赫伯特·西蒙.管理决策新科学[M].北京:中国社会科学出版社,1982.

[71]查尔斯·林德布姆洛姆.决策过程[M].台北:五南图书出版有限公司,1991.

[72]加布里埃尔·A.阿尔蒙德,等.比较政治学——体系,过程和政策[M].曹沛霖,译.上海:上海译文出版社,1987.

[73]托马斯·戴伊,哈蒙·齐格勒.民主的嘲讽[M].孙占平,盛聚林,译.北京:世界知识出版社,1991.

[74]高培勇.公共经济学[M].2版.北京:中国人民大学出版社,2008.

[75]哈维·S.罗森.财政学[M].4版.赵志耕,译.北京:中国人民大学出版社,2003.

[76]吴元其,周业柱.公共决策体制与政策分析[M].北京:国家行政学院出版社,2003.

[77]陈振明.公共政策分析导论[M].北京:中国人民大学出版社,2015.

[78]陈振明.公共管理学[M].北京:中国人民大学出版社,2005.

[79]陈振明.政府再造:西方新公共管理运动述评[M].北京:中国人民大学出版社,2003.

[80]大岳秀夫.政策过程[M].傅禄永,译.北京:经济日报出版社,1992.

[81]胡象明.公共部门决策的理论与方法[M].3版.北京:高等教育出版社,2016.

[82]伍启元.公共政策[M].台北:台湾商务印书馆,1988.

[83]赵宏斌,叶常林.行政管理学概论[M].合肥:中国科学技术大学出版社,2016.

[84]魏艳华.统计预测与决策[M].成都:西南交通大学出版社,2014.

[85]何伟,张黎.经济学方法论[M].北京:中国物资出版社,2004.

[86]雍志强,张娜.行政管理学[M].西安:西安交通大学出版社,2015.

[87]尼格罗.公共行政学简明教程[M].北京:中共中央党校出版社,1997.

[88]C.I.巴纳德.经理人员的职能[M].孙耀君,译.北京:中国社会科学出版社,1997.

[89]韦尔伯·施拉姆.大众传播媒介与社会发展[M].金燕宁,等,译.北京:华夏出版社,1990.

[90]胡正荣.传播学总论[M].北京:中国传媒大学出版社,1997.

[91]陶东明.当代中国政治参与[M].杭州:浙江人民出版社,1998.

[92]沙莲香.传播学[M].北京:中国人民大学出版社,1990.

[93]宋世明.西方国家行政改革述评[M].北京:国家行政学院出版社,1998.

[94]胡建淼.行政法学[M].4版.北京:法律出版社,2015.

[95]姜明安.行政法与行政诉讼法[M].北京:北京大学出版社,2005.

[96]杨生,孙秀君.行政执法行为[M].北京:中国法制出版社,2003.

[97]熊文钊.行政法通论[M].北京:中国人事出版社,1995.

[98]周佑勇.行政裁量治理研究:一种功能主义的立场[M].北京:法律出版社,2008.

[99]宁骚.公共政策学[M].北京:高等教育出版社,2003.

[100]张世贤.公共政策析论[M].台北:五南图书出版公司,1986.

[101]张骏生.公共政策的有效执行[M].北京:清华大学出版社,2006.

[102]丹尼尔·A.雷恩.管理思想的演变[M].李柱流,等,译.北京:中国社会科学出版社,2000.

[103]沈亚平,吴春华.公共行政学[M].天津:天津大学出版社,2011.

[104]丁先存,王辉.新编公共行政学[M].合肥:安徽大学出版社,2015.

[105]方振邦,葛蕾蕾.政府绩效管理[M].北京:中国人民大学出版社,2012.

[106]王柳.绩效问责的制度逻辑及实现路径[J].中国行政管理,2016(07):40-45.

[107]徐元善,楚德江.绩效问责:行政问责制的新发展[J].中国行政管理,2007(11):29-31.

[108]盖伊·彼得斯.政府未来的治理模式[M].吴爱明,等,译.北京:中国人民大学出版社,2001.

[109]瓦尔特·基克特.荷兰的行政改革与公共部门管理[M]//西方国家行政改革述评.北京:国家行政学院出版社,1998.

[110]周志忍.当代国外行政改革比较研究[M].北京:国家行政学院出版社,1999.

[111]戴维·奥斯本,特德·盖布勒.改革政府:企业精神如何改革着公共部门[M].上海:上海译文出版社,1996.

[112]欧文·E.休斯.公共管理导论[M].2版.彭和平,译.北京:中国人民大学出版社,2001.

[113]樊勇明,杜莉.公共经济学[M].2版.上海:复旦大学出版社,2007.

[114]思拉恩·埃格特森.新制度经济学[M].吴经邦,译.北京:商务印书馆,1996.

[115]盛洪.现代制度经济学[M].2版.北京:中国发展出版社,2009.

[116]约瑟夫·斯蒂格利茨.经济学(上册)[M].梁小民,等,译.北京:中国人民大学出版社,1997.

[117]方福前.公共选择理论:政治的经济学[M].北京:中国人民大学出版社,2000.

[118]刘炳香.西方国家政府管理新变革[M].北京:中共中央党校出版社,2003.

[119]西奥多·H.波伊斯特.公共与非营利组织绩效考评:方法与应用[M].北京:中国人民大学出版社,2005.

[120]帕特里夏·基利,等.公共部门标杆管理[M].张定淮,译.北京:中国人民大学出版社,2002.

[121]谢庆奎.当代中国政府与行政[M].北京:当代世界出版社,2003.

[122]经济合作与发展组织.分散化的公共治理:代理机构权力主体和其他政府实体[M].国家发展和改革委员会事业单位改革研究课题组,译.北京:中信出版社,2004.

[123]徐仁璋.公共行政学[M].北京:中国财政经济出版社,2002.

[124]登哈特.公共组织理论[M].北京:中国人民大学出版社,2003.

[125]珍妮特·V.登哈特,罗伯特·B.登哈特.新公共服务:服务而不是掌舵[M].北京:中国人民大学出版社,2004.

[126]理查德·L.达夫特.组织理论与设计[M].北京:清华大学出版社,2003.

[127]任晓.中国行政改革[M].杭州:浙江人民出版社,1998.

[128]吴爱明,祁光华.政府上网与公务员上网[M].北京:中国社会科学出版社,1999.

[129]李建设.组织管理学[M].杭州:浙江教育出版社,1987.

[130]陈兆钢,李兆光.现代行政学导论[M].银川:宁夏人民出版社,1988.

[131]彭未名,等.新公共管理[M].广州:华南理工大学出版社,2007.

[132]王义.西方新公共管理概论[M].青岛:中国海洋大学出版社,2006.

[133]詹伟,吴肖天.公共行政学(修订本)[M].北京:中国人民公安大学出版社,2010.

[134]史正宪.行政学概论[M].兰州:兰州大学出版社,2008.

[135]夏洪胜,张世贤.行政管理学[M].北京:经济管理出版社,2014.

[136]张建新,陆新文.行政管理学[M].北京:中国农业大学出版社,2010.

[137]徐邦友.自负的制度:政府管制的政治学研究[M].北京:学林出版社,2008.

[138]刘易斯·科塞.社会冲突的功能[M].孙立平,译.重庆:华夏出版社,1989.

[139]世界银行.东亚奇迹:经济增长与公共政策[M].北京:中国财政经济出版社,1995.

[140]HOWLETT M,RAMESH M,PERL A. Studying Public Policy:Policy Cycles & Policy Subsystems[M]. Oxford:Oxford University Press,2009.

[141]FERLIE E, et al. The New Management in Action[M]. Oxford:Oxford University Press,1996.

[142]WILLIAMSON O E. The Economic Institutions of Capitalism[M]. Beijing:China Social Sciences Publishing House,1999.

[143]GULICK L, URWICK L. Notes on the Theory of Organization, from Papers on the Science of Administration[M]. New York:Institute of Public Administration,1937.

后 记

行政管理学研究国家行政机关及其官员依法管理国家事务、社会事务和机关内部事务的客观规律。具体来说,行政管理学研究的主体对象是行政机关,在中国即国务院和地方各级人民政府;行政管理学研究的客体对象是国家事务、社会事务和行政机关的内部事务;行政管理学的根本目的在于探讨行政管理的客观规律,实现行政管理的科学化。

行政管理学的产生是社会生活和政府管理实践的必然要求和产物,随着社会的发展也在不断发展完善之中。行政管理学诞生于 19 世纪 80 年代,100 多年来,理论基础不断丰富,学科体系日益完善。我国自改革开放以来,政府职能转变取得了进展,市场配置资源的基础性作用明显提高,公民和社会组织在社会公共事务管理中的作用得到了更好的发挥,政府组织结构进一步优化,政府部门间、层级间职责关系进一步理顺,依法行政和制度建设取得新的进展。与此同时,行政管理学在也我国得到了快速发展,特别是 21 世纪以来,学科发展尤为迅速。但是,具有中国特色的行政管理学理论体系还没有最终形成,行政管理学的实践和理论、方法及应用还有很大的研究与发展空间。

编者在多年行政管理学课程教学的基础上,认真学习参考国内多名学者的行政管理学教材和研究成果,力求简化一些过于概念化和相对宽泛的内容,体现中国特色和行政管理实践应用特点,最终形成了本书的编写体系。全书共八章,其中第一章“绪论”是对行政管理学的总体介绍;第二章“行政职能”着重划分政府、市场与社会的边界,形成政府管理国家事务、社会事务和机关内部事务的依据;第三章和第四章更多地从政府内部分析行政管理活动;第五章、第六章和第七章从行政管理的过程进行研究和介绍,力求体现行政管理的基本逻辑;第八章着重介绍新公共管理与行政改革,其中对比分析了对于我国的启示和借鉴。

在教材的编写过程中,董新宇提出了本书的总体思路、主要内容和基本框架,经过数次审查并最终定稿。承担具体写作任务的有袁俊杰(第一章)、张怡然(第二章)、董富蓉(第三章)、谢振(第四章)、王媛(第五章)、杨立波(第六、第八章)、王月(第七章)。马林妍、解超等也在前期参与了书稿的组织和讨论,在此对于他(她)们的辛勤工作表示感谢。

本书的编写,参考了同行专家学者们大量的专著和论文,书中都标明了引文出处,也对这些学者们致以诚挚的感谢和最大的敬意。西安交通大学出版社的史菲菲编辑也在本书的编辑过程中付出了辛勤的劳动,在此也表示衷心的感谢。

董新宇

2017 年 12 月